국제정치의 탄생

근세 초 유럽 국제정치사의 탐색, 1494-1763

김준석

서울대학교 외교학과를 졸업하고 미국 시카고대학교 정치학과에서 〈중세 말-근세 초 유럽에서의 대안적 국가형성과정〉에 관한 연구로 박사학위를 취득했다. 현재 가톨릭학교 국제학부 부교수로 재직 중이며, 유럽의 국가형성사와 국제정치사를 주로 공부하고 있다. 주요 저작으로는 《근대국가》(책세상), 〈'연방적 국가'의 탄생: 중세 말-근세 초 독일 국가형성과정의 재조명〉, 〈1차 세계대전의 교훈과 동아시아 국제정치〉 등이 있다.

국제정치의 탄생

근세 초 유럽 국제정치사의 탐색, 1494-1763

초판1쇄 발행 2018년 4월 30일
초판2쇄 발행 2019년 11월 15일
초판3쇄 발행 2023년 8월 25일

지은이 김준석
교정교열 정난진
펴낸이 이찬규
펴낸곳 북코리아
등록번호 제03-01240호
주소 13209 경기도 성남시 중원구 사기막골로 45번길 14
우림2차 A동 1007호
전화 02-704-7840
팩스 02-704-7848
이메일 ibookorea@naver.com
홈페이지 www.북코리아.kr
ISBN 978-89-6324-602-4 93340

값 25,000원

* 이 저서는 2013년 정부(교육과학기술부)의 재원으로 한국연구재단의 지원을 받아 수행된 연구입니다.(NRF-2013S1A6A4018277)

국제정치의 탄생

근세 초 유럽 국제정치사의 탐색, 1494-1763

김준석 지음

북코리아

책을 내며

필자가 알기로 《국제정치의 탄생》은 우리말로 쓰인 근세 초 유럽 국제정치사에 관한 첫 번째 책이다. 외교사 혹은 국제정치사에 관한 기본지식의 습득이 국제정치학을 가르치고 연구하는 데 필수적이라는 인식이 널리 공유되고 있음에도 그간 근대적인 국제정치가 처음 등장했다고 알려진 근세 초 유럽 국제정치사에 관한 연구는 상대적으로 드물었다. 이 시기에 대한 관심은 1648년 베스트팔렌 평화조약에서 주권원칙이 확립되었음이 간간히 언급되는 정도에 그쳤다. 서구학계도 사정이 크게 다르지는 않다. 정치사와 외교사에 대한 관심이 전반적으로 하락한 가운데 19세기 이전 국제정치사에 관한 연구도 예전에 비해 그리 활발하게 이루어지지 않고 있다.

이 책은 이러한 간극을 메우기 위한 의도로 계획되고 쓰였다. 다만 집필을 위해 자료를 모으고 읽고 정리하는 과정에서 이 시기의 유럽 국제정치사를 기술하는 일이 만만치 않은 작업임을 새삼 깨닫게 되었다. 국제정치학 전공자로서 필자의 관심은 현재 우리가 발을 디디고 서 있는 국제정치적 현실의 역사적 기원을 찾는 데 있었다. 하지만 근세 초 유럽의 국제정치적 현실은 오늘날의 상황과 생각 이상으로 판이했다. 그곳은 왕과 귀족의 세계였고, 종교적 신심과 전통과 관습의 세계였다. 군주가 전쟁을 결정하기에 앞서 자신의 고해신부에게 그러한 결정의 정당성을 확인받는 것을 당연시하던 세계였고, 왕위계승을 두고 일어난 왕가들 사이의 분쟁이 전쟁의 가장 중요한 원인 중 하나였던 세계였다. 낯섦이 익숙함을 압도하는 세계였다. 이러한 세계에서 근대적인 국제정치의 기원을 추적하는 것이 과연 가능할지 종종 회의감이 들곤 했다.

'다행스럽게도' 조금씩 연구가 진행됨에 따라 매우 완만하게나마 이 세계에 일어난 변화를 확인할 수 있었다. 이 책에서 다루는 약 3세기의 시간 동안 근대적인 국제정치가 서서히 모습을 드러내는 광경을 목도할 수 있었다. 카를 5세의 대외정책은 루이 14세의 대외정책과 달랐고, 루이 14세의 대외정책은 그의 증손자 루이 15세의 대외정책과 달랐다. 만약 카를 5세가 1558년 사망한 후 냉동인간이 되었다가 200년 후에 깨어났다면 1758년의 국제정치가 자신의 시대와는 사뭇 다른 문법에 따라 작동한다는 사실을 어렵지 않게 깨달았을 것이다.

다만 두 가지 걱정이 따랐다. 하나는 과거를 현재의 잣대로 재단하는 '시대착오'의 우를 범하지 않을까 하는 것이었고, 다른 하나는 역사학자와 비교할 때 역사에 대한 관심이 제한적인 국제정치학 전공자를 주 독자로 상정한 이 책에서 국제정치의 탄생 과정을 얼마나 구체적으로 설명하는 것이 적절한지 하는 것이었다. 먼저 첫 번째 문제와 관련해서는 어떠한 역사서술도 '시대착오'로부터 자유로울 수 없다는 점에서 위안을 찾기로 했다. 물론 이를 극복하기 위한 노력에서 정도의 차이가 상당할 것이다. 하지만 우리가 의식하든 그렇지 않든 분명히 잣대를 선택하여 들이대는 '결단의 순간'이 필요하다. 필자가 결단한 '시대착오'가 이 책을 읽는 이들에게 너무 과하거나 부족한 것으로 받아들여지지 않기를 바랄 뿐이다.

두 번째 문제와 관련해서도 비슷한 이야기를 할 수 있다. 근대적인 국제정치의 탄생을 알기 위해 얼마나 구체적인 역사지식이 요구되는가? 예컨대 30년전쟁의 원인을 이해하기 위해 종교개혁과 반종교개혁, 독일 신성로마제국에 관해, 그리고 보헤미아의 정치적 · 종교적 상황에 관해 얼마나 구체적인 지식을 가질 필요가 있는가? 1750년대의 이른바 '외교혁명'에서 퐁파두르 후작부인이 행한 역할에 관해 얼마나 자세한 설명이 필요한가? 그녀의 이름을 언급하는 것이 적절하기는 한가? 이 책을 쓰는 과정은 끊임없이 이어지는 이와 같은 질문에 적절한 답을 찾기 위해 애쓰는 과정이었다. '수위조절'을 위한 분투였다. 다시 한번 필자가 선택한 구체성의 수위가 독자들에게 타당한 것으로 받아들여지기를 희망한다.

이 책의 제3장 1절(129~135쪽)과 3절(206~218쪽)에는 필자가 지난 2006년과 2012년에 발표한 논문의 일부를 수정한 내용이 포함되었다. 출처는 다음과 같다.

- 김준석, "'연방적 국가'의 탄생: 중세 말-근세 초 독일 국가 형성과정의 재조명", 《국제정치논총》 46(4), 2006.
- 김준석, "17세기 중반 유럽 국제관계의 변화에 관한 연구", 《국제정치논총》 52(3), 2012.

책을 쓰는 과정에서 많은 분들의 도움을 받았다. 먼저 가톨릭대학교 국제학부의 김재철, 박건영, 최영종, 한동훈, 마상윤, 윤미경 교수님은 학부의 막내 교수가 연구에 매진할 수 있도록 배려해주셨다. 구하기 어려운 자료를 정말 놀랍도록 빠른 시일 내에 손에 넣게 해주신 장경숙 선생님을 비롯한 가톨릭대학교 중앙도서관 관계자 여러분께도 감사드린다. 언제나 그 자리에 계시면서 필자를 묵묵히 지켜보시는 하영선 선생님, 필자의 정신적인 버팀목 서울대학교 박성우 교수님, 늘 필자에게 격려의 말을 아끼지 않으시는 중앙대학교 손병권 교수님, 국방대학교 박영준 교수님, 서울대학교 이옥연 교수님, 그리고 아마도 이 책을 읽고 가장 날카로운 코멘트를 주실 중앙대학교 이혜정 교수님 등 '82학번 형님, 누님'께도 감사의 마음을 전한다. 마지막으로 지난 2015년 12월과 다음해 1월 세상을 떠나신 필자의 지도교수님 수잔 루돌프(Susanne Hoeber Rudolph), 로이드 루돌프(Lloyd I. Rudolph) 두 분께도 그리움과 함께 감사의 마음을 전한다.

2018년 4월

저자 김준석

차례

책을 내며 ······ 5

I. 들어가며 13

1. 유럽예외주의: 비교사의 관점 ······ 18
2. 근세 초 유럽 국제정치의 '근대성'과 '전근대성' ······ 27
3. 책의 구성 ······ 38

II. 16세기 근대 국제정치체제의 기원과 전개 45

1. 샤를 8세의 이탈리아 침공과 근대 국제정치체제의 기원 ······ 47
2. 합스부르크제국의 등장과 이탈리아전쟁의 확대 ······ 61
3. 스페인의 세기 I ······ 73
4. 스페인의 세기 II ······ 96

Ⅲ. 30년전쟁과 17세기 중반 유럽 국제정치체제의 위기 125

1. 전쟁의 기원 ········ 127
2. 30년전쟁의 전개과정 ········ 152
   1) 보헤미아 반란의 실패와 합스부르크 오스트리아의 부상 ········ 152
   2) 스페인-네덜란드 전쟁 발발 ········ 158
   3) 스웨덴의 참전 ········ 168
   4) 프랑스-스페인 전쟁 발발 ········ 179
3. 베스트팔렌 평화조약 ········ 195

Ⅳ. 루이 14세 시대: 프랑스의 부상과 유럽 국제정치체제의 변화 229

1. 마자랭, 프랑스-스페인 전쟁, 피레네 조약 ········ 231
2. 루이 14세의 전쟁 Ⅰ: 상속전쟁과 네덜란드전쟁 ········ 240
3. 루이 14세의 전쟁 Ⅱ: 재결합전쟁과 9년전쟁 ········ 255
4. 루이 14세의 전쟁 Ⅲ: 스페인 왕위계승 전쟁과 위트레흐트 평화조약 체결 ········ 279

V. 18세기 유럽 국제정치체제의 전개 319

1. 위트레흐트 평화조약에서 오스트리아 계승전쟁까지 ········ 321
1) 영국-프랑스 동맹과 포스트-위트레흐트 체제의 전개 ········ 324
2) 폴란드 왕위계승 전쟁 발발과 오스트리아 계승전쟁의 기원 ········ 344
3) 오스트리아 계승전쟁의 전개과정 ········ 357
4) 엑스라샤펠 평화조약 체결 ········ 376

2. 7년전쟁 ········ 383
1) 외교혁명, 북아메리카, 전쟁의 기원 ········ 383
2) 7년전쟁의 전개과정 ········ 402
3) 프로이센의 생존, 오스트리아의 실패, 영국의 승리, 프랑스의 패배 ··· 419

책을 마치며 ········ 451
참고문헌 ········ 455
찾아보기 ········ 473

International Politics

I

들어가며

☆☆☆☆☆

유럽사에서 1500년경부터 1800년경 사이의 시기는 '근세 초(early modern period, Frühe Neuzeit)'라 불린다. 서구 역사학계에서 이러한 시기 구분이 사용되기 시작한 것은 그리 오래되지 않았다. 독일 역사학계에서는 1950년대부터, 영미 역사학계에서는 1970년대부터 근세 초가 별도의 시기로 다루어졌다. 근세 초에 유럽은 인구의 완만하지만 꾸준한 증가, 17세기 중반 심각한 위기를 맞기도 했지만 역시 완만하고 꾸준하게 계속된 경제 성장, 지역별 · 나라별로 차이가 상당하기는 했지만 중앙정부의 전반적인 권한 강화, 종교개혁, 아메리카 · 아시아 등 비유럽 지역으로의 진출, 인쇄술, 화약기술을 비롯한 신기술의 도입과 확산, 르네상스, 과학혁명, 계몽주의 등 혁신적 사고체계의 등장 같은 변화를 경험했다.[1] 이러한 변화를 거쳐 유럽은 '근대세계'라는 문으로 들어서게 되었다.

이러한 변화는 '옛것'과 '새것'이 복합적으로 혼재된 상태에서 점진적으로 이루어졌다. 유럽의 근세 초는 다른 무엇보다 '이행기(移行期)'였다. 중세로부터의 유산과 새로운 변화가 긴밀하게 공존했다. 이른바 '비동시적인 것이 동시에 존재'한 시기였다. 이러한 결과 근세 초 유럽에서 새로운 변화는 언제나 과거의 규범과 관습, 관행의 관점에서 이해되고 수용되었다. 예컨대 인문주의와 르네상스는 그 내용의 혁신성에도 '과거로의 회귀'라는 관점에서 이해되었고, 시장경제의 활성화로 경제가 비약적으로 발전했음에도 사람들의 마음속에 경제성장의 관념이 뿌리내리지 못했다.[2] 근세 초에 불완전하게 형태를 갖추기 시작한 근대성의 여러 다양한 요소는 19세기와 20세기 들어서 만개했다.

국제정치학에서 유럽의 근세 초는 오늘날 우리가 익숙하게 알고 있는 근대적인 국제정치체제가 처음 등장하여 모습을 갖추기 시작한 시기로 알려져 있다. 이 시기에 국제정치의 기본단위인 근대국가가 처음 등장했고, 이 국가들 사이의 상호작용이 반복되고 축적되면서 일정한 패턴을 보이기 시작했다. 어느 한 국가도 여타 국가들에 대해 절대적인 우위를 차지하지 못한 가운데 국가들은 각자의 안전을 보장하기 위해 치열하게 경쟁했다. 이 과정에서 어느 한 나라에 힘이 집중됨으로써 불균형이 초래되면 다른 나라들이 서로 협력하여 이를 바로잡아야 한다는 무언의 합의가 형성되었다. 또한, 국가 간 치열한 경쟁으로 전쟁이 빈번하게 발발했는데, 근세 초 유럽의 전쟁은 중세의 전쟁과는 비교할 수 없을 만큼 규모와 강도에서 크고 파괴적이었다. 하지만 전쟁이 끊임없이 계속되는 와중에도 외교적인 교섭과 협상을 위한 절차가 개선되고 제도화되었으며, 전투가 치러지는 방식에 관한 규칙을 마련하여 전쟁을 '문명화'하려는 노력도 이루어졌다.

다만 근세 초 유럽사의 이행기로서의 특징이 같은 시기 국제정치 역사에도 반영되었다. 근세 초 유럽에서 근대적인 국제정치가 탄생하는 과정에는 오늘날의 시각에서 결코 '근대적'이라 말하기 어려운 특징들이 다수 포함되었다. 가장 대표적으로 국가의 대외정책 결정 과정에서 군주를 비롯한 소수의 정책결정자에게 지나치게 큰 권한이 부여된 나머지 이들의 다분히 개인적인 선호나 신념, 이해관계가 정책 결정에 지대한 영향을 끼쳤다. 이들은 특히 국가의 이익을 군주 개인이 속한 왕조의 이익과 동일시하는 경향을 보였다. 근세 초 유럽의 군주는 국가를 '가산(家産)'으로 이해했다. 그에게 국가를 통치한다는 것은 다른 무엇보다 가문의 재산을 안전하게 관리하고 증식하는 것을 의미했다. 국가의 영토팽창은 왕조의 재산 증식 관점에서 이해되었고, 국제정치적인 영향력 확보를 위한 국가의 경쟁은 군주 혹은 왕조 사이의 경쟁으로 인식되었다.

근대 국제정치의 탄생 과정은 결코 '순탄'하지 않았다. 근대적인 측면과 그렇지 않은 측면이 얽히면서 오늘날의 시각에서 '합리적'으로 설명하기 어려운 상황이 계속 만들어졌다. 익숙함과 낯섦이 끊임없이 교차했다. 이 책에서는 이러한 이중적이고 중첩적인 양상에 초점을 맞추어 1494~1763년의 유럽에서 근대적인 국제정치체제가 형성된 과정을 살펴보고자 한다. 이를 위한 준비 작업으로 이 장에서는 먼저 어떤 이유에서 세계 다른 곳이 아닌 유럽에서 근대적인 국제정치가 탄생했는지, 그리고 이것이 이후의 역사에 어떤 결과를 초래했는지 비교사의 시각에서 알아본 후, 근세 초 유럽 국제정치의 근대성과 전근대성 문제를 어떻게 이해하고 평가해야 할지 살펴본다.

1

유럽예외주의: 비교사의 관점

16세기 이후 유럽 정치발전의 가장 중요한 특징 중 하나는 엇비슷한 크기의 여러 국가가 '다국체제'를 이루었다는 것이다. 이와는 대조적으로 같은 시기 중국이나 중동, 인도 등지에서는 한두 개의 거대제국이 하나의 지역 전체를 지배하면서 주변의 군소 국가들과 제한적인 관계를 유지했다. 오래전부터 이러한 차이가 나타나게 된 원인에 관해 여러 다양한 견해가 제시되었다. 일찍이 몽테스키외는 유럽과 아시아의 차이를 다음과 같이 설명한 바 있다.

> "아시아에는 언제나 제국들이 있었지만 유럽에는 제국이 존재할 수 없었다. 그 이유는 아시아에 더 넓은 평원이 존재하고, 아시아는 바다에 의해 큰 부분으로 나뉘며, 아시아가 유럽보다 더 남쪽으로 치우쳐 존재함에 따라 강물이 쉽게 마르고, 산들은 눈으로 덜 덮여 있으며, 작은 강들이 더 가벼운 장벽을 이루기 때문이다. 따라서 아시아에서 권력은 언제나 전제적이다. 이는 만약 아시아에서 권력에 대한

복종이 극단적이지 않다면 곧바로 그곳의 자연이 감당할 수 없는 분열이 나타날 것이기 때문이다. 유럽에서는 자연적인 분열로 중간 크기의 국가가 형성되었으며, 이러한 국가는 법치가 필요했다. 만약 법치가 유지되지 않는다면 이 국가는 몰락하여 다른 국가에 비해 열등한 상태로 추락할 것이다. 이것이 유럽에서 자유에 유리한 능력을 낳았고, 이 능력으로 법과 상업에 유용한 것을 통하지 않고는 각 지역을 복속시켜 외세의 지배를 받도록 하는 것이 매우 어렵게 되었다. 이와는 대조적으로 아시아에서는 복종의 정신이 지배하며, 자유로운 영혼에 고유한 특징이 하나도 없다. 아시아에는 복종의 영웅주의가 존재할 뿐이다."[3]

몽테스키외는 유럽과 아시아의 지리적인 차이가 다국체제와 거대제국이라는 정치형태의 차이를 가져왔다고 주장한다. 이러한 견해는 오늘날에도 이어져 존스(E. L. Jones)는 다수의 비옥한 분지 사이에 강과 숲, 산맥, 복잡한 해안선 등이 위치한 지형적 특성으로 유럽에서는 어느 한 지역을 장악한 정치조직이 다른 지역으로 진출하는 데 한계가 존재했다고 주장한다. 지리적 파편화가 정치적 분열을 가져왔고, 이것이 유럽에서 다국체제가 등장하게 된 근본 원인이 되었다는 것이다.[4]

지리적인 요인에 대한 고려가 논의의 출발점은 될 수 있겠지만, 이것만으로 유럽과 비유럽이 서로 다른 경로를 걸어간 원인을 온전하게 밝히기는 어렵다. 유럽이 정치적으로 분열한 원인과 관련하여 몇 가지 요인을 더 고려할 수 있는데, 먼저 유럽, 그중에서도 서유럽이 유라시아 스텝 지대에 거주한 유목민족의 압박으로부터 비교적 자유로웠다는 사실을 들 수 있다. 중국을 비롯한 비유럽 거대제국은 거의 예외 없이 유목민족의 주기적인 침입이 발생한 지역에 위치했다. 유목민은 필요한 식량과 물품을 얻기 위해 정주 농경사회와 정기적으로 교역하거나 이것이 여의치 않을 때는 변경을 넘어 마을과 도시를 약탈했다. 화약 무기가 본격적으로 사용되기 전까지 비유럽 거대제국의 군대는 많은 경우 유목민 기병의 적수가 되지 못했다. 거대제국의 군대가 전장에서 우위를 차지했을 때도 유목민을 완전히 제압하기는 어려웠다. 유목민은 거대제국 군대의 공격을 피해 유라시아 평원 안쪽 깊숙한 곳으로 '무한정' 퇴각할 수 있었기 때문이다. 정주 농경사회는 이처럼 막강한 군사력을 지닌 유목민을 상대하기 위해 인력과 자원을 효과적으로 동원할 강력한 정치 권력이 필요했고, 그 결과 거대제국이 탄생했다. 중국의 15개 통일왕조 중 명(明)을 제외하면 나머지 모든 왕조는 중국 북부에서 기원했다.[5]

이에 반해 서유럽은 유라시아 유목민족의 영향을 거의 받지 않았다. 스텝 지대 유목민이 이주할 최서단 경계는 헝가리 평원이었다.[6] 따라서 서유럽에서는 강력한 구심력을 발휘할 거대제국의 필요성이 크지 않았다. 물론 유럽에는 로마제국이 있었다. 로마제국은 동시대 중국의 한(漢)제국과 여러모로 유사했지만, 둘 사이에는 한 가지 결정적인 차이점이 존재했다. 그것은 우월하거나 대등한 전력을 가진 유목민족과 치열하게 경쟁해야 했던 한 제국이 중앙집권화된 관료제를 중심으로 국가권력을 강화한 데 반해, 비교적 열등한 외부의 적을 상대했던 로마제국은 그렇게 할 필요가 없었다는 것이다. 한 제국이 멸망하고 분열의 시대를 맞이한 이후에도 관료제로 편입된 경험이 있는 중국의 엘리트들은 제국을 되살리기 위해 분투했지만, 로마제국이 멸망한 이후 유럽에서는 그러한 노력이 거의 이루어지지 않았다. 이러한 엘리트의 존재가 원동력이 되어 중국에서는 기원후 5세기 말과 6세기에 제국이 재건될 수 있었다. 이에 반해 유럽은 8세기 후반에서 9세기 초 샤를마뉴의 카롤링거 제국이 지금의 프랑스와 독일, 이탈리아를 아우르는 대제국을 건설했던 짧은 시기를 제외

하면 제국이 뿌리내리기에 척박한 공간으로 남게 되었다.[7]

유럽의 정치적 분열을 설명하기 위해서는 지리적 특성이나 유목민의 위협 등과 같은 외재적인 요인과 함께 유럽 정치발전의 특이성이라는 대내적 요인도 고려할 필요가 있다. 먼저 유럽에서 카롤링거 제국이 해체된 이래 귀족을 비롯한 엘리트들이 강력한 사회세력을 형성했다는 점을 들 수 있다. 이러한 추세는 서유럽 여러 나라에서 중앙정부가 권한을 강화하기 시작한 중세 말 이후에도 꺾이지 않았다. 강력한 사회세력의 존재로 유럽에서 통치자와 그의 정부는 권한 행사에서 상당한 제약을 받았다. 무엇보다 중세 말 이래 유럽 대부분의 나라에 등장한 신분제의회가 중앙정부의 권한확대에 맞서 엘리트들의 이익을 수호하는 보루의 역할을 담당했다.[8]

휘(Victoria Tin-Bor Hui)에 따르면 강력한 사회세력에 직면한 유럽 국가들이 전쟁 수행에 필요한 재원을 확보하기 위해 여러 가지 편법에 의존한 것도 국가의 대외 역량을 제약했다. 유럽 국가들은 관직을 판매하거나 관직 세습을 허용했고, 정부가 직접 병력을 동원하고 조직하는 대신 용병대장 혹은 전쟁기업가와 계약을 체결하여 이들에게 병력 동원과 군대 구성의 전권을 위임하는가 하면, 새로운 세원을 발굴하거나 조세 행정을 합리화하는 대신 소수의 금융가로부터 막대한 액수의 돈을 빌렸다. 정부의 행정 역량을 근본적으로 개선할 방안을 마련하는 대신 눈앞의 이익을 충족시키기 위해 손쉬운 길을 택했다. 이처럼 정부의 권한 행사가 사회적 · 제도적으로 제한되고, 임시방편적인 수단의 빈번한 활용으로 정부 역량이 강화될 기회마저 얻지 못함으로써 유럽에서 전 대륙을 아우르는 제국을 건설하는 것은 물론 대외관계에서 어느 한 나라가 여타 국가들에 대해 지속적으로 우위를 확보하기도 어려워졌다. 19세기 초 나폴레옹제국의 등장으로 로마제국이 멸망한 이후 처음으로 전 유럽을 아우르는 제국이

건설되었지만, 이미 다국체제가 깊숙이 뿌리를 내린 상태에서 얼마 지속하지 못하고 해체되었다.[9]

☆☆☆☆☆

한편, 몽테스키외의 위 인용문에서도 잘 나타나듯이, 일부에서는 다국체제가 18~19세기 이후 유럽이 비유럽에 대해 경제적 · 군사적으로 우위를 차지하게 된 이유 중 하나라는 주장이 제기되었다. 예컨대 존스는 다국체제 내에서 유럽의 국가가 규모의 경제가 주는 혜택을 누릴 수 있을 만큼은 컸지만, 정치 권력이 한군데 집중됨으로써 발생하는 폐해를 피할 수 있을 만큼 작았다는 의미에서 "최적의 크기"를 유지했음을 강조하면서 다국체제가 "경제적 · 기술적 정체에 대한 보험"으로서의 역할을 담당했다고 주장한다.[10] 퍼거슨(Niall Ferguson) 역시 타국과의 치열한 경쟁이 유럽인에게 끊임없이 혁신하고 변화하도록 만들었음을 지적한다. 16~18세기에 벌어진 경쟁적인 해외 탐험과 시장개척 역시 다국체제의 존재로부터 동력을 얻은 바 크다. 유럽 근대국가의 통치자들은 아시아와 아메리카에서 벌어들인 부를 활용하여 유럽 내에서 다른 국가에 대해 유리한 위치를 점하고자 했다. 이에 반해 비유럽 거대제국들은 지정학적 경쟁 압력을 거의 받지 않았으므로 그만큼 변화와 혁신의 유인을 덜 가졌다. 그 결과 안정적이지만 역동성이 부족한 사회가 만들어졌다.[11]

유럽국가 사이의 치열한 경쟁은 다국체제 내에서 군사기술의 발전도 가져왔다. 유럽은 이미 15세기 중반부터 화약 무기 제조기술에서 중국을 비롯한 비유럽에 앞서기 시작했다. 또한 1550~1660년의 이른바 '군사혁명'을 거치면서 요새 축성술, 엄격한 기율 유지를 목표로 하는 훈련법, 그리고 이에 기초한 전술 · 전략 같은 분야에서도 많은 혁신을 이루었다.

16세기 이후 유럽인이 비교적 소수의 인원으로 아시아와 신대륙으로 진출할 수 있었던 것은 기본적으로 우수한 항해술 때문이었지만, 그에 못지않게 결정적이었던 것은 이들이 유럽에서 갈고 닦은 싸움의 기술이었다. 17세기 후반 이후 합스부르크 오스트리아가 오스만제국으로부터 발칸반도의 상당 부분을 획득한 것, 18세기 러시아가 오스만제국과 여러 차례에 걸친 전쟁에서 잇따른 승리를 거두고 마침내 흑해 연안까지 진출한 것 역시 우월한 군사기술 덕분에 가능했다. 파커(Geoffrey Parker)는 "유럽 국가들이 육상과 해상에서 전쟁을 벌이는 일에 오랜 기간 집중한 결과 마침내 상당한 보상을 받게 되었다. 다른 무엇보다 16세기와 17세기의 군사혁명에 기초한 우월한 군사력으로 서구 국가들은 역사상 최초로 전 지구적인 패권을 장악하게 되었다"고 지적한다.[12]

다국체제와 유럽의 경제적 · 군사적 발흥을 연결하는 이러한 주장에 대해 다음 몇 가지 사항을 고려할 필요가 있다. 먼저 국가 간 경쟁으로 유럽 사회가 역동적이고 혁신적일 수 있었다고 주장하는 이들은 한 가지 명백한 사실을 놓치고 있다. 그것은 근세 초 유럽에서 국가 간 경쟁이 끊임없는 전쟁을 유발했으며, 이로 인해 인적 · 물적 피해뿐만 아니라 막대한 재정부담이 초래되었다는 사실이다. 중국과 비교할 때 유럽 대부분 국가에서 조세 수준이 월등히 높았고, 세수 대부분이 전비와 군사비로 지출되었다. 1750년과 1799년 사이에 중국과 프랑스, 영국 정부가 징수한 세금 총액을 은(銀) 무게로 환산하면 중국 정부는 약 1,229톤을 거두어들인데 반해 프랑스 정부는 1,612톤, 영국 정부는 1,370톤을 거뒀다. 중국의 인구가 프랑스와 영국보다 각각 10배와 20배 이상 많았다는 점을 고려하면 중국과 비교할 때 두 유럽 국가의 국민이 얼마나 막대한 세금 부담을 감수해야 했는지 알 수 있다.[13] 여기에 더해서 근세 초 유럽 국가들이 세수의 70~90%를 전비 또는 군사비로 지출한 데 비해 명 · 청 시대의 중국 정부는 수입의 50% 정도만 지출했다는 점 역시 강조할 필요가 있다. 중국 정부는 군사비를 지출하고 남은 50%의 세수 중 황실을 유지하고 관료에게 보수를 지급하는 데 드는 비용 등을 제외한 나머지를 수로 정비, 관개 사업, 구휼을 위한 곡물 저장고 건설 등 '공공재'를 제공하는 데 지출했다. 이는 동시대의 유럽에서는 좀처럼 찾아보기 어려운 현상이었다.[14]

더군다나 근세 초 유럽에서 귀족, 성직자 같은 특권층은 세금납부를 면제받았으므로 대부분 조세 부담을 경제 약자인 농민과 도시민이 짊어졌다. 영국에서는 세수의 상당 부분이 간접세인 소비세로 충당되었다.[15] 즉, 오늘날과 달리 근세 초 유럽에서 조세 부담은 기존의 경제적 · 사회적 불평등을 가중하는 방식으로 분배되었다. 이는 어떤 의미에서도 혁신과 역동성에 보탬이 되는 상황이 아니었다. 혹자는 전쟁을 위한 정부의 대규모 재정지출이 경제성장을 촉진하는 효과를 가져온다고 주장할 수도 있겠지만, 이는 객관적으로 입증하기 어려운 가설에 불과하다. 이와 함께 치열한 경쟁으로 인해 더 많은 수입원을 확보하는 데 혈안이 된 유럽 국가들이 종종 특정 상품의 생산과 유통 혹은 특정 지역과의 무역을 독점할 권한을 팔아넘기곤 했다는 점도 지적할 필요가 있다. 프랑스 등에서 주로 전비를 마련하기 위해 새로운 관직을 만들어 판매한 관행 역시 더 생산적인 부문에 투입될 자금을 끌어들임으로써 경제발전에 부정적인 영향을 끼쳤다. 이러한 점을 고려하면 다국체제에서 국가 간 경쟁이 경제와 기술의 혁신을 가져왔고, 사회를 역동적으로 만들었다는 주장은 큰 설득력을 가지기 어렵다.[16]

이에 반해 다국체제가 유럽의 비유럽에 대한 군사적 우위를 가져왔다는 주장은 쉽게 반박하기 어려워 보인다. 다만 유럽과 비유럽의 군사력 격차가 불가역적으로 확대되었다고 결론짓기는 어렵다. 예컨대 중국은 1550년 이후 짧게는 1680년대까지, 길게는 1750년대까지 크고 작은 전쟁을 치렀다. 이 시기에 대외적으로는 일본의 조선 침략으로 중국과 일본이 한반도에서 격돌한 것을 비롯하여 명 · 청 교체를 가져온 명과 만주족 사이의 전쟁, 청나라가 들어선 이후에도 계속된 몽골족과의 싸움, 러시아와의 충돌, 그리고 내부적으로는 정성공이 이끄는 명 잔존세력의 저항, 삼번의 난 등 전쟁이 끊이지 않았다. 전쟁은 군사력 수준의 향상을 가져왔고, 군사기술의 발전을 촉진했다. 포르투갈 상인을 통해 유럽의 화약무기를 들여온 중국 정부는 곧 이를 모방한 화포와 소총을 제작하기 시작했다.[17] 퍼듀(Peter Perdue)는 청 제국이 18세기 중엽까지 서몽골족이 세운 준가르, 동시베리아에 진출한 러시아와 치열하게 경쟁했으며, 이와 같은 모습이 유럽 다국체제에서의 국가 간 경쟁과 크게 다르지 않았다고 지적한다. 청과 준가르, 러시아 모두 "지정학적 경쟁의 추동을 받아 전쟁과 무역, 외교를 통해 상대방과 경합하는 데 필요한 모든 자원을 동원했다."[18] 이러한 상황에서 중국의 군사력은 꾸준히 증강되었다. 중국은 유럽을 뛰어넘는 데 실패했을지 모르지만, 근세 초 대부분의 시기 동안 군사 대국으로서의 위상을 유지했다.

☆☆☆☆☆

1500년을 전후하여 처음 모습을 드러낸 근대적인 국제정치체제는 이후 적어도 약 3세기 동안은 오직 유럽에만 국한된 현상이었다. 이 기간에 유럽을 제외한 유라시아의 대부분 지역은 거대제국의 지배를 받았다. 중국의 명 · 청 제국, 인도의 무굴제국, 이란을 중심으로 한 서남아시아의 사파비제국, 터키를 중심으로 한 지중해 동부의 오스만제국이 그들이다. 세계사적 관점에서 16~18세기는 '제국의 시대'였으며, 유럽의 국제정치체제는 예외적이고 특수한 현상이었다.[19] 이러한 유럽예외주의의 근원을 밝히기는 쉽지 않다. 지리적인 특수성에서부터 유목민족의 영향, 로마제국의 유산, 신분제의회의 역할에 이르기까지 다양한 요인을 고려할 수 있지만, 이 중 어느 요인이 유럽에서 다국체제가 확립되는 데 결정적으로 기여했는지 가늠하기 쉽지 않다. 하지만 그 원인이 어디에 있건 유럽의 국제정치체제는 3세기 동안 발전과 진화를 거듭했고, 19세기 들어 유럽이 인류 역사상 처음으로 전 세계를 단일한 경제적 및 전략적 네트워크로 통합함에 따라 다른 지역으로 확산했다. 유럽의 국제정치체제는 전 세계의 국제정치체제가 되었다. 흥미롭게도 국제정치체제가 유럽의 비유럽에 대한 경제적 · 군사적 발흥의 한 원인이 되었다는 주장이 제기되었다. 이 중 국제정치체제와 경제적 발흥 사이의 관련성에 관한 주장은 설득력이 그리 크지 않다. 하지만 유럽 국가들 사이에 벌어진 치열한 지정학적 경쟁의 결과 군사력이 비약적으로 발전했으며, 이는 유럽의 세계진출에 필수불가결한 요소가 되었다는 견해는 타당성이 높다.

2

근세 초 유럽 국제정치의 '근대성'과 '전근대성'

유럽에서 국제정치의 탄생은 일순간에 이루어지지 않았다. 앞서 지적했듯이 근세 초 유럽 국제정치사는 이행기의 역사였다. 이행기로서 유럽 국제정치사는 전근대적인 성격과 근대적인 성격을 동시에 지녔다. 앞선 시대의 유산과 새로운 변화가 혼재했다. 근세 초 유럽 국제정치는 크게 3가지 점에서 전근대적이었다.

첫째, 앞서 지적했듯이 유럽 각국의 대외정책 결정 과정에서 군주를 비롯한 소수의 정책결정자가 지대한 영향력을 행사했다. 특히 몇몇 공화국을 제외한 거의 모든 국가에서 군주가 결정적인 역할을 담당했다. 이는 명예혁명 이후 의회의 권한이 대폭 강화된 영국에서도 마찬가지였다. 문제는 근세 초 유럽의 군주들이 국가를 왕조의 재산으로 간주했다는 것이다. 국가의 통치자로서 이들의 가장 큰 관심은 이 재산을 잘 관리하고 증식하는 데 있었다. 더 많은 영토를 획득하기 위한 국가들 사이의 경쟁 역시 재산증식을 원하는 왕조들 사이의 경쟁이나 다름없었다. 1665년 스페인의 펠리페 4세가 사망하자 프랑스의 루이 14세가 죽은 스페인 국왕의 장녀이자 자신의 부인인 마리-테레즈의 스페인령 네덜란드(현 벨기에)에 대한 상속권을 주장하면서 '상속전쟁(1667~68)'이 발발했다. 루이 14세는 후에 전쟁의 기원에 관해 설명하는 자리에서 스페인에 "나에게 속한 영토"를 양도할 것을 요구했다고 썼다.[20] 근세 초 유럽의 군주들은 사적인 영역과 공적인 영역을 구분하지 않았다.[21]

이와 같이 국가와 국가의 영토가 군주와 그의 가문의 재산으로 정의되었으므로 국가가 영토를 획득하는 가장 일반적이고 정당한 방법은 상속과 증여였다. 이 중 특히 상속이 중요했다. 상속을 통한 영토획득을 목표로 왕조 간에 전략적 혼인이 빈번하게 이루어졌고, 이를 바탕으로 혈연 네트워크가 촘촘하게 구성되었다. 워낙 평균수명이 짧고 유아사망률이 높았으므로 통치자가 후계자를 남기지 못하고 사망하는 일이 빈번하게 발생했고, 그런 경우 그 국가는 죽은 통치자와 혈연상 가장 가까운 왕조의 구성원에게 상속되었다. 따라서 대부분의 영토획득은 미리 의도하거나 계획한 대로 이루어지지 않았다.

1740년 프로이센의 프리드리히 2세는 오스트리아를 침공하여 슐레지엔(Schlesien)을 빼앗았다. 슐레지엔 점령을 계기로 프로이센이 강대국의 반열에 들 수 있었으므로, 그리고 이와 같이 세력을 확장한 프로이센이 후에 독일 통일을 주도했으므로 프로이센과 독일의 역사에서 이 사건은 큰 의미를 부여받았다. 하지만 이 책이 다루는 기간 동안 프로이센이 획득한 모든 영토 중 오직 슐레지엔만 군사 정복으로 획득되었다. 독일 서부 네덜란드와의 국경선 인근에 위치한 여러 영토와 동프로이센을 비롯한 그 밖의 프로이센 영토는 상속으로 획득되었다.[22] 즉, 슐레지엔을 제외한 대부분의 프로이센 영토는 무계획적으로 획득되었다. 서쪽 끝에서 동쪽 끝까지 1천 km가 넘는 프로이센 영토를 횡단하려면 여러 번 '외국영

토'를 지나야 했다.[23]

후계자를 남기지 못하고 사망한 통치자와 혈연적으로 누가 가장 가까운지를 두고 빈번하게 분란이 발생했고, 분란은 종종 무력충돌로 이어졌다. 근세 초 유럽에서 발발한 수많은 계승전쟁 역시 일차적으로는 이러한 상속 분쟁에서 비롯되었다. 앞서 언급한 '상속전쟁'의 예를 들면 루이 14세는 브라반트의 상속에 관한 관습법을 근거로 스페인령 네덜란드에 대한 마리-테레즈와 자신의 권리를 주장했다. 이 법에서는 배우자가 사망하여 재혼하면 첫 번째 배우자와의 사이에서 태어난 자녀들이 재혼 이전까지 획득한 재산에 대한 상속권을 갖는 것으로 규정되었다. 이에 근거하여 루이 14세는 펠리페 4세와 그의 두 번째 왕비 마리아나 데 아우스트리아(Mariana de Austria) 사이에서 태어난 카를로스 2세가 아닌 펠리페 4세와 그의 첫 번째 왕비 이사벨 데 보르본(Isabel de Borbón)과의 사이에서 태어난 마리-테레즈와 그녀의 남편인 자신이 브라반트를 비롯한 스페인령 네덜란드를 상속할 권리를 가진다고 주장했다. 스페인은 이러한 주장을 받아들이기를 거부했고, 두 나라는 전쟁에 돌입했다.[24]

테슈케(Benno Teschke)는 군주들의 가장 중요한 관심사가 상속을 통한 영토획득이었고, 상속전쟁이 빈번하게 발발했다는 점을 들어 근세 초 유럽 국제정치체제의 '근대성'을 정면으로 부정한다. 그에 따르면 유럽 국가 간에 치열하게 벌어진 경쟁은 지정학적 경쟁이라기보다는 정치 · 군사적인 수단을 활용한 '재산축적 경쟁'이었다. 국가의 대외정책은 봉건귀족 엘리트들의 '재생산전략'과 다름없었다. 무정부 상태, 생존을 위한 권력투쟁, 세력균형 등이 중요한 것이 아니라 혼인을 통해 구축된 '혈연 네트워크'에서 어느 왕조가 유리한 위치를 선점하느냐의 문제가 전쟁을 포함한 국가의 대외정책을 결정했다. 테슈케는 근세 초 유럽 국제정치체제가 "표면상의 근대성에도 불구하고" 본질적으로 중세시대와 더 많은 연

속성을 지녔다고 결론짓는다.[25]

하지만 근세 초 유럽 국가들 사이의 경쟁이 본질적으로 재산축적 경쟁이었다는 테슈케의 주장을 있는 그대로 받아들이기는 어렵다. 의심의 여지없이 유럽의 군주들은 대외정책 결정과정에서 자국의 지정학적 이해관계를 심각하게 고려했다. 군주는 자신의 재산을 안전하게 지키기 위해서라도 지정학적인 문제에 관심을 가져야 했다. '상속전쟁'의 예를 다시 들면 루이 14세가 브라반트의 관습법을 근거로 마리-테레즈의 스페인령 네덜란드에 대한 권리를 주장한 것은 이 지역이 왕국의 수도 파리와 가까운 거리에 위치했고, 둘 사이에 군대의 진격을 저지하는 데 도움이 될 만한 자연적인 지형지물이 거의 없었기 때문이다. 루이 14세는 스페인의 국내 정치상황이 불안한 왕위계승으로 혼란스러운 틈을 타 프랑스 안보의 약한 고리 중 하나를 제거하고자 했다.

근세 초 유럽의 군주들이 국가를 오직 왕가의 재산으로만 이해한 것도 아니다. "군주는 절대적인 권한을 가진 주인으로서 평민과 성직자의 재산을 마음대로 처분할 수 있다"고 주장하기도 한 루이 14세조차 왕조의 일원으로서의 책임과 국가의 통치자로서의 책임이 언제나 일치하지는 않는다는 사실을 인정했다.[26] 매우 느린 속도이긴 했지만, 근세 초 유럽에서 군주 개인을 초월하는 '체제 혹은 제도로서의 국가'의 존재가 점차 자리를 잡아가기 시작했다. 토머스 홉스의 용어를 빌리면 국가는 자기 자신의 독립적인 이해관계를 가지는 '인위적 인격체(artificial person)'와 같은 것으로 이해되기 시작했다.

근세 초를 통틀어 유럽 국가들은 어떤 영토를 획득하고자 할 때 언제나 왕조의 상속자로서의 권리를 전면에 내세웠다. '왕조주권'의 관념은 프랑스혁명이 발발하기 전까지 사라지지 않았다. 하지만 16세기와 17세기 중반 이전까지 군주는 영토획득으로 얻을 전략적 · 경제적인 이익이 별로 크지 않은 경우에도 왕조의 권리 실현을 위해 종종 전쟁을 일으킨 반면, 17세기 중반 이후로는 왕조와 국가의 이익이 일치하는지 여부가 전쟁과 평화의 문제에서 점점 더 중요해졌다. 심지어는 전략적으로 필요한 영토를 획득하기 위해 왕조의 권리를 '만들어내는' 경우도 심심치 않게 등장했다.[27] '소유주 왕조주의(proprietary dynasticism)'는 분명히 전근대적인 현상이었지만, 근대적인 국제정치의 출현을 가로막지 않았다.[28]

☆☆☆☆☆

근세 초 유럽의 국제정치를 전근대적으로 만든 두 번째 요인은 대다수 유럽 국가들이 '연합왕국(composite monarchy)'이었다는 데 있다.[29] 연합왕국은 한 명의 군주가 통치하는 둘 이상의 영토로 구성되었다. 군주는 연합왕국을 구성하는 여러 영토가 하나의 정치단위로 분류되는 유일한 연결고리였다. 동일한 군주에 의해 통치된다는 사실 이외에 영토 사이에는 어떤 특별한 유대관계도 없었다. 예컨대 16세기 후반 네덜란드와 나폴리 왕국이 스페인 연합왕국에 속한 유일한 이유는 양자 모두 합스부르크의 펠리페 2세를 군주로 인정한다는 사실뿐이었다. 연합왕국의 각 영토는 정치적으로 상당한 독립성을 누렸다. 연합왕국의 군주는 각 영토의 엘리트들, 신분제의회와 긴밀하게 협력하여 지역에 고유한 법과 관습에 따라 통치했다. 왜냐하면 각 영토의 법과 관습이 상이했고, 군주와 엘리트, 신분제의회와의 협력방식이 조금씩 차이를 보였기 때문이다.

가장 대표적인 연합왕국은 합스부르크가가 통치한 스페인과 오스트리아였지만 이 외에도 프랑스, 영국, 스웨덴, 브란덴부르크-프러시아, 덴마크, 폴란드-리투아니아 등 유럽의 거의 모든 주요 국가 역시 연합왕국이었다. 물론 정도의 차이는 있었다. 특히 영국과 프랑스 등 일찍이 중앙집권화에 성공한 나라들은 연합왕국으로서의 성격을 상당 부분 덜어내는 데 성공했다. 하지만 이 책이 다루는 시기 내내 두 나라 모두 연합왕국으로서의 성격을 완전히 떨쳐내지는 못했다. 영국은 1603년 스코틀랜드 국왕 제임스 6세가 영국 왕위에 올라 제임스 1세로 불리게 된 이후 1707년 연합법(Acts of Union)으로 정식 통합되기 전까지 스코틀랜드와 연합왕국을 이루었다. 영국은 1714년 하노버 공국의 선제후 게오르크 루트비히가 앤 여왕의 뒤를 이어 왕위에 오른 이후 다시 공국과 연합왕국을 이루게 되었다. 이후 조지 1세와 그의 뒤를 이어 왕위에 오른 조지 2세의 영국 국왕으로서의 이해관계와 하노버 선제후로서의 이해관계가 일치하지 않는 경우가 종종 발생했다. 프랑스에서도 부르고뉴, 브르타뉴, 랑그독, 프로방스 등 '페이 데타(pays d'états)'로 불린 지역은 상당한 자치권을 누렸다. 특히 이들 지역이 중앙정부에 납부해야 할 세금의 규모는 중앙정부의 대표와 지역 신분제의회의 협상을 통해 결정되었다. 페이 델렉시옹(pays d'élection)에서는 원칙적으로 중앙정부가 일정 액수의 세금납부를 명령할 권한을 보유했지만, 경우에 따라 신분제의회가 소집되어 정부의 대리인과 협상을 벌이곤 했다.[30]

연합왕국의 각 영토가 상당한 자치권을 누렸다는 것은 그만큼 중앙정부와 영토 간의 결속력이 크지 않았다는 의미다. 연합왕국의 각 영토는 중앙정부가 병력동원이나 세금인상과 관련하여 무리한 요구를 하거나, 지역의 법과 관습을 침해하거나, 종교적으로 강압적인 정책을 밀어붙이는 경우 이의 시정을 요구하며 반란을 일으켰다. 몇몇은 연합왕국에서 탈퇴하여 다른 나라의 군주나 제후, 왕족을 통치자로 받아들임으로써 새로운 연합왕국으로 편입하는 것을 모색하거나 네덜란드의 북부 7개 주와 같이 공화국의 형태로 독립하기도 했다. 탈퇴 시도가 성공을 거둘 가능성은 그리 크지 않았다. 근세 초 역사를 통틀어 오직 북부 네덜란드와 포르투갈만이 오랜 전쟁 끝에 합스부르크 스페인으로부터 독립을 쟁취하는 성공했다. 남부 네덜란드와 보헤미아(1618~20), 카탈루냐(1640~59)의 탈퇴 시도는 실패로 돌아갔다.

근세 초 유럽 국제정치의 주요 행위자들이 연합왕국이었다는 사실은 두 가지 결과를 초래했다. 첫째, 유럽 국가들이 대외적으로 적극적인 정책을 펼 능력이 제한되었다. 연합왕국을 통치하는 일은 결코 쉽지 않았다. 연합왕국을 구성하는 각 영토가 상당 수준의 자치권을 누렸으므로 중앙정부는 지역의 엘리트들과 신분제의회로부터 재정상의 양보를 얻어내는 데 많은 어려움을 겪었다. 중앙정부는 특권의 보존과 관행의 고수를 주장하는 지역의 엘리트, 신분제의회와 오랜 협상을 벌여야 했다. 협상의 결과 중앙정부는 거의 언제나 원래 의도했던 것에 훨씬 미치지 못하는 규모의 지원만을 얻어낼 수 있었다. 반란의 위험성이 상존했으므로 강제력을 동원하는 데도 한계가 있었다. 이러한 상황에서 16세기와 17세기 합스부르크 스페인은 재정수입의 절대적인 부분을 중앙정부가 위치한 카스티야에 의존했다. 그 외의 영토에서 거두어들이는 수입은 지역에서 자체적으로 소진되는 정도에 그쳤다. 유럽 곳곳에 광대한 영토를 보유했음에도 합스부르크 스페인이 대외적으로 할 일은 그리 많지 않았다.

둘째, 연합왕국의 중앙정부는 여타 국가들과 치열하게 전쟁을 벌인 것만큼이나 반란을 일으킨 영토들과의 전쟁에 많은 시간을 보냈다. 이러한 현상은 17세기 중반 이전에 두드러졌다. 다시 한번 합스부르크 스페인의 예를 들면 스페인 중앙정부는 네덜란드(1568~1648),[31] 카탈루냐(1640~59), 포르투갈(1640~68) 등과 오랜 기간 전쟁을 벌였다. 오늘날의 구분법에 따르면 이 전쟁은 '내전'이었다. 하지만 연합왕국의 반란이 순수하게 내전으로 머무르는 경우는 드물었다. 반란을 일으킨 세력은 거의 언제나 외부에 도움을 요청했고, 경쟁국의 약한 고리를 공략하고자 하는 주변국은 기꺼이 도움의 손길을 내밀었다. 그 결과 내전이 '국제화'되었다. 프랑스와 영국이 네덜란드의 반란을 지원했고, 카탈루냐는 프랑스로 편입하는 것을 시도했으며, 포르투갈 역시 프랑스의 지원을 받았다. 보헤미아는 팔츠를 비롯한 신성로마제국의 프로테스탄트 제후국들에 도움을 요청했다. 보헤미아 반란에 직면한 합스부르크 오스트리아는 스페인에 도움을 구했다. 오스트리아와 이를 지지하는 가톨릭 제후국들이 연전연승하자 프로테스탄트 제후국들은 덴마크, 스웨덴, 프랑스에 지원을 요청했다. 연합왕국을 구성하는 영토의 반란으로 보기는 어렵지만, 16세기 후반 프랑스 종교내전에서 스페인은 가톨릭 동맹을 지원하기 위해 프랑스 내로 군대를 파병하기도 했다.

다만 17세기 중반 이후로는 연합왕국에서 반란의 발발 빈도가 크게 줄어들었다. 이는 한편으로는 30년전쟁을 계기로 프로테스탄티즘과 가톨릭의 종교대립이 완화되었기 때문이고, 다른 한편으로는 연합왕국의 통치능력이 향상되었기 때문이다. 반란 빈도의 감소와 함께 '국제화된 내전'이 '국가 대 국가의 전쟁'만큼이나 큰 비중을 차지했던 시대가 막을 내렸다. 루이 14세가 통치하는 프랑스가 유일무이한 초강대국으로서 적극적인 대외정책을 펼치기 시작할 무렵의 유럽에서 첫 번째 범주의 전쟁은 그 중요성을 상실했고, 거의 모든 전쟁은 두 번째 범주의 전쟁 형태를 취하게 되었다. 17세기 중반 이후 프랑스혁명 이전까지 대부분의 유럽 국가들은 연합왕국으로 남았다. 하지만 이들 사이의 상호작용은 현저하게 근대적인 성격을 띠게 되었다.

☆☆☆☆☆

근세 초 유럽의 국제정치를 전근대적으로 만든 세 번째 요인은 주요 국가들이 종종 다른 국가와의 평등한 관계 속에서 공존을 모색하기보다는 절대적인 우위를 확보하는 데 주력하는 것처럼 보이는 방식으로 행동했다는 것이다. 부르크하르트(Johannes Burkhardt)는 정도의 차이는 있지만 카를 5세와 펠리페 2세, 루이 14세 등은 모두 전 유럽을 포괄하는 '보편왕국(monarchia universalis)'의 건설을 꿈꿨다고 지적한다. 그에 따르면 바로 이러한 이유 때문에 근세 초 유럽에서 전쟁이 끊이지 않고 발발했다.[32]

실제로 '보편왕국'은 18세기 이전의 유럽 국제정치담론에서 가장 중요한 개념이었다. 가티나라(Mercurio Gattinara), 캄파넬라(Thommaso Campanella) 같은 합스부르크의 이데올로그들은 카를 5세와 펠리페 2세와 3세가 보편왕국을 건설할 사명을 부여받았음을 소리 높여 외쳤다.[33] 30년전쟁에서 전세가 스페인과 오스트리아 두 나라에 유리해지자 독일과 유럽에서 합스부르크의 보편왕국 건설 음모를 저지하기 위해 힘을 합쳐야 한다는 목소리가 높아졌다. 스웨덴 국왕 구스타브 아돌프는 30년전쟁에 개입하기에 앞서 발표한 성명서에서 "기독교세계의 모든 민족과 국가"는 "스페인과 오스트리아가 보편왕국을 건설하려 한다는 사실"을 이미 잘 알고 있다고 주장했다.[34] 루이 14세의 프랑스 역시 보편왕국 건설을 저지할 목적으로 결집한 유럽 국가들의 동맹에 맞서야 했다.

다만 담론에서의 중요성과는 별도로 유럽 각국이 실제로 보편왕국 혹은 절대적인 우위 확보를 가장 중요한 목표로 삼은 것으로 보이지는 않는다. 무엇보다 앞서 지적했듯이 근세 초 유럽 각국은 연합왕국으로서 대외적으로 적극적인 정책을 펼칠 능력에서 상당한 제약에 직면했다. 별개의 유대관계 없이 오직 군주 일인을 매개로 한데 묶인 연합왕국을 큰 문제없이 유지하는 것만 해도 큰 부담이었다. 카를 5세와 펠리페 2세, 루이 14세의 대외정책은 기본적으로 수세적이었다. 이들의 가장 큰 고민은 어떻게 하면 가장 효과적으로 자신의 왕국을 보존하느냐의 문제였다. 종종 이들이 마치 보편왕국의 수립을 목표로 행동하는 것처럼 보인 경우도 있었다. 예컨대 펠리페 2세의 영국 침공 시도나 루이 14세가 재위 초반에 일으킨 몇 차례의 전쟁이 그러하다. 하지만 이들의 목표는 근본적으로 방어적이었다. 스페인의 영국 침공은 엘리자베스 1세의 연이은 도발에 대한 대응 차원에서 '어쩔 수 없이' 결정되었고, 루이 14세의 전쟁은 외부의 위협에 취약한 국경지대를 보강하기 위한 목적에서 비롯되었다.

근세 초 유럽 각국의 대외정책에 공통적인 목표 또는 행동의 준칙이 존재했다면 그것은 보편왕국의 수립이 아니라 세력균형의 보존이었다. 세력균형은 루이 14세가 유럽의 주요 국가들을 상대로 수차례 전쟁을 벌인 17세기 후반부터 국제정치담론에서 중심적인 위치를 점하기 시작했다.[35] 1714년의 위트레흐트 조약에서 세력균형은 평화를 위해 모든 국가가 준수해야 할 원칙으로 여러 번 언급되었다. 비록 본격적으로 언급되거나 이론화되지는 않았지만, 17세기 중반 이전에도 국가들은 암묵적으로 세력균형의 원리에 따라 행동했다. 그렇지 않다면 어떤 이유에서 엘리자베스 1세가 정당한 군주에 대한 저항을 탐탁지 않게 여겼음에도 펠리페 2세에 반기를 든 네덜란드 반란세력을 지원했는지, 또 어떤 이유에서 30년 전쟁 당시 리슐리외의 프랑스가 독일의 프로테스탄트 제후국들과 스웨덴과 동맹을 맺고 같은 가톨릭 국가인 합스부르크 오스트리아와 스페인을 상대로 전쟁을 벌였는지 이해하기 어렵다.

☆☆☆☆☆

근세 초 유럽 국제정치의 역사를 살펴보는 데 '목적론'의 함정에 빠지지 않도록 주의할 필요가 있다. 앞서 지적했듯이 근세 초 유럽 국제정치사는 이행기의 역사였고, 우리는 앞선 시대의 유산과 새로운 변화가 불가분하게 공존한 이 시기의 역사를 있는 그대로 인정할 필요가 있다. 하지만 우리는 과도한 '역사주의'로부터도 거리를 둘 필요가 있다.[36] 이 책이 다루는 시기 내내 유럽 국제정치체제는 전근대적인 성격을 완전히 덜어내지 못했다. 그럼에도 완만하고 희미하게나마 근대성이 강화되는 방향으로 변화가 감지되었다. 왕조의 이익과 국가의 이익이 좀 더 분명하게 구분되기 시작했고, 국제화된 내전의 발발 빈도가 감소했으며, 세력균형의 중심성에 대한 인식이 확산되었다. 오늘날 우리에게 낯익은 근대적인 국제정치체제는 이러한 변화를 거치면서 서서히 그 형태를 갖춰나갔다.

3
책의 구성

잘 알려져 있듯이 근세 초 유럽 국제정치사는 전쟁의 역사이기도 했다. 동시대 세계 다른 어떤 곳보다 유럽에서 전쟁이 빈번하게 발발했다. 16세기와 17세기 유럽에서 영국, 프랑스, 프로이센, 스페인, 오스트리아, 네덜란드, 러시아, 스웨덴 등 주요 열강이 참여한 전쟁이 치러지지 않고 지나간 해는 각각 5년과 6년이었다. 18세기에는 상황이 약간 개선되어 22년으로 늘어났지만, 여전히 높은 수준이었다.[37] 주요 열강이 개별적으로 전쟁을 치른 햇수의 평균을 내보면 1550년부터 1600년까지는 35.5년, 1600년부터 1650년까지는 33년, 1650년부터 1700년까지는 27년, 1700년부터 1750년까지는 21.5년이었다.[38]

전쟁이 워낙 빈번하게 발발했고 오랜 기간 지속되었으므로 근세 초 유럽 국제정치의 역사에서 전쟁의 원인과 전개과정, 종전과 전후처리 과정을 설명하는 데 상당 분량을 할애하는 것은 불가피하다. 또한 국제정치의 '판' 변화, 즉 하나의 국면에서 새로운 국면으로의 전환이 주로 큰 규모로 오랜 기간 치러진 전쟁을 전후하여 이루어졌으므로 전쟁은 시기구분의 기준점을 제공한다. 물론《국제정치의 탄생》은 전쟁사에 관한 책이 아니다. 전쟁에 관한 설명은 그것이 국제정치적으로 일정한 의미를 지니는 범위 내로 한정하고자 한다.

이 책은 지리적으로 주로 서유럽 국가들 사이의 관계에 초점을 맞춘다. 국제정치는 서유럽에서 탄생했다. 더욱 정확하게는 합스부르크가 통치하는 스페인과 오스트리아, 프랑스, 영국, 네덜란드연방, 그리고 프로이센, 바이에른 작센을 비롯한 신성로마제국의 크고 작은 제후국 등이 탄생의 주역이었다. 이들 사이의 상호작용에서 근대적인 국제정치의 원형이 만들어졌다. 북유럽과 동유럽의 국제정치사는 서유럽 국제정치사와 관련이 되는 범위 내에서만 포함되었다. 러시아와 오스만제국에 관한 설명도 반드시 필요한 정도로만 포함시켰다.

《국제정치의 탄생》은 다음과 같은 내용으로 구성된다. 먼저 제2장에서는 16세기 유럽 국제정치의 역사를 다룬다. 먼저 합스부르크와 프랑스 사이의 갈등과 대립을 살펴본다. 1494년 이후 프랑스는 이탈리아에서 세력 확장을 모색했고, 1516~19년 이베리아반도와 네덜란드, 이탈리아, 오스트리아를 아우르는 '대제국'을 물려받은 합스부르크의 카를 5세가 이를 저지하려 시도하면서 양측은 오랜 전쟁에 돌입했다. 프랑스 국왕 입장에서는 합스부르크의 영토가 자국을 에워싸는 바람에 필사적으로 카를 5세에 대한 싸움을 이어나갔다. 양측 간의 전쟁은 1559년 카토-캉브레지 조약의 체결로 일단락되었다. 이어서 펠리페 2세의 스페인이 유럽 국제정치무대에서 단독으로 주도권을 행사하던 시기를 살펴본다. 프랑스가 종교전쟁의 발발로 약화되고 1580년 포르투갈과 이에 딸린 해외영토를 합병함으로써 펠리페 2세의 스페인은 유럽 국제정치를 '지배'할 기회를 얻었다. 하지만 스페인은 기회를 살리지 못했는데, 이는 네덜란드에서 일어난 반란을 진압하는 데 어려움을 겪었고, 오스만제국의 위협에 대처하는 데 많은 자원을 소진했으며, 영국과의 전쟁에서 사실상 패배했기 때문이다. 스페인은 1609년 네덜란드연방과 정전협정을 체결하면서 사실상 연방의 독립을 인정했다.

제3장에서는 30년전쟁 시기 유럽 국제정치의 역사를 다룬다. 오스트리아에 대한 보헤미아의 반란으로 촉발된 30년전쟁은 프로테스탄티즘과 가톨릭 사이의 종교 분열, 연합왕국 내에서 중앙과 지방 사이의 대립, 신성로마제국 내에서 황제와 제후국 사이의 갈등이 발단이 되어 일어났다. 하지만 싸움이 시작되자마자 주변 국가들이 차례로 개입함에 따라 전쟁이 국제화되었다. 스페인이 오스트리아를 도와 개입했고, 덴마크와 스웨덴 그리고 프랑스가 반가톨릭, 반합스부르크 세력을 지원하여 개입했다. 30년전쟁은 두 개의 전쟁을 수반했다. 1621년에는 스페인과 네덜란드연방이 전쟁을 재개했고, 1635년에는 스페인과 프랑스가 전쟁에 돌입했다. 전쟁 초반에는 합스부르크 황제와 이를 지지하는 가톨릭 세력이 우위를 장악했지만, 스웨덴과 프랑스의 개입 이후 전세가 역전되었다. 전쟁은 1648년 베스트팔렌 평화조약 체결로 종결되었다. 기존 견해에서는 베스트팔렌에서 주권에 바탕을 둔 국제정치체제가 탄생했다고 주장했는데, 이의 타당성은 그리 크지 않다. 다만 30년전쟁의 종결을 전후하여 유럽 국제정치에서 종교문제와 '국제화된 내전'의 중요성이 크게 줄어들었다.

제4장에서는 루이 14세의 프랑스가 한 세기 전 펠리페 2세의 스페인과 같이 유럽 국제정치무대에서 단독으로 주도권을 행사한 시기를 다룬다. 1661년 마자랭 사망 후 친정을 시작한 루이 14세는 이후 모두 다섯 차례에 걸쳐 전쟁을 일으켰다. 전쟁의 가장 중요한 목표는 방어에 유리한 국경선 확보를 통한 프랑스의 안보 강화였다. 이를 위해 루이 14세는 남부 네덜란드와 서부 독일에서 영토를 획득하고자 했다. 처음 세 전쟁에서

프랑스는 큰 어려움 없이 목표를 달성할 수 있었지만, 9년전쟁과 스페인 왕위계승 전쟁에서 프랑스의 '야욕'을 막기 위해 영국, 네덜란드연방, 오스트리아를 주축으로 결성된 대프랑스 동맹에 맞서야 했다. 프랑스는 다섯 차례의 전쟁 중 가장 큰 규모로 가장 오래 지속된 스페인 왕위계승 전쟁에서 사실상 패배했다. 루이 14세 시대는 1714년 위트레흐트 평화조약 체결로 막을 내렸다.

제5장에서는 1714년부터 1763년까지 약 반 세기에 걸친 유럽 국제정치사를 다룬다. 프랑스의 약화로 주요 열강 사이에 힘의 균형이 유지되는 가운데 전후 20여 년간 비교적 평화로운 시기가 지속되었다. 평화는 1740년 오스트리아 계승전쟁이 발발하면서 깨졌다. 오스트리아로부터 기습적으로 슐레지엔을 빼앗는 데 성공한 프로이센이 프랑스와 동맹을 맺고 영국-오스트리아에 맞서 싸웠다. 전쟁 결과 프랑스는 강대국으로서의 위상을 재확인받는 데 성공했고, 프로이센은 강대국으로 도약하기 시작했으며, 오스트리아는 크게 약화되었다. 영국은 유럽의 세력균형이 무너지지 않은 것에 만족해야 했다. 전쟁이 막을 내린 지 8년 만에 7년전쟁이 발발했다. 북아메리카 식민지에서의 영토 분쟁이 발단이 되어 전쟁에 돌입했고, 오스트리아는 프랑스, 러시아와 동맹을 맺고 슐레지엔을 되찾기 위해 프로이센과 싸웠다. 영국과 프랑스의 전쟁은 재정동원 능력과 해군력과 우세를 보인 영국의 압승으로 끝났고, 오스트리아는 슐레지엔을 되찾는 데 실패했다.

주

1 Hamish Scott, "'Early Modern' Europe and the Idea of Early Modernity," H. Scott ed., *The Oxford Handbook of Early Modern European History, 1350-1750, Volume. I* (Oxford: Oxford University Press, 2015), pp. 3-11.

2 Wolfgang Reinhard, "The Idea of Early Modern History," M. Bentley ed., *Companion to Historiography* (London and New York: Routledge, 1997), pp. 273-74; Randolph Starn, "The Early Modern Muddle," *Journal of Early Modern History* 6(3), 2002, pp. 299-303.

3 Montesquieu, *The Spirit of the Laws*, A. M. Cohler, B. C. Miller, H. S. Stone trans. & eds. (Cambridge: Cambridge University Press, 1989), pp. 283-84.

4 E. L. Jones, *The European Miracle: Environments, Economies and Geopolitics in the History of Europe and Asia*. 2nd Edition (Cambridge: Cambridge University Press, 1987), pp. 104-10.

5 Peter Turchin, "A Theory for Formation of Large Empires," *Journal of Global History* 4(2), 2009, pp. 192-94; Chiu Yu Ko, Mark Koyama, Tuan-Hwee Sng, "Unified China, Divided Europe," *International Economic Review* 59(1), 2018, pp. 290-91.

6 Azar Gat, *War in Human Civilization,* 오숙은 · 이재만 옮김(파주: 교유서가, 2017), pp. 508-12.

7 Walter Scheidel, "From the "Great Divergence" to the "First Great Divergence": Roman and Qin-Han State Formation and its Aftermath," W. Scheidel ed., *Rome and China: Comparative Perspectives on Ancient World Empires* (Oxford: Oxford University Press, 2009), pp. 15-18, 22-23; Jane Burbank & Frederick Cooper, *Empires in World History: Power and Politics of History* (Princeton: Princeton University Press, 2010), pp. 54-59.

8 Brian M. Downing, *The Military Revolution and Political Change: Origins of Democracy and Autocracy in Early Modern Europe* (Princeton: Princeton University Press, 1992), pp. 18-55; Wim Blockmans, "Representation (Since the Thirteenth Century)," C. Allmand ed., *The New Cambridge Medieval History, Volume VII, c.1415-c.1500* (Cambridge: Cambridge University Press, 1998).

9 Jørgen Møller, "Why Europe Avoided Hegemony: A Historical Perspective on Balance of Power," *International Studies Quarterly* 58(4), 2014, pp. 661-63; Victoria Tin-Bor Hui, *War and State Formation in Ancient China and Early Modern Europe* (Cambridge: Cambridge University Press, 2005), pp. 136-42.

10 Jones (1987), pp. 109-19.

11 Niall Ferguson, *Civilization: The West and the Rest*, 구세희 · 김정희 옮김(파주: 21세기북스, 2011), pp. 65-105.

12 Geoffrey Parker, *The Military Revolution: Military innovation and the rise of the West, 1500-1800,* 2nd Edition (Cambridge: Cambridge University Press, 1996), p. 154.

13 Loren Brandt, Loren, Derbin Ma, & Thomas G. Rawski, "From Divergence to Convergence: Reevaluating the History Beyond China's Economic Boom," *Journal of Economic Literature*,

52(1), 2014, p. 69.

14 Jean-Laurent Rosenthal & R. Bin Wong, *Before and Beyond Divergence: The Politics of Economic Change in China and Europe* (Cambridge, MA: Harvard University Press, 2011), pp. 174-74, 181-82.

15 John Brewer, *The Sinews of Power: War, Money and the English State, 1688-1783* (Cambridge, MA: Harvard University Press, 1988), pp. 95-101.

16 Peer Vries, "Governing Growth: A Comparative Analysis of the Role of the State in the Rise of the West," *Journal of World History*, 13(1), 2002, pp. 71-77.

17 Tonio Andrade, *The Gunpowder Age: China, Military Innovation, and the Rise of the West in World History* (Princeton: Princeton University Press, 2016), pp. 107-14, 135-43; Kenneth Chase, *Firearms: A Global History to 1700* (Cambridge: Cambridge University Press, 2003), pp. 141-71.

18 Peter Perdue, *China Marches West: The Qing Conquest of Central Eurasia,* 공원국 옮김(서울: 길, 2012), pp. 45, 668-69.

19 John Darwin, *After Tamerlane: The Rise and Fall of Global Empires, 1400-2000* (New York, Berlin & London: Bloomsbury Press, 2008), pp. 47-155.

20 Herbert H. Rowen, *The King's State Proprietary Dynasticism in Early Modern France* (New Bruswick: Rutgers University Press, 1980), p. 79.

21 Benno Teschke, *The Myth of 1648: Class, Geopolitics, and the Making of Modern International Relations* (London: New York: Verso, 2003), p. 219.

22 Andreas Osiander, *Before the State: Systemic Political Change in the West from the Greeks to the French Revolution* (Oxford: Oxford University Press, 2007), pp. 425-58.

23 18세기 중반 프로이센이 강대국으로 부상할 수 있었던 여러 이유 중에는 호엔촐레른(Hohenzollern) 구성원의 상대적으로 우수한 유전자가 포함되어야 한다. 74세에 사망한 프리드리히 2세의 증조부 프리드리히 빌헬름은 68세, 조부 프리드리히 1세는 55세, 부친 프리드리히 빌헬름 1세는 51세에 사망했다. 이들은 20세가 넘은 나이에 부친의 자리를 물려받았는데, 이와 같이 계승이 순조롭게 이루어진 것은 당시에는 결코 흔치 않았다.

24 Rowen (1980), p. 95.

25 Teschke (2003), pp. 221-22; Benno Teschke, "Revisiting the "War-Makes-States" Thesis: War, Taxation and Social Property Relations in Early Modern Europe," O. Asbach and P. Schröder eds., *War, the State and International Law in Seventeenth-Century Europe* (Farnham: Ashgate, 2010).

26 Rowen (1980), pp. 75-76, 80.

27 Frank Tallett and D. J. B. Trim, "'Then was then and now is now': an overview of change and continuity in late-medieval and early-modern warfare," F. Tallett & D. J. B. Trim eds., *European Warfare, 1350-1750* (Cambridge: Cambridge University Press, 2010), pp. 3-4.

28 '소유주 왕조주의(proprietary dynasticism)'는 로웬(Herbert H. Rowen, 1980)의 용어다.

29 J. H. Elliott, "A Europe of Composite Monarchies," *Past and Present* 137, 1992; Daniel H.

Nexon, *The Struggle for Power in Early Modern Europe: Religious Conflict, Dynastic Empires, and International Change* (Princeton: Princeton University Press, 2009).

30 Osiander (2007), p. 472.

31 흔히 '80년전쟁'으로 알려진 네덜란드 반란 혹은 네덜란드 독립전쟁이 실제로 얼마나 지속되었는지를 두고서는 의견이 엇갈린다. 일단 반란의 시작시점을 1668년으로 잡는 것에 관해 불명확한 부분이 있고, 스페인과 네덜란드연방이 정전협정을 체결하여 1609년부터 12년간 전쟁을 중단했으며, 1621년에 재개된 이후의 전쟁은 반란 혹은 독립전쟁이라기보다는 사실상 두 독립국가 사이의 전쟁으로 보아야 한다는 견해가 있다.

32 Johannes Burkhardt, "Die Friedlosigkeit der frühen Neuzeit: Grundlegung einer Theorie der Bellizität Europas," *Zeitschrift für historische Forschung*, 33(4), 1997, pp. 515-30.

33 Franz Bosbach, *Monarchia Universalis: Ein politischer Leitbegriff der frühen Neuzeit* (Göttingen: Vandenhoeck & Ruprecht, 1988), pp. 36-37; Peter Schröder, "The Concepts of Universal Monarchy and Balance of Power in the First Half of the Seventeenth Century-A Case Study," M. Koskenniemi, W. Rech, & M. Jiménez Fonseca eds., *International Law and Empire: Historical Explorations* (Oxford: Oxford University Press, 2017), pp. 84-87.

34 Bosbach (1988), p. 87.

35 H. Butterfield, "The Balance of Power," H. Butterfield & M. Wight eds., *Diplomatic Investigations: Essays in the Theory of International Politics* (Cambridge, MA: Harvard University Press, 1966), p. 139.

36 John M. Hobson & George Lawson, "What is History in International Relations?" *Millennium* 37(2), 2008.

37 Charles Tilly, *Coercion, Capital, and European States, AD 990-1990* (Cambridge, MA: Basil Blackwell, 1990), p. 72

38 Philip T. Hoffman, *Why Did Europe Conquer the World?* 이재만 옮김(서울: 책과함께, 2015), p. 33.

International Politics

II

16세기
근대 국제정치체제의
기원과 전개

1

샤를 8세의 이탈리아 침공과 근대 국제정치체제의 기원

1494년 프랑스의 샤를 8세(r.1483~98)가 이탈리아를 침공했다. 이로써 1559년 '카토-캉브레지 조약(Treaty of Cateau-Cambresis)'이 체결될 때까지 거의 70년 가까이 지속될 '이탈리아전쟁'의 막이 올랐다. 샤를 8세의 이탈리아 침공은 근대적인 국제정치의 출발점으로 간주할 수 있다.[1]

먼저 샤를 8세가 이탈리아를 침공하던 당시 프랑스가 어떤 상황에 처해 있었는지 살펴볼 필요가 있다. 그가 왕위에 있던 15세기 말 프랑스는 오랜 기간 지속된 대내외적인 위기를 성공적으로 극복하고 그 이전 어떤 시기보다, 그리고 대부분 주변 국가들에 비해 강성한 상태에 있었다. 이는 극적인 반전이라 할 만하다. 15세기 전반 샤를 8세의 조부 샤를 7세(r.1422~61)가 왕위에 오를 당시만 하더라도 프랑스는 백년전쟁(1337~1453)이 한창 진행 중인 가운데 한치 앞을 내다보기 어려운 상황에 처해 있었다. 샤를 6세(r.1380~1422)가 정신이상으로 통치자의 역할을 제대로 수행하지 못하자 왕족들 사이에 폭력을 수반한 세력다툼이 일어났고,[2] 영국은 이러한 상황을 십분 활용하여 프랑스에 대한 대공세를 전개했다. 1415년 아쟁쿠르(Agincourt) 전투에서 프랑스에 대승을 거둔 영국은 여세를 몰아 노르망디를 시작으로 파리를 포함하여 프랑스의 거의 절반에 달하는 영토를 장악했다. 1420년 영국 국왕 헨리 5세(r.1413~22)는 부르고뉴 공작 필리프 3세(Philippe le Bon)와 트루아 조약(Treaty of Troyes)을 체결하여 프랑스 국왕의 섭정이자 왕위계승자로서의 지위를 주장하기도 했다.[3] 만약 프랑스 침공을 주도한 헨리 5세가 비교적 이른 나이에 갑작스러운 죽음을 맞지 않았다면, 그 결과 태어난 지 9개월밖에 되지 않은 아기가 헨리 6세로서 왕위를 계승할 필요가 없었다면, 영국의 랭커스터왕조가 영국과 프랑스를 동시에 통치하거나 왕국의 분할이 고착되는 상황이 일어나는 것도 충분히 가능했다.[4]

하지만 백년전쟁의 최종승자는 프랑스였다. 파리를 영국에 내주고 부르주(Bourges)를 근거지로 삼아 영국과의 싸움에서 저항을 주도하던 샤를 7세는 1429~31년 잔 다르크(Jeanne d'Arc)의 활약에 힘입어 전세를 역전시키는 데 성공했다. 샤를 7세는 1436년 파리를 수복했고, 종국에는 칼레(Calais)를 제외한 프랑스 전역에서 영국군을 몰아내는 데 성공했다. 전쟁에서 최종 승리를 거둔 이후 프랑스는 유럽의 최강국으로 재탄생했다. 특히 국가 혹은 정부의 힘이 대폭 강화되었다. 우선 12세기 중반 이후 영국이 통치해오던 가스코뉴(Gascogne) 지역을 차지함으로써 영토가 크게 확대되었고, 재정수입 역시 대폭 증가했다. 이와 함께 전쟁을 거치면서 정부의 전반적인 '군사-행정역량'이 크게 강화되었다.

이는 백년전쟁이 기간과 규모 면에서 그 이전의 전쟁과는 차원이 달랐기 때문이다. 영국과 프랑스 두 나라는 한편에서는 두 왕국의 완전한 통합을 목표로, 다른 한편에서는 영국을 다시 섬나라로 만드는 것을 목표로 삼고 치열하게 그리고 전례 없이 오랜 기간 동안 싸움을 이어나갔다.

그 결과 전쟁 기간 동안 군사기술의 혁신적인 변화가 일어났다. 기병의 중요성이 감소하고, 궁수와 보병의 중요성이 증가했다. 14세기 말부터는 화포가 전투에 사용되기 시작했다. 전장에 처음 모습을 드러냈을 당시 화포는 정확도가 떨어지는 등 기술적으로 결함이 많아서 상대방에게 심리적 타격을 가하는 것 이상의 역할을 맡기 어려웠다. 하지만 점차 발사속도, 정확도, 중량 등에서 기술혁신이 이루어지면서 15세기 중반부터는 중요한 역할을 맡기 시작했다. 1450년의 포르미니(Formigny) 전투, 1453년의 카스티용(Castillon) 전투에서 프랑스군은 개량된 화포를 효율적으로 활용함으로써 영국군에 승리를 거둘 수 있었다.[5]

백년전쟁을 계기로 병력을 동원하고 전쟁에 필요한 재원을 확보하는 방식에서도 근본적인 변화가 일어났다. 먼저 과거와 같이 영주에 대한 봉건적 의무에서 전쟁에 참여하는 기사들만으로 전쟁을 치르는 것이 불가능해져서 일정한 보수를 받는 자원병을 모집해야 했다. 프랑스에서 이러한 모병방식은 이미 필리프 2세(r.1180~1223) 재위시기부터 사용되기 시작했다. 하지만 자원병이 전투를 주도하고 이에 따라 이들을 모집하는 것이 병력동원의 중심적인 부분이 된 것은 백년전쟁이 처음이었다. 자원병을 모집하는 데 부대 지휘관이 병력 모집에서부터 무장, 훈련, 전투참여에 이르기까지 일체의 과정을 책임지는 방식이 가장 흔히 사용되었다. 프랑스는 14세기 후반부터 이러한 병력동원 방식을 활용하기 시작했다.[6]

전쟁자금 조달과 관련하여 가장 의미심장한 변화는 점점 늘어나는 전쟁비용을 감당하기 위해 세금이 상설화되었다는 것이다. 세금징수와 관련하여 중세시대의 대원칙은 국왕의 전쟁은 국왕직할지로부터의 수입만으로, 즉 국왕이 자신의 영지에서 봉건영주로서 거두는 수입만으로 그 비용을 충당한다는 것이었다. 국왕 혹은 그가 이끄는 중앙정부가 왕국의 신민 모두에게서 정기적으로 세금을 거둘 권리를 보유한다는 관념은 아에 존재하지 않았다. 하지만 13세기 후반에서 14세기 전반 사이에 프랑스를 비롯하여 영국, 카스티야 등지에서 이러한 관념에 차츰 변화가 일어나기 시작했다.[7] 프랑스에서는 필리프 4세(r.1285~1314)가 왕위에 있던 시기에 결정적인 변화가 일어났다. 필리프 4세는 짧지 않은 재위 기간 동안 영국, 플랑드르(Flandre) 등과 여러 차례 전쟁을 벌였다. 전쟁은 형식적으로는 내전에 가까웠지만, 실질적으로는 독립국가들 사이의 전쟁과 유사한 강도로 치러졌다. 영국과 플랑드르는 강력한 상대였고, 많은 비용이 소요되었다. 1302년에는 잘 훈련된 플랑드르의 도시 민병대와의 전투에서 기병대를 주축으로 한 필리프 4세의 군대가 크게 패하기도 했다.[8]

이와 같이 강력한 적을 상대로 전쟁을 치르면서 심각한 재정압박에 직면한 필리프 4세는 전례 없는 조치를 취하기로 결정했다. 국왕의 모든 신민은 예외 없이 병역의 의무를 진다는 전제하에 이 의무를 면제해주는 대가로 전쟁 부조금을 징수하기로 한 것이다. 이 결정에 따라 프랑스 정부는 1295년부터 1300년까지 거의 매년 재산의 1% 또는 2%에 해당하는 금액을 징수했다.[9] 1306년에는 정부재정을 더욱 효과적으로 관리하기 위한 목적으로 '샹브르 데 콩트(chambre des comptes)'라는 기구를 설치하기도 했다.[10] 하지만 이러한 정책의 한계 역시 명확했다. 귀족과 일반 신민은 전쟁이 끝나자마자 "필요를 넘어서는 강제적인 징수"는 도덕적으로 용인되기 어려운 "죄악"임을 주장하면서 부조금 지급의 중단을 요구하기 시작했다.[11] 필리프의 뒤를 이어 왕위에 오른 루이 10세는 이러한 요구에 직면하여 이미 징수한 세금 중 일부를 되돌려주기도 했다.[12]

프랑스에서 상설화된 조세제도는 백년전쟁을 거치면서 확립되었다. 직접적인 계기는 1356년 푸아티에(Poitier) 전투에서 국왕 장 2세(r.1350~64)가 영국군에 사로잡힌 사건이었다. 영국군은 장 2세의 몸값으로 거액을 요구했고, 프랑스는 이를 위해 '가벨(gabelle)'이라 불린 염세(鹽

稅)와 그 밖의 상품거래에 부과되는 보충세(aides)를 징수하기 시작했다. 이 두 간접세는 전시가 아닌 평시에 부과되었지만, 국왕이 포로로 잡힌 상황의 절박성으로 이에 대한 저항은 최소화되었다.[13] 또한 여러 해에 걸쳐 세금이 부과되면서 조세제도에 대한 신민의 생각도 차츰 변화하기 시작했다. 영국과의 전쟁이 재개되자 프랑스 정부는 큰 저항에 직면하지 않고 두 가지 세금을 다시 부과할 수 있었다. 이제 정부는 '푸아주(fouage)'라 불린 노세(盧稅) 혹은 호별세(戶別稅)와 '타이유(taille)'라 불린 소득세도 부과하기 시작했다. 이 세금들은 18세기 후반 프랑스혁명으로 폐지되기 전까지 프랑스 국가재정의 중추적인 역할을 담당했다. 1360년 프랑스 정부는 조세행정의 효율성과 공정성 증진을 목표로 '엘뤼(élu)'라는 조세징수관을 임명하여 '엘렉시옹(élection)'이라는 새롭게 획정된 조세구역에 배치시키고, 파리에 위치한 조세감독관(trésories généreaux)의 감독을 받게 했다. 1390년에는 조세분쟁을 해결하는 것을 주 임무로 하는 특별법원(cour des aides)이 설립되었고, 전시재정을 담당하는 부서(trésorier des guerre)도 설치되었다.[14]

이와 같이 수십 년에 걸쳐 조세제도를 대대적으로 개혁하고 이를 기반으로 군사력을 강화한 결과 프랑스는 왕권의 약화와 분열로 인한 정치적 위기를 극복하고 백년전쟁을 승리로 이끌 수 있었다. 1445년 샤를 7세는 칙령을 발표하여 유럽 최초의 상비군으로 알려진 부대(compagnie d'ordonnance)의 창설을 골자로 하는 군사개혁을 감행했고, 이를 바탕으로 전쟁에서 결정적인 승기를 잡을 수 있었다. 이러한 개혁이 가능했던 것은 정부가 이전보다 많은 자금을 모을 수 있었기 때문이다.[15] 재정기반의 확충은 프랑스를 전쟁이 끝난 이후 유럽 최강국으로서의 지위를 차지할 수 있게 한 결정적인 요인이기도 했다. 루이 11세(Louis XI, r.1461~83) 치하에서 프랑스 정부의 재정수입은 전쟁이 종결되었음에도 꾸준하게 상승했다. 1460년 순은(純銀) 49톤이던 정부의 조세수입은 1483년에는 95톤으로 거의 두 배 가까이 증가했다.[16] 특히 타이유세 징수가 획기적으로 증가하여 전체 재정수입의 80%가량을 차지했다. 1515년 프랑스 정부는 모두 4천 명 이상의 관리를 고용했는데, 이 중 1,140여 명이 조세 관련 업무에 종사했다.[17] 프랑스의 조세수입 증가는 이웃한 영국, 카스티야 등과 비교해서도 두드러진 현상이었다. 특히 프랑스보다 빠른 시기에 중앙집권화에 성공한 영국이 백년전쟁 이후 내전의 소용돌이에 빠져 전시에 이룬 재정상의 혁신을 이어나가는 데 실패했다는 사실을 감안하면 이러한 프랑스의 성취는 더욱 두드러져 보인다.[18]

★★★★★

1494년 샤를 8세의 이탈리아 침공은 이와 같이 정부의 군사-행정 역량이 크게 향상되었기 때문에 가능했다. 여기에 더해 프랑스 국내의 정치적인 상황도 국왕과 중앙정부의 권한강화에 유리한 방향으로 전개되었다. 다른 무엇보다 1477년 프랑스 국왕의 가장 큰 정치적 경쟁자였던 부르고뉴의 샤를 공작(Charles le Téméraire)이 낭시(Nancy)에서 벌어진 스위스군과의 전투에서 전사함으로써 100여 년간 프랑스와 독일 사이에서 강력한 세력을 형성해온 부르고뉴 공국이 해체의 길로 접어들었다. 아들이 없던 샤를 공작의 공식 후계자는 외동딸 마리(Marie de Bourgogne)였지만, 프랑스의 루이 11세는 공작의 사망으로 공국의 힘이 약화된 틈을 놓치지 않고 과거 프랑스 국왕이 봉토로 수여한 지역을 반강제로 환수했다. 마리는 네덜란드와 프랑슈-콩테를 물려받았지만, 1482년 불과 25세의 나이로 사망했다. 이에 따라 두 지역의 소유권은 그녀와 신성로마제국 황제 프리드리히 3세(Friedrich III, r.1440~93)의 아들인 합스부르크의 막시밀리안과의

사이에서 태어난 필리프에게 넘겨졌다.[19]

부르고뉴와 마찬가지로 형식적으로는 프랑스 국왕의 종주권을 인정하면서도 오랜 기간 독립국가로서의 지위를 누려온 브르타뉴(Bretagne) 공국 역시 이 시기에 부르고뉴와 유사한 운명을 맞았다. 1488년 브르타뉴 공작 프랑수아 2세는 자신의 장녀이자 후계자인 안(Anne de Bretagne)을 합스부르크의 막시밀리안과 혼인시킴으로써 공국의 독립을 계속 유지하려 했지만, 당시 미성년이던 샤를 8세를 대신해 섭정을 맡은 국왕의 누이와 그녀의 남편이 군사적으로 개입하여 공작의 계획을 무산시켜버렸다. 결국 공작이 사망한 후 안은 막시밀리안 대신 샤를 8세와 1491년 결혼식을 올렸고, 이로써 브르타뉴는 독립적인 정치단위로서의 지위를 상실했다.[20]

부르고뉴의 해체와 브르타뉴의 합병으로 프랑스 내에서 중앙정부에 가장 심각한 위협을 제기하던 두 지방세력이 사라짐에 따라 샤를 8세는 배후를 걱정할 필요 없이 이탈리아 원정을 준비하는 데 전념할 수 있게 되었다. 샤를 8세는 애초에 어떤 이유에서 이탈리아 원정을 결심했는가? 아마도 그가 '합리적'인 통치자였다면 부르고뉴와 브르타뉴를 상대로 거둔 성공의 여세를 몰아 정부의 권한을 강화하고 왕국을 통합하는 데 더욱 매진했을 것이다. 당시 프랑스에서는 부르고뉴와 브르타뉴가 사라진 후에도 부르봉, 앙주, 오를레앙, 알랑송(Alençon), 아르마냐크(Armagnac), 포아-베아른(Foix-Béarn) 등이 '국가 안의 국가'로서 높은 수준의 정치적 독립성을 누리고 있었다.[21] 하지만 샤를 8세는 그러한 길을 택하는 대신 많은 비용이 소요되고 결과도 불확실한 이탈리아 원정을 떠나기로 결정했다. 이러한 결정을 내리게 된 데는 일단 샤를 8세의 개인적인 야심이 중요했던 것으로 보인다. 그는 당시 유럽에서 경제적으로, 문화적으로 가장 선진적이었던 이탈리아로 세력을 확장함으로써 자신과 가문의 명성과 위신을 제고하고자 했다. 원정으로 프랑스에 어떤 구체적인 이익이 돌아

올지는 그에게 부차적인 문제였다.[22]

물론 샤를 8세가 자신의 개인적인 야망을 전면에 내세우지는 않았다. 샤를 8세가 공식적으로 내세운 명분은 이탈리아를 먼저 평정한 다음 오스만제국으로 십자군원정에 나서겠다는 것이었다. 이탈리아 땅으로 들어설 때 그의 왕기(王旗) 중 하나에는 '신의 뜻, 신이 보내신(Volutas Dei, Missus ex Deo)'이라는 문구가 새겨졌다. 신하들은 그를 제2의 '샤를마뉴 대제'로 칭송하기도 했다.[23] 하지만 오스만제국에 대한 십자군 원정은 동시대인들이 보기에도 실현 가능성이 극히 희박한 목표였다.

샤를 8세가 실제로 최종 목표로 삼은 것은 나폴리 왕국을 차지하는 것이었다. 당시 나폴리 왕국은 스페인 아라곤가의 통치를 받고 있었다. 샤를 8세는 나폴리왕국이 과거 프랑스 왕가의 방계가문인 앙주(Anjou)가의 통치를 받았다는 역사적 사실을 나폴리에 대한 권리의 근거로 내세웠다.[24] 물론 그러한 권리의 근거가 확실하지는 않았다. 1480년 르네 1세(René d'Anjou)의 죽음으로 앙주가의 대가 끊기기는 했지만, 샤를 8세가 앙주가의 나폴리 왕국에 대한 권리를 계승했다고 주장하기에는 혈연적 거리가 너무 멀었다.

그렇다고 샤를 8세가 터무니없이 자의적인 주장을 내세웠던 것은 아니다. 이미 13세기 말과 14세기 초부터 프랑스의 왕들은 이런저런 근거로 이탈리아 내정에 간섭해왔다. 이탈리아의 도시국가들도 그들 간의 세력다툼에서 종종 프랑스의 도움을 구하기도 했다. 백년전쟁 이후 왕국의 내정을 공고하게 하기 위해 대외 문제에서 신중한 태도로 일관한 샤를 8세의 전임자인 루이 11세 역시 간접적인 방식이긴 하지만 이탈리아에 대한 개입을 중단하지 않았다. 대규모 군대를 동원하여 나폴리 왕국을 직접 합병하겠다는 목표를 세웠다는 점에서 샤를 8세의 시도는 전례가 없었지만, 그의 원정이 거의 200여 년 동안 이어져온 프랑스 대외정책의 전

통에서 완전히 벗어난 것은 아니었다.[25]

이탈리아 원정의 이러한 이유들은 '근대적'인 것과는 거리가 멀었다. 즉, 주변 국가와의 관계에서 자국의 이익을 냉철하게 성찰한 결과에서 나온 정책과는 거리가 멀었다. 그 대신 국왕을 비롯하여 원정에 참여한 이들의 개인적인 영광, 왕조적 이해관계가 전면에 부각되었다. 이는 샤를 8세의 뒤를 이어 프랑스 왕위에 오른 루이 12세(r.1498~1515)의 이탈리아 원정, 그리고 프랑수아 1세(r.1515~47)의 재위 초반에 이루어진 원정도 마찬가지였다.

혹자는 프랑스의 정책이 정치적 분열로 인해 '힘의 공백' 상태로 남아 있는 이탈리아에 개입하여 경쟁국의 영향력 확대를 차단하고 자국의 국제정치적 위상과 안보를 공고히 하는 데 있지 않았겠느냐고 추측할지도 모르겠다. 하지만 당시의 국제정치적 상황을 고려할 때 프랑스가 굳이 많은 비용을 들여 그렇게 행동해야 할 이유를 찾기는 어렵다. 물론 대륙 지배에 대한 야심을 완전히 포기하지 못한 영국의 헨리 7세(r.1485~1509),[26] 부르고뉴 공국의 후계자인 아내가 죽자 어린 아들을 대신하여 네덜란드를 실질적으로 통치하게 된 독일 신성로마제국의 황제이자 오스트리아 대공 막시밀리안(r.1486~1519), 그리고 카스티야-아라곤 연합왕국의 공동 통치자 이사벨(r.1474~1504)과 페르난도(r.1474~1516) 등은 잠재적으로 프랑스에 심각한 위협을 가할 능력을 갖추고 있었고, 또 때때로 이들과의 사이에서 이해관계의 충돌이 벌어지기도 했다. 특히 부르고뉴와 브르타뉴를 해체하고 흡수하는 과정에서 프랑스와 이들 간의 관계가 악화되었다.[27] 하지만 1494년 당시에는 이들이 프랑스를 공공연히 적대시할 이유를 찾기 어려웠고, 설령 그렇다 하더라도 이탈리아 원정은 그러한 위협에 대한 해결책이 될 수 없었다.

그렇다면 1494년을 근대적인 국제정치의 출발점으로 잡는 이유는 무엇인가? 크게 3가지 이유를 들 수 있다. 첫째, 샤를 8세의 이탈리아 원정은 '근대국가'로서의 프랑스가 벌인 첫 번째 대규모 군사작전이었다. 물론 프랑스에서 근대국가 건설이 완료된 시점을 특정하기는 어렵다. 하지만 앞서 살펴본 이유들로 인해 1494년 무렵의 프랑스는 '완연하게' 근대국가로서의 모습과 역량을 갖추고 있었다. 둘째, 비록 '전근대적' 혹은 '중세적'인 동기에서 비롯되었을지언정 프랑스가 이탈리아에서 일으킨 전쟁은 적어도 그 외관에서는 근대국가의 전쟁이 어떤 것인지 극명하게 드러내 보여주었다. 특히 수 세기 동안 사분오열된 채 치열하게 세력다툼을 벌이던 이탈리아 도시국가들은 최첨단 무기로 무장한 프랑스군의 위용에 큰 충격과 함께 깊은 인상을 받았다.

셋째, 이탈리아전쟁은 1516~19년을 전후하여 모습을 드러낸 카를 5세의 합스부르크제국과 프랑스의 세력다툼으로 확대되었다. 카를 5세는 이탈리아에서 프랑스의 세력이 확장되는 것을 차단하기 위해 전쟁에 개입했고, 두 나라 사이의 대결은 곧 이탈리아를 넘어 서부 독일, 네덜란드 등지로 확산되었다. 앞으로 좀 더 상세히 살펴보겠지만, 프랑스와 합스부르크의 대립은 근세 초 유럽 국제정치의 중심축이었다.[28] 프랑스와 합스부르크 스페인 사이의 세력다툼은 적어도 피레네 조약이 체결된 1659년까지, 혹은 스페인에서 합스부르크에 의한 왕위계승이 중단되고 프랑스 루이 14세의 손자 필리프가 스페인 왕위에 오른 1700년까지 계속되었고, 프랑스와 합스부르크 오스트리아와의 세력다툼은 1750년대 두 나라가 과거의 적대관계를 청산하고 동맹을 체결한 이른바 '외교혁명'이 일어날 때까지 계속되었다.

☆☆☆☆☆

이탈리아전쟁은 워낙 복잡한 양상으로 전개되어 그 진행상황을 일일이 설명하기는 어렵다. 오랜 기간 프랑스를 비롯하여 여러 주변국이 개입했을 뿐만 아니라 밀라노, 베네치아, 피렌체 등 수많은 이탈리아 국가가 '합종연횡'하면서 전쟁에 참여했다. 여기에서는 '근대적인 국제정치체제의 출현'이라는 점을 염두에 두고 전쟁의 전개과정을 간략히 살펴보도록 한다.

1494년 8월 프랑스의 샤를 8세는 16,000~18,000여 명의 병력을 이끌고 알프스를 넘어 이탈리아로 진입해 들어갔다. 다음 해 2월 나폴리에 입성할 때까지 프랑스군은 전투다운 전투를 치를 필요가 없었다. 몇몇 도시가 성문을 걸어 잠그고 저항하기는 했지만, 프랑스군의 규모와 효율성 앞에 오래 버티지 못했다.[29] 프랑스군은 나폴리 왕국도 특별한 노력을 들이지 않고 쉽게 점령했다. 아라곤가 출신의 나폴리 국왕이 인근 섬으로 피신한 가운데 약 3주간의 포위전 끝에 나폴리시가 함락되었다.[30] 이 과정에서 프랑스군이 사용한 화포의 위력은 이탈리아인에게 깊은 인상을 남겼다. 당대의 이탈리아 역사가 프란체스코 귀치아르디니(Francesco Guicciardini)는 프랑스군의 화포가 이탈리아에서 사용된 화포와 비교할 때 보병과 동시에 이동할 수 있을 만큼 가벼우면서도 크고 무거운 포탄을 발사할 수 있다고 적었다. 그는 포탄을 정확하고 빠르게 장전하는 프랑스 포병의 능력에도 감탄을 표시했다.[31]

이전부터 아라곤이 통치한 나폴리 왕국의 세력 확대를 경계해오던 이탈리아의 주요 도시국가들은 프랑스의 침공 계획이 알려졌을 때 중립적인 태도를 취하거나(베네치아 공화국, 교황령), 아라곤가의 나폴리 왕국을 지지하거나(피렌체 공화국), 적극적으로 프랑스 편에 섰다(밀라노 공국). 밀라노 공국의 실력자 루도비코 스포르차(Ludovico Sforza)는 프랑스의 침공을 기회 삼아 밀라노에 대한 아라곤의 영향력을 제거하고 명목상의 통치자인 자신의 조카를 대신해서 지배자의 지위에 오르려 시도했다.[32] 하지만 막상 샤를 8세의 원정이 전례 없이 대규모로 이루어진다는 사실이 알려지자, 그리고 원정이 누구도 예상치 못한 성공을 거두자 밀라노를 포함하여 베네치아, 교황령 등 이탈리아 국가들은 프랑스를 견제하기 위해 힘을 합쳤다. 여기에 아라곤의 페르난도, 독일의 막시밀리안도 가세했다. 1495년 5월 병력 일부를 나폴리에 남겨두고 프랑스로 귀환하는 샤를 8세의 프랑스군과 밀라노-베네치아 연합군이 로마냐 지방의 포르노보(Fornovo)에서 충돌했다. 포르노보 전투는 이탈리아전쟁의 첫 번째 대규모 전투였다. 이 전투에서 수적으로 우세한 이탈리아 연합군은 화력에서 우위를 보인 프랑스군에 맞서 대등한 싸움을 벌였다. 이탈리아 연합군은 프랑스군보다 더 큰 피해를 입었지만, 이탈리아인의 입장에서는 프랑스인에게 "이탈리아에 그들과 맞설 군사력이 존재한다는 사실"을 알게 한 것만으로도 만족스러웠던 전투였다.[33] 포르노보 이후 프랑스군은 서둘러 이탈리아를 떠났고, 곧이어 나폴리 왕국에 남아 있던 프랑스인도 철수했다.[34]

결국 당시로서는 엄청난 비용이 소요된 이탈리아 원정은 프랑스에 별다른 이득을 남기지 못하고 끝을 맺었다. 이득은커녕 스페인, 독일 등 주변 국가들의 프랑스에 대한 경계심만 높이는 결과를 초래했다. 하지만 샤를 8세는 이탈리아 진출에 대한 꿈을 포기하지 않았다. 그리고 이 꿈은 1498년 그가 사망한 후 프랑스 왕위를 계승한 루이 12세와 프랑수아 1세에게로 이어졌다. 1494년 원정에 참여한 루이 12세는 왕위에 오르자마자 전쟁준비에 돌입했다. 이번 원정의 목표는 나폴리 왕국이 아니라 밀라노 공국이었다. 루이 12세는 베네치아와 동맹을 맺고 1499년부터 1500년에 걸쳐 밀라노를 협공했다. 루도비코는 밀라노에서 도망쳤고, 루이 12세는 밀라노 공작 자격으로 도시에 입성했다. 단기간에 종식된 나폴리 왕국에 대한 지배와 달리 밀라노 지배는 비교적 체계적으로 장기간 진행되었다. 더욱 효과적인 통치를 위해 왕의 최측근이 총독으로 파견되었고, 주요 관직이 프랑스인으로 채워졌다.[35]

하지만 얼마 지나지 않아 루이 12세는 치명적인 실수를 저질렀다. 정확히 알기 어려운 이유에서 아라곤의 페르난도와 나폴리 왕국을 분할하기로 합의한 것이다. 이 합의에 따라 1501년 양국 군대는 공동으로 왕국을 점령했지만, 곧 양자 사이에 분란이 발생했고, 일련의 군사 대결에서 화승총으로 무장한 보병부대(arquebusiers)를 효과적으로 활용한 아라곤군이 수적으로 우세한 프랑스군에 승리를 거뒀다.[36] 결국 루이 12세는 왕국을 아라곤에 넘겨주고 나폴리에서 철수했는데, 이로써 이후 수 세기 간 지속될 스페인의 이탈리아 지배의 단초가 마련되었다.[37] 나폴리 왕국을 장악한 아라곤은 1511년 베네치아, 교황령과 반프랑스 동맹을 결성했고, 이어진 전투에서 다시 한번 프랑스에 승리를 거뒀다. 이에 루이 12세가 밀라노에서 철수하기로 결정함으로써 프랑스의 두 번째 이탈리아 원정도 막을 내렸다.[38]

루이 12세는 1513년 다시 한번 밀라노 정복을 목표로 이탈리아를 침공했지만, 밀라노와 연합한 스위스 보병부대에 막혀 뜻을 이루지 못했다.[39] 루이 12세는 1515년에 사망했고, 이탈리아 정복의 꿈은 그의 후임자에게 계승되었다. 루이 12세의 뒤를 이어 왕위에 오른 프랑수아 1세는 지체 없이 이탈리아 원정에 착수했다. 프랑스의 침공에 직면하여 교황과 아라곤, 밀라노, 스위스, 그리고 신성로마제국의 막시밀리안 1세까지 포함하는 동맹이 결성되었지만, 이번에는 프랑스군이 마리냐노(Marignano) 전투에서 스위스군에 승리를 거두면서 밀라노가 프랑수아 1세의 수중에 떨어졌다.[40] 하지만 이번에도 프랑스의 밀라노 지배는 오래 지속되지 못했다. 1519년 독일의 막시밀리안 1세가 사망하고 그의 손자인 카를 5세가 오스트리아 대공 자격으로 신성로마제국의 황제로 선출되었기 때문이다. 이제 프랑스는 이전에는 보지 못했던 막강한 적을 상대해야 했다. 이탈리아는 프랑수아 1세의 프랑스와 카를 5세의 합스부르크제국이 서로 힘을 겨루는 장이 되었다.

2

합스부르크제국의 등장과 이탈리아전쟁의 확대

카를 5세를 수장으로 하는 합스부르크제국의 출현은 유럽 근대국제정치사에서 결정적인 사건이었다.[41] 1519년 이후 프랑스를 비롯한 거의 모든 국가의 관심은 합스부르크제국이 지나치게 강대해지는 것을 막는 데 집중되었다. 합스부르크제국의 출현에 필연적인 것은 아무것도 없었다. 카를 5세는 유럽의 여러 지역에 걸친 광대한 영토의 지배자가 되었는데, 그 모든 영토를 상속으로 물려받았다. 그리고 그 상속도 의도한 것이 아니라 거의 전적으로 우연의 산물이었다.[42]

아버지 필리프의 이른 죽음으로 과거 부르고뉴 공국의 일부였던 네덜란드와 프랑슈-콩테(Franche-Comté)를 물려받게 된 카를은 1516년에는 카스티야와 아라곤으로 구성된 스페인의 지배자가 되었고, 1519년에는 조부의 뒤를 이어 신성로마제국의 황제로 선출되었다. 이제 그는 네덜란드와 프랑슈-콩테, 포르투갈을 제외한 이베리아반도 전역, 사르데냐, 시칠리아와 나폴리 왕국, 오스트리아 대공국과 독일 남서부에 위치한 합스

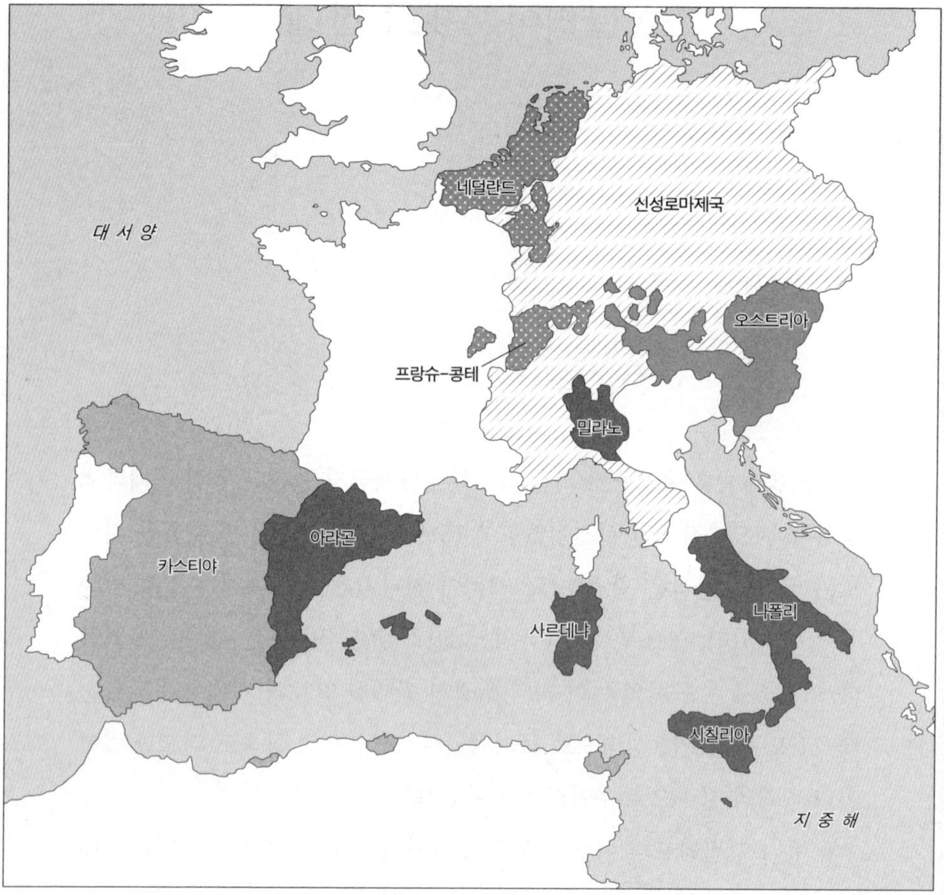

카를 5세의 합스부르크 제국(1519~56)

부르크가의 오래된 영지들의 통치자가 되었다. 여기에 더해 신성로마제국의 황제로서 독일 지역에 위치한 300여 개의 영토제후국(Fürstentümer)과 제국시(Reichsstädte)의 수장이 되었다. 비록 이 제후국과 도시들이 정치적으로는 독립국가나 다름없었으므로 카를 5세가 이들을 실질적으로 통치할 수는 없었지만, 지위에 따르는 명예를 가장 중요시했던 당시 분위기에서 황제의 직위를 차지하는 것만으로도 상당한 영향력의 원천이 될 수 있었다.

여기에서 합스부르크제국이 근세 초 유럽에 고유한 정치적 · 제도적 특성을 지녔음을 지적할 필요가 있다. 합스부르크제국은 '연합왕국(composite monarchy)'이었다. 연합왕국은 한 명의 군주에 의해 통치되는 둘 이상의 영토로 구성되었다. 연합왕국을 구성하는 여러 영토를 하나로 묶는 것은 군주뿐이었다. 군주를 통하지 않고 영토와 영토를 직접 연결하는 제도나 유대관계는 존재하지 않았다. 합스부르크제국의 경우 스페인과 네덜란드, 밀라노와 나폴리 등은 모두 통치자가 카를 5세라는 것 이외에 다른 어떤 공통점도 없었다. 카를 5세가 스페인의 카스티야를 통치 기반으로 삼았고, 카스티야인을 총독으로 임명하여 여러 영토에 파견했지만 카스티야 혹은 스페인이 네덜란드와 밀라노를 지배한 것은 아니었다. 네덜란드와 밀라노는 카스티야나 스페인이 아닌 카를 5세의 권위에 복종했다. 부분적으로 이러한 이유로 인해 연합왕국의 통치자는 각 영토에 상당한 정도의 자치권을 부여했다. 국가에 대한 국가의 지배가 아니라 통치자 개인의 지배여서 각 영토의 정치적 실력자들과 신분제의회(estates, Stände)의 도움을 받지 않고서는 통치가 불가능했다. 여기서 중요한 한 가지는 통치자가 각 영토에 부여한 자치권의 내용이 서로 조금씩 차이를 보였다는 점이다. 이는 통치자가 각 영토에 동일한 자치권을 일률적으로 부여하는 대신 정치적 실력자들과 신분제의회와의 개별 협상을 통해 그 구체적

인 내용을 결정했기 때문이다.[43]

정도의 차이가 있기는 하지만 합스부르크제국뿐만 아니라 프랑스, 영국 등 근세 초 유럽의 거의 모든 국가는 연합왕국이었다. 이는 근세 초 유럽의 경제적 · 기술적 수준을 생각해보면 자연스러운 현상이었다. 하지만 연합왕국은 '원칙' 문제이기도 했다. 근세 초 유럽은 각 지역과 집단이 지닌 전통과 특권이 최대한 존중되고 보존되어야 한다는 보편적 규범이 지배하는 사회였다. 연합왕국의 통치자들은 종종 이러한 전통과 특권이 권력을 효과적으로 행사하는 데 방해가 된다는 사실을 발견하고 이를 극복하려 하기도 했지만, 자신의 통치자로서의 권한 역시 궁극적으로는 그러한 전통과 특권에 근거함을 잘 알았으므로 가능한 한 이를 존중하려 했다. 이는 합스부르크제국도 마찬가지였다. 쾨니히스베르거의 표현을 빌리면 연합왕국 군주로서의 카를 5세는 "알렉산더 대왕이나 나폴레옹이 아니라 그가 상속받은 여러 영토의 법률과 관습을 존중하기로 서약했다는 점에서 정통성을 인정받은 세습군주"였다.[44]

카를 5세는 스페인과 독일의 지배자가 되고 난 후 최우선적으로 밀라노를 차지한 프랑스를 이탈리아에서 몰아내고자 했다. 사실 프랑수아 1세의 입장에서 합스부르크제국의 등장은 생각할 수 있는 최악의 시나리오가 현실화된 것과 다름없었다. 그 이전까지 프랑스가 이탈리아로 진출하는 데 가장 큰 걸림돌이던 아라곤의 페르난도와 독일의 막시밀리안 양자의 힘이 한데 합쳐진 것이다. 게다가 카를 5세의 합스부르크제국은 당시 유럽에서 가장 부유한 지역 중 하나였던 네덜란드, 그리고 넓은 영토와 많은 인구를 보유했을 뿐만 아니라 강력한 군대를 거느린 카스티야를 포함했다. 이제 프랑스는 대서양과 지중해에 면한 해안선을 제외하면 왕국의 거의 모든 국경선에서 단 한 명의 통치자가 다스리는 영토와 접하게 되었다. 마치 합스부르크제국이 프랑스를 둘러싼 것과 같은 형국이었다.

이러한 상황에서 이탈리아전쟁은 서유럽 전역에 걸쳐 벌어진 양국 간 세력 다툼의 일부가 되었다.

신성로마제국 황제라는 지위는 카를 5세에게 프랑스의 밀라노 지배에 개입할 명분을 제공했다. 중세 이래 신성로마제국의 황제들은 밀라노를 포함한 이탈리아 북부를 제국의 일부, 즉 황제의 봉토로 간주해왔기 때문이다. 비록 오랜 기간 이 지역의 도시국가들이 정치적으로 독립적인 지위를 누려왔지만, 신성로마제국의 황제들이 자신들의 권리를 공식적으로 포기한 적은 없었다.[45] 따라서 프랑스의 프랑수아 1세가 카를 5세의 승인을 얻지 않고 이 지역을 무단으로 점령한 것은 황제와 신성로마제국의 권위에 대한 도전으로 간주할 수 있었다.[46] 더군다나 지리적으로 밀라노는 카를 5세의 합스부르크제국 한가운데 위치해 있었다. 밀라노에 대한 프랑스의 지배가 계속되면 제국을 유지하는 것 자체가 어려워질 가능성이 다분했다.[47] 이와 함께 프랑스는 여전히 나폴리 왕국에 대한 영유권 주장을 포기하지 않고 있었다. 카를 5세는 이러한 상황을 묵과할 수 없었다.

먼저 행동에 나선 것은 프랑스의 프랑수아 1세였다. 프랑스는 카스티야에서 주요 도시와 귀족들이 일으킨 반란으로 카를 5세의 주의가 분산된 틈을 타서 1520년 대서양에 접한 프랑스-스페인 국경지대에 위치한 나바라(Navarra), 그리고 프랑스와 독일 사이에 위치한 룩셈부르크를 공격했다. 하지만 카를 5세는 이를 성공적으로 격퇴했다. 카를 5세는 1521년과 1522년 반격에 나섰다. 그는 프랑스를 공격하여 투르네(Tournai)를 빼앗았고, 이탈리아를 침공하여 밀라노에서 프랑스군을 몰아내는 데 성공했다. 카를 5세는 여세를 몰아 프랑스 국경을 넘어 프로방스를 침공했고, 한때 툴롱(Toulon)을 점령하기도 했다. 프랑수아 1세는 이듬해 바로 반격에 나섰지만 1525년 2월 파비아(Pavia) 전투에서 프랑스군은 대패했고, 국왕 자신은 전투 중에 사로잡혀 포로의 몸이 되었다. 여기에 더해 영국의 헨리 8세(Henry Ⅷ, r.1509~47)가 카를 5세와 동맹을 체결하고 프랑스 북부를 침공하여 한때 파리를 위협하기도 했다.[48]

프랑스는 절체절명의 위기에 빠졌지만, 곧 반전의 계기를 잡았다. 과거 이탈리아에서 프랑스의 힘이 강성했을 때 이탈리아의 주요 도시국가들과 아라곤, 막시밀리안 등이 반프랑스 동맹을 체결했듯이 이번에는 카를 5세를 견제하기 위한 반합스부르크 동맹이 프랑스와 영국, 베네치아, 피렌체, 교황령 사이에 결성되었다(1526년 5월). 카를 5세에 의해 밀라노에 대한 통치권을 부여받은 프란체스코 스포르차(Francesco Sforza)도 그를 배신하고 동맹에 가담했다. 1527년 5월 카를 5세의 군대가 로마를 점령하는 과정에서 성당과 수도원, 고위 성직자의 저택 등을 약탈한 사건이 발생하자 프랑스와 영국은 이에 대한 응징을 명분으로 삼아 카를 5세에 대한 전면전을 선포했다. 프랑스는 밀라노를 다시 손에 넣는 데 성공했고, 한때 나폴리 왕국을 위협할 만큼 전쟁을 우세하게 이끌었지만, 이후 다시 합스부르크군의 위세에 밀려 수세에 처하게 되었다. 이에 프랑수아 1세는 카를 5세에게 전쟁 중단을 요청했다. 1529년 8월 체결된 캉브레(Cambrai) 조약은 사실상 합스부르크의 승리였다. 프랑스는 이탈리아에서 철수하는 동시에 그동안 미루어온 프랑수아 1세의 몸값을 지급하는 데 합의했다. 이제 합스부르크는 이탈리아에서 확고한 패권을 장악하게 되었다. 카를 5세는 한편으로는 끝도 없이 계속되는 전쟁으로 국가재정이 잠식되는 상황을 방치하기 어려웠고, 다른 한편으로는 헝가리와 지중해에서 공세를 강화하는 이슬람 세력에 대응하고, 독일에서 세력을 넓혀나가는 프로테스탄티즘에 대처하기 위해 프랑스와의 싸움을 중단하기로 결정했다.[49]

캉브레 조약 체결로 양측 사이에 평화로운 시기가 도래했지만, 얼마 못 가 싸움이 재개되었다. 1536년 프랑수아 1세는 밀라노의 프랑스 귀속을 요구하며 이탈리아와 프랑스 국경 사이의 사보이아(Savoia)와 피에몬테(Piemonte) 지역을 침공했다.[50] 이에 카를 5세는 프랑스-네덜란드 국경, 프랑스-스페인 국경, 그리고 프랑스-이탈리아 국경의 세 지역에서 동시에 프랑스를 공격했다. 황제가 직접 이끈 주력군은 사보이아-피에몬테를 수복하는 데 그치지 않고, 국경을 넘어 다시 한번 프로방스 지방을 침공했다가 실패하고 물러나기도 했다. 양측은 1538년 다시 휴전조약을 체결하여 밀라노 문제에 대한 평화적인 해결책을 모색했다. 하지만 1540년 카를 5세가 신성로마제국 황제의 권한을 근거로 자신의 아들 펠리페를 밀라노 공작에 봉하자 이에 격노한 프랑수아 1세는 1542년 황제에 대한 전쟁을 재개했다. 이어진 전쟁에서 프랑스는 프랑스-스페인 국경 부근의 페르피냥(Perpignan)과 룩셈부르크를 침공했고, 밀고 밀리는 싸움 끝에 양측은 1544년 다시 한번 휴전에 합의했다.[51] 이 과정에서 프랑스는 합스부르크의 힘을 분산시키기 위해 오스만제국과 긴밀히 협력했다. 특히 프랑스 정부는 1543~44년 오스만 함대가 툴롱에서 겨울을 나는 것을 허용하여 당대인에게 큰 충격을 주었다. 프랑스 정부는 오스만함대가 항구에 정박해 있는 동안 툴롱 주민에게 도시를 잠시 떠나 있을 것을 명하기도 했다.[52]

1547년 프랑수아 1세의 뒤를 이어 프랑스 왕위에 오른 앙리 2세(r.1547~59)는 부친의 대외정책을 계승하기로 결정하고 1552년 합스부르크와의 전쟁을 재개했다. 당시 카를 5세는 재위기간 전체를 통틀어 가장 심각한 위기에 처해 있었다. 지중해에서 이슬람 세력에게 잇따른 패배를 당했고, 신성로마제국에서는 '슈말칼덴(Schmalkalden) 동맹'과의 전쟁에서 수세에 몰렸다. 앙리 2세는 이러한 틈을 노려 슈말칼덴 제후들과 동맹을 맺고 프랑스-독일 국경지대의 메스(Metz), 툴(Toul), 베르됭(Verdun)을 점령했다.[53] 카를 5세는 곧바로 반격하기로 결정하고 메스 탈환을 위한 군사작전에 나섰다. 전투를 치르기에 적합하지 않은 계절이었고, 메스의 방어시설이 견고하여 기술적으로 공략하기 어려웠으며, 다른 무엇보다 합스부르크제국의 재정이 거의 고갈된 상태였으므로 여동생이자 네덜란드 총독이던 마리아를 비롯한 측근들과 군 지휘관들이 황제를 만류했지만 소용없었다. 실추된 "명예를 회복해야 한다는 황제의 집착이 그의 눈을 멀게 했다."[54] 우려한 대로 메스 공략은 실패로 돌아갔다. 도시에 대한 포위를 계속할 자금이 부족했기 때문이다.[55]

하지만 앙리 2세의 성공은 거기까지였다. 1554년 7월 왕세자 펠리페와 영국 여왕 메리 튜더(Mary Tudor)의 혼인으로 카를 5세는 강력한 반프랑스 동맹을 구축하는 데 성공했다.[56] 이에 위협을 느낀 앙리 2세는 1555년부터 이탈리아에 대한 공세를 강화했지만, 기대했던 만큼의 성과를 거두지 못했다. 1557년 1월 프랑스군은 알프스를 넘어 다시 한번 이탈리아를 침공했고, 이번에는 별다른 저항을 받지 않고 나폴리 왕국의 국경선에 이르렀다. 하지만 1556년 모든 직책에서 퇴임을 선언한 카를 5세에게서 스페인, 네덜란드, 나폴리 통치권을 물려받은 펠리페 2세가 네덜란드에서 군대를 이끌고 프랑스 북부를 침공하여 생캉탱(Saint-Quentin)과 그라블린느(Gravelines) 전투에서 프랑스군에 승리를 거두자 앙리 2세는 이탈리아 철수를 결정했다.[57] 밀고 밀리는, 어느 한편도 전장에서 한번 잡은 우위를 결정적인 승리로 이어가지 못하는 상황이 계속되는 가운데 양측은 다시 한번 휴전협정 체결에 합의했다.

1559년 프랑스와 합스부르크 간에 카토-캉브레지 조약이 체결되었다. 조약에서 프랑스는 밀라노와 나폴리에 대한 주장을 더 이상 제기하지 않음으로써 암묵적으로나마 두 지역에 대한 합스부르크의 권리를 인정했다. 대신 프랑스는 살루초(Saluzzo), 토리노, 피네롤로(Pinerolo) 등 사보이아-피에몬테의 일부 지역과 요새화된 도시를 차지했고, 생캉탱을 돌려받았으며, 다른 무엇보다 1558년 영국으로부터 빼앗은 칼레를 계속 보유하기로 합의했다.[58] 또한 프랑스는 메스, 툴, 베르됭에 대한 권리를 암묵적으로 인정받았다.[59] 굳이 승자를 따져야 한다면 합스부르크를 지목할 수밖에 없지만, 프랑스도 적지 않은 영토를 획득했다.

조약 체결과 함께 마침내 이탈리아전쟁이 막을 내렸다. 1559년에 전쟁이 끝난 데는 몇 가지 이유가 있다. 첫째, 프랑스와 합스부르크 양측의 재정이 더는 견디기 어려울 정도로 고갈되었다. 앙리 2세는 몇 차례에 걸쳐 채무 상환을 연기했고, 일련의 칙령을 발표하여 고이율의 단기채무를 저이율의 장기채무로 전환할 것을 강제하는 등의 조치를 취함으로써 재정상황 악화에 대처하려 했지만, 1556년에는 이자를 지급하지 못했고 그 다음 해부터는 금융가들이 자금을 새로 융자해주지 않았다.[60] 펠리페 2세는 필요할 때마다 아메리카에서 가져오는 은괴를 강제 압류하는 비상조치로 자금 부족에 대처해왔는데, 이것만으로는 부족한 재정을 메우기에 충분치 않다는 사실을 깨닫고 1557년 정부의 모든 채무를 조사하여 정리하게 한 후 카스티야의 조세수입에 할당된 모든 부채를 7.14% 단일 이자의 장기채무로 전환한다고 발표했다. 펠리페 2세의 재위 기간 동안 세 차례(1560년, 1575년, 1596년) 더 반복될 사실상의 파산선언이었다. 하지만 이마저도 약속한 기일 내에 갚지 못할 만큼 합스부르크제국의 재정 상태는 심각했다.[61]

둘째, 프랑스에서 왕권이 크게 약화되었다. 카토-캉브레지 조약이 체결되고 불과 두어 달 후에 앙리 2세가 불의의 사고로 목숨을 잃었다. 그의 뒤를 이어 열다섯 살밖에 되지 않은 왕세자가 왕위에 올랐지만 그 또한 1년여 만에 사망했고, 다시 그의 어린 동생이 왕위를 이었지만 그 역시 24세의 젊은 나이에 숨을 거뒀다. 이 책에서 다루는 전 시기에 걸쳐 왕위가 갑작스럽게 교체되거나 미성년의 왕이 섭정의 도움을 받아 통치하는 기간에는 거의 예외 없이 왕권 약화로 인한 정치적 불안정이 발생하여 국가의 대외적인 활동 능력이 제약되었다.

셋째, 프랑스에서 종교전쟁이 발발했다. 종교전쟁은 부분적으로 군주의 때 이른 죽음으로 초래된 왕권 약화로 촉발되었다. 종교전쟁의 결과 프랑스는 1589년 부르봉가의 앙리 4세(r.1589~1610)가 왕위에 올라 정치적인 안정을 다시 가져올 때까지 국내적으로 큰 혼란에 빠졌다. 반면, 프랑스가 내전에 휩싸인 30여 년 동안 카를 5세의 뒤를 이어 스페인과 네덜란드 그리고 밀라노와 나폴리 등을 통치하게 된 펠리페 2세의 합스부르크 스페인은 타의 추종을 불허하는 강대국으로서 유럽 국제정치를 주도했다. 프랑스만큼 총체적인 위기는 아니었지만, 펠리페 2세 역시 그의 재위 기간 내내 대내외적으로 심각한 도전에 직면했다. 한편으로는 오스만제국과 치열하게 싸워야 했고, 다른 한편으로는 1560년대 네덜란드에서 발발한 대규모 반란을 진압해야 했다. 네덜란드 반란에 대처하는 과정에서 막대한 인적 · 물적 자원이 투입되었다.

이러한 이유로 프랑스-합스부르크 전쟁은 1559년을 기점으로 중단되었고, 1635년까지 두 나라는 비교적 평화적인 관계를 유지했다. 물론 이 기간 동안 두 나라는 전면전을 감행하지 않았을 뿐 가용한 모든 수단을 동원하여 서로를 견제했다. 예컨대 프랑스는 내전으로 국력이 크게 약화된 상태였음에도 반란세력을 지원하기 위해 네덜란드에 병력을 보냈고, 스페인 역시 자국에 우호적인 정치세력을 지원하기 위해 프랑스 내전에 개입했다. 하지만 국내외의 여러 상황으로 두 나라는 전면전을 자제했다. 두 나라는 그들 사이에 전쟁이 다시 발발한다면 이탈리아전쟁 못지않게 길고 치열한 싸움이 되리라는 사실을 잘 알고 있었다. 두 나라는 전면전을 통하지 않고서는 그들 사이의 긴장과 갈등을 해결할 길이 없다는 점이 분명해진 다음에야 전쟁을 결심했다.

★★★★★

1529년 카를 5세는 이탈리아 원정을 떠나기에 앞서 카스티야 평의회에서 행한 연설에서 "돈이 부족하다고 해서 군주가 영웅적인 행동을 취할 기회를 포기하는 것은 매우 비겁한 일이다. 명예의 문제에 관한 한 군주는 자신의 생명뿐 아니라 금고의 돈을 모두 잃을 각오를 해야 한다"라고 말했다. 또한 1543년 슈말칼덴 동맹과의 전쟁을 위해 독일로 향하면서 아들 펠리페에게 남긴 서한에서 "너는 내가 나의 명예를 지키기 위해 싸움터로 떠난다는 사실을 알아야 한다. 명예를 잃는다면 나와 너는 왕국을 다스릴 힘을 잃게 될 것이다"라고 썼다.[62] 카를 5세를 비롯한 당대인들은 프랑스와 합스부르크제국의 전쟁을 두 군주 사이의 '결투'와 유사한 어떤 것으로 인식했다.[63]

하지만 카를 5세와 프랑수아 1세 등은 애초에 군주의 위신과 평판, 군주가 속한 왕가의 이익을 증진하기 위한 목적에서 촉발된 이탈리아전쟁이 1519년 이후 처음과는 다른 성격을 띠기 시작했다는 점을 어렴풋하게나마 인식했던 것으로 보인다. 16세기 유럽의 두 초강대국은 서로에 대해 우위를 차지하거나 적어도 열세에 처하지 않기 위해 끊임없이 도발을 감행했고, 군사력을 동원하여 양자 간 힘의 균형에 영향을 미칠 지역이나 거점을 확보하고자 시도했다. 또한 유럽의 다른 나라들과 동맹이나 이런 저런 방식의 협력체제를 구축하여 상대편을 압박했다. 헨리 8세의 영국이 최우선적인 제휴대상이었고, 이탈리아의 도시국가들도 전쟁의 양상과 각자의 상황에 따라 프랑스와 합스부르크 중 어느 한편과 동맹을 체결했다. 프랑스는 이교도국가인 오스만제국, 그리고 독일의 슈말칼덴 제후국들과도 제휴했다. 요컨대 1520년대 이후 이탈리아전쟁은 현저하게 '근대적'인 성격을 띠기 시작했다.

한편, 카를 5세의 합스부르크제국이 나폴레옹이나 히틀러와 같이 전 유럽을 포괄하는 '제국'의 건설을 목표로 하지 않았음을 기억할 필요가 있다. 카를 5세 치세 초기에 '대상서(Grand Chancellor)'의 자리에 있으면서 그에게 큰 영향력을 행사했던 가티나라(Mercurio di Gattinara)는 '보편왕국(monarchia universalis)' 건설을 합스부르크제국의 통치이념으로 제시함으로써 당대인들에게, 그리고 후세의 역사가들에게 그러한 오해를 불러일으키는 데 일조했다.[64] 하지만 카를 5세가 일반적으로 이해되는 제국의 건설을 의도했던 것으로 보이지 않는다. 그의 치세 전반을 살펴보면 카를 5세는 대외적으로 제국주의 팽창을 도모하기보다는 자신의 연합왕국을 방어하고 유지하는 데 더 많은 힘을 쏟았다.

앞서 지적했듯이 애초에 그의 제국은 군사적인 정복이 아닌 상속으로 성립되었다. 갑작스럽게 대제국의 수장이 된 카를 5세는 이를 효과적으로 통치할 수단을 가지지 못했다. 더군다나 그가 상속받은 영토들은 유럽 전역에 산재되어 있었다. 카를 5세는 재위 기간 거의 대부분을 스페인과 이탈리아, 독일과 네덜란드 사이를 부지런히 오가며 보냈지만, 이러한 방식으로 모든 영토를 효과적으로 통치하는 것은 불가능에 가까웠다. 이러한 상황에서 끊임없이 그를 견제할 기회를 노리는 프랑스 등에 맞서 합스부르크제국을 유지 · 보존하는 것만으로도 벅찬 일이었다. 카를 5세의 대외정책은 기본적으로 수세적 · 방어적이었다. 밀라노 병합이라는 예외가 있기는 했지만, 카를 5세가 그러한 결정을 내린 가장 중요한 이유는 제국의 중심에 위치한 공국을 프랑스가 차지하는 것을 차단하는 데 있었다.

3

스페인의 세기 I

1556년 카를 5세가 모든 직위에서 물러난 후 스페인에서 태어나고 성장한 그의 아들 펠리페는 스페인과 네덜란드, 나폴리와 밀라노를 비롯한 이탈리아 영토들, 프랑스와 스위스 사이에 위치한 프랑슈-콩테, 그리고 아메리카 식민지를 비롯한 해외영토를 물려받았다. 카를 5세는 그의 동생인 페르디난트에게 오스트리아, 보헤미아, 헝가리와 독일 남서부 지역에 산재한 합스부르크 영토들과 함께 신성로마제국 황제 자리를 물려주었다. 이로써 카를 5세의 합스부르크제국은 합스부르크 스페인과 합스부르크 오스트리아로 양분되었다. 이 중 네덜란드, 이탈리아 등 유럽에서 가장 부유한 지역과 방대한 해외식민지를 통치하게 된 합스부르크 스페인의 펠리페 2세는 부친의 뒤를 이어 유럽에서 가장 강력한 군주로 떠올랐다. 그의 오랜 재위 기간(1556~98) 동안 스페인은 유럽 최강국의 지위를 누렸다.

합스부르크 스페인의 근거지는 카스티야(Castilla)였다. 펠리페 2세는 부친과 달리 재위 기간 대부분을 카스티야에 머물렀다. 몇 차례에 걸쳐 네덜란드와 이탈리아를 방문하려는 계획을 세우기도 했지만 모두 무산되었다. 먼저 합스부르크 스페인의 통치기반인 카스티야에 관해 살펴보자.

앞서 지적했듯이 카를 5세의 합스부르크제국이 성립하는 과정에서 가장 결정적인 순간은 네덜란드의 지배자이자 합스부르크가의 후계자인 그의 부친 필리프가 스페인을 상속받게 된 사건이었다. 만약 스페인을 차지하지 못했다면 카를 5세는 네덜란드와 함께 오스트리아, 그리고 독일 남서부에 산재한 영토를 지배하는, 강력하기는 하지만 결코 프랑스 같은 강대국 반열에는 들 수 없는 국가의 통치자로 남았을 것이다. 만약 그랬다면 그가 조부 막시밀리안 1세의 뒤를 이어 신성로마제국의 황제로 선출되는 일도 그리 쉽지는 않았을 것이다. 합스부르크의 스페인 획득은 그만큼 결정적인 사건이었다.

합스부르크 지배가 시작되기 이전 스페인은 그 자체가 연합왕국이었다. 1469년 카스티야의 왕녀 이사벨과 아라곤의 왕자 페르난도가 혼인했고, 이들이 1474년 공동 통치자 자격으로 '카스티야-아라곤 연합왕국'의 왕위에 오르면서 오늘날 우리가 스페인이라 부르는 국가가 탄생했다. 두 사람의 혼인은 아라곤의 후안 2세(r.1458~79)의 계획에 따라 이루어졌는데, 그는 당시 피레네산맥을 넘어 아라곤을 위협하던 루이 11세의 프랑스에 맞설 강력한 국가를 원했다. 형식상으로는 하나의 국가로 통합되었지만, 카스티야와 아라곤은 실질적으로는 별개의 정치단위로 남았다. 이는 카스티야의 귀족들이 두 사람의 혼인에 동의하는 조건으로 페르난도와 아라곤인이 카스티야 내정에 간섭하지 말 것을 요구했기 때문이다. 이사벨 여왕 역시 이들의 의견에 동조했고, 1504년 그녀는 페르난도보다 먼저 세상을 떠나면서 무려 30년 동안 공동통치자 자리에 있던 페르난도가 카스티야 국왕의 자리에서 물러나야 한다는 유언을 남겼다. 페르난도는 딸과 사위에게 카스티야 국왕 자리를 내주었고, 1516년 사망하면서

아라곤의 왕위를 손자 카를 5세에게 물려주었다.[65]

카스티야와 아라곤은 같은 이베리아반도에 위치했지만, 매우 다른 성격의 국가였다. 일단 두 왕국은 크기와 인구수에서 차이가 상당했다. 1492년 이베리아반도에 남아 있던 마지막 이슬람 왕국인 그라나다를 합병한 후 카스티야는 이베리아반도 전체 면적의 3분의 2를 차지했으며, 인구는 대략 600~700만 명 정도였다. 나머지 3분의 1을 포르투갈과 아라곤이 차지했는데, 두 왕국의 인구는 각각 100만 명 정도에 불과했다.[66] 또한 목축업이 발달하고 오랜 기간 '레콩키스타(Reconquista)'에 참여한 경험으로 군사-전쟁 지향적인 지배계층을 가진 카스티야에 비해 아라곤, 그중에서도 카탈루냐는 중세시기에 지중해를 무대로 상업제국을 경영한 경험을 가졌고, 지배계층의 사고방식도 개방적이고 상업적인 경향을 띠었다.

정치적인 측면에서도 두 국가는 차이를 보였다. 카스티야 국왕이 비교적 강력한 권한을 행사한 데 반해, 아라곤 국왕은 법을 제정하거나 세금을 거둘 때마다 신분제의회인 코르테스(Cortes)와 상의하고 이의 동의를 얻어야 했다. 카스티야에도 코르테스가 존재했지만, 아라곤과 달리 카스티야 국왕은 코르테스를 정기적으로 소집할 의무를 지지 않았고, 세금을 징수하기 위해 반드시 이의 동의를 얻을 필요도 없었다.[67] 이러한 차이는 카를 5세와 펠리페 2세의 재위 기간에도 계속 이어져 "16세기의 스페인 왕들은 카스티야에서는 많은 점에서 절대군주처럼 행동할 수 있었으나 아라곤에서는 여전히 입헌군주의 모습"을 취했다.[68]

카스티야와 아라곤은 영토의 구성방식에서도 차이를 보였다. 아라곤은 아라곤과 카탈루냐, 발렌시아의 세 지역을 중심으로 형성된 연합왕국이었다. 1162년 이베리아반도의 북동부 내륙에 위치한 아라곤 왕국과 북동부 해안에 위치한 바르셀로나 백작령이 연합하여 하나의 국가를 이루었고, 여기에 발렌시아 왕국이 추가되었다. 세 나라는 아라곤의 국왕

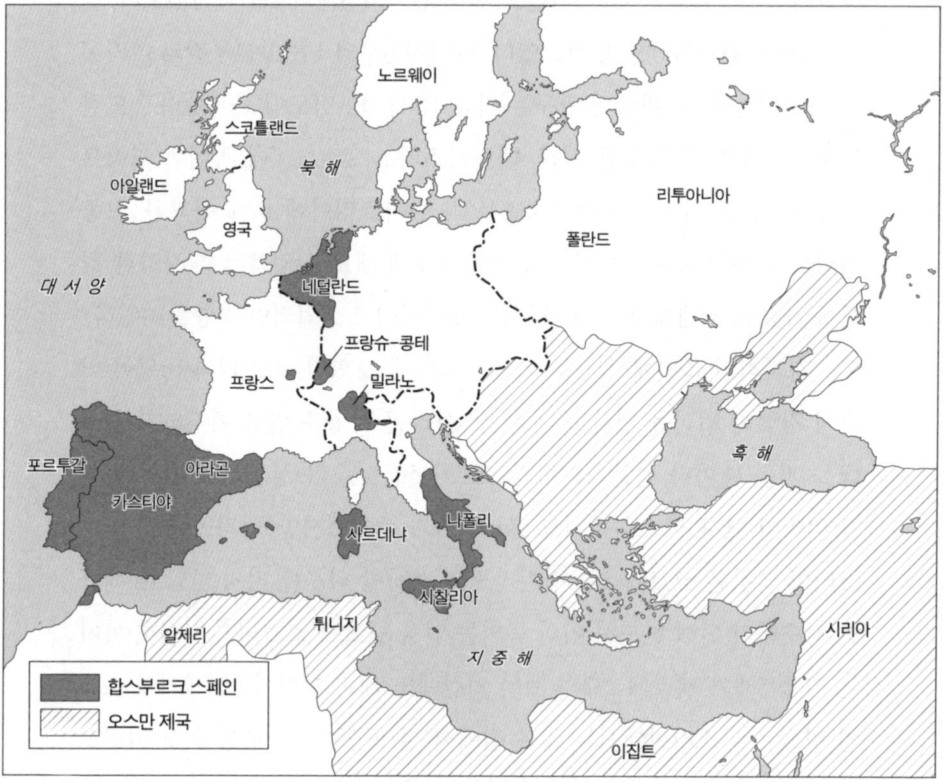

펠리페 2세 치하의 합스부르크 스페인

이 연합왕국의 왕을 겸하도록 했다. 이처럼 하나의 국가를 이루었지만 아라곤, 카탈루냐, 발렌시아는 각자의 코르테스를 유지하는 등 사실상 독립 국가의 지위를 보존했다.[69] 이와 같은 '연방적' 방식의 영토통합은 카스티야의 통합방식과 대조를 이루었다. 1230년의 카스티야와 레온(León) 왕국의 통합은 사실상 후자가 전자에 흡수 · 합병하는 형태로 끝났다. 이후 서(西)안달루시아, 그라나다의 통합도 마찬가지 방식으로 이루어졌다.[70]

1516년 페르난도의 사망으로 카스티야와 아라곤에 대한 통치권을 물려받은 카를 5세는 스페인 역사상 최초로 두 왕국을 동시에 다스리게 되었다. 하지만 카를 5세는 두 왕국을 제도적으로 통합시키려는 어떠한 시도도 하지 않았다. 그는 카스티야와 레온 왕국의 국왕, 아라곤과 시칠리아의 국왕, 바르셀로나 백작이었다. 이는 네덜란드, 나폴리 왕국 등 스페인 이외의 지역에서도 마찬가지였다. 네덜란드에서는 이를 구성하는 17개의 영토 각각이 별개의 정치단위로 간주되었다. 네덜란드에서 카를 5세는 브라반트 공작, 룩셈부르크 공작, 플랑드르 백작, 에노 백작, 홀란트 백작, 제일란트 백작 등이었다. 앞서 지적했듯이 연합왕국의 통치자가 각 영토의 전통과 관습, 제도를 존중한 것은 통치능력의 한계 문제이자 원칙 문제였다.

40여 년의 재위 기간 중 카를 5세가 스페인에 머문 기간은 고작 16년에 불과했다.[71] 하지만 1516년 이래 카를 5세는 스페인, 그중에서도 카스티야를 합스부르크제국의 중심 근거지로 삼았다. 1523년 카스티야의 코르테스에서 자신은 "이 왕국을 다른 모든 영역의 수장"으로 간주한다고 선언하기도 했다.[72] 카를 5세는 제국의 통치를 위해 별도의 '제국정부'를 두지 않고 카스티야 정부가 그러한 역할을 담당하도록 했다. 카스티야 정부조직에서 가장 두드러진 특징은 통치체계가 여러 개의 '평의회(consejo)'를 중심으로 구성되었다는 것이다. 이 평의회는 원래 귀족의 자문을 받기 위한 목적으로 만들어졌지만, 점차 법률을 전공한 실무 관리들을 주 구성원으로 하는 '관료 위원회'로 전환되었다. 평의회의 정점에는 주로 명망 있는 대귀족들로 구성되는 '국가평의회(Consejo de Estado)'가 위치했지만 별다른 역할을 하지 못했고, 대신 '재정평의회(Consejo de Hacienda)', '전쟁평의회(Consejo de Guerra)'가 카스티야뿐만 아니라 제국 전체의 재정, 대외정책, 군사조직 등의 업무를 담당했다.[73]

합스부르크제국의 중심지로서 카스티야의 역할은 펠리페 2세의 재위 기간 중에 더욱 강화되었다. 펠리페 2세는 부친과 달리 재위 초반의 몇 년을 제외하고는 이베리아반도를 떠나지 않았다. 그가 주로 머무른 마드리드는 자연스럽게 카스티야의 수도이자 합스부르크제국의 수도가 되었고, 정부의 높고 낮은 관직이 카스티야인으로 채워졌다. 펠리페 2세는 여러 영토에 파견될 부왕(副王)이나 총독으로도 카스티야인을 중용했다. 그가 임명한 시칠리아 부왕 중 6명이 카스티야 출신이었고, 13명의 밀라노 총독 중 10명이 카스티야 출신이었다. 나폴리 왕국에 파견한 부왕은 단 한 명을 제외하고는 모두 카스티야인이었다. 이탈리아에서 펠리페 2세는 지역 민병대의 지휘관을 해당 지역의 귀족들이 맡도록 했지만 정규군, 특히 정예부대인 '테르시오(tercio)'의 지휘권은 거의 언제나 카스티야인이 행사하도록 했다. 군사요충지에 위치한 요새나 군사기지의 책임자 역시 대부분 카스티야인으로 채워졌다. 이와 같은 카스티야 출신의 중용은 부분적으로 펠리페 2세의 개인적인 성향에서 비롯되었다. 비(非)카스티야 출신으로는 드물게 펠리페 2세에 의해 중용된 그랑벨(Antoine Perrenot de Granvelle) 추기경이 이러한 인사편중의 문제점을 지적하자 펠리페 2세는 자신에 대한 충성심을 확신할 수 없는 이들에게 요직을 내어줄 수 없다는 뜻을 분명히 밝히기도 했다.[74]

하지만 카스티야가 제국 중심지로서의 역할로 혜택과 이익만 얻은 것은 아니며, 상당한 부담과 적지 않은 희생도 따랐다. 다른 무엇보다 카스티야는 합스부르크제국을 재정적으로 지탱해야 했다. 끊임없이 크고 작은 전쟁을 치러야 했던 카를 5세와 펠리페 2세는 만성적인 자금 부족에 시달렸다. 매년 정부 지출은 수입을 몇 배 이상 초과했다. 현실의 어려움을 과소평가하고 기대치를 지나치게 높게 잡는 고질적인 습관 때문에 거의 언제나 실제지출은 예상지출을 훨씬 초과했고, 실제수입은 예상수입에 훨씬 못 미쳤다. 물론 카스티야에는 아메리카의 은(銀)이 있었다. 매년 아메리카로부터 상당한 양의 은이 카스티야에 도착했고, 약 5분의 1이 국고에 귀속되었다.

하지만 통념과는 달리 아메리카로부터 수입된 은이 재정에 그리 크게 기여하지는 못했다. 은 유입량은 1529년부터 급격히 늘어나기 시작했는데, 카를 5세의 재위 기간 중 가장 많은 양의 은이 유입된 1534년부터 1543년까지 정부수입은 은의 유입으로 인해 당시 화폐단위로 한 해 평균 22만 두캇(ducat) 정도 증가했다. 1552년의 메스 공략에 들어간 총 비용이 200만 두캇을 훨씬 상회했다는 점을 감안하면 결코 많은 금액이었다고는 할 수 없다.[75] 16세기 중반에는 수은(水銀)을 이용하여 은을 정제하는 기법이 발견되면서 아메리카 은의 유입량이 극적으로 증가했다. 그 결과 1570년대 후반부터 카스티야의 재정수입 역시 크게 증가해 1571~75년에 390만 두캇에서 1576~80년에 800만, 1581~85년에 910만, 1586~90년에 970만, 1596~1600년에 1,320만 두캇으로 늘어났다. 펠리페 2세는 한 해 평균 200~300만 두캇 정도의 수입을 아메리카 은으로부터 얻을 수 있었는데, 이마저도 늘어난 지출을 감당하기에 충분하지 않았다. 1588년 영국 원정에만 1천 만 두캇이 소요되었다. 펠리페 2세는 재위 후반기에 매년 평균 1,200만 두캇을 지출했다.[76]

합스부르크제국을 재정적으로 뒷받침한 것은 아메리카의 은이 아니라 카스티야에서 징수되는 조세수입이었다. 카를 5세 재위 초반에는 네덜란드와 나폴리 왕국이 가장 중요한 수입원이었다. 1529~33년 네덜란드에서 가장 부유한 지역인 플랑드르와 홀란트에서 들어온 조세수입은 30만 7천 두캇에 이르렀다. 같은 시기 카스티야에서 들어온 수입은 12만 8천 두캇에 불과했다. 카스티야의 절반에도 미치지 못한 인구를 가진 나폴리 왕국 역시 상당한 액수를 제공했다. 하지만 카를 5세 재위 후반에는 카스티야의 재정기여도가 네덜란드와 나폴리를 추월했다. 1549~53년에 플랑드르와 홀란트는 36만 5천 두캇, 나폴리는 26만 1천 두캇, 카스티야는 40만 4천 두캇을 세금으로 징수했다.[77]

네덜란드는 거두어들이는 수입의 거의 대부분을 자체적으로 소진했다. 프랑스, 독일과 국경을 맞대고 있던 네덜란드에서는 요새화된 도시에 병력을 배치하고 유지하는 데 상당한 비용이 소요되었다. 카를 5세 재위 후반에는 카스티야에서 거두어들인 조세수입을 네덜란드를 위한 지출에 '전용'해야 하는 상황이 발생했다. 이러한 추세는 펠리페 2세가 왕위에 오른 후 더욱 강화되었고, 급기야는 1560년대 네덜란드에서 반란이 일어나자 이를 진압하기 위해 카스티야에서 엄청난 자금이 투입되었다.[78]

카스티야에서 카를 5세는 조부모 이사벨과 페르난도가 체계화하고 합리화한 재정제도를 활용할 수 있었다. 중세 시기부터 카스티야에서는 '알카발라(alcabala)'로 불린 판매세가 국왕의 가장 중요한 수입원이었다. 코르테스의 동의 없이 부과된 알카발라는 1429년 징수된 일반세 중 약 80% 이상을 차지했는데, 적어도 16세기 중반까지 이 비율은 대략 60~80% 선에서 유지되었다. 카스티야에는 또한 '세르비시오(servicio)'라고 불린 특별세가 코르테스의 동의를 얻어 부과되었다. 1536년부터는 일반세보다 훨씬 많은 금액의 세르비시오가 징수되었는데, 이는 갈수록 빈번해지고 규모가 커진 전쟁을 위해 많은 재원이 필요해졌기 때문이다. 카를 5세는 귀족에게는 부과되지 않는 세르비시오의 단점을 극복하고자 1538년 코르테스를 소집하여 모든 사람이 동일하게 납부의무를 지는 '시스(sis)'라는 소비세를 부과하려 했다가 거센 반대에 부딪혀 포기하기도 했다. 카를 5세와 펠리페 2세는 카스티야의 가톨릭교회에서도 상당 액수의 세금을 징수했다. 여기에는 교회가 징수하는 십일조의 3분의 1에 해당하는 금액을 국왕에게 납부하는 '테르시아스 레알레스(tercias reales)', 네덜란드 반란 진압에 소요될 경비를 충당하기 위해 1567년부터 징수하기 시작한 '엑스쿠사도(excusado)' 등이 포함되었다. 이와 같이 다양한 수단을 동원하고도 조세수입만으로는 기하급수적으로 늘어나는 재정지출을 도저히 감당할 수 없어 카스티야 정부는 은행가, 자산가들과 '아시엔토(asiento)'라 불린 채무계약을 체결하여 단기융자를 받거나 '후로(juro)'라 불린 채권을 발행하여 일반 투자자에게 판매했다.[79]

카를 5세와 펠리페 2세는 카스티야에서 거둔 돈으로 합스부르크제국을 유지하고 보존했다. 돈의 상당 부분은 카스티야의 이해관계와는 별 상관이 없는 일에 쓰였다. 한 역사가는 "반항적인 태도로 악명이 높았던" 아라곤에 비해 카스티야가 "대부분의 다른 유럽 국가들에 비해 왕의 뜻에 충실하고 다루기가 쉬웠으며, 주민은 왕의 요구에 기꺼이 응하는 편"이었다고 지적하기도 했지만, 이는 사실과 거리가 멀다.[80] 합스부르크는 카스티야에서 전제적인 정부를 운영하지 않았다. 카스티야 역시 합스부르크 연합왕국을 이룬 여러 영토 중 하나였고, 군주는 영토의 전통과 관습, 제도를 최대한 존중해야 했다. 카를 5세와 펠리페 2세는 카스티야의 코르테스와 세금 규모와 징수방식 등을 두고 종종 힘겨운 협상을 벌였다.

카스티야인은 카를 5세와 펠리페 2세의 대외정책에 대해서도 비판적인 태도를 취했다. 특히 네덜란드, 독일, 이탈리아 등지에서 전쟁과 세력 확장에 몰두하느라 정작 카스티야에 직접적인 위해를 끼치는 이슬람 세력의 위협에는 미온적인 대처로 일관하는 데 대해 불만과 불평이 쏟아졌다. 16세기 내내 혹은 적어도 1571년 스페인 함대가 레판토 해전에서 오스만제국에 대승을 거두기 전까지 지중해에 면한 스페인 해안지역은 북아프리카 해안에 근거지를 둔 이슬람 해적들의 약탈로 인해 큰 고통을 받았다. 이 해적들은 오스만제국의 후원을 받아 스페인과 이탈리아의 해안지대에 위치한 크고 작은 도시들과 서지중해를 오가는 상선들을 공격했다.

하지만 카를 5세와 펠리페 2세는 자금과 병력 부족을 이유로 이 문제에 적극적으로 대처하려 하지 않았다. 카스티야에서 걷은 세금은 카스티야를 방어하는 데 최우선적으로 사용되어야 한다는 카스티야인의 요구는 번번이 무시되었다. 이로 인해 카를 5세-펠리페 2세와 카스티야인 사이에 종종 긴장과 갈등이 발생하곤 했다. 결국 카를 5세가 두 차례에 걸쳐 북아프리카 원정에 나선 것은 계속되는 카스티야의 요구를 더 이상 모른 체하기 어려웠기 때문이다. 1535년과 1541년에 카를 5세는 각각 튀니스와 알제를 목표로 한 원정에 나섰고, 튀니스에 대한 공략에서는 대승을 거뒀지만 알제에서는 크게 패했다. 1558년 5월에는 당시 네덜란드에 머무르며 프랑스에 대한 공세를 지휘하던 펠리페 2세를 대신해서 그의 누이동생 후아나가 이끄는 카스티야 정부가 국왕의 승인을 받지 않고 북아프리카 이슬람 세력에 대한 공격을 결정하고 이를 실행에 옮겼다. 이 작전은 실패로 끝났다. 하지만 항명이나 다름없는 카스티야 정부의 독자행동에 펠리페 2세는 카스티야로 복귀하기로 결정했다.[81]

☆☆☆☆☆

앞서 카를 5세 대외정책의 가장 중요한 목표가 합스부르크제국의 유지와 보존이었다는 점을 지적했다. 펠리페 2세 역시 합스부르크 스페인의 여러 영토를 유지하고 보존하는 것을 대외정책의 최우선 과제로 삼았다. 이러한 과제를 달성하는 데 펠리페 2세는 카를 5세에 비해 객관적으로 유리한 위치에 있었다. 우선 1556년 이후 펠리페 2세의 합스부르크 스페인은 카를 5세의 합스부르크제국에 비해 상대적으로 적은 수의 영토를 포함했다. 또한 16세기 전반 합스부르크의 가장 강력한 경쟁상대였던 프랑스가 종교전쟁의 소용돌이에 빠져 결정적으로 약화되었다. 펠리페 2세의 합스부르크 스페인은 프랑스의 견제를 신경 쓰지 않고 필요한 것을 얻기 위해 적극적으로 행동에 나설 수 있었다.

그럼에도 펠리페 2세는 연합왕국을 유지·보존하는 데 힘겨운 시간을 보냈다. 일단 영토의 숫자가 줄어들기는 했지만, 이들을 효과적으로 통치하는 것이 결코 쉽지 않았다. 이베리아반도의 카스티야와 아라곤을 제외하고 유럽 내에서 합스부르크 스페인의 가장 중요한 영토는 네덜란드와 이탈리아에 위치한 밀라노 공국, 나폴리 왕국이었다. 네덜란드와 이탈리아 모두 이베리아반도와 육로로 연결되지 않아서 마드리드의 펠리페 2세가 이 두 지역을 통치하는 데 어려움이 상당했다. 특히 비교적 항해가 용이한 지중해를 사이에 둔 이탈리아와 달리 카스티야에서 거친 대서양을 지나야 도달할 네덜란드는 효과적으로 통치하기가 더욱 어려웠다.

이러한 지리적 거리 문제가 부분적인 원인이 되어 1560년대 네덜란드에서 스페인 통치에 반대하는 반란이 일어났고, 펠리페 2세는 이에 대처하는 데 많은 힘을 소모했다. 근세 초 유럽에서 연합왕국을 구성하는 영토 중 하나가 군주와 그가 이끄는 중앙정부에 반란을 일으키는 것은 드물지 않은 현상이었다. 하지만 여러 유사한 반란 중에서 네덜란드 반란은 특별한 위치를 차지했다. 네덜란드는 16세기 유럽에서 상업적으로 가장 발달한 지역 중 하나였다. 네덜란드인은 상업을 통해 쌓아올린 부를 바탕으로, 그리고 지리적인 이점을 십분 활용하여 오랜 기간 스페인에 강력하게 저항했다. 스페인은 막대한 인력과 재원을 투입하여 반란을 진압하려 시도했지만, 결국 북부 네덜란드의 7개 주가 사실상 독립국가 지위를 쟁취하는 것을 막지 못했다. 펠리페 2세는 남부 네덜란드(지금의 벨기에와 룩셈부르크)를 잃지 않은 것에 만족해야 했다. 근세 초 유럽에서 연합왕국에 대한 지역의 반란이 독립국가의 수립으로 이어진 것은 네덜란드가 유일했다.

애초에 반란은 네덜란드에 대한 스페인 중앙정부의 불공정한 정책을 시정해줄 것을 요구하면서 시작되었지만, 이내 스페인과의 관계 절연을 목표로 하는 독립전쟁으로 진화했다. 이렇게 된 데는 펠리페 2세의 책임도 컸다. 그는 부분적으로는 종교적이고 부분적으로는 전략적인 이유에서, 부분적으로는 자신과 왕조의 명예와 위신을 지키기 위해 재정의 고갈을 감수하면서 반란 이전 상태로 복귀할 목표를 밀어붙였다. 특히 종교개혁으로 사분오열된 기독교 세계를 로마교황을 중심으로 하는 가톨릭 교회 아래 다시 통합하는 것이 자신의 사명이라 믿은 펠리페 2세의 종교적 신념이 협상과 타협을 통한 해결을 어렵게 했다. 물론 펠리페 2세에게 종교적 요인에 대한 고려가 언제나 현실의 전략적 고려보다 더 중요했던 것은 아니다. 하지만 그의 종교적인 열정은 기존 정책에 새로운 힘을 불어넣기도 했고, 또 실현 가능성이 낮은 정책을 고집스럽게 밀어붙이는 행태를 초래하기도 했다.[82]

네덜란드와 함께 스페인 연합왕국을 유지 · 보존하는 데 펠리페 2세가 직면한 또 하나의 장애물은 엘리자베스 1세가 다스린 영국이었다. 영국은 종교전쟁으로 약화된 프랑스를 대신하여 네덜란드 반란세력을 지원하고, 사략선을 동원하여 스페인 선박을 공격하고 나포하는 등 스페인을 견제하는 데 앞장섰다. 1580년 펠리페 2세가 왕가의 대가 끊긴 포르투갈의 왕위를 차지하면서 아시아와 아메리카에 위치한 포르투갈의 막대한 크기의 해외영토가 스페인의 해외영토에 합쳐지자 영국의 스페인에 대한 공세는 더욱 거세어졌다. 급기야는 프랜시스 드레이크(Francis Drake)의 주도로 영국 함대가 스페인 본토의 갈리시아(Galicia) 지방을 공격하여 일부 항구를 점령하는 일까지 벌어졌다. 이에 펠리페 2세는 1588년 막대한 비용과 인력을 투입하여 영국 원정을 감행했다. 하지만 잘 알려져 있다시피 원정은 실패로 끝났다.

통상적으로 스페인의 영국 원정은 유럽을 지배하려는 펠리페 2세의 야심이 원인이 되어 일어난 사건으로 이해되었다. 하지만 펠리페 2세가 영국 원정을 결심하게 된 것은 거의 전적으로 방어적인 목적에서였다. 방어가 대규모 원정 형태를 취한 것은 영국의 도발에 수세적으로 대응하는 것이 공세를 취하는 것보다 재정적으로 부담이 더 클 것으로 판단했기 때문이다.[83] 결국 네덜란드와 영국은 재위 기간 내내 연합왕국을 유지 · 보존하려는 펠리페 2세의 발목을 잡았다. 펠리페 2세는 1580년 포르투갈을 합병한 후 이를 기념하여 주조된 메달의 뒷면에 '세계는 충분하지 않다(NON SUFFICIT ORBIS)'라고 새기게 했다. 하지만 그는 자신이 물려받았거나 정당하게 획득한 것을 지키고 보존하는 것도 결코 쉬운 일이 아니라는 점을 뼈저리게 깨달아야 했다. 이 절의 나머지 부분과 다음 절에서는 네덜란드 반란과 스페인-영국 전쟁에 관해 살펴본다.

☆☆☆☆☆

비록 통치자의 '폭정'에 대한 불만이 원인이 되어 이의 시정을 요구하는 과정에서 일어난 내전의 형태를 취했지만, 네덜란드 반란은 상당한 규모와 강도의 군사력 사용을 수반했다. 근세 초 유럽에서 일어난 어떤 전쟁에도 뒤지지 않을 정도였다. 네덜란드에서 반란이 일어난 일차적인 원인은 칼뱅교의 확산으로 네덜란드인과 스페인 정부 사이에 갈등이 불거졌다는 데 있다. 앞서 언급했듯이 펠리페 2세는 프로테스탄티즘의 확산을 막고 가톨릭교회의 권위를 재정립하는 것을 자신의 소명으로 삼았다. 이를 위해 펠리페 2세는 스페인에 악명 높은 종교재판소를 설치한 뒤 이단을 색출하여 처벌했고, 1560년대에 들어와서는 네덜란드에도 유사한 재판소를 설치할 것을 지시했다. 이에 네덜란드 각지에서 국왕의 종교 정책에 대한 반대의 목소리가 높아졌는데, 이는 대다수 네덜란드인이 칼뱅교로 개종했거나 종교의 자유를 지지했기 때문이 아니라 새로 설치된 종교재판소가 각 도시와 지역이 지켜온 전통적인 특권을 침해하고 도시민의 상업 활동을 저해할 가능성을 우려했기 때문이다.[84]

이러한 상황에서 1566년 300여 명의 무장한 중소 귀족들이 당시 펠리페 2세의 이복동생으로 그를 대신하여 네덜란드를 통치하던 파르마의 마르가리타(Margarita de Parma)를 압박하여 종교재판소 폐지와 반이단법의 완화 약속을 받아내는 사건이 일어났다. 이후 일단의 열성 칼뱅교도가 네덜란드의 주요 도시에서 우상파괴를 명목으로 가톨릭교회의 성상을 파괴하고 제단을 부수는 등의 행위를 자행했다. 그간 서지중해 지역에 대한 오스만제국의 거듭되는 위협에 대처하느라 네덜란드에서의 반역행위에 별다른 조치를 취하지 못하던 펠리페 2세는 마침 오스만 술탄이 헝가리를 공격하던 중 사망했다는 소식이 전해지자 본인이 직접 네덜란드를 방문하여 상황을 '정상화'시키기로 결심했다.[85] 이를 위한 사전 정지 작업의 일환으로 그간 일관되게 강경 대응을 주장해오던 알바 공작(Fernando Álvarez de Toledo, Gran Duque de Alba)을 새로운 총독으로 임명하여 카스티야 출신이 주축이 된 군대와 함께 네덜란드로 파견하기로 결정했다. 펠리페 2세의 지시를 받은 알바는 밀라노에 주둔 중인 1만여 명의 병력과 함께 대륙을 가로질러 1567년 8월 브뤼셀에 도착했다. 이후 알바의 지휘를 받는 병력은 6만 명까지 늘어났다. 하지만 펠리페 2세 본인은 때마침 그라나다에서 일어난 모리스코(Moriscos)의 반란과 오스만제국의 키프로스 침공으로 스페인을 떠날 수 없었다.[86]

매파 중의 매파인 알바를 군대와 함께 네덜란드로 파견하기로 한 결정으로, 그리고 본인은 스페인을 떠나지 않기로 한 결정으로 펠리페 2세는 네덜란드와의 관계에서 '돌아올 수 없는 강'을 건넜다.[87] 알바 공작은 네덜란드에 도착하자마자 특별위원회를 설립하여 반란의 주동자와 동조자를 색출하는 작업에 착수했다. 모두 1만 2천 명의 네덜란드인이 체포되었고, 이 중 1천여 명이 처형되었다. 또한 알바는 군대의 유지비용을 충당하기 위해 10%의 판매세를 신설하여 부과할 것을 발표했다. 그 내용에서 카스티야의 '알카발라'와 크게 다르지 않았지만, 네덜란드인은 이 전례 없는 세금 부과로 그들의 특권과 정치적 독립성이 심각하게 침해되었다고 느꼈다.[88]

알바의 정책은 역효과를 불러일으켰다. 이제 네덜란드 전역에서 칼뱅교도뿐만 아니라 그간 소극적인 태도를 취하던 가톨릭교도도 반란에 동조하기 시작했다. 1572년 4월 1천여 명의 망명객으로 구성된 '바다거지'들이 홀란트의 소도시 브리엘(Brielle)을 점령하자 제일란트의 플리싱언(Vlissingen)과 홀란트의 엥크하위전(Enkhuizen) 등의 도시들이 이들에 대한 지지를 선언하고 나섰다. 같은 해 5월에는 브라반트 출신의 반란군 지도자 오라녜 공 빌렘 1세(Willem van Oranje)를 지원하여 프랑스의 위그노교도로 이루어진 군대가 남부 네덜란드 에노(Hainaut)의 몽(Mons)을 기습 공격하여 함락했고, 2주 후에는 빌렘의 인척인 반 덴 베르크(van den Berg) 백작이 이끄는 반란군이 헬데를란트를 공격하여 주요 거점을 점령했다. 7월에는 오라녜 공 자신이 이끄는 반란군이 독일에서 네덜란드를 침공했다.[89]

네덜란드의 여러 지역 중 반란이 본격화된 후 선봉에 나선 것은 북부에 위치한 홀란트와 제일란트였다. 반란이 일어난 당시까지만 해도 네덜란드의 경제적 · 정치적 중심은 남부에 위치한 플랑드르와 브라반트였다. 홀란트와 제일란트가 반란을 주도한 가장 직접적인 이유는 이 두 영토가 강과 바다로 둘러싸여 있어 수적으로 우세한 스페인군의 공격을 막기에 용이했기 때문이다. '바다거지'가 이 지역에 상륙하고, 오라녜 공이 독일에서 군대를 이끌고 네덜란드를 침공했을 때 이 두 지역을 가장 먼저 장악한 이유가 바로 여기에 있다.

이와 함께 스페인에 대한 반란을 가장 열성적으로 지지한 것은 주로 도시민이었는데, 홀란트와 제일란트가 네덜란드에서 도시화가 가장 많이 이루어진 지역이었다는 점도 두 지역이 반란에서 주도적인 역할을 담당한 이유가 되었다.[90] 이미 16세기 초반에 홀란트 주민 중 도시 거주자의 비율은 당시로서는 매우 높은 수치인 46%에 이르렀다. 플랑드르나 브라반트에는 헨트, 브뤼헤(Bruges), 안트베르펜(Antwerpen) 등 네덜란드에서 가장 큰 도시들이 위치했지만, 전반적인 도시화의 정도에서는 홀란트나 제일란트에 미치지 못했다. 이러한 결과 홀란트나 제일란트에서 도시들은 정치적으로 주도적인 역할을 담당했다. 홀란트 지역의회에서 정책이나 법안을 표결에 붙일 때 도시들은 총 7표 중 6표를 행사했다. 농촌 지역에 근거지를 둔 귀족들에게는 단 1표만이 주어졌다.

플랑드르와 브라반트의 남부 네덜란드 도시들에서는 상업을 통해 부를 쌓은 도시귀족과 길드가 시정에서 주도권을 차지하기 위해 치열하게 경쟁한 데 반해, 홀란트와 제일란트는 이러한 경쟁으로부터 비교적 자유로웠다는 점도 두 지역의 역할을 설명하는 데 중요하다. 스페인에 대한 반란에서 남부 네덜란드의 도시들은 도시귀족과 길드가 서로 다른 입장과 정책을 옹호하는 바람에 저항을 효과적으로 이어나가지 못하는 모습을 종종 보였다. 이에 반해 홀란트와 제일란트의 도시들은 반란의 주요

고비마다 비교적 신속하고 통일적으로 행동에 나설 수 있었다.[91]

1572년 7월 반란 가담을 결정하지 못한 암스테르담을 제외한 홀란트 주요 도시들의 대표들이 도르드레흐트(Dordrecht)에 모여 지역의회를 개최했다. 여기에서 도시대표들은 필요하다고 판단되면 스페인 국왕의 승인을 받을 필요 없이 의회를 개최할 것을 결의하는 한편, 세금징수와 관리, 군대의 동원과 조직에 관한 행정 업무를 담당할 각종 위원회를 구성하고, 지역의회가 홀란트의 종교문제, 대외 정책 등을 논의하고 결정할 권리를 보유한다는 점을 천명했다. 이와 함께 오라녜 공 빌렘에게 홀란트의 '스타드호울더(stadholder)', 즉 '지사(知事)'로서 리더십을 발휘해줄 것을 요청했다. 스타드호울더는 원래 스페인 국왕이 네덜란드 유력자 중에서 임명했다. 홀란트 의회는 이제 국왕을 대신하여 이 관직에 대한 임명권을 행사하기로 결정했다.[92] 사실상의 '제헌의회' 역할을 담당한 이 의회를 계기로 네덜란드연방의 정치적 토대를 놓는 작업이 시작되었다.

북부 네덜란드의 도시들이 이처럼 반란을 '급진화'하자 알바 공작은 홀란트와 제일란트 그리고 브라반트 북부에 위치한 도시들에 대한 공략에 나섰다. 하를럼(Haarlem), 레이던(Leiden) 등 홀란트의 주요 도시들이 스페인군에 함락되었고, 메헬렌(Mechelen), 쥣펀(Zutphen), 나르던(Naarden) 등의 주민은 도시가 함락된 후 알바의 지시에 따른 스페인군에 무참히 학살당했다. 하지만 스페인군의 홀란트와 제일란트에 대한 공략은 곧 한계에 부딪혔다. 이탈리아식 축성술에 따라 건축된 성곽으로 둘러싸인 네덜란드 도시들을 포위하여 함락시키는 데 어마어마한 비용이 소요된 데 반해, 때마침 1571년 레판토 해전에서 크게 패배한 이후 잠시 주춤했던 오스만제국의 공세가 재개됨에 따라 스페인 정부는 네덜란드에 더 이상 군사작전에 필요한 자금을 보낼 수 없게 되었기 때문이다. 1574년 서지중해의 군사요충지인 튀니스와 라골레타(La Goletta)가 오스만군에 함락되고 레이던을 반란군에게 다시 빼앗기자 펠리페 2세는 새로운 네덜란드 총독에게 반란세력과의 협상을 지시했다.[93] 1572년과 1576년 사이에 스페인 정부는 네덜란드와 지중해에서의 전쟁을 위해 총 재정수입의 두 배에 이르는 액수를 지출했다. 펠리페 2세는 스페인이 두 전쟁 중 하나에 집중한다면 어렵지 않게 승리를 거둘 수 있지만, 두 전쟁을 동시에 성공적으로 치르는 것은 불가능에 가깝다는 사실을 잘 알았다. 당시에는 오스만제국과의 싸움이 훨씬 시급한 문제로 인식되었으므로 그는 네덜란드에서 타협을 선택했다.[94] 협상은 1575년 봄 브레다(Breda)에서 진행되었다.

하지만 협상은 얼마 못 가 네덜란드에서 프로테스탄티즘을 관용하는 문제를 둘러싸고 진퇴양난에 빠졌다.[95] 협상이 지지부진해진 사이 1575년 가을 펠리페 2세의 스페인 정부는 1557년과 1560년에 이어 세 번째로 모든 채무에 대한 지급유예를 선언했고, 거듭된 임금 체불로 불만이 극에 달한 네덜란드의 스페인 군대가 안트베르펜에 난입하여 1만 8천 명의 시민을 학살하는 대참사가 발생했다. 이에 그간 스페인에 대한 저항에 본격적으로 참여하기를 주저하던 브라반트를 비롯한 남부 지역마저 반란에 가담했다. 남부 네덜란드의 주민 대다수는 가톨릭교도였다. 1576년 브뤼셀에서 네덜란드의 거의 모든 지역 대표들이 참석하는 '스타텐 헤네랄(staaten general)'이 개최되었다.[96]

하지만 네덜란드 북부 지역과 남부 지역 사이의 협력은 오래 지속되지 못했다. 네덜란드 남부의 에노와 아르투아(Artois), 플랑드르 등은 스페인과 완전히 갈라서자는 북부 지역의 주장에 동의하지 않았다. 이들은 북부 지역이 주도하는 새로운 국가가 가톨릭을 억압하고 프로테스탄티즘을 강요할 가능성을 경계했다.[97] 이러한 상황에서 1577년과 1578년에 걸쳐 펠리페 2세가 임시방편을 동원하여 채무 문제를 해결하고 오스만제국과 전쟁을 일시적으로 중단하기로 합의한 후 네덜란드에 대한 고삐를 다시 죄기 시작하자 남부와 북부 사이의 결속력이 급속히 약화되었다. 파르마 공작(Alessandro Farnese, duque de Parma)이 이끄는 스페인군이 1578년 1월 장블루(Gembloux)에서 벌어진 전투에서 반란군에 승리를 거두고 북쪽으로 진격할 태세를 갖추자 남부 네덜란드는 사분오열되어 반란 대열에서 이탈하기 시작했다. 이에 1579년 홀란트, 제일란트, 위트레흐트(Utrecht), 헬데를란트, 프리슬란트(Friesland) 그리고 흐로닝언시(市)를 제외한 흐로닝언주(州)는 '위트레흐트 연합(Union of Utrecht, Unie van Utrecht)'을 결성했다. 위트레흐트 연합의 결성과 함께 1795년까지 존속하게 될 '네덜란드연방(Republiek der Zeven Verenigde Nederlanden)'이 정식으로 출범했다. 연합 협약서의 서문에서 각 지역의 대표들은 연합을 "영구적으로" 유지하고, 다른 국가와의 관계에서 행동을 통일할 것을 결의했다.[98]

이후 1580년대 중반까지 네덜란드 반란군은 유능한 지휘관이자 전략가인 파르마 공작이 이끄는 스페인군에 밀려 패퇴를 거듭했다. 마침 스페인 정부의 재정에도 한결 여유가 생겨 파르마 공작은 1580년 4만 5천여 명이던 병력을 1582년 6만 1천여 명까지 증원할 수 있었다. 우세한 군사력을 바탕으로 스페인군이 남부와 동부 네덜란드를 '재정복'하기 시작하자 그때까지 남북 네덜란드 간의 종교적 관용에 바탕을 둔 협력을 제창해오던 반란군 지도자 오라녜 공 역시 자신의 주장이 실현될 가능성이 희박함을 절감하고 근거지를 브라반트에서 홀란트로 옮겼다.[99]

네덜란드의 남과 북 분리가 공고해지는 가운데 네덜란드연방은 1590년대부터 반격에 나섰다. 다른 무엇보다 북부 네덜란드의 경제적 여건이 눈에 띄게 호전되었고, 이로 인해 한층 건실해진 재정을 바탕으로 네덜란드연방은 질적 · 양적으로 군사력을 확충할 수 있었다. 그 결과 1588년 2만여 명에 불과하던 병력은 1595년에는 3만 2천 명까지 늘어났고, 네덜란드연방은 헬데를란트, 흐로닝언, 오버레이설(Overrissel), 브라반

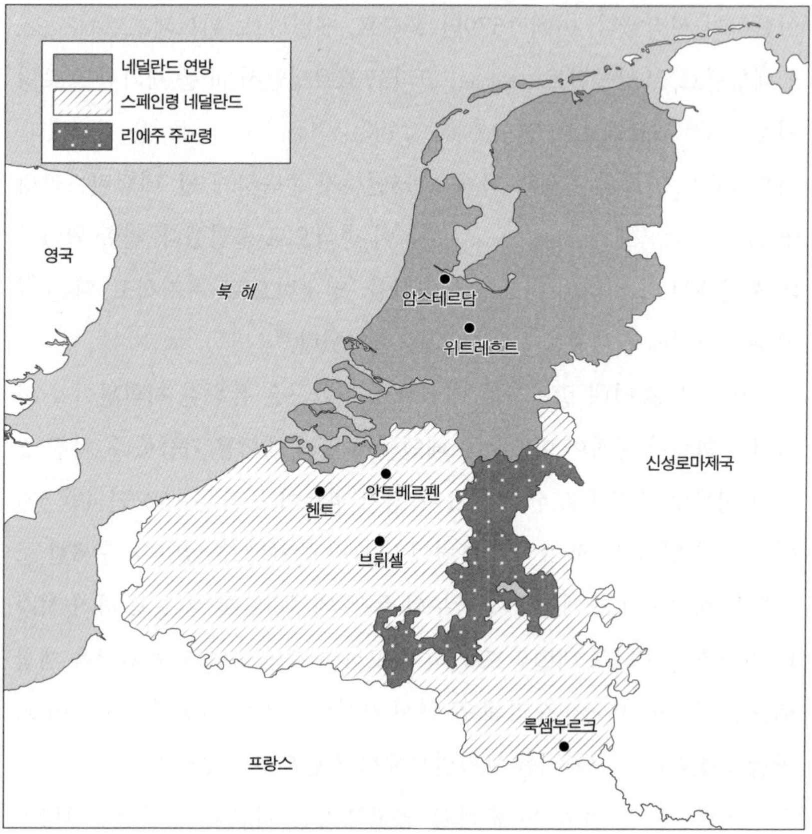

네덜란드 반란(1580년경)

트 북부 등 라인강과 아이설(Ijssel)강, 발(Waal)강 이북의 대부분 지역을 탈환했다. 이 과정에서 총 43개 도시와 55개 요새가 연방 수중에 떨어졌다.[100]

경제상황의 호전 외에도 근세 초 유럽에서 '군사혁명(military revolution)'을 주도한 인물 중 한 명으로 1584년 암살당한 부친 빌렘 1세의 뒤를 이어 스타드호울더의 자리에 오른 나사우의 마우리츠(Maurits van Nassau)의 군사전략가로서 뛰어난 재능도 네덜란드연방의 연이은 승리에 한몫했다. 스페인과 네덜란드연방의 전쟁에서는 유럽의 '최첨단' 군사기술과 전략이 총동원되었다. 당시 유럽 최강이던 스페인군에 맞서 네덜란드인은 '트라스 이탈리엔느(trace italienne)'로 알려진 축성술을 이용하여 요새를 구축하고 도시의 성벽을 쌓았다. 이에 스페인군 역시 성벽을 포위하여 함락시키는 데 필요한 각종 기술과 전술을 개발했다. 스페인군은 1601년부터 1604년까지 무려 3년 넘게 플랑드르의 오스텐데(Ostende)를 포위했는데, 이 포위전은 당대 군사전문가들과 전략가들의 '필수 참관 코스'가 될 정도였다.

놀라운 사실은 불과 150만여 명의 인구를 가진 네덜란드연방이 합스부르크 스페인이라는 당대 최강대국에 맞서 성공적으로 전쟁을 치렀다는 점이다. 1648년 베스트팔렌 평화조약에서 스페인으로부터 독립을 최종적으로 인정받기 전까지 네덜란드연방의 병력규모는 3만 명 이하로 떨어진 적이 없었다. 잠시 동안이기는 하지만 1629년에는 12만 8천여 명의 병력을 거느리기도 했다.[101] 이 외에도 네덜란드연방은 스페인의 침공에 대비하여 연방의 동부와 남부에 수많은 요새로 이루어진 '방어망'을 구축했고, 이를 위해 평시에도 상대적으로 많은 수의 상비군을 유지해야 했다.[102]

네덜란드연방이 이와 같이 큰 규모의 전쟁을 오랜 기간에 걸쳐 감당할 수 있었던 것은 1590년대부터 연방의 경제가 유례없는 호황을 맞이했기 때문이지만, 당시 기준에서 정부재정을 대단히 효율적으로 운용했기 때문이기도 하다. 당시 네덜란드연방 재정수입의 80% 이상이 연방의 7개 주 중 바다에 면한 3개 주(홀란트, 제일란트, 프리슬란트)에서 나왔는데, 이 중에서도 홀란트의 재정기여도가 60% 이상이었다.[103] 홀란트는 세금의 거의 대부분을 직접세에 비해 징수가 용이한 간접세로 거두어들였는데, 특히 물품의 거래에 부과되는 물품세가 중요한 부분을 차지했다. 간접세 징수는 정부관리가 아닌 세금징수청부인에게 맡겼다. 이는 근세 초 유럽 대부분의 국가에서 일반적으로 활용되던 세금징수 방식이었다. 다만 다른 여러 나라에서는 징수청부인의 권한 남용과 부정 · 부패 문제가 심각했고, 심지어 청부인 자리를 세습하거나 권리금을 받고 다른 이에게 넘기는 현상이 빈번하게 발생했지만, 홀란트에서는 다년 계약을 금지하고 거두어들이는 세금의 10% 이내로 수수료를 제한하는 등 청부인에 대한 관리가 비교적 엄격하게 이루어졌다.[104] 또한 홀란트 의회는 조세수입만으로 필요한 예산을 모두 충족하기 어려우면 공채를 발행하여 부족한 수입을 보충했다. 처음에는 부유한 시민에게 공채를 강매해야 했지만, 점차 의회의 보장을 받는 안전한 투자 수단으로 인식되면서 이를 자발적으로 구매하려는 시민의 숫자가 크게 늘어났다.[105]

이와 같이 경제의 호전, 마우리츠의 군사적 재능, 효율적인 재정 운용 등이 1590년대 이후 네덜란드연방이 스페인과의 전쟁에서 연달아 승리를 거둘 수 있었던 이유였다. 하지만 이러한 요인만으로는 네덜란드연방이 거둔 성공을 모두 설명하지 못한다. 연방의 성공은 두 나라 간 관계에서 이제는 당대인들이나 역사가들에게 익숙해진 패턴이 다시 등장한 데 기인했다. 스페인의 힘이 다시 한번 분산된 것이다. 1588년 펠리페 2세는 엘리자베스 1세(r.1558~1603)의 영국을 상대로 전쟁에 돌입했고, 4년 전인 1584년에는 부르봉가 앙리 나바르(Henri de Navarre)의 프랑스 왕위계승을 막으려는 '가톨릭 동맹(Ligue catholique)'을 지원하여 프랑스에 군사적으로 개입하기 시작했다. 스페인의 힘의 분산은 네덜란드연방에 절호의 기회를 부여했다.

4

스페인의 세기 II

튜더 잉글랜드의 대외관계 및 외교정책에 관해 많은 저작을 남긴 원햄(R. B. Wernham)은 1558년 엘리자베스 1세가 영국 왕위에 오른 후 영국과 스페인의 관계가 악화되고, 결국 1585년 드레이크의 갈리시아 습격을 계기로 두 나라 간에 무려 19년에 걸쳐 전쟁이 벌어진 근본 원인을 지정학적인 요인에서 찾았다.[106] 그에 따르면 1559년 카토-캉브레지 조약 체결로 합스부르크 스페인과 프랑스 사이에 불안정하게나마 평화가 찾아온 후 잉글랜드, 스코틀랜드, 아일랜드를 포함하는 영국 제도(諸島)는 두 나라 모두에 지정학적으로 큰 중요성을 지니게 되었다. 프랑스의 입장에서 보면 만일 영국 제도마저 스페인의 영향력 하에 놓이게 되면 이는 곧 "스페인에서 시작되어 발레아레스(Baleares)제도, 사르데냐, 시칠리아, 나폴리 왕국, 토스카나의 몇몇 항구 도시, 파르마, 밀라노, 제노아와 코르시카, 사보이아-피에몬테, 프랑슈-콩테, 네덜란드"로 이어지는 자국에 대한 '포위망'이 완성됨을 의미했다. 반면, 스페인의 입장에서 보면 프랑스가 영국을 장악한다면 영국해협이 가로막혀 네덜란드가 스페인으로부터 고립될 수 있었다. 물론 제노아, 밀라노에서 프랑슈-콩테, 알자스-로렌 지역을 거치는 '스페인 로드(Spanish Road)'가 두 지역을 육로로 연결하기는 했지만, 1559년 조약에서 프랑스에 로렌 지역의 메스, 툴, 베르됭과 이탈리아 북부 피에몬테의 몇몇 요새가 양도되었으므로 이 통로의 안전성을 확신할 상황은 아니었다.

이와 같은 지정학적인 요인에 종교적 · 왕조적 요인들이 더해지면서 세 나라의 관계는 적어도 1598년 스페인과 프랑스 간에 베르뱅(Vervins) 조약, 1604년 스페인과 영국 간에 런던 조약이 체결될 때까지 긴장과 대립, 폭력적 갈등으로 점철되었다. 문제의 발단은 엘리자베스 1세의 종교정책이었다. 즉위 당시 공식적으로 가톨릭교도였던 엘리자베스 1세는 1559년 부친 헨리 8세의 뒤를 이어 '수장령(首長令, Act of Supremacy)'을 반포함으로써 여왕 본인이 잉글랜드와 웨일스, 아일랜드 교회의 '수장(governor)'임을 재확인했고, '통일령(Act of Uniformity)'을 내려 1552년에 제정된 '에드워드 기도서(Edward's Prayer Book)'를 기준으로 영국교회의 예배와 기도, 의식을 통일할 것을 명했다. 이로써 그녀는 에드워드 6세(r.1547~53)의 뒤를 이어 왕위에 올라 영국을 다시 가톨릭 국가로 만들고자 한 메리 1세(r.1553~58)의 노력을 무효로 만들고 프로테스탄티즘이 영국의 국교임을 천명했다.

프로테스탄티즘을 국교로 삼기로 한 엘리자베스 1세의 결정은 스페인과 프랑스에 큰 충격을 주었다. 먼저 스페인의 펠리페 2세가 종교개혁의 모든 성과를 원점으로 되돌리고 가톨릭교를 유럽의 유일 종교로 만드는 것을 신이 자신에게 부여한 사명으로 여겼다는 사실은 이미 언급한 바 있다. 프랑스의 발루아 국왕들 역시 자국 내에서 칼뱅교의 세력 확산에 촉각을 곤두세우던 상황에서 엘리자베스가 프로테스탄티즘을 국교로 선포하자 크게 놀라지 않을 수 없었다. 1559년 앙리 2세가 카토-캉브레지

조약을 서둘러 체결하려 한 이유 중에는 프랑스에서 칼뱅교의 확산을 차단하려는 목적도 포함되었다.[107]

여기에 더해 왕조적 요인이 세 나라 간의 관계를 더욱 복잡하게 했다. 펠리페 2세는 카를 5세의 뜻에 따라 1556년 1월 메리 튜터와 혼인했고, 잠시나마 여왕과 함께 공동 국왕의 자리를 차지했다. 1558년 메리 1세가 사망하자 혼인 전에 체결한 협약에 따라 영국 국왕의 지위를 내려놓아야 했지만, 펠리페 2세는 자신이 '전임(前任) 국왕'으로서 영국 내정에 관여할 권리를 부여받았다고 믿었다.[108] 프랑스와 영국 관계는 상황이 더 복잡했다. 앙리 2세가 불의의 사고로 목숨을 잃은 뒤 그의 아들이 프랑수아 2세(r.1559~60)로 프랑스 왕위에 올랐는데, 그의 왕비는 스코틀랜드 여왕 메리 스튜어트(Mary Stuart, r.1542~67)였다.[109] 문제는 독실한 가톨릭교도이자 친(親)프랑스주의자인 스코틀랜드의 여왕이 엘리자베스 1세가 자손을 남기지 않고 사망하면 최우선적으로 영국 국왕의 자리에 오를 왕위계승 후보라는 사실이었다.[110] 엘리자베스 1세가 프로테스탄티즘을 국교로 선포하자 기즈(Guise) 가문을 필두로 한 프랑스 내 강경 가톨릭 세력과 영국 내 가톨릭교도는 여왕을 폐위시키고 메리 스튜어트가 왕위를 계승해야 한다고 주장하기 시작했다.[111]

이러한 상황에서 엘리자베스 1세는 잇따른 왕위교체와 종교적인 혼란으로 약화된 영국의 국제적 위상을 회복하고자 적극적인 대외정책을 추진하기 시작했다. 특히 엘리자베스 1세는 프랑스와 스페인 사이에서 영국의 독립성을 다시 주장하고자 했다. 먼저 엘리자베스는 프랑스의 간섭을 배제하는 데 힘을 집중했다. 1559~60년 영국은 스코틀랜드에서 프로테스탄트교도의 반란이 일어나자 군대를 보내 메리 스튜어트를 지원하기 위해 파견된 프랑스군을 몰아냈다. 1562~64년 영국은 위그노의 프랑스 정부에 대한 저항을 지원한다는 명목으로 노르망디에 군대를 상륙시켰다. 영국의 의도는 노르망디의 르아브르(Le Havre)를 점령하여 이를 지난 1558년 프랑스에 빼앗긴 칼레(Calais)를 되찾기 위한 협상수단으로 활용하는 데 있었다. 하지만 이러한 사실을 뒤늦게 깨달은 위그노가 영국과의 협력을 포기함으로써 계획은 실패로 돌아갔다. 하지만 종교내전의 위험에 직면한 프랑스 정부가 이 사건을 계기로 영국과 최대한 협력적인 관계를 유지하기로 결정함으로써 엘리자베스 1세는 소기의 목적을 거둘 수 있었다.[112]

☆☆☆☆☆

이제 펠리페 2세의 입장에서 엘리자베스 1세의 영국은 풀기 힘든 숙제가 되었다. 가톨릭교도로서 펠리페 2세는 엘리자베스 1세보다는 메리 스튜어트를 지지해야 했다. 하지만 그것은 곧 프랑스의 영국 지배를 묵인하는 것과 다를 바 없었다. 결국 그는 한편으로는 엘리자베스 1세에게 가톨릭으로 복귀할 것을 강력하게 요청했고, 다른 한편으로는 그녀를 프랑스의 위협으로부터 보호하는 역할을 자임했다. 펠리페 2세는 1562년 프랑스가 종교전쟁의 소용돌이에 휘말리자 이 틈을 이용하여 영국에 군사적으로 개입하는 방안을 잠시 고려하기도 했지만 이내 포기했다. 프랑스로부터의 위협은 줄어들었지만 오스만제국과의 싸움이 끝나지 않았고, 국가의 재정 상태도 파산선고의 충격으로부터 완전히 회복되지 못했기 때문이다. 대신 펠리페 2세는 알바 공작의 충고에 따라 네덜란드에서 이교도의 확산에 적극 대응하기로 결정하고, 앞서 지적했듯이 그를 총독으로 임명하여 군대와 함께 네덜란드로 파견했다.[113]

1567년 스코틀랜드에서 프로테스탄트 귀족들과 소수의 가톨릭 귀족들이 주도하여 메리 스튜어트를 왕좌에서 내쫓는 사건이 발생했다. 이에 따라 영국을 둘러싼 스페인과 프랑스의 경쟁은 새로운 국면을 맞이하게 되었다. 엘리자베스 1세에 대한 스코틀랜드의 위협은 크게 줄어들었다. 종교내전의 늪에 빠진 프랑스의 위협도 감소했다. 하지만 이는 곧 펠리페 2세가 프랑스를 의식할 필요 없이 영국에 개입할 수 있음을 의미했으므로 여왕은 스페인을 경계하기 시작했다. 이에 더해 알바 공작이 네덜란드의 프로테스탄트교도를 잔혹하게 탄압하고 있다는 소식이 전해지면서 스페인에 대한 두려움은 더욱 커졌다. 여왕을 포함한 상당수 영국인은 스페인이 네덜란드의 반란을 진압하는 데 성공하면 그다음 목표는 영국이 될 것이라 믿었다.

종교 탄압이 아니더라도 네덜란드에서 스페인의 세력 강화는 영국의 근심거리였다. 중세 이래 영국 대외정책의 핵심 목표 중 하나는 네덜란드가 영국에 적대적인 세력의 수중에 떨어지지 않도록 하는 데 있었다. 네덜란드는 영국 침공을 기도하는 대륙 국가에 안성맞춤의 교두보였다. 예컨대 1586년 파르마 공작은 펠리페 2세에게 비밀만 잘 지켜진다면 약 3만 명의 병력이 바지선을 타고 네덜란드에서 10~12시간 이내에 영국에 상륙할 수 있다고 보고했다.[114]

이러한 상황에서 1568년 네덜란드의 스페인군에 제공될 자금을 실은 선박을 영국이 중간에 가로채는 사건이 일어났다. 곧이어 영국 무역선단이 서인도제도에서 스페인 해군에게 공격당하는 사건이 발생했다. 이 선단에는 엘리자베스가 상인들에게 대여해준 두 척의 영국 전함도 포함되어 있었다. 스페인은 아메리카 대륙과의 무역에 다른 유럽 국가의 상인들이 참여하는 것을 금지해왔다. 하지만 유럽 상인들이 어마어마한 이윤이 보장되는 사업에 유혹을 느끼지 않을 수 없었으므로 스페인 당국의 눈을 피해 빈번하게 밀무역이 이루어졌다. 영국을 비롯한 유럽 국가들은 자국 상인들의 그러한 위법행위를 공공연히 비호했다. 스페인 정부는 영국인의 스페인과 네덜란드 내 자산을 동결하는 조치를 취했고, 영국 정부 역시 같은 방식으로 대응했다. 이후에도 영국은 프랑스 위그노를 지원하고, 독일의 프로테스탄트 제후들과 협력하는 등 펠리페 2세의 입장에서 보면 '도발'로 간주할 수밖에 없는 일들을 멈추지 않았다. 1571년 엘리자베스 1세를 암살하려는 스페인 정부의 계획이 탄로나는 일이 발생했다. 이제 두 나라는 돌아오지 못할 강을 건넜다.[115]

암살 시도가 실패로 돌아간 후 펠리페 2세는 영국 침공을 진지하게 고려하기 시작했다. 로마 교황청이 이미 오래전부터 그러한 계획을 공식적으로 지지해왔다는 사실도 중요한 고려 요인이었다. 이후 1588년 영국 침공이 실행에 옮겨지기까지 펠리페 2세가 그러한 의도를 품고 있다는 것은 공공연한 비밀이 되었다. 다만 오스만제국과 네덜란드 반란세력과의 전쟁이 그러한 계획을 실행에 옮길 기회를 빼앗았다. 1578~83년에는 스페인이 포르투갈을 합병하는 과정에서 많은 비용과 병력이 투입되어야 했으므로 영국 침공은 다시 한번 우선순위에서 밀려났다. 영국은 영국 나름대로 스페인의 위협에 대한 대응에 나섰다.[116] 엘리자베스 1세는 드레이크에게 함대를 동원하여 스페인의 주요 무역 거점을 파괴하도록 하는 한편, 1585년 8월 네덜란드연방과 논서치(Nonsuch) 조약을 체결하여 6천여 명의 병력을 네덜란드로 파견하고 방위비의 4분의 1에 해당하는 금액을 지원할 것을 약속했다. 같은 해 10월에는 드레이크가 1,900여 명의 병력을 동원하여 이베리아반도 북서부의 갈리시아 연안을 습격하고 약탈했다.[117]

1586년 펠리페 2세는 마침내 영국 침공을 결정하고 이를 위한 준비에 착수하도록 지시했다. 1588년 8월 130척의 선박에 8천 명의 선원과 1만 8천 명의 병사를 싣고 스페인의 무적함대가 리스본을 떠나 영국으로 향했다. 이 함대는 네덜란드에서 대기 중인 파르마 공작의 3만 병력과 합류한 후 영국 본토를 침공할 예정이었다. 하지만 계획은 예정대로 실행에 옮겨지지 못했다. 스페인에서 출발한 함대는 영국해협 부근에서 수적으로나 경험, 전략 면에서 우세한 영국 해군에 패했고, 파르마의 군대는 배에 승선할 기회도 얻지 못했다.

파커(Geoffrey Parker)에 따르면 영국 침공 작전의 실패는 거의 전적으로 펠리페 2세의 책임이었다.[118] 현장감각이 떨어지는 "안락의자 전략가(armchair strategist)"였던 펠리페 2세는 성공 가능성이 훨씬 높았던 산타크루즈(Santa-Cruz) 공작과 파르마 공작의 제안을 물리치고 실현 가능성이 가장 떨어지는 방안을 선택했다. 산타크루즈는 스페인에서 출발한 대규모 선단과 병력이 아일랜드에 상륙하는 척하다가 그대로 잉글랜드 해안에 상륙하는 방안을 제안했고, 파르마는 네덜란드에 집결한 병력이 영국까지의 최단 경로를 통해 템스강 하류에 기습 상륙하는 방안을 제시했다. 펠리페 2세는 각각 스페인과 네덜란드에서 출발한 병력이 해상에서 합류한 후 공동으로 영국을 침공하는 방안을 채택했는데, 이는 당시 여건상 불가능에 가까운 전략이었다. 뛰어난 군사전략가인 파르마 공작이 이미 1587년 가을에 영국 침공이 반드시 실패하리라 예견할 정도로 무모한 작전이었다.[119]

1588년 영국 침공 실패로 스페인은 물질적으로 심각한 피해를 입었고, 국제적으로도 위신과 평판에 크게 금이 갔다. 하지만 치명적인 타격을 입지는 않았다. 스페인은 1598년 펠리페 2세가 세상을 떠나기 전에 두 차례 더 영국 침공을 시도했다(1596년, 1597년).[120] 1601년에는 비록 실패로 끝나기는 했지만, 스페인군이 영국 정부에 반기를 든 아일랜드 가톨릭교도를 지원하기 위해 아일랜드에 상륙하기도 했다. 스페인은 또한 영국의 계속되는 공세에도 이베리아반도와 서인도제도를 잇는 해상 루트를 유지할 수 있었다.[121] 다만 프랑스 내전에 더욱 적극적으로 개입해야 할 필요성이 대두되면서 1588년만큼 영국에 대한 공세에 모든 관심과 자원을 집중하기는 어렵게 되었다.

☆☆☆☆☆

1562년에 시작되어 몇 번의 고비와 진정 국면을 거친 프랑스 종교전쟁은 1584년 앙리 3세(r.1574~89)의 동생이자 발루아 가문에서 유일하게 남은 왕위계승권자인 앙주 공작이 사망하면서 그 이전과는 다른 국면에 접어들었다. 애초에 앙리 3세가 왕위에 오른 것은 그의 부친인 앙리 2세가 1559년 불의의 사고로 사망한 후 프랑스 왕위를 계승한 그의 두 형제 프랑수아 2세와 샤를 9세(Charles IX, r.1560~74)가 후손을 남기지 못한 채 세상을 떠났기 때문이다. 앙주 공작이 사망했을 당시 앙리 3세 역시 자녀를 두지 못했는데, 이는 만일 그가 갑자기 세상을 떠난다면 칼뱅교도로서 당시 위그노 반란을 이끌던 인물 중 한 명인 부르봉가의 앙리 드 나바르가 프랑스 왕위를 계승함을 의미했다. 지난 20여 년 동안 위그노와의 싸움을 지속해 온 프랑스의 강경파 가톨릭교도에게 이는 도저히 받아들일 수 없는 상황이었다. 이들은 잠시 해체되었던 가톨릭 동맹을 재결성하고 위그노와의 싸움을 재개하기 위해 스페인에 도움을 요청했다. 스페인은 가톨릭 동맹과 조약을 체결하고 이전부터 자국 영토임을 주장해오던 캉브레를 비롯한 몇몇 지역을 양도받는 조건으로 자금과 약간의 병력을 제공하기로 약속했다.[122]

1584년 이전까지 샤를 9세와 앙리 3세를 비롯한 프랑스 가톨릭 세력은 위그노와의 싸움을 지속하는 와중에도 국제무대에서 프랑스의 오랜 경쟁 상대인 스페인의 영향력이 지나치게 커지는 데 대한 경계심을 늦추지 않았다. 그런데 이제 도저히 받아들 수 없는 상황이 현실화되는 것을 막기 위해 이들은 스페인의 도움을 청했다.[123] 1589년 앙리 나바르와 타협을 시도하던 앙리 3세가 한 가톨릭 광신도에게 살해당하면서 1328년부터 계속되어온 발루아가에 의한 프랑스 왕위계승이 막을 내렸다. 이에 그의 뒤를 이어 프랑스 왕위에 오름으로써 부르봉왕조 시대를 연 앙리 4세(r.1589~1610)의 정부군과 그의 왕위계승을 인정하지 않으려는 기즈 가문을 중심으로 하는 가톨릭 동맹 사이에 전면전이 발발했다. 스페인은 조약에서 약속한 대로 모두 두 차례에 걸쳐 네덜란드에 주둔 중이던 군대를 프랑스 내로 파병하여 가톨릭 동맹을 지원했다. 1590년과 1592년 펠리페 2세는 파르마 공작으로 하여금 군대를 동원하여 정부군에 포위된 파리와 루앙(Rouen)을 구하도록 했다.[124]

1593년 앙리 4세가 "(자신에 대한 저항의 중심인) 파리는 미사를 감수할 만한 가치가 있다(Paris vaut bien une messe)"는 유명한 말을 남기고 가톨릭으로 개종한다고 선언했다. 이로써 팽팽하던 전세는 앙리 4세 편으로 서서히 기울어지기 시작했다. 가톨릭 동맹을 지지하던 귀족 중 상당수가 앙리 4세에 대한 지지로 선회했다. 이러한 와중에 스페인 정부는 가톨릭 동맹에 펠리페 2세의 딸이자 앙리 2세의 손녀인 이사벨라 클라라 에우헤니아(Isabella Clara Eugenia)와 프랑스 왕족을 혼인시켜 공동 국왕의 자리에 앉히자고 제안했지만, 동맹은 이를 거부했다. 종교문제가 중요하기는 했지만, 그렇다고 프랑스에 대한 스페인의 간섭을 영속화하는 데 동의할 수는 없었기 때문이다.[125]

결국 프랑스 종교전쟁은 1598년 앙리 4세의 낭트 칙령 반포로 일단락되었다. 이 칙령에서 앙리 4세는 가톨릭교도의 신앙의 자유가 위그노가 장악한 지역을 포함하여 프랑스 전국 어디에서나 인정됨을 선언했다. 심지어는 위그노 본거지인 라로셸(La Rochelle)에서도 가톨릭 미사가 봉헌되도록 했다. 반면, 위그노의 종교 자유는 미리 정해진 지역에서만 허용되었다. 대신 프랑스 정부는 칼뱅교 성직자들에게 보수를 지급하고 위그노가 장악한 프랑스 내 전국 200여 개 도시에 군대를 유지하고 도시 성벽을 요새화하는 데 필요한 비용을 지급하기로 했다. 사실상 '국가 내 국가'의 존재를 인정하기로 한 것이다. 위그노의 입장에서는 완전하지는 않지만 충분히 수용할 만한 타협안이었다.[126]

한편, 1595년 앙리 4세는 스페인에 전쟁을 선포했다. 여전히 자신을 프랑스 국왕으로 인정하기를 거부하는 스페인의 간섭을 물리치고 외부 적과의 싸움으로 국내 분열을 일시적으로나마 봉합하고자 하는 동기가 전쟁 결정에 중요하게 작용했다. 내전이 완전히 마무리되지 않은 상태에서 내부의 적과 외부의 적을 동시에 상대해야 했으므로 프랑스로서는 결코 쉽지 않은 전쟁이었다. 하지만 네덜란드연방, 영국과 전쟁 중이던 스페인에 세 번째 전선이 만들어지는 것은 더욱 큰 부담이었다. 설상가상으로 네덜란드연방과 영국, 프랑스가 동맹을 체결했다. 1596년 5월 세 나라는 그리니치(Greenwich) 조약을 체결하여 셋 중 어느 한 나라도 다른 두 나라의 동의를 구하지 않고 스페인과의 전쟁을 중단하지 않는다는 데 합의했다.

1595년경부터 펠리페 2세와 스페인 정부의 고위 정책결정자들은 유럽에서 주도권을 행사하기 위해 스페인이 벌인 노력이 실패로 돌아갔음을 인정하기 시작했다.[127] 펠리페 2세가 이러한 인식에 도달하는 데는 프랑스의 선전포고가 결정적인 역할을 한 것으로 보인다. 이제 펠리페 2세의 가장 중요한 목표는 전쟁의 승리가 아니라 자신의 뒤를 이어 왕위에 오를 아들이 "망가지고 쇠락한 왕국 내에서 필요한 일들에 주의를 기울일 수 있도록" 최대한 유리한 조건으로 세 나라와 평화협정을 체결하는 데 맞춰졌다.[128]

이와 같이 불리한 여건에서 전쟁을 치러야 했음에도 스페인군은 프랑스군을 상대로 준수한 전과를 올렸다. 스페인은 프랑스의 캉브레와 칼레를 점령한 데 이어 1597년 봄에는 아미앵을 함락하는 데 성공했다. 재정적으로 적절하게 뒷받침된다면 스페인군의 전력은 여전히 유럽 최강이었다. 이후 프랑스군은 많은 어려움 끝에 아미앵을 되찾았지만, 이미 상당한 타격을 입은 후였다.[129] 이에 앙리 4세는 기나긴 전쟁을 끝내고 국내에서 자신의 권력기반을 공고히 하고자 영국, 네덜란드연방과의 약속을 일방적으로 파기하고 펠리페 2세에게 평화조약 체결을 제의했다. 그의 재위 기간을 통틀어 네 번째이자 마지막으로 모든 채무에 대한 지급정지를 선언한 펠리페 2세는 프랑스의 제안을 기꺼이 받아들였고, 1598년 5월 베르뱅 조약으로 두 나라는 전쟁을 중단하기로 합의했다. 스페인은 칼레를 프랑스에 되돌려주었다. 다수의 프랑스인은 조약체결을 사실상의 승리로 간주했다. 1559년 카토-캉브레지 조약이 체결되었을 당시 대다수 프랑스인이 이를 프랑스의 패배로 여겼다는 사실을 감안하면, 그 이후 40여 년 동안 스페인의 막강한 힘이 유럽인에게 얼마나 많은 두려움을 불러일으켰는지 미루어 짐작할 수 있다.[130]

☆☆☆☆☆

1588년 스페인의 영국 침공이 실패로 돌아간 후 영국은 유사한 일이 반복되는 것을 막기 위해 스페인 전함이 정박해 있는 이베리아반도의 주요 항구들을 공격하는 한편, 자금원을 차단하기 위해 아메리카 대륙에서 은을 싣고 스페인으로 들어오는 선박들을 공략했다. 1589년 1만 9천 명의 병사와 4천 명의 선원을 실은 '영국 무적함대'가 리스본을 침공했고, 1596년에는 에섹스 백작이 이끄는 영국 해군이 스페인의 카디스를 습격했다. 1589년의 침공은 계획이 워낙 서투르게 세워져 실패로 돌아갔지만, 1596년의 침공은 대성공을 거뒀다. 영국은 스페인과 연합한 가톨릭 동맹과 힘겨운 싸움을 벌이던 앙리 4세를 지원하여 프랑스에 병력을 파견하기도 했다. 특히 동맹의 근거지인 노르망디와 브르타뉴가 영국과 근거리에 위치했으므로 엘리자베스 1세는 이 지역에 상당 규모의 병력을 파견했다. 1589년부터 1595년까지 영국은 37만 파운드를 들여 총 2만여 명의 병력을 이 지역에 주둔시켰는데, 이는 당시 영국 정부의 재정 규모에 비춰볼 때 막대한 부담을 감수한 것이다.[131]

앞서 언급했듯이 펠리페 2세는 이러한 영국의 공세에 맞서 1588년 이후 두 차례에 걸쳐 영국 침공을 시도했고, 1601년에는 그의 뒤를 이어 스페인 왕위에 오른 펠리페 3세가 영국 정부에 반기를 든 아일랜드의 가톨릭교도를 돕기 위해 킨세일(Kinsale)에 병력을 상륙시키기도 했지만 모두 실패로 돌아갔다. 이제 두 나라의 관계에서 주도권을 장악하고 공세의 고삐를 조이는 것은 영국이었다. 이에 반해 스페인은 수동적이고 방어적인 대응으로 일관했다. 앞서 지적했듯이 스페인은 1595년경부터 대외정책을 재조정하기 시작했다. 1596년과 1597년의 공세는 영국의 카디스 습격에 대한 대응 차원에서 이루어졌다. 킨세일 상륙작전 역시 영국을 전쟁 중단을 위한 협상테이블로 이끌어내기 위한 목적에서 감행되었는데, 그나마 작전에 필요한 최소한의 병력보다 훨씬 적은 수의 병력만 동원되어 이미 시작단계에서 실패가 예견될 정도였다.[132] 스페인에 필요한 것은 다른 무엇보다 '명예로운 평화'였다. 알렌(Paul Allen)의 표현을 빌리면 이 시기의 스페인은 "가용한 모든 전력과 자원을 동원하여 자신을 공격하는 여러 마리의 사냥개에게 일격을 가한 후 긴 휴식을 취하고자 하지만 그것이 여의치 않은 커다란 곰"에 비유할 수 있다.[133]

스페인과 영국의 평화는 1603년 엘리자베스 1세가 세상을 떠난 후에야 가능했다. 그녀의 뒤를 이어 메리 스튜어트의 아들인 스코틀랜드 국왕 제임스 6세가 제임스 1세(r.1603~25)로 영국 왕위에 올랐는데, 그는 왕위에 오르자마자 스페인과의 전쟁을 끝내고 평화로운 관계를 유지할 의사가 있음을 밝혔다. 엘리자베스 1세의 재위 기간 동안 스페인에 대한 강경 대응을 주도한 인물 중 한 명인 월터 랠리(Walter Ralegh)가 "스페인 제국이 크게 흔들리고 있고, 최근 들어 쇠퇴의 길로 들어선 것처럼 보이기는 하지만 …… 만약 지금 스페인 국왕이 크게 나쁘지 않은 조건으로 평화를 얻게 된다면 유럽과 서인도제도에서 자신의 약점을 보완하고 다시 부를 쌓아 우리에게 서인도제도를 포기할 수밖에 없게 만들 것"이라고 경고했지만 제임스는 들으려 하지 않았다.[134] 결국 1604년 런던 조약을 체결함으로써 두 나라는 전쟁 종식에 합의했다.[135] 조약에서 영국은 자국 상인들이 유럽 내 스페인 영토에서 자유롭게 무역에 종사할 권리를 인정받았다. 하지만 서인도제도와의 무역에 대한 권리는 인정받지 못했다. 영국은 또한 스페인으로부터 종교문제에 간섭하지 않겠다는 약속을 받아냈다. 반면, 스페인은 영국으로부터 더 이상 네덜란드연방을 군사적·재정적으로 지원하지 않겠다는 확약을 얻어냈다. 영국과의 전쟁이 필요했던 결정적인 이유 중 하나가 네덜란드에 대한 영국의 간섭을 막는 데 있었다는 점을 감안하면 스페인으로서는 중요한 성과였다. 이밖에도 영국은 스페인에 프랑스, 네덜란드연방과 체결한 동맹조약을 파기하고, 필요한 경우 한 번에 여덟 척까지 스페인 전함이 영국 항구에 정박하는 것을 허용하겠다고 약속했다.[136]

정확히 무엇이 제임스 1세에게 스페인과 평화적인 관계를 복원하기로 결심하게 했는지 한마디로 말하기는 어렵다. 일단 그가 국내 문제 해결에 집중하기 위해 대외적으로 다른 국가들과 평화적인 관계를 유지하기 원했다는 것은 분명하다. 엄밀히 말해 그는 외국인 군주였고, 모친은 그의 전임자에 의해 처형당한 메리 스튜어트였다. 제임스 1세는 1587년부터 스코틀랜드 국왕으로서 국가를 통치하는 일에 종사해온 경험 많은 정치인이었다. 그는 결과가 불확실한 대외적인 모험에 시간과 자원을 낭비하느니 자신의 국내 통치기반을 공고히 하는 것이 훨씬 중요하다는 사실을 잘 알고 있었다. 그는 1618년 30년전쟁이 발발할 때까지 이 원칙을 굳건히 준수했다.[137] 또 한 가지 분명한 사실은 제임스 1세가 개인적으로 네덜란드연방에 부정적인 견해를 가졌고, 연방과 동맹을 맺고 스페인과 전쟁을 벌이는 데 큰 거부감을 느꼈다는 점이다. 사실 합법적인 통치자에 대한 저항으로 새로운 국가를 설립한 네덜란드인에 대한 반감은 당시 유럽의 거의 모든 군주에게 공통된 감정이었다. 엘리자베스 1세 역시 이 점에서 예외가 아니었다. 제임스 1세와 엘리자베스 1세의 차이는 여왕이 스페인의 침공 위협이 구체화되는 상황에서 그러한 반감을 누르고 연방을 지원하기로 결정한 데 반해, 제임스는 전세가 역전되어 스페인이 수세에 몰린 상황에서 굳이 그렇게 할 필요를 느끼지 못했다는 데 있다. 이밖에도 상당수의 영국인이 스페인과 전쟁을 치르는 와중에도 점점 더 부유해지는 네덜란드인에게 질시와 경계의 감정을 느끼기 시작했다는 점과 스페인의 힘이 지나치게 약화되면 프랑스의 위상 강화로 이어질 것이고, 이는 결코 영국에 좋은 일이 아니라는 인식이 점차 확산되었다는 점이 제임스 1세의 결정에 영향을 미쳤던 것으로 보인다.[138]

☆☆☆☆☆

프랑스에 이어 영국과 평화조약을 체결한 후에도 스페인은 네덜란드연방과의 전쟁을 중단하지 않았다. 스페인의 입장에서 네덜란드연방과의 전쟁은 프랑스, 영국과의 전쟁과는 차원이 달랐다. 스페인은 네덜란드 전 지역에 대한 주권을 포기한 적이 없었고, 따라서 이 전쟁은 국가

대 국가의 싸움이 아니라 어디까지나 합법적인 정부에 반기를 든 반란세력과의 싸움이었다. 만약 이들과 평화협정을 체결한다면 이는 네덜란드 연방을 독립국가로서 인정하는 것과 다를 바 없었다. 여기에 더해 왕위에 오른 지 얼마 되지 않은 젊은 군주 펠리페 3세(r.1598~1621)는 '군사적인 성공을 통한 위신의 고양'을 간절히 원했고, 이를 위해 적어도 네덜란드에서는 적극적인 공세를 취하고자 했다. 마침 이탈리아 출신의 유능한 군사전략가로 네덜란드에서 스페인군의 지휘를 맡은 스피놀라(Ambrogio Spinola)가 마우리츠와 맞붙어 여러 차례 승리를 거뒀다. 특히 1604년 만 3년 동안의 포위 끝에 오스텐데가 함락되었다.[139]

그러나 펠리페 3세가 스페인이 처한 냉혹한 현실과 마주하는 데는 그리 오랜 시간이 걸리지 않았다. 정부의 재정상황이 다시 급속도로 악화되었다. 정확히 말하면 펠리페 3세가 왕위에 오를 당시부터 정부재정이 정상적이었던 적이 거의 없었다. 1598년 펠리페 3세는 재정을 담당한 신료에게서 다음 해 정부의 총수입이 973만 1,405듀캇이라고 보고받았다. 하지만 이 중 463만 4,293듀캇은 채무 변제를 위해 지출되어야 했으므로 실제 가용한 금액은 500만 듀캇 정도에 불과했다. 이 중 100만 듀캇은 펠리페 3세 본인과 누이동생의 결혼비용으로 지출되었고, 또 다른 100만 듀캇은 전해에 지출한 물품의 변제에 사용되었다. 결국 펠리페 3세는 340만 듀캇을 국가정책을 위한 예산으로 사용할 수 있었는데, 이는 스페인 본토에서 사용되는 비용을 충당하기에도 턱없이 부족한 금액이었다. 하물며 네덜란드에서 전쟁을 계속하는 데 필요한 310만 듀캇의 전비까지 충당하는 것은 불가능에 가까웠다. 설상가상으로 펠리페 3세의 낭비벽이 어려움을 가중시켰다. 카를 5세와 펠리페 2세, 그리고 그의 후계자인 펠리페 4세의 재위 기간 동안 궁정예산으로 평균 100만 듀캇 정도가 지출되었지만 그의 재위 기간에는 평균 130만 듀캇이 지출되었다. 그

는 총신들의 호의를 얻기 위해 엄청난 금액을 아낌없이 지출했다.[140]

1599년 스페인 정부는 그동안의 관행을 깨고 경화(硬貨)의 품질을 인위적으로 떨어뜨림으로써 이익을 취하는 극단적인 정책을 수용했고, 1607년에는 다시 채무불이행을 선언했다. 1602~3년 서인도제도에서 들어오는 은의 양이 갑작스럽게 증가함에 따라 재정상황이 개선될 조짐을 보이기도 했지만 일시적인 현상에 그쳤다.[141] 여기에 더해 1606년 네덜란드의 스페인군이 군사반란을 일으키자 펠리페 3세는 네덜란드연방과 휴전협정을 체결하자는 네덜란드 총독 알브레히트 대공과 스피놀라의 제안에 마지못해 동의했다. 스피놀라는 1607년 펠리페 3세에게 보낸 서한에서 “만일 폐하께서 일정 기간 동안 매달 30만 듀캇을 보내주신다면 우리는 반도들의 콧대를 꺾을 수 있다는 희망으로 전쟁을 계속 수행할 수 있습니다. 하지만 스페인은 그렇게 할 여력이 없습니다. 그렇다면 남은 방법은 단 하나, 이 길고 값비싼 전쟁을 끝내는 것뿐입니다”라고 썼다.[142] 네덜란드연방 내에서도 전쟁이 장기간 지속된 데 따른 재정부담과 피로감이 증가함에 따라 홀란트를 중심으로 휴전 협상에 나서야 한다는 견해가 힘을 얻기 시작했다. 또한 1604년 스페인과 영국이 평화협정을 체결한 후 네덜란드 상인들과 경쟁관계에 있는 영국 상인들이 이베리아반도를 비롯한 유럽 내 스페인 영토와의 교역을 재개하자 전쟁을 끝낼 것을 주장하는 목소리가 더욱 커졌다. 홀란트의 주의회대표(raadpensionaris) 요한 반 올덴바르넨벨트(Johan van Oldernbarnenvelt)는 스타드호울더 마우리츠와 제일란트의 반대에 맞서 휴전파를 대표해 여론을 이끌었다. 네덜란드연방은 마침내 스페인의 휴전협상 제안에 응하기로 했다.[143]

1608년 2월 협상이 시작되었을 때 스페인은 휴전 기간 동안 네덜란드연방의 독립국가로서의 지위를 인정하는 대가로 연방으로부터 연방 내 가톨릭교도의 종교 자유를 존중하고 네덜란드 상인들의 서인도제도에서의 불법적인 교역활동을 중단하겠다는 약속을 받아낸다는 목표를 세웠다. 스페인으로부터의 독립이 네덜란드연방이 전쟁을 계속해온 가장 중요한 목적이었으므로 스페인은 두 가지 반대급부를 무난히 얻어낼 수 있으리라 믿었다. 하지만 스페인의 예상은 착각이었음이 드러났다. 네덜란드연방이 스페인의 두 가지 요구사항을 모두 거부한 것이다. 일단 네덜란드연방은 가톨릭교도에게 종교의 자유를 부여하는 문제에서는 애초부터 협상불가 방침을 고수했다. 또 서인도제도와의 교역 금지로 피해를 입는 것은 홀란트와 제일란트의 부유한 소수 시민에 불과했지만, 이들이 이 문제가 연방 전체의 이익과 관련된다는 취지의 캠페인을 대대적으로 전개함에 따라 양보할 수 없는 사안이 되었다.[144]

결국 1609년 4월 체결된 휴전협정의 최종문안에서 스페인은 서인도제도를 구체적으로 언급하지 않은 채 "네덜란드연방은 유럽 이외의 지역에서 여러 나라와 자유롭게 교역할 수 있지만, 스페인 국왕이 다스리는 영토에서는 사전에 허가를 얻어야 한다"는 조항을 삽입하는 데 만족해야 했다.[145] 옆에서 협상의 진행과정을 지켜본 대다수 제3국 외교관들은 휴전협정 내용에서 네덜란드연방이 승리를 거뒀다는 데 동의했다.[146] 반면, 1598년부터 1609년까지 네덜란드에 무려 3,750만 듀캇을 쏟아부은 스페인은 실리적으로, 명분상으로 거의 아무것도 얻지 못한 채 전쟁을 마무리해야 했다. 가톨릭교도의 권리를 확보하지 못한 채 이교도 국가의 주권을 인정하는 데 동의한 펠리페 3세는 "두 개의 악 중 차악을 선택"해야 했기에 협정체결에 서명했지만, 휴전기한이 만료되면 "가차 없이" 전쟁을 재개할 것을 맹세했다.[147] 12년 후 두 나라 사이의 전쟁 재개는 휴전협정이 체결된 그 순간부터 예정되어 있었다.

☆☆☆☆☆

1609년 스페인과 네덜란드연방의 휴전협정 체결로 근세 초 유럽 국제정치사의 첫 번째 장이 완성되었다. 1519년 스페인과 오스트리아, 네덜란드와 나폴리 왕국의 통치자인 합스부르크가의 카를이 그의 조부 막시밀리안 1세의 뒤를 이어 신성로마제국의 황제로 선출되었다. 황제로 선출된 후 그는 가장 먼저 프랑스를 이탈리아에서 몰아내려 시도했다. 1521년 합스부르크와 프랑스는 전쟁에 돌입했고, 이후 1559년 카토-캉브레지 조약이 체결될 때까지 중간의 몇 년을 제외하고 양측은 싸움을 멈추지 않았다. 양측은 이탈리아 이외에도 프랑스-네덜란드, 프랑스-독일, 프랑스-스페인 국경지대에서 싸움을 벌였다. 전쟁은 어느 한편이 뚜렷하게 승리했다고 단정하기 어려운 상태에서 끝을 맺었다. 굳이 구분하자면 밀라노를 차지함으로써 이탈리아에서 우위를 굳힌 합스부르크제국이 승자에 가까웠다.

1559년 이후 프랑스는 정치적 · 종교적으로 심각한 혼란 상태에 빠졌다. 이에 반해 1556년 카를 5세에게서 유럽 내에 위치한 합스부르크제국의 주요 영토와 주로 아메리카 대륙에 위치한 해외영토 전부를 물려받은 펠리페 2세의 스페인은 유럽 최강국으로서 국제정치무대를 단독으로 지배할 위치에 섰다. 스페인의 위상은 광대한 해외영토를 보유한 포르투갈을 합병한 1580년 절정에 이르렀다. 펠리페 2세는 자신이 신에게서 가톨릭 신앙의 수호자로서의 특별한 사명을 부여받았다고 믿었다. 16세기 후반은 가히 '스페인의 세기'라 할만 했다. 하지만 펠리페 2세는 곧 녹록치 않은 현실에 직면했다. 그는 자신에게 주어진 영토를 유지하고 보존하기도 쉽지 않다는 사실을 인정해야 했다. 네덜란드에서 그의 통치에 반대하는 반란이 일어났고, 그를 끊임없이 견제하는 영국과의 사이에 전쟁이 발발했다. 펠리페 2세는 네덜란드 북부지역의 독립을 끝내 막을 수 없었고, 영국을 굴복시키는 데도 실패했다.

유럽에서 근대적인 국제정치체제의 탄생이 합스부르크제국의 등장과 거의 동시에 이루어졌다는 것은 매우 중요한 의미를 지닌다. 그때까지 본 적이 없는 엄청난 규모를 갖춘 제국의 등장은 주변 국가들에 큰 두려움을 불러일으켰다. 앞서 거듭 강조했듯이 카를 5세와 펠리페 2세의 합스부르크제국이 '유럽제국' 건설을 목표로 삼았던 것은 아니다. 이들의 대외전략은 기본적으로 수세적 · 방어적이었다. 하지만 폴 케네디(Paul Kennedy)가 지적했듯이 제국의 전례 없는 규모로 인해 그러한 수세적이고 방어적인 전략도 주변 국가들에는 위협적인 도발로 받아들여졌다.[148] 이들은 서로 협력하여 합스부르크제국을 견제할 수단을 강구하기 시작했다. 아직 '세력균형'이라는 용어가 본격적으로 사용되지는 않았지만, 유럽 국가들은 이미 그러한 원리를 잘 알고 있는 듯이 행동했다. 특히 국토가 합스부르크제국에 속한 영토에 둘러싸인 프랑스는 이 '포위망'을 깨는 데 전력을 기울였다. 과거 오스만제국에 대한 십자군 원정을 명분으로 이탈리아를 침공했던 프랑스는 이제 '지정학적 사고'의 중요성을 깨달은 듯이 보였다. 합스부르크제국의 존재가 가지는 의미를 반추하고 개념화하고 대응전략을 마련하는 가운데 유럽 국가들은 근대적인 국제정치의 기본 문법을 만들어나가기 시작했다.

주

1 근세 초 유럽 국제정치사를 다룬 그리 많지 않은 저작 중 대표적인 두 권에서는 프랑스의 이탈리아 침공을 근대적인 국제관계의 출발점으로 잡고 있다. Richard Bonney, *The European Dynastic States, 1494-1660* (Oxford: Oxford University Press, 1991); M. S. Anderson, *The Origins of the Modern European State System, 1494-1618* (London & New York: Longman, 1998).

2 샤를 6세의 병세가 악화되기 시작한 1392년을 전후하여 왕권 장악을 둘러싼 경쟁을 주도한 이는 국왕의 동생인 오를레앙 공작 루이와 국왕의 삼촌인 부르고뉴 공작 필리프 2세(Philippe le Hardi)였다. 두 사람 사이의 갈등은 1407년 루이가 필리프의 아들 장(Jean sans Peur)에게 암살당하고, 장이 1419년 반대파인 '아르마냑크파(Armagnacs)'에 의해 암살되면서 걷잡을 수 없이 격화되었다.

3 Graeme Small, *Late Medieval France* (Basingstoke: Palgrave MacMillan, 2009), pp. 132-46.

4 Anne Curry, "France and the Hundred Years War, 1337-1453," D. Potter ed., *France in the Later Middle Ages* (Oxford: Oxford University Press, 2002), pp. 112-13.

5 Christopher Allmand, *The Hundred Years War: England and France at War, c.1300-c.1450* (Cambridge: Cambridge University Press, 1988), pp. 58-67; Philippe Contamine, *War in the Middle Ages*, Trans. M. Jones (Oxford and New York: Basil Blackwell, 1984), pp. 132-46.

6 Allmand (1988), pp. 92-96; Contamine (1984), pp. 150-57.

7 W. M. Ormrod, "The West European Monarchies in the Later Middle Ages," R. Bonney ed., *Economic Systems and State Finance* (Oxford: Clarendon Press, 1995), p. 125.

8 Joseph R. Strayer, *The Reign of Philip the Fair* (Princeton: Princeton University Press, 1980), pp. 314-20.

9 Joseph R. Strayer, "Defense of the Realm and Royal Power in France," J. R, Strayer, *Medieval Statecraft and the Perspectives of History* (Princeton: Princeton University Press, 1971), pp. 291-99.

10 Elizabeth M. Hallam and Judith Everard, *Capetian France, 987-1328* (London: Longman, 2001), pp. 377-81.

11 John Bell Henneman, *Royal Taxation in Fourteenth-Century France: The Development of War Financing, 1322-1356* (Princeton: Princeton University Press, 1971), pp. 24-29.

12 Hallam and Everard (2001), pp. 390-93.

13 John Bell Henneman, "France in the Middle Ages," R. Bonney ed., *The Rise of the Fiscal State in Europe, c.1200-1815* (Oxford: Oxford University Press, 1999), pp. 113-15.

14 John Bell Henneman, *Royal Taxation in Fourteenth-Century France: The Captivity and Ransom of John II, 1356-1370* (Philadelphia: The American Philosophical Society, 1976), pp. 117-19; Allmand (1988), p. 108; David Potter, "The king and his government under the Valois, 1328-1498," D. Potter ed., *France in the Later Middle Ages* (Oxford: Oxford University Press, 2003), pp. 170-78.

15 Small (2009), p. 152.

16 Ormrod (1995), p. 154.

17 Potter (2003), p. 160.

18 Ormrod (1995), pp. 153-55.

19 이러한 상황을 이해하기 위해서는 부르고뉴 공국의 탄생 과정에 대해 간략하게나마 살펴볼 필요가 있다. 부르고뉴 공국은 1363년 프랑스의 국왕 장 2세가 넷째아들 필립에게 프랑스 동부 내륙의 부르고뉴 지역을 '아파나주(apanage)'로 수여함으로써 독립적인 정치세력으로 등장했다. '아파나주'는 왕위계승을 받지 못한 왕자나 왕의 형제에게 수여되는 영지를 의미한다. 이후 일련의 유능한 공작들이 공국을 통치하면서 독일의 신성로마제국에 속한 영토들을 획득했다. 여기에는 당시 '네덜란드'라고 불리던 홀란트, 제일란트, 위트레흐트, 플랑드르, 브라반트, 에노 등의 지역과 프랑슈-콩테 등이 포함되었다. 그 결과 부르고뉴 공국은 프랑스와 독일의 신성로마제국 사이에 위치한, 강력하고 독립적인 정치세력으로 성장했다. 특히 백년전쟁 후반에는 영국과 손잡고 프랑스와 전쟁을 벌이는 등 프랑스에 적대적인 정책을 취했다. 영국이 전쟁에서 패하고 물러난 후에도 부르고뉴 공국은 당시 유럽에서 상업적으로 가장 발달한 지역 중 하나였던 네덜란드의 부를 기반으로 영토를 계속 확장함으로써 프랑스에 큰 위협이 되었다. 이에 반격의 기회를 노리던 프랑스의 루이 11세는 1477년 샤를 공작이 전사하자 외동딸 마리의 계승권을 인정하는 대신 과거 프랑스 국왕이 '아파나주'로 수여한 지역을 회수하기로 결정했다. 반면, 네덜란드 지역은 신성로마제국에 속했으므로 프랑스 국왕이 그러한 권리를 주장할 수 없었다. 이후 이 지역에 대한 통치권은 마리와 막시밀리안의 아들 필리프에게 넘겨졌다가 다시 필리프와 스페인의 후아나 사이에서 태어난 카를 5세에게 계승되었다. 16세기 중반 이후에 이 지역이 스페인 합스부르크가의 소유가 된 연유가 바로 여기에 있다. 부르고뉴 공국의 간략한 역사를 찾아보려면 다음을 참조하라. Bertrand Schnerb, "Burgundy," C. Allmand ed., *The New Cambridge Medieval History, Volume VII, c.1415-c.1500* (Cambridge: Cambridge University Press, 1998), pp. 431-56.

20 R. J. Knecht, *The Rise and Fall of Renaissance France, 1483-1610* (Oxford: Basil Blackwell, 1996), pp. 26-31; Bernard Chevalier, "The recovery of France, 1450-1520," C. Allmand ed., *The New Cambridge Medieval History, Volume VII, c.1415-c.1500* (Cambridge: Cambridge University Press, 1998), pp. 410-13.

21 David Potter, *Renaissance France at War: Armies, Culture and Society, c.1480-1560* (Woodbridge: Boydell Press, 2008), p. 7.

22 R. Doucet, "France under Charles VIII and Louis VII," D. Hay ed., *The New Cambridge Modern History Vol. 1: The Renaissance, 1493-1520* (Cambridge: Cambridge University Press, 1957), p. 292.

23 Michael Mallett and Christine Shaw, *The Italian Wars, 1494-1559: War, State and Society in Early Modern Europe* (Harlow: Pearson, 2012), p. 12; Potter (2008), pp. 27-29.

24 프랑스 카페(Capet)왕조의 방계가문인 앙주가에 의한 나폴리 왕국의 지배는 1266년 루이 9세(r.1226~70)의 동생인 샤를 1세(Charles d'Anjou)에게 프랑스 출신 교황이 왕국을 교황의 봉토로 수여함으로써 시작되었다. 이는 시칠리아-나폴리 연합왕국을 지배하던 독일 호엔슈타우펜(Hohenstaufen)가의 프리드리히 2세의 사후에 이 지역이 사실상 무정부 상태에 처하면서 가능하게 되었다. 하지만 1285년 시칠리아에서 후에 '시칠리아의 만종(Sicilian Vesper)'으로 알려진 대규모 봉기가 일어나 이 지역은 스페인의 아라곤가의 지배를 받게 되었고, 앙주가는 이탈리아반도 남부의 나폴리 왕국만 통치하게 되었다. 이후 나폴리 왕국에 대한 앙주가의 통치

가 계속 이어지던 중 1442년 아라곤의 알폰소 5세(r.1416~58)가 앙주가를 몰아내고 나폴리 왕국마저 차지했다. 알폰소 5세는 자신의 혼외자식인 페르디난도 1세(r.1458~94)에게 나폴리 왕국에 대한 통치권을 넘겨주었고, 페르디난도는 오랜 기간 왕국을 철권통치하면서 아라곤가의 지배를 공고히 했다. David Abulafia, "Introduction," D. Abulafia ed., *The French Descent Into Renaissance Italy*, 1494-95: *Antecedents and Effects* (Farnham: Ashgate, 1995), pp. 1-25.

25 Georges Peyronnet, "The distant origins of the Italian wars: political relations between France and Italy in the fourteenth and fifteenth centuries," D. Abulafia ed., *The French Descent Into Renaissance Italy*, 1494-95: *Antecedents and Effects* (Farnham: Ashgate, 1995), pp. 29-53.

26 John M Currin, "Henry VII and the Treaty of Redon (1489): Plantagenet Ambitions and Early Tudor Foreign Policy," *History*, 81(263), 1996, pp. 343-58.

27 Doucet (1957), pp. 294-95.

28 N. M. Sutherland, "The Origins of the Thirty Years War and the Structure of European Politics," *English Historical Review* 107(424), 1992.

29 이탈리아 국가들이 군사적인 능력에서 프랑스에 특별히 뒤처졌던 것은 아니라는 견해도 있다. 1454년 로디(Lodi) 조약이 체결되기 전까지 이탈리아 국가들은 오랜 기간 상호 간에 전쟁을 벌였고, 그 결과 군사기술이나 인적 · 재정적 동원 및 조직 능력에서 유럽에서 가장 앞선 지역 중 하나였다는 것이다. 예컨대 베네치아는 15세기 초 프랑스에 앞서 상비군 제도를 확립했고, 15세기 중반 이후에는 밀라노, 나폴리 등도 이 제도를 채택했다. '콘도티에리(condottiere)'라 불린 용병대장의 무능과 비효율성은 마키아벨리의 신랄한 비판과 달리 보편적인 현상이 아니었다. 상당수의 용병대장은 매우 유능했고, 그중 몇몇은 그를 고용한 도시국가의 시민 사이에서 높은 인기를 누리기도 했다. 샤를 8세의 프랑스군에 이탈리아인이 별다른 저항을 하지 못한 것은 프랑스군의 규모가 당시 이탈리아 도시국가들의 기준으로는 대단히 컸다는 점과 도시국가들 사이의 반목과 분열이 심각했다는 점, 그리고 프랑스군이 당시 이탈리아에서 사용된 것보다 우수한 성능의 화포를 보유했다는 점에 기인한 바 크다. Christopher Allmand, "War," C. Allmand ed., *The New Cambridge Medieval History, Volume VII, c.1415-c.1500* (Cambridge: Cambridge University Press, 1998), pp. 163-64, 166.

30 Mallett and Shaw (2012), pp. 19-27; Knecht (1996), pp. 38-42.

31 Francesco Guicciardini, *The History of Italy*, Trans. S. Alexander (Princeton: Princeton University Press, 1969), pp. 50-51.

32 Abulafia (1995), pp. 14-16.

33 Cecilia M. Ady, "The Invasion of Italy," D. Hay ed., *The New Cambridge Modern History Vol. 1: The Renaissance, 1493-1520* (Cambridge: Cambridge University Press, 1957), p. 353; Antonio Santosuosso, "Anatomy of Defeat in Renaissance Italy: The Battle of Fornovo in 1495," *International History Review* 16(2), 1994, pp. 221-50.

34 Mallett and Shaw (2012), pp. 27-34.

35 Mallett and Shaw (2012), p. 53.

36 근세 초 유럽의 군사기술 발전에서 이탈리아전쟁은 궁수 대신 화승총병이 보병의 주력으로 전장에 투입되어 큰 효과를 낳은 첫 번째 전쟁으로 알려져 있다. 다수의 화승총병을 창병과 함께 활용하는 전술을 가장 먼저 채택한 국가는 스페인이었다. 스페인은 이미 1492년 그라나다 정복 전쟁에서 이 전술을 활용하여 큰 성과를 거둔 바 있다. 이탈리아에서는 나폴리 왕국을 두

고 벌어진 프랑스와 아라곤 사이의 1503년 체리뇰라(Cerignola) 전투에서 곤살로 코르도바(Gonzalo de Cordoba)가 이끄는 스페인군이 화승총 부대를 효율적으로 활용하여 수적으로 우세하지만 기병을 주력으로 한 프랑스군에 승리를 거뒀다. 이후 적어도 1520년대까지 스페인군은 전장에서 프랑스군을 압도하게 된다. Mallett and Shaw (2012), pp. 64-65, 178-80.

37 Mallett and Shaw (2012), pp. 58-70.

38 Mallett and Shaw (2012), pp. 75-111.

39 스위스군은 노바라(Novara) 전투에서 프랑스군에 승리를 거뒀다. 노바라 전투는 특히 스위스 보병부대의 용맹성과 우수성이 유감없이 발휘된 전투로 알려졌다. 14세기 후반부터 프랑스, 베네치아 공화국, 부르고뉴 공국 등의 용병으로 고용되어 전 유럽에 명성을 떨친 스위스 보병부대는 전장에서 7천 명 정도의 병사가 정사각형의 밀집대형을 이루는 전술을 활용했다. 밀집대형의 맨 앞쪽에는 장창(pike)으로 무장한 병사가 상대편 기병의 접근을 막았고, 그 뒤쪽에는 미늘창(halberd)을 든 병사가 배치되어 기병을 말에서 끌어내리는 역할을 담당했다. 보통 70~80명의 병사가 횡대를 이루고 70명의 병사가 종대를 이루었는데, 기병 공격에 맞서 이러한 대형을 흔들림 없이 유지하기 위해서는 강한 규율이 요구되었다. 이러한 강력한 군사력을 바탕으로 스위스군은 노바라 전투가 일어났던 해에 프랑스의 부르고뉴 지방을 침공하기도 했다. 디종(Dijon)이 포위되었고, 스위스군은 프랑스가 밀라노에서 철수하는 것을 조건으로 포위를 풀고 물러났다. 스위스는 자신들의 생산품을 안정적으로 판매할 시장을 확보하기 위해 고타르 패스(Gotthard Pass) 이남의 밀라노 일부 지역을 확보하고자 했고, 이를 위해 프랑스의 밀라노 지배를 적극 저지하고자 했다. Knecht(1996), pp. 65-65; Allmand (1998), p. 167.

40 Mallett and Shaw (2012), pp. 116-36. 스위스군의 최대 약점은 밀집대형이 소총과 화포의 집중사격에 취약하다는 점이었다. 마리냐노 전투에서 프랑스군은 이 점을 십분 활용하여 승리를 거뒀다. Allmand (1998), p. 167.

41 16세기 당시 그리고 오늘날까지 스페인, 네덜란드, 오스트리아, 보헤미아, 밀라노, 나폴리, 시칠리아 등 카를 5세가 통치했던 영토는 '합스부르크제국'으로 알려져왔다. 더욱 적절한 용어는 '합스부르크 연합왕국'이겠지만 '연합왕국'이라는 용어가 널리 사용되지 않아서 '제국'이라는 명칭을 사용한다.

42 1500년 플랑드르의 헨트(Ghent)에서 태어난 카를 5세의 어머니는 카스티야-아라곤 왕국의 공동 지배자인 이사벨과 페르난도의 딸인 후아나(Juana)였다. 후아나에게는 왕위계승서열에서 그녀보다 앞에 위치한 남자형제 후안과 손위누이 이사벨이 있었지만, 각각 1497년과 1498년에 사망했다. 손위누이의 아들마저 1500년에 어린 나이로 세상을 떠나자 후아나는 카스티야와 아라곤의 왕위계승자가 되었다. 카를 5세의 아버지 필리프는 앞서 지적했듯이 신성로마제국 황제 막시밀리안과 부르고뉴 공국의 마지막 상속녀 마리의 아들이었다. 마리가 일찍 세상을 떠난 후 필리프는 과거 부르고뉴 공국이 지배한 네덜란드와 프랑슈-콩테(Franche-Comté)를 상속받았다. 필리프와 후아나의 결혼은 1496~97년 스페인과 오스트리아 합스부르크가 간 혼인동맹의 산물이었는데, 한 역사가에 따르면 이는 부분적으로 샤를 8세의 이탈리아 침공에 대한 반작용이었다. 1504년 이사벨이 사망하자 카스티야에 대한 통치권을 남편인 페르난도가 아닌 그들 사이의 자녀에게 넘긴다는 여왕의 뜻에 따라 후아나와 필리프가 왕위를 이어받았다. 후아나가 정신적으로 온전한 상태가 아니어서 사실상 필리프가 펠리페 1세(Felipe I)로서 카스티야를 통치하게 되었다. 이에 페르난도는 왕국의 공동지배자에서 다시 아라곤의 통치자로 '격하'되었다. 그러나 1506년 필리프가 죽자 페르난도는 그의 손자 카를 5세를 대신하여 왕국의 실질적인 관리자가 되었다. 1504년 프랑스로부터 나폴리 왕국을 차지한 페르난도는 1505년 루이 12세의 질녀와 결혼했고, 그들 사이에 태어난 아이가 카스티야와 아라곤을 물려받거나 아니면 적어도 아라곤의 지배자가 되기를 희망했다. 하지만 1509년 태어난 아들은 불과 몇

시간 만에 죽었고, 페르난도는 자신의 손자 카를이 카스티야뿐만 아니라 아라곤의 통치자가 될 것임을 인정해야 했다. 페르난도는 1516년 1월 사망했고, 마침 성년을 맞은 카를은 1517년 11월에 네덜란드를 떠나 스페인에 도착하여 왕위에 올라 카를로스 1세(Carlos I)가 되었다. 1519년에는 카를의 조부 막시밀리안이 사망하자 그의 뒤를 이어 신성로마제국의 황제로 선출되었다. Ady (1957), p. 358; William Maltby, *The Reign of Charles V* (Basingstoke: Palgrave MacMillan, 2001), pp. 6-8; J. H. Elliott, *Imperial Spain, 1468-1716,* 김원중 옮김(서울: 까치, 2000), pp. 146-55.

43 'composite monarchy'의 국문 번역에 대한 합의는 아직 존재하지 않는 것으로 보인다. 여기서는 편의상 '연합왕국'으로 지칭하도록 한다. 연합왕국에 대한 정의와 소개를 보려면 다음을 참조하라. J. H. Elliott, "Europe of Composite Monarchies," *Past and Present* 137, 1992, pp. 50-52; Wayne Te Brake, *Shaping History: Ordinary People in European Politics, 1500-1700* (Berkeley, CA: University of California Press, 1998), pp. 14-15; Daniel H. Nexon, *The Struggle for Power in Early Modern Europe: Religious Conflict, Dynastic Empire and International Change* (Princeton: Princeton University Press, 2009), pp. 6-7.

44 H. G. Koenigsberger, *The Habsburgs and Europe, 1516-1660* (Ithaca and London: Cornell University Press, 1971), p. 19.

45 중세시대에 대부분의 신성로마제국 황제는 교황이 집전하는 대관식을 위해 알프스를 넘어 이탈리아로 여행하는 것을 관례로 삼았다. 이 과정에서 황제는 북부 이탈리아의 도시국가들로부터 봉신으로서의 충성 서약을 받았다. 또한 호엔슈타우펜가의 프리드리히 1세(r.1155~90) 같은 이는 이탈리아를 실질적으로 지배하기 위해 수차례에 걸쳐 원정을 떠나기도 했고, 프리드리히 2세는 시칠리아 왕국의 지배자로서 독일을 떠나 재위 기간의 대부분을 이탈리아에서 머물렀다.

46 바로 이러한 이유에서 비록 실패하기는 했지만, 프랑수아 1세는 1516년부터 본인이 신성로마제국의 황제로 선출되려는 계획을 세우기도 했다. Knecht (1996), pp. 88-89.

47 Maria J. Rodriguez-Salgado, "The Habsburg-Valois wars," G. R. Elton ed., *The New Cambridge Modern History, Volume II: The Reformation, 1520-1559*, 2nd Edition (Cambridge: Cambridge University Press, 1990), p. 389; J. R. Hale, *War and Society in Renaissance Europe, 1450-1620* (Phoenix Mill: Sutton Publishing, 1985), pp. 15-16.

48 Simon Adams, "Britain, Europe, and the World," P. Collinson ed., *The Sixteenth Century, 1485-1603* (Oxford: Oxford University Press, 2002), pp. 191-95; Rodriguez-Salgado (1990), pp. 381-83.

49 Mallett and Shaw (2012), pp. 155-73; Rodriguez-Salgado (1990), pp. 383-86; James Tracy, *Emperor Charles V, Impresario of War: Campaign Strategy, International Finance, and Domestic Politics* (Cambridge: Cambridge University Press, 2002), p. 132.

50 Potter (2008), pp. 35-37.

51 Mallett and Shaw (2012), pp. 219-49; Rodriguez-Salgado (1990), pp. 387-92; Tracy (2002), pp. 158-63.

52 Knecht (1996), p. 181-82.

53 반면, 1552년 봄 카를 5세는 앙리 2세와 손잡은 슈말칼덴 제후 중 한 명인 작센(Sachsen)의 선제후 모리츠(Moritz)에게 쫓겨 당시 머물던 티롤(Tyrol)의 인스브루크(Innsbruck)에서 소수의 수행원과 함께 탈출하여 밤새 말을 몰아 안전한 곳으로 피신해야 하는 사건을 겪었다. Tracy

(2002), pp. 234-35.

54 Maria J. Rodriguez-Salgado, *The Changing Face of Empire: Charles V, Philip II and Habsburg Authority, 1551-1559* (Cambridge: Cambridge University Press, 1988), p. 48.

55 Knecht (1996), pp. 216-18.

56 Rodriguez-Salgado (1988), pp. 85-88.

57 Rodriguez-Salgado (1988), pp. 137-79.

58 1558~59년 앙리 2세는 백년전쟁 이후 마지막 남은 영국의 대륙영토인 칼레를 급습하여 점령했다. 당시 펠리페 2세와 영국의 메리 여왕이 혼인 중인 상태였으므로 칼레에 대한 공격을 합스부르크에 대한 공격으로 간주했다. 조약을 위한 협상이 진행되었을 무렵에는 메리 여왕의 뒤를 이어 엘리자베스 1세(r.1558~1603)가 왕위에 오른 상황이었으므로 합스부르크는 크게 주저하지 않고 프랑스의 칼레 소유를 인정했다. Geoffrey Parker, *Imprudent King: A New Life of Philip II* (New Haven and London: Yale University Press, 2014), p. 125.

59 Rodriguez-Salgado (1990), pp. 399-400; Knecht (1996), p. 238-39.

60 Knecht (1996), pp. 232-33.

61 Rodriguez-Salgado (1988), pp. 233-51.

62 Tracy (2002), p. 21, 37.

63 Potter (2008), p. 17.

64 Johannes Burkhardt, "Die Friedlosigkeit der frühen Neuzeit: Grundlegung einer Theorie der Bellizität Europas," *Zeitschrift für Historische Forschung* 33(4), 1997, pp. 516-21.

65 J. M. Batista I Roca, "The Hispanic Kingdoms and the Catholic Kings," D. Hay ed., *The New Cambridge Modern History Vol. 1: The Renaissance, 1493-1520* (Cambridge: Cambridge University Press, 1957), pp. 321-22; Elliott (2000), pp. 13-22, 82-83; Angus Mackay, "Castile and Navarre," C. Allmand ed., *The New Cambridge Medieval History, Volume VII, c.1415-c.1500* (Cambridge: Cambridge University Press, 1998), pp. 616-17.

66 Elliott (2000), p. 23.

67 Elliott (2000), pp. 22-34.

68 Elliott (2000), p. 87.

69 이 외에도 마요르카, 사르데냐, 시칠리아, 나폴리 왕국 등이 추가되었다.

70 Elliott (2000), pp. 25-26, 87-88; Roca (1957), p. 323; Mario Del Treppo, "Aragon," C. Allmand ed., *The New Cambridge Medieval History, Volume VII, c.1415-c.1500* (Cambridge: Cambridge University Press, 1998), pp. 591-92.

71 카를 5세는 특히 1543년 스페인을 떠난 이후에는 무려 12년 동안이나 유럽의 다른 지역을 전전하다가 왕위에서 퇴임한 후인 1555년에야 돌아오기도 했다. Elliott (2000), p. 179.

72 John Lynch, *Spain 1516-1598: From Nation State to World Empire* (Oxford & Cambridge: Basil Blackwell, 1964), p. 76.

73 Lynch (1964), pp. 69-71; Elliott (2000), pp. 88-92.

74 Koenigsberger (1971), pp. 76-77.

75 Lynch (1964), p. 79.

76 Juan Gelabert, "Castile, 1504-1808," R. Bonney ed., *The Rise of the Fiscal State in Europe, c.1200-1815* (Oxford: Oxford University Press, 1999), pp. 212-13; Elliott (2000), p. 321.

77 Tracy (2002), p. 250.

78 Tracy (2002), p. 272; Rodriquez-Salgado (1988), p. 60.

79 Gelabert (1999), pp. 203-208; Miguel Angel Ladero Quesada, "Castile in the Middle Ages," R. Bonney ed., *The Rise of the Fiscal State in Europe, c.1250-1815* (Oxford: Oxford University Press, 1999), p. 183; Elliott (2000), pp. 221-22, 322-23; Tracy (2002), pp. 296-97.

80 Felipe Fernandez-Armesto, "Improbable Empire," R. Carr ed., *Spain: A History*, 김원중 · 황보영조 옮김(서울: 까치, 2006), p. 157.

81 Aurelio Espinosa, "The Grand Strategy of Charles V (1500-1558): Castile, War, and Dynastic Priority in the Mediterranean," *Journal of Early Modern History* 9(3-4), 2005, pp. 239-83; Rodríquez-Salgado (1988), pp. 279-88.

82 Geoffrey Parker, *The Grand Strategy of Philip II* (New Haven and London: Yale University Press, 1998), pp. 77-109.

83 Geoffrey Parker, "David or Goliath? Philip II and his world in the 1580s," R. Kagan & G. Parker eds., *Spain, Europe and the Atlantic world: essays in honour of John H. Elliott* (Cambridge: Cambridge University Press, 1995), pp. 256-58.

84 Geoffrey Parker, *The Dutch Revolt* (London: Penguin Books, 1988), pp. 55-67; Helmut. G. Koenigsberger, *Monarchies, States General and Parliaments: The Netherlands in the Fifteenth and Sixteenth Centuries* (Cambridge: Cambridge University Press, 2001), pp. 200-206.

85 사실 네덜란드에서의 상황이 이렇게 '악화'된 데는 펠리페 2세 자신의 책임도 상당하다. 펠리페 2세는 오스만제국과의 전쟁이 한창 진행 중이던 1564년 종교탄압의 완화를 요구하기 위해 스페인을 방문한 네덜란드 대표단에게 마치 그들의 요청을 들어줄 것처럼 행동했다. 이는 네덜란드인에게 오해와 헛된 희망을 불러일으켰고, 이들은 이후 왕의 진심이 드러나자 크게 반발했다. Geoffrey Parker, "Spain, Her Enemies and the Revolt of the Netherlands, 1559-1648," *Past and Present* 49, 1970, pp. 80-81.

86 모리스코는 이베리아반도에 거주하는 이슬람계 주민을 지칭했고, 당시 키프로스섬은 베네치아 공화국에 속했다.

87 Parker (1988), p. 84.

88 Parker (1998), pp. 120-24.

89 Parker (1998), pp. 125-26.

90 Koenigsberger (2001), p. 22, pp. 132-33; Israel (1995), pp. 169-70; J. C. Boogman, "The Union of Utrecht: its Genesis and Consequences," J. C. Boogman and G. N. vander Plaat eds., *Federalism: History and Current Significance of a Form of Government* (The Hague: Martinus Nijhoff, 1980), p. 17.

91 Henri Pirenne, *Early Democracies in the Low Countries: Urban Society and Political Conflict in the Middle Ages and the Renaissance*, Trans. J. V. Saunders (New York: Harper Torchbook, 1963), p. 125.

92 Jonathan Israel, *The Dutch Republic: Its Rise, Greatness, and Fall, 1477-1806* (Oxford: Oxford University Press, 1995), pp. 175-77; Koenigsberger (2001), p. 259.

93 Israel (1995), pp. 177-182.

94 Parker (1970), pp. 83-85.

95 Parker (1998), p. 142.

96 Parker (1988), pp. 179-80; Koenigsberger (2001), pp. 260-85.

97 Israel (1995), pp. 186-87, 196-98.

98 Boogman (1980), p. 14.

99 Israel (1995), pp. 212-14.

100 Israel (1995), pp. 241-44.

101 Majorlein C. 't Hart, *Making of a Bourgeois State: War, Politics and Finance during the Dutch Revolt* (Manchester and New York: Manchester University Press, 1993), 43-45.

102 Israel (1995), pp. 262-67.

103 't Hart (1993), p. 80.

104 't Hart (1993), pp. 121-31, 193.

105 't Hart (1993), pp. 158-83.

106 R. B. Wernham, "British Question, 1559-69," R. B. Wernham ed., *The New Cambridge Modern History, Volume III: The Counter-Reformation and Price Revolution, 1559-1610* (Cambridge: Cambridge University Press, 1981), p. 209.

107 Koenigsberger (1971), pp. 150-52.

108 Parker (1998), p. 151.

109 태어난 지 6일 만에 부친 제임스 5세(r.1513~42)가 사망함에 따라 여왕 자리에 오른 메리 스튜어트의 모친은 후에 프랑스 종교전쟁에서 가톨릭 동맹을 이끈 기즈(Guise) 가문 출신의 마리 드 기즈(Marie de Guise)였고, 어린 시절의 대부분을 섭정이 통치하는 스코틀랜드가 아닌 프랑스에서 보냈다. 기즈 가문은 그녀와 프랑수아 2세와의 혼인도 주선했다.

110 이는 메리 스튜어트의 조부인 스코틀랜드의 제임스 4세가 영국의 헨리 7세의 맏딸인 마가레트와 혼인하여 그녀의 부친인 제임스 5세를 낳았다는 사실에 기인한다. 바로 이와 같은 혈연관계에 근거하여 1603년 엘리자베스 1세가 사망하자 메리 스튜어트의 아들인 스코틀랜드의 제임스 6세가 제임스 1세로서 영국 국왕의 자리에 올라 스튜어트왕조 시대를 열었다.

111 Wernham (1981), pp. 209-20.

112 R. B. Wernham, *The Making of Elizabethan Foreign Policy, 1558-1603* (Berkeley: University of California Press, 1980), pp. 27-28.

113 Parker (1998), pp. 152-54; Susan Brigden, *New Worlds, Lost Worlds: The Rule of the Tudors, 1485-1603* (London & New York: Penguin Books, 2000), pp. 218-21.

114 Geoffrey Parker, "The making of strategy in Habsburg Spain: Philip II's "bid for mastery," 1556-1598," W. Murray, M. Knox & A. Bernstein eds., *The Making of Strategy: Rulers, States, and War* (Cambridge: Cambridge University Press, 1994), p. 140.

115 Parker (1998), pp. 155-66.

116 Brigden (2000), pp. 282-85.

117 Parker (1998), pp. 172-76

118 Parker (1994), pp. 138-42.

119 Koenigsberger (1971), p. 183.

120 Edward Tenace, "A Strategy of Reaction: The Armadas of 1596 and 1597 and the Spanish Struggle for European Hegemony," *English Historical Review* 118(478), 2003, pp. 860-78.

121 Koenigsberger (1971), pp. 200-201.

122 Koenigsberger (1971), pp. 174-76.

123 Koenigsberger (1971), pp. 176-77.

124 Koenigsberger (1971), p. 193.

125 Mack P. Holt, *The French Wars of Religion, 1562-1629* (Cambridge: Cambridge University Press, 2005), p. 151.

126 Holt (2005), pp. 168-70.

127 Tenace (2003), p. 856.

128 Paul C. Allen, *Philip III and the Pax Hispanica, 1598-1621: The Failure of Grand Strategy* (New Haven: Yale University Press, 2000), p. 12.

129 Holt (2005), p. 165.

130 Koenigsberger (1971), pp. 198-99.

131 Brigden (2000), pp. 314-17, 336-42.

132 Allen (2000), pp. 72-73.

133 Allen (2000), p. 61.

134 Allen (2000), p. 110.

135 1598년 펠리페 2세는 세상을 떠나기 얼마 전에 자신의 딸 이사벨라 클라라 에우헤니아와 합스부르크 오스트리아의 막시밀리안 2세의 아들 알브레히트 대공을 혼인시킨 후 이들에게 네덜란드에 대한 통치권을 부여했고, 이로써 네덜란드는 적어도 공식적으로는 독립국가가 되었다. 하지만 실제 현실에서는 스페인군이 계속 주둔하는 등 스페인 본국 정부에 의한 통제와 지배가 계속 유지되었다. 알브레히트 대공은 프랑스, 영국, 네덜란드와 평화적인 관계를 복원하는 과정에서 중심적인 역할을 담당했다. H. R. Trevor-Roper, "Spain and Europe, 1509-1621," J. R. Cooper ed., *The New Cambridge Modern History, Volume IV: The Decline of Spain and the*

Thirty Years War, 1609-48/59 (Cambridge: Cambridge University Press, 1970), p. 265.

136 Allen (2000), pp. 137-38.

137 Mark Kishlansky, *A Monarchy Transformed: Britain, 1603-1714* (London: Penguin, 1996), pp. 67-68.

138 Allen (2000), pp. 117-18.

139 Allen (2000), pp. 239-40.

140 Allen (2000), p. 241; John Lynch, *The Hispanic World in Crisis and Change, 1598-1700* (Oxford: Blackwell, 1992), p. 45.

141 Lynch (1992), pp. 54-55.

142 Trevor-Roper (1970), p. 266.

143 Israel (1995), p. 400.

144 Allen (2000), pp. 206-7.

145 Allen (2000), p. 232.

146 Israel (1995), p. 404.

147 Allen (2000), p. 233.

148 Paul Kennedy, *The Rise and Fall of the Great Powers: Economic Change and Military Conflict from 1500 to 2000* (London: Unwin Hyman, 1988), p. 35.

International Politics

III

30년전쟁과
17세기 중반
유럽 국제정치체제의 위기

1

전쟁의 기원

1618~48년의 30년전쟁은 그 이전과는 다른 차원의 전쟁이었다. 먼저 전쟁이 30년이라는 긴 기간 동안 중단 없이 치러지면서 독일은 물론 주변 국가들에도 막대한 피해를 입혔다. 30년전쟁은 또한 복잡한 기원을 가진 다층적인 성격의 전쟁이었다. 물론 이는 근세 초 유럽에서 발발한 대부분의 전쟁에 공통적인 현상이었다. 하지만 30년전쟁은 다른 어떤 전쟁에 비해서도 그 기원과 성격에서 특별히 더 복잡하고 다층적이었다. 먼저 전쟁의 기원을 살펴보면 30년전쟁은 독일 신성로마제국 내에서 벌어진 전쟁이었다. 전쟁 발발의 직접적인 도화선이 된 것은 보헤미아에서 일어난 반란이었다. 보헤미아는 합스부르크 오스트리아의 여러 영토 중 하나였고, 반란은 합스부르크 정부의 강압적인 종교정책으로 촉발되었다. 보헤미아 반란은 신성로마제국 내 프로테스탄트 제후국과 가톨릭 제후국 사이의 대결을 부추겼다.

이러한 점을 고려하면 30년전쟁은 종교 갈등에서 비롯된 '내전'으로 분류될 수 있다. 하지만 '내전'이라는 용어를 사용하기 전에 다음 두 가지

점에 유의할 필요가 있다. 먼저 합스부르크 오스트리아는 오스트리아와 보헤미아, 헝가리 등으로 이루어진 연합왕국이었다. 합스부르크 스페인을 비롯한 다른 연합왕국과 마찬가지로 합스부르크 오스트리아를 구성하는 여러 영토 역시 정치적으로 상당히 독립적이었다. 영토와 영토를 묶는 유일한 끈은 합스부르크의 통치자였고, 그는 각각의 영토를 그에 고유한 법과 관습에 따라 통치했다. 다음으로 합스부르크 오스트리아가 그 일부를 이룬 신성로마제국 역시 일반적인 국가와는 거리가 멀었다. 그렇다고 제국을 연합왕국으로 분류하기도 어렵다. 오늘날의 시각에서 보면 신성로마제국은 국가연합(confederation)에 가까웠다. 30년전쟁이 '내전'의 성격을 지닌다고 할 때 이러한 점을 감안할 필요가 있다.

그 기원에서 '내전'으로 출발한 30년전쟁은 다수의 주변 국가들이 개입함에 따라 '국제화'되었다. 스페인이 전쟁 초반부터 개입하기 시작했고, 1620년대 중반에는 덴마크가 뒤를 이었다. 스페인은 전쟁 초반에 오스트리아와 가톨릭 측이 기선을 제압하는 데 중요한 역할을 담당했다. 1621년 스페인과 네덜란드연방이 휴전 기간의 만료와 함께 전쟁을 재개함에 따라 연방 역시 30년전쟁에 간접적으로나마 관여하게 되었다. 1630년 스웨덴이 개입하고 1635년부터는 프랑스가 개입하면서 30년전쟁은 '내전'의 성격을 덜어내고 '국제전'이 되었다. 프랑스의 개입은 스페인과의 전쟁의 일환으로 이루어졌다. 독일에서 프랑스의 전쟁목표는 오스트리아와 스페인의 연계를 차단하고 독일을 프랑스에 우호적인 지역으로 만드는 데 맞춰졌다.

결국 오스트리아에 대한 보헤미아의 반란에서 비롯된 30년전쟁은 신성로마제국 제후국 간의 내전으로 확대되었고, 곧이어 유럽 대부분의 국가들이 직간접적으로 관여하는 국제전의 성격을 띠게 되었다. 독일에서 오스트리아와 바이에른을 비롯한 가톨릭 제후들과 스웨덴과 프랑스의 지원을 받는 프로테스탄트 제후들 사이에 전쟁이 진행되는 동안 프랑스와 스페인은 그들 사이에 별개의 전쟁을 벌였고, 네덜란드에서는 스페인과 네덜란드연방이 또 하나의 전쟁을 벌였다. 이러한 와중에 1640년 카탈루냐와 포르투갈이, 1647년에는 나폴리 왕국이 스페인 정부에 반란을 일으켰다. 1640년대 영국에서 내전이 발발한 것까지 포함하면 그야말로 전 유럽이 전쟁의 소용돌이에 빠졌다.

전쟁의 발단이 된 보헤미아 반란은 여러 가지 면에서 네덜란드 반란과 유사했다. 하지만 네덜란드 반란이 상대적으로 고립된 현상으로 남은 데 반해 보헤미아 반란은 독일의 전쟁으로, 전 유럽의 전쟁으로 확대되었다. 이와 같은 차이가 나타나게 된 첫 번째 이유는 보헤미아가 신성로마제국의 일부분이었다는 데서 찾을 수 있다. 여기서 우리는 간략하게나마 근세 초 독일의 신성로마제국에 관해 알아볼 필요가 있다.

★★★★★

일단 근세 초 독일의 신성로마제국이 어떤 종류의 정체(政體)였는지 살펴보자. 오랜 기간 동안 중세 말부터 근세 초 독일의 국가형성사는 '분열과 지체'의 역사로 기억되었다. 통상적인 역사 해석에 따르면 이웃한 프랑스, 영국 등이 근대적인 국가 건설에 박차를 가하고 있는 사이 독일은 300여 개에 달하는 '영토제후국(Fürstentümer, territorial principalities)'으로 분열된 채 정치적으로뿐만 아니라 사회 · 경제적으로도 낙후성을 면치 못했다. 선거를 통해 선출되는 황제를 수장으로 하는 신성로마제국이 제후국들에 상위의 정치체로 존재했지만, 이는 기본적으로 '부패하고 타락한' 제도들의 집합체에 불과했고, 결과적으로 통일된 민족국가의 출현을 지연시키는 데 일조했을 뿐이다. 이러한 관점에서 보면 진정한 의미에서 독일 국가의 역사는 18세기 중엽 영토제후국들 중 하나인 브란덴부르크-프로이센의 프리드리히 2세(Friedrich II, r.1740~86)가 강력한 군사력과 관료제도를 건설하여 이른바 '권력국가(Machtstaat)'를 수립하는 데 성공하면서 시작되었다고 할 수 있다.[1]

'프로이센 중심주의'로 통칭될 수 있는 이와 같은 역사해석의 전통은 19세기 후반 프로이센에 의한 독일 통일과 함께 독일 역사학계에 뿌리 깊게 자리 잡았다. 하지만 제2차 세계대전 이후 지난 수십 년간에 걸쳐 프로이센 중심주의는 독일과 구미 역사학계에서 성공적으로 극복되었다. 이미 1960년대부터 독일의 역사학자들은 15세기 이후 신성로마제국의 역할과 기능을 재평가함으로써 프로이센 중심주의에 도전해왔다. 주로 남부 독일 자유주의의 전통을 계승한 역사가들에 의해 주도되어온 이러한 재평가 작업의 결과 신성로마제국이 중세 말 이후 사실상 해체의 길에 들어선 독일의 통일성을 오직 형식적인 수준에서만 유지시켜준 과도기적 정치체에 불과하다는 기존 인식에 점차 변화가 일어나고 있다. 이제 많은 역사가는 근세 초의 신성로마제국이 나름의 정체성을 지니고 일정한 역할을 수행한 독자적인 정치조직이었다는 사실을 인정하고 있다.

근세 초의 신성로마제국이 이와 같이 독자적인 역할을 수행하게 된 결정적인 계기는 15세기 전반 제국이 전례 없이 큰 규모의 전쟁을 치러야 할 필요성에 직면하면서 마련되었다. 1420년대 보헤미아에서 종교개혁가 얀 후스(Jan Hus)를 추종하는 보헤미안인의 반란이 발발하자 제국의 주요 제후들은 이에 공동으로 대처하고자 서로 간에 협력을 모색하기 시작했다. 당시 신성로마제국의 황제는 약간의 부수입이 따를 뿐인 '명예직'에 불과했으므로 전쟁을 위한 구심적 역할을 담당하기 어려웠다. 13세기 후반부터 신성로마제국의 황제는 7명의 선제후(選帝侯, Kurfürsten, Electors)에 의해 선출되었다.[2] 혈연에 의한 계승방식이 완전히 포기된 것은 아니었지만, 강력한 황제의 출현을 원하지 않았던 선제후들은 의도적으로 다른 가문 출신을 번갈아가며 황제로 선출했다. 그 결과 1273년부터 1493년 사이에 신성로마제국에서는 총 14명의 황제가 6개의 귀족가문에서 선출되었는데, 이 중 단 한 번 황제의 직위가 아버지에게서 아들로 계승되었다.[3] 1356년에 제정된 '금인칙서(Goldene Bull)'에서는 국왕 선출과 관련된 선제후들의 권리가 최종적으로 확인되고 각종 선거절차가 자세하게 정의되었다.[4] 왕위를 특정가문의 소유물로 만드는 것이 더 이상 가능하지 않다는 사실이 명백해짐에 따라 국왕으로 선출된 이들의 태도에도 점차 변화가 일어나기 시작했다. 자손에게 왕위를 물려줄 수 없게 된 이들 선출직 황제들에게 이제 황제의 직위는 출신가문의 위신과 이익을 증진하기 위한 수단으로써 가치를 지닐 뿐이었다. 결국 영국과 프랑스 등지에서 군주의 권력이 한창 강화된 이 시기에 독일에서는 황제의 지위와 권력이 지속적으로 약화되었다.

이와 같이 황제의 권한과 지위가 취약해진 상황에서 후스파의 반란에 대처하는 데 선제후들이 앞장섰다. 선제후들은 후스파의 반란이 한창이던 1422년과 1427년 모임을 갖고 전국적 차원의 조세제도를 도입하기로 결의했다. 1422년 도입된 제도는 다른 제후국들의 격렬한 반대에 부딪혀 포기되었지만, 후스파의 대대적인 공세 직후 열린 1427년의 모임에서 결의된 조세는 성공적으로 징수되었다. 15세 이상의 모든 성인 남자에게 부과된 이 조세의 징수 절차를 살펴보면 전국을 5개의 조세구역으로 구분한 뒤 각 구역에 하나씩의 제국시(市)[쾰른, 뉘른베르크, 잘츠부르크, 에어푸르트, 브레슬라우]를 지정하여 조세업무를 관장하게 했다. 일단 5개 제국시에 모인 세금은 다시 뉘른베르크로 이전된 후 집행위원회가 최종 정산을 하고 사용처를 결정하도록 했다. 9명의 집행위원 중 6명은 선제후가 임명하고, 나머지 세 자리는 제국시의 대표들로 채우도록 했다. 이와 같이 다소 복잡하게 구성된 절차를 거쳐 상당한 금액이 징수되었다. 독일 역사상 전국 단위에서 최초로 징수된 세금임을 감안하면, 또 19세기 이전 거의 모든 유럽 국가의 조세제도가 매우 비효율적으로 운용되었다는 사실을 감안하면 선제후들의 시도는 상당한 성공을 거뒀다고 할 수 있다.[5]

1470년 이후에는 오스만제국이 독일을 위협하기 시작했다. 그동안 선제후들이 주도한 전쟁 노력에 적대적이거나 무관심한 태도를 취해 온 황제 역시 선제후들의 모임에 대한 중요성을 인정하고 참여하기 시작했다. 가장 중요한 이유는 당시 황제였던 합스부르크의 프리드리히 3세(r.1452~93)가 직접 통치하던 오스트리아가 오스만제국의 위협에 직접적으로 노출되어 있었기 때문이지만, 다른 한편으로는 선제후를 비롯한 제국의 구성원들과 긴밀하게 협조하는 것이 지정학적 위협에 맞서 제국의 안전을 보장하는 최선의 방법임을 인정했기 때문이기도 했다. 황제의 참여로 공식적인 지위를 획득한 선제후들의 모임은 1470년대부터 '제국의회(Reichstag)'로 불리기 시작했고, 1480년대부터는 일반 제후국과 제국시의 참여도 허용되었다. 이와 함께 구성원 간 협력을 목적으로 제도적 틀을 확립하기 위해 제후들은 제국을 개혁할 일련의 작업에 착수했다. 1480년대부터 1510년대까지 30여 년에 걸쳐 계속된, 역사가들에 의해 '제국개혁운동'으로 이름 붙여진 개혁 시도의 주된 목적은 독자적으로 기능하는 신성로마제국의 정치적 · 법적 제도를 수립하는 데 있었다.

가장 먼저 제후들은 제국 전체를 포괄하는 사법제도를 수립하고자 했다. 이를 위해 1486년 프랑크푸르크에서 열린 제국의회에서 제국대법원(Reichskammergericht)을 설치할 것을 결의한다. 중세 말부터 근세 초의 역사적 상황에서 독립적인 최종심 법원의 설치는 혁명적인 조치라 할 수 있는데, 이는 중세 이래 유럽에서 최종심 법원에 대한 통제권이 왕권 혹은 황권의 핵심 권한으로 간주했기 때문이다. 이와 같은 이유에서 프리드리히 3세는 제후들의 결정에 크게 반발했다. 10여 년에 걸친 교착상태가 계속된 끝에 프랑스와의 전쟁에서 제후들의 도움이 절실해진 프리드리히의 뒤를 이어 황제에 선출된 막시밀리안 1세가 1495년 보름스(Worms)에서 개최된 제국의회에서 제후들의 요구를 받아들이기로 결정함으로써 프랑크푸르트에 최종심 법원이 설치되었다. 법원을 구성하는 총 16명의 부(副)재판관(Beisitzer) 중 6명은 선제후들이 임명하고, 2명은 황제가 지명하도록 했다. 또 2명의 재판관은 여타 제후들이 지명하고, 나머지 6명은 지역별로 선출되었다.[6]

1500년 아우크스부르크 제국의회에서는 제국을 '크라이스(Kreis)'라는 10개의 행정구역으로 구분하기로 했다.[7] 크라이스의 가장 중요한 목적은 제국의회의 결의안과 제국대법원의 판결을 집행하는 데 있었다. 원래 1495년 보름스 제국의회는 이 두 가지 임무를 전국적 차원의 관할권을 보유한 중앙행정기구(Reichsregiment)에 일임하기로 결의했고, 10여 년의 짧은 기간 동안이기는 하지만 기구가 실제로 설치되어 활동에 들어가기도 했다(1501~2년, 1521~30년). 만일 성공했다면 신성로마제국을 중앙집권적 국가로 변모시킬 수도 있었을 이 실험은 결국 실패로 끝나고 말았다. 이 기구가 자신들의 정치적 · 재정적 독립성을 잠식할 것을 경계한 많은 제후국이 반대의사를 굽히지 않았기 때문이다.[8]

결국 크라이스를 설치하여 행정권을 분산하기로 합의했다. 크라이스의 가장 중요한 기구는 크라이스 의회(Kreistag)였는데, 여기에 모인 각 크라이스의 구성원은 제국의회의 결의안과 법원 판결을 지역 차원에서 적절하게 실행에 옮길 방안을 모색했다. 크라이스는 그 밖에도 치안, 화폐의 규제, 제국대법원 재판관 선출 등의 임무를 담당했다.[9] 제국개혁운동 시기에 제후국들이 야심차게 추진한 또 하나의 개혁안은 '공동화폐(Gemeine Pfennig)'라 불린 조세제도의 도입이었다. 하지만 완전히 상설화된 근대적인 조세제도를 수립하려던 이 계획은 몇 번의 시도 끝에 실패로 돌아갔다. 제후국들이 중앙조세기구의 설치에 반대하면서 각자의 영토 내에서 징수된 세금의 사용처를 감독할 권한을 요구했기 때문이다.[10] 16세기 후반부터는 제국의회가 각 제국 구성원이 납부해야 할 세금을 결정하면 제후국들과 제국시들이 각자 편리한 방식으로 할당된 액수의 세금을 징수하는 방식이 채택되었다.

중앙행정기구를 설립하고 상설화된 조세제도를 설립하려는 시도가 실패로 끝난 것은 제국개혁운동이 결코 수월한 작업이 아니었음을 여실히 보여준다. 만일 두 제도가 성공적으로 뿌리를 내렸다면 독일 국가형성사, 더 나아가 독일 근대사는 상당히 다른 양상으로 전개될 수도 있었을 것이다.[11] 오랜 기간에 걸쳐 준비되고 야심차게 추진된 두 제도가 때 이른 종말을 맞이한 가장 중요한 이유는 신성로마제국의 제후국들이 개혁안에 대해 이중적인 태도를 취했다는 데 있다. 국가 간의 경쟁이 점점 더 치열해지는 상황에서 독일의 제후국들은 자신들의 힘을 결집시킬 제도적 장치의 필요성을 절감했다.

하지만 다른 한편 제후국들은 공동의 이익을 위해 설립된 제도가 자신들의 정치적 독립성을 침식할 가능성에 대해 경계를 늦추지 않았다. 제후국들은 상황의 변화에 따라, 그리고 자신들의 이해관계의 변화에 따라 입장을 바꿨고, 결국 두 제도는 제후들의 급작스런 태도 변화의 희생양이 되었다. 하지만 이러한 내재적인 한계가 있었음에도 제국개혁운동은 준수한 성공을 거뒀다는 평가를 받을 만하다. 개혁운동의 결과 신성로마제국은 제국대법원을 정점으로 하여 전국을 포괄하는 사법체계를 갖추게 되었고, 크라이스를 바탕으로 기초적인 지역행정체계도 마련했다. 무엇보다 중요한 성과는 후스전쟁 당시 자원과 병력 동원을 위해 설립된 임시협의기구에 불과했던 제국의회가 개혁운동을 거치면서 신성로마제국의 가장 중요한 전국 단위의 기구로 뿌리를 내리게 되었다는 점이다.[12] 이 시기에 그 구성과 기능이 명확히 정의된 제국의회는 16세기 이후 근 3세기에 걸쳐 제국에서 발생한 주요 사안에 관한 토론의 장이자, 구성원 간 상충하는 이해관계의 조정을 위한 조율기구이자, 최상위의 정책결정기구로 기능했다. 이는 지난 수백 년 동안 사실상의 무정부 상태에 빠져 있던 신성로마제국으로서는 결코 작지 않은 성과였다.

중세 말부터 근세 초 지정학적 환경의 변화로 촉발된 신성로마제국의 일련의 개혁시도에 어떤 의미를 부여할 수 있을까? 우선 개혁의 결과 신성로마제국은 이전과는 다른 종류의 정체(政體)로 탈바꿈하는 데 성공했다. 즉, 개혁시대 이전과 이후의 제국이 분명하게 구분될 수 있다. 물론 신성로마제국이 중앙집권적 근대국가로 변신한 것은 아니다. 제국은 '연합왕국'으로 분류되기도 어려웠다.[13] 근세 초 유럽 정치사에서 근대국가의 등장만을 주목할 만한 가치가 있는 현상으로 간주하는 입장에서 보면 이와 같은 제국의 변신은 단순히 중세시대의 유산이 고착된 결과로, 혹은 중세에서 근세로 이행하는 시기에 고유한 과도기적 현상으로 이해될 것이다. 하지만 신성로마제국의 변신을 독자적인 중요성을 지닌 현상으로 이해할 필요가 있다. 최소한 개혁의 결과 제국 구성원 사이의 상호작용이 정기화되고 공식화할 제도적 틀이 마련되었다는 점에 주목할 필요가 있다. 개혁시기를 거치면서 제국 구성원 간 관계의 망(網), 나아가서는 제국의 전반적인 정치적 구조가 현저하게 공고해졌다. 독일 역사학자 모라우(Peter Moraw)의 표현을 빌리자면 신성로마제국의 정치시스템이 개혁 시기를 거치면서 눈에 띄게 "두터워졌다(Verdichtet)".[14]

☆☆☆☆☆

이러한 과정을 거쳐 어렵사리 정치체제로서의 성격을 갖추게 된 신성로마제국은 종교개혁으로 초래된 제후국 간 분열과 대립으로 위기를 맞았다. 1519년 황제로 선출된 카를 5세가 독일과 네덜란드, 스페인과 이탈리아 사이를 오가는 동안 마르틴 루터에 의해 촉발된 종교개혁의 물결이 독일을 휩쓸었다. 북부와 서북부, 서남부 독일의 여러 제후국과 제국시가 프로테스탄티즘을 받아들였다. 카를 5세는 1521년 보름스에서 열린 제국의회에서 칙령을 내려 루터의 활동을 금지시키고 그의 가르침이 확산되는 것을 막으려 했지만, 그가 독일을 떠나 있던 수년 동안 프로테스탄티즘은 교세를 계속 확장했다.

1530년 독일로 돌아온 카를 5세는 아우크스부르크에서 제국의회를 개최하여 문제를 원만히 해결하려 시도했지만, 견해 차이를 확인하는 데 그쳤다. 오히려 아우크스부르크 제국의회에서 카를 5세가 보여준 완고함에 실망한 프로테스탄트 제후들은 슈말칼덴(Schmalkalden)에서 동맹을 결성하여 서로 협력하기로 약속했다. 카를 5세를 위시한 가톨릭 세력과 프로테스탄트 세력의 점증하는 갈등은 1546~47년 전쟁의 발발을 가져왔다. 1547년 4월 카를 5세는 뮐베르크(Mühlberg) 전투에서 슈말칼덴 동맹군에 승리를 거뒀고, 이로써 동맹은 해체되었다. 하지만 전쟁의 승리와 동맹의 해체가 프로테스탄티즘의 기세를 꺾지는 못했다. 1556년 카를 5세가 신성로마제국의 황제 자리를 비롯하여 모든 공적 직위에서 물러나기로 결정함으로써 독일의 종교분열은 새로운 국면을 맞이하게 되었다.[15]

카를 5세가 자신에게 황제의 직위를 물려주고 퇴위한다는 소식을 전해들은 페르디난트는 1555년 9월 다시 한번 아우크스부르크에서 제국의회를 개최했다. 유럽 대륙의 이곳저곳을 끊임없이 옮겨 다녔던 카를 5세를 대신하여 오스트리아와 보헤미아, 헝가리를 오랜 기간 통치했으므로 독일의 정치적 · 종교적 상황에 정통했던 페르디난트는 적극적으로 프로테스탄트 제후국들과의 화해를 추구했다. 그는 신성로마제국의 황제가 "왕들의 왕"에 불과하다는 사실을 잘 인식했고, 제국 내에서 황제의 권한 행사에 상당한 제약이 존재한다는 점을 잘 알았다.[16] 그 결과 '아우크스부르크 종교화의'로 알려지게 된 협정이 체결되었다. 아우크스부르크 협정은 이후 1618년까지 독일의 종교적 평화와 공존을 규율할 기본원칙을 제시했다. 바로 황제가 아닌 각 제후국의 통치자가 자신이 통치하는 영토의 종교를 결정할 권한을 가진다는 원칙이다. 평화협정의 해당 조문에서는 이 원칙을 각 제후가 자신의 '교회를 개혁할 권리(jus reformandi)'를 보유한다고 표현했고, 후에 한 법률가가 이를 '지배하는 자가 종교를 결정한다(cuius regio, eius religio)'는 유명한 문구로 정식화했다.

아우크스부르크 평화협정이 제후들에게 각자의 영토 내에서 자신의 종교를 강제할 절대적인 권리를 부여한 것은 아니다. 제후의 종교와 다른 종교를 믿는 이들은 다른 곳으로 이주할 권리를 부여받았다. 페르디난트는 대주교와 주교 등 가톨릭 성직자가 수장인 교회제후국(geistliche Fürstentümer)에 거주하는 프로테스탄트 귀족이나 도시민에게는 비공식적으로나마 종교의 자유를 허용하는 특별 조항을 자신의 이름으로 협정에 부가하기도 했다(declaratio Ferdianandea). 협정은 또한 제국시에서는 가톨릭교도와 프로테스탄트교도 모두에게 자신의 종교를 믿을 권리뿐만 아니라 동등하게 시정(市政)에 참여할 권리를 부여한다고 규정했다. 아우크스부르크 평화협정을 통해 신성로마제국의 가톨릭 제후국과 프로테스탄트 제후국들은 60여 년간 큰 충돌 없이 공존할 수 있었다. 같은 시기에 프랑스에서 피비린내 나는 종교전쟁이 발발했고, 네덜란드에서 종교문제에서 비롯된 내전이 계속되었음을 감안하면 이는 무시할 수 없는 성과였다.[17]

다만 아우크스부르크 평화협정에는 이후에 심각한 분쟁의 소지가 될 만한 몇몇 요소가 포함되었다. 먼저 아우크스부르크 평화협정은 프로테스탄티즘 중 루터파의 권리만 인정했으며, 칼뱅교를 비롯한 다른 프로테스탄트 분파의 권리는 인정하지 않았다. 협정 체결을 전후하여 비루터파 프로테스탄티즘의 교세가 급격히 확장되었음을 감안하면 이는 적지 않게 심각한 문제였다. 이보다 더 심각한 문제는 평화협정에서 교회제후국의 통치자가 프로테스탄티즘으로 개종하면 그 통치자는 제후로서의 지위를 포기해야 한다고 규정되었다는 점이다.[18] '교회제후국에 관한 유보조항(reservatum ecclesiasticum)'으로 알려진 이러한 제약으로 신성로마제국의 전체 제후국 중 상당한 비중을 차지하는 교회제후국이 프로테스탄트 제후국으로 전환하는 것이 원천적으로 금지되었다. 협정 체결을 위한 협상에서 프로테스탄트 제후들은 당연히 이러한 유보조항 삽입에 반대했고, 결국 이 조항은 제국의회에서의 표결이 아닌 최고입법자로서 황제의 권위에 근거하여 최종협정문에 포함되었다. 프로테스탄트 제후들은 협정 체결 이후에도 유보조항을 협정의 일부로 볼 수 없다고 주장하기를 멈추지 않았다. 반면 가톨릭 제후들은 교회제후국에서 프로테스탄트 귀족과 시민에게 종교의 자유를 인정한 것은 협정의 가장 중요한 원칙의 위반이라고 맞섰다.[19] 아우크스부르크 평화협정의 이와 같은 불안정성과 불완전성은 이후 30년전쟁의 발발을 가져온 결정적인 요인 중 하나가 되었다.

이와 같은 약점을 지녔음에도 아우크스부르크 평화협정이 체결된 후 신성로마제국에서는 적어도 1580년까지 종교적으로 평화로운 시기가 이어졌다. 하지만 1580년 이후부터 프로테스탄트 제후국과 가톨릭 제후국 사이에 조금씩 균열이 나타나기 시작했다. 1583~88년에는 이른바 '쾰른(Köln) 분쟁'이 발발했다. 분쟁은 1583년 교회제후국이자 선제후국 중 하나인 쾰른의 대주교-선제후 게브하르트(Gebhard Truchsess von Waldburg)가 프로테스탄티즘으로 개종하면서 촉발되었다. 가톨릭 제후국 중 합스부르크 오스트리아를 제외하고는 가장 큰 영향력을 행사할 위치에 있던 바이에른 공작 빌헬름 5세(Wilhelm V, r.1579~97)는 아우크스부르크 평화조약의 유보조항을 근거로 자신의 가문 출신인 에른스트(Ernst von Bayern)를 게브하르트를 대체할 후보자로 내세웠다. 이 과정에서 바이에른은 스페인의 도움을 받을 수 있었다. 스페인은 '스페인 로드'에 인접한 쾰른이 프로테스탄트의 수중에 들어갈 것을 우려하여 3천 명의 병력을 파견하여 에른스트를 지원했다.[20] 게브하르트는 1587년까지 에른스트와 간헐적으로 소규모 전투를 치렀지만, 끝내 선제후국을 되찾는 데 실패했다.[21]

쾰른 분쟁으로 잠시 긴장이 고조되었던 가톨릭-프로테스탄트 관계는 1593년 합스부르크 오스트리아가 오스만제국과 전쟁을 시작하면서 다시 안정적인 국면으로 접어들었다. 오스만제국과의 전쟁은 신성로마제국 전체에 큰 위기감을 불러일으켰고, 1606년까지 계속된 전쟁 기간 동안 제후국과 제국시는 프로테스탄트와 가톨릭의 구분 없이 재정적으로 황제를 지원했다. 제국의회에 모인 제후국과 제국시의 대표들은 이전보다 훨씬 증가된 금액의 재정지원을 제공했는데, 1593년부터 1606년까지 약 2천만 플로린을 제공하기로 약속했고, 이 중 80%가 실제로 지원되었다. 이는 "그간의 제국 역사를 감안하면 기적과 같은 수준"이었다.[22] 제후국과 제후시의 대표들은 재정지원을 더욱 효과적으로 수행하기 위해 이를 전담하는 관리(Reichspfenigmeister)를 아우크스부르크에 별도로 두기도 했다. 이 관리는 제후국과 제후시로부터 받은 기부금을 취합하여 황제의 재정담당 관리에게 전달하는 임무를 맡았다. 1589년부터 이 관리는 황제에게 미래의 수입을 담보로 융자를 제공하기도 했는데, 이는 기부금이 정규세금처럼 안정적으로 징수되었다는 증거였다.[23] 기부금 납부에 대한 구속력을 강화하기 위해 제국의회에서는 납부를 회피하거나 연체하는 구

성원을 제국대법원을 통해 처벌하도록 하는 결의안이 통과되기도 했다.[24]

물론 프로테스탄트 제후국과 제국시는 오스트리아와 보헤미아, 헝가리 등 자신의 영토에서 프로테스탄티즘을 억압하는 합스부르크 황제를 재정적으로 지원한다는 데 대해 상당한 불안감을 느꼈다. 이들은 자신들이 지원한 자금이 신성로마제국 내에서 황제의 영향력을 강화하기 위한 목적으로 전용될 가능성에도 촉각을 곤두세웠다. 그 결과 프로테스탄트 제후국과 제후시는 제국의회에서 더 많은 수의 프로테스탄트 관리를 채용하거나 제국대법원의 종교 관련 규정을 자신들에게 유리한 방향으로 수정할 것을 재정지원의 반대급부로 요구하기도 했고, 베네치아 공화국이나 폴란드 등의 전례를 들어 황제에게 오스만제국과 조속히 평화조약을 체결할 것을 제안하기도 했다.[25] 그럼에도 종교적인 차이를 넘어 신성로마제국의 모든 구성원이 한데 힘을 모아 오스만제국과 전쟁을 벌이는 합스부르크 황제를 재정적으로 지원했다는 사실은 1555년 이후 제국의 역사를 종교 분열과 정치적 갈등으로 점철된 역사, 그러한 분열과 갈등이 축적되고 증폭되어 종국에는 전쟁의 발발로 이어진 역사로만 볼 수 없게 한다.

1606년 합스부르크 오스트리아는 오스만제국의 술탄과 '지트바토로크(Zsitvatorok) 평화협정'을 체결함으로써 13년간 지속된 전쟁을 일단락지었다. 양측은 20년의 휴전에 합의했다. 전쟁이 끝나자 가톨릭과 프로테스탄트 제후국 간의 관계는 다시금 긴장 국면에 접어들었다. 1607년에 발생한 '도나우뵈르트(Donauwörth) 사건'이 양측 간의 잠재적인 갈등에 불을 붙였다. 남부 독일에 위치한 제국시 중 하나인 도나우뵈르트는 아우크스부르크 평화협정에 따라 가톨릭과 프로테스탄트의 공존을 인정받았다. 하지만 시간이 지남에 따라 시민 대다수가 프로테스탄티즘으로 개종하고 가톨릭교도는 소수파로 전락했다. 대체로 프로테스탄티즘이 농촌보다는 도시에서 더 큰 영향력을 발휘했으므로 도나우뵈르트의 상황이 특별할 것은 없었다. 문제는 도나우뵈르트의 가톨릭 축일에 깃발을 든 채 도심을 행진할 수 있도록 허용해 달라는 성십자가 수도회의 요청을 프로테스탄트가 다수를 차지한 시정부가 거절하면서 시작되었다. 시정부의 명령에 불만을 품은 수도회는 프라하의 제국대법원(Reichshofrat)에 소송을 제기했고, 대법원은 시정부의 명령을 뒤집는 판결을 내렸다. 이에 수도회는 1606년 4월 자신들의 계획을 실행에 옮기려 했지만, 프로테스탄트 시민이 행진을 가로막고 깃발을 파손하는 일이 벌어졌다. 이에 제국대법원은 도나우뵈르트가 평화협정을 위반했음을 판결했고, 황제 루돌프 2세는 바이에른의 막시밀리안 2세(Maximilian II, r.1598~1651)에게 판결 집행을 위임했다. 위임을 받은 막시밀리안은 즉각 군대를 동원하여 도나우뵈르트를 점령했다. 점령은 무자비하고 가차 없이, 또 법과 관행을 위반하면서 이루어졌다. 일단 루돌프가 바이에른에 제국대법원 판결의 집행을 맡긴 것은 도나우뵈르트가 바이에른 크라이스가 아닌 슈바벤 크라이스에 속해 있었기에 위법한 행위였다.[26] 또한 막시밀리안은 판결대상이 되는 제후국이나 제국시가 판결의 집행에 소요되는 비용을 부담한다는 원칙을 악용하여 도나우뵈르트가 도저히 감당할 수 없는 비용의 지급을 요구하며 군대 철수를 거부했고, 종국에는 황제의 묵인하에 제국시인 도나우뵈르트를 바이에른에 편입시켰다. 이로써 제국시의 지위를 박탈당한 도나우뵈르트에서 가톨릭교가 시의 유일하게 공인된 종교가 되었음은 물론이다.[27]

오스만제국과의 휴전은 합스부르크 오스트리아의 황제가 터키인과의 전쟁을 걱정할 필요 없이 신성로마제국 내에서 자신의 영향력을 확대하는 데 더 많은 관심을 기울일 수 있음을 의미했다. 프로테스탄트 제후들에게 도나우뵈르트 사건은 이와 같이 변화된 황제의 입지가 어떤 결과를 초래할 수 있는지를 잘 보여주는 사례로 여겨졌다. 여기에 더해 바이에른의 공세적인 태도도 경계의 대상이었다. 바이에른은 종교 갈등을 기회로 삼아 제국 내에서 자신의 정치적 야심을 추구한 대표적인 제후국이었다. 16세기 후반 유능하고 근면한 인물이 잇따라 제후의 자리에 올라 바이에른을 독일에서 가장 잘 통치되고 재정적으로 가장 강력한 제후국으로 만들었다. 하지만 바이에른 공작은 두 가지 이유에서 자신의 제후국이 제국 내에서 역량에 상응하는 영향력을 발휘하지 못하고 있다고 믿었다. 첫째, 바이에른은 선제후국이 아니었다. 둘째, 바이에른은 지리적으로 합스부르크 오스트리아에 인접해 있었으므로 주변 지역으로 영향력을 확대하는 데 한계를 보였다. 이러한 제도적 · 지리적 제약을 극복하기 위해 바이에른은 가톨릭 제후국의 프로테스탄트 제후국에 대한 싸움을 주도함으로써 제국 내에서 정치적 입지를 강화하려 시도했다. 이러한 바이에른의 의도는 도나우뵈르트에서 여실히 드러났다.[28]

도나우뵈르트 사건은 프로테스탄트 제후국들에 큰 충격을 주었다. 그들은 제국의회나 제국대법원 같은 신성로마제국의 기구들이 황제와 가톨릭 제후국들에 의해 장악되어 제후국 간 분쟁을 중재하는 원래의 기능을 상실했다고 판단했다. 1608년 레겐스부르크에서 개최된 제국의회는 역사상 최초로 '최종의결문(Reichsabscied)'을 통과시키지 못한 채 해산했다. 1608년 5월 팔츠, 바덴-두를라흐(Baden-Durlach), 뷔르템베르크를 비롯한 프로테스탄트 제후국들은 '프로테스탄트 연합(Protestantische Union)'을 결성하여 가톨릭의 공세에 대응하기로 합의했다. 프로테스탄트 연합은 1609년 브란덴부르크, 헤세-카셀, 츠바이브뤽켄 등의 제후국과 뉘른베르크, 울름, 스트라스부르 등의 제국시가 합류하면서 규모가 커졌다. 가톨릭 진영은 프로테스탄트 연합에 대응하기 위해 1609년 2월 '가톨릭 동맹(Katholische Liga)'을 결성했다. 프로테스탄트 연합이나 가톨릭 동맹 모두 표면적으로는 신성로마제국의 공식 기구들이 제 역할을 수행하지 못하는 경우 제국구성원의 안전을 지키는 것을 각자의 역할로 규정했다. 즉, 연합이나 동맹 모두 보완적인 기구에 지나지 않음을 강조했다. 하지만 실제 현실에서는 연합과 동맹이 프로테스탄트 제후국과 가톨릭 제후국의 구심점이 되고, 제국의회와 제국대법원 같은 공식 기구들은 별다른 역할을 수행하지 못하는 상황이 초래되었다. 두 진영 사이의 분열과 대립이 이와 같이 제도화됨으로써 신성로마제국은 그야말로 '일촉즉발'의 상황에 직면했다.[29]

1609년 '율리히-클레베(Jülich-Kleve) 계승전쟁'이 발발했다. 율리히-클레베 전쟁은 이미 긴장과 갈등이 불거질 대로 불거진 독일 내 가톨릭과 프로테스탄트 진영 사이의 관계에 기름을 끼얹었을 뿐만 아니라 주변국의 개입까지 초래했다. 전쟁은 독일 서부에 위치한 작은 공국을 둘러싸고 벌어진 계승분쟁에서 비롯되었다. 율리히-클레베 공국은 스페인령 네덜란드와 프랑스, 네덜란드연방 그리고 신성로마제국의 영토가 만나는 지점에 위치해 있었다. 공국은 '스페인 로드'의 경유지이기도 했다. 따라서 1609년 공국의 통치자인 요한 빌헬름 1세(Johan Wilhelm I) 공작이 후계자를 남기지 못하고 사망한 후 혈연관계에서 공작의 가장 근친인 두 사람, 즉 브란덴부르크의 선제후 요한 지기스문트(Johan Sigismund)와 팔츠-노이부르크(Pfalz-Neuburg)의 팔츠백(Pfalzgraf) 볼프강 빌헬름(Wolfgang Wilhelm)이 공국에 대한 계승권을 주장하고 나섰을 때 황제인 루돌프 2세 이외에도 프랑스, 스페인, 네덜란드연방이 공국의 계승문제에 관심을 표하고 나선 것은 지극히 자연스러운 일이었다.

스페인과 오스트리아는 브란덴부르크 선제후와 팔츠-노이부르크 팔츠백이 모두 프로테스탄트라는 점 때문에 이들이 공국을 차지하는 데 반대했다. 특히 루돌프 2세는 군대를 보내 이들이 공국을 접수하는 것을 막으려 시도했다. 이에 두 제후는 동맹을 맺어 루돌프에 맞서는 한편, 프랑스와 네덜란드연방 그리고 프로테스탄트 연합에 도움을 청했다. 프랑스와 네덜란드연방은 모두 2만 3천여 명의 병력을 보냈고, 이들의 도움으로 브란덴부르크와 팔츠-노이부르크의 두 제후는 율리히-클레베를 어렵지 않게 점령했다. 두 제후국의 승리로 일단락되는 듯 보였던 계승 분쟁이 1614년 다시 발발했다. 이번에는 두 제후국이 각자가 차지할 몫을 정하는 데 실패하고 서로에 대해 전쟁을 선포했다. 다시 한번 두 제후국은 외부세력의 도움을 청했다. 네덜란드연방이 브란덴부르크를 도와 병력을 파견했고, 스페인은 그사이에 가톨릭으로 개종한 팔츠-노이부르크의 팔츠백을 도와 개입했다. 다행스럽게도 스페인과 네덜란드연방 간에는 '12년 휴전 협정'이 발효 중이었으므로 정면충돌은 피할 수 있었다. 같은 해 11월에 체결된 크산텐(Xanten) 조약에서 두 제후국은 공국을 반씩 나눠 가지기로 합의했다. 어느 제후국이 어느 반쪽을 차지할지는 제비뽑기로 결정되었다.

파커(Geoffrey Parker)는 30년전쟁이 시작된 시점을 보헤미아에서 반란이 발발한 1618년이 아니라 1609~14년의 율리히-클레베 전쟁으로 잡아야 한다고 주장하기도 한다. 덴마크와 스웨덴이 관여하지 않았다는 점을 제외하고는 율리히-클레베 계승전쟁은 30년전쟁의 축소판이었다. 후에 30년전쟁에서 본격적으로 모습을 갖추게 될 오스트리아-스페인-가톨릭 제후국과 프랑스-네덜란드연방-프로테스탄트 제후국의 대결 구도가 율리히-클레베 전쟁에서 처음 등장했다.[30] 1609~14년에는 이해당사자들이 갈등을 최소화하고 확전을 자제하는 데 성공했다. 하지만 불과 4년 후에 보헤미아에서 반란이 발발했을 때는 그렇게 하지 못했다.

☆☆☆☆☆

1618년 보헤미아에서 반란이 발발한 배경을 알기 위해서는 먼저 합스부르크 오스트리아가 어떤 종류의 정치체였는지 이해할 필요가 있다. 1519년 신성로마제국의 황제로 선출된 카를 5세는 그의 동생 페르디난트에게 합스부르크가가 네덜란드와 스페인 그리고 이탈리아의 영토를 획득하기 훨씬 이전부터 통치해오던 지역, 대략 오늘날의 오스트리아 영토와 일치하는 지역의 통치를 맡겼다. 독일어로 '에르프랜더(Erbländer)'로 불리고 우리말로는 '가산지(家産地)'로 번역될 수 있는 이 지역은 다시 네 개의 영토로 나눠졌다. 이 네 영토는 인스브루크(Innsbruck)를 중심으로 하는 티롤(Tyrol) 지방과 라인강 중류와 알자스에 산재된 소규모 영토로 이루어진 '외지(外地) 오스트리아(Vorderösterreich)', 그라츠(Graz)를 중심으로 하는 슈타이어마르크(Steiermark), 케른텐(Kärnten) 등을 포함하는 '내지(內地) 오스트리아(Innerösterreich)', 그리고 린츠(Linz)를 중심으로 하는 '상부(上部) 오스트리아(Oberösterreich)'와 빈을 중심으로 하는 '하부(下部) 오스트리아(Niederösterreich)'다.[31] 1526년 페르디난트는 보헤미아 왕국과 헝가리 왕국의 국왕으로도 선출되었다. 보헤미아 왕국은 다시 보헤미아와 슐레지엔(Schlesien), 라우지츠(Lausitz), 모라비아(Moravia)로 구성되었고, 각각의 영토는 프라하, 브로추아프(Wroclaw), 바우첸(Bautzen), 브르노(Brno)를 수도로 삼았다.[32] 이로써 이후 1918년까지 존속하게 될 합스부르크 오스트리아의 대략적인 윤곽이 형성되었다.

카를 5세는 1558년 퇴위하면서 신성로마제국 황제의 자리와 오스트리아, 보헤미아, 헝가리에 대한 통치권을 페르디난트에게 영구적으로 넘겼고, 이로써 합스부르크 스페인과 합스부르크 오스트리아는 공식적으로 별개의 나라로 존재하게 되었다. 아메리카 대륙에서 수입되는 은에 의

존할 수 있고, 무슬림과의 오랜 싸움으로 중세 이래 강력한 중앙집권의 전통을 보유한 카스티야를 중심으로 하는 합스부르크 스페인과 달리 합스부르크 오스트리아의 황제는 중부 유럽의 광대한 지역을 효과적으로 통치하는 데 많은 어려움을 겪었다. 오스트리아와 보헤미아, 헝가리는 스페인이나 네덜란드, 이탈리아와 비교하면 인구 규모가 작고 경제적으로도 가난한 지역이었으므로 동원할 자원과 재원에 한계가 있었을 뿐만 아니라 귀족들에 의해 지배되는 각 지역의 신분의회는 합스부르크의 통치에 협조하는 대가로 광범위한 특권을 요구했다. 특히 보헤미아 왕국과 헝가리 왕국에서는 국왕선출제의 전통이 유지되어 새로운 국왕이 즉위할 때마다 의회에 모인 귀족들이 더 많은 특권을 얻기 위해 왕위 후보자에게 압력을 행사하곤 했다. 여기에 더해 1564년 페르디난트 1세가 세상을 떠나기 얼마 전 자신의 세 아들에게 영토를 분할하여 분배한 것도 효율적인 통치 권력의 수립을 어렵게 했다. 그는 장자인 막시밀리안 2세에게는 상부와 하부 오스트리아와 함께 보헤미아 왕국, 헝가리 왕국을 물려주었고, 나머지 두 아들에게는 각각 '외지 오스트리아'와 '내지 오스트리아'를 물려주었다.[33]

합스부르크 오스트리아의 이와 같이 취약한 통치기반은 오스트리아와 보헤미아, 헝가리에서 프로테스탄티즘이 급속히 확산된 원인 중 하나가 되었다. 1580년경이 되면 하부 오스트리아 귀족 중 90%, 상부 오스트리아 귀족의 85%가 루터파 프로테스탄티즘으로 개종했다. 상부 오스트리아의 도시민 중 4분의 3, 농민 중 절반도 프로테스탄티즘으로 개종했다. 내지 오스트리아에서도 전체 인구의 70% 정도가 프로테스탄티즘으로 개종했는데, 특히 슈타이어마르크는 135명의 귀족 중 불과 5명만이 가톨릭으로 남았다. 프로테스탄트 귀족들은 황제에 대해 통치에 협조하는 대가로 자신들의 종교적 특권을 인정할 것을 요구했다. 황제는 권력기반이 워낙 취약했으므로 이들의 요구를 들어줄 수밖에 없었다. 상 · 하부 오스트리아의 귀족들은 1568년과 1571년 두 차례에 걸쳐 합스부르크의 채무 250만 플로린을 대신 갚는 조건으로 황제로부터 사실상의 종교 자유를 획득했다. 오스트리아의 다른 지역도 시기와 정도의 차이는 있지만, 황제에게서 유사한 양보를 얻어내는 데 성공했다.[34]

보헤미아와 헝가리에서도 비슷한 상황이 전개되었다. 보헤미아는 15세기 초에 얀 후스(Jan Hus)가 주도한 종교개혁운동의 유산을 간직한 곳이었고, 일부 주민은 후스파 기독교에서 유래한 '양형 영성체파(兩形 領聖體派, Utraquism)' 기독교를 신봉했다. '양형 영성체파'는 일반 신자도 성직자와 마찬가지로 빵과 포도주의 두 가지 영성체를 받아야 한다는 교리를 옹호한 기독교의 일파로, 15세기에 로마교황청으로부터 그 존재를 인정받았다. 이들 이외에도 종교개혁 이후 루터교로 개종한 이와 '양형 영성체파'로부터 갈라져 나온 '형제단(Unity of Brethren)' 신자의 수도 꾸준히 증가했다. 그 결과 보헤미아의 가톨릭교도는 전체 주민의 15%, 모라비아의 가톨릭교도는 전체 주민의 35% 수준으로 감소했다. 루터파 프로테스탄티즘보다는 칼뱅주의가 훨씬 큰 영향력을 발휘한 17세기 초반의 헝가리 왕국에서도 전체 귀족과 농민 중 열에 한 명 정도만 가톨릭 신앙을 고수했다.[35]

이와 같이 교세가 꾸준히 확장되기는 했지만, 합스부르크 오스트리아의 지배를 받는 지역의 프로테스탄티즘에는 한 가지 중요한 제약이 존재했다. 바로 합스부르크 통치자 중 어느 누구도 프로테스탄티즘으로 개종하지 않고 가톨릭으로서의 정체성을 유지했다는 것이다. 그리고 이들이 가톨릭교도로 남아 있는 한 프로테스탄티즘의 확산과 정착은 결정적인 한계에 부딪힐 수밖에 없었다는 점이다. 페르디난트 1세 이후 그의 세 아들이 상 · 하부 오스트리아-보헤미아 · 헝가리 왕국, 외지 오스트리아와 내지 오스트리아를 통치했지만 이들 중 누구도 가톨릭 신앙을 포기하지 않았다. 오히려 이들은 가톨릭교를 부활시키기 위해 서로 긴밀하게 연대하고 협력했다.

1576년 막시밀리안 2세(Maximilian II, r.1564~76)가 사망하고, 그 뒤를 이어 루돌프 2세(Rudolf II, r.1576~1612)가 신성로마제국의 황제와 상 · 하부 오스트리아-보헤미아 · 헝가리 왕국의 통치자 자리에 오른 것을 계기로 합스부르크 오스트리아에서 가톨릭의 반격이 본격화되었다.[36] 1578년 루돌프 2세는 빈에서 모든 프로테스탄트 기관과 기구를 철수하도록 명했다. 1579년 외지 오스트리아의 통치자인 페르디난트 2세와 내지 오스트리아의 통치자인 카를 2세는 바이에른 공작과 비밀리에 회동한 자리에서 "프로테스탄트에 더 이상의 양보는 없으며, 유일한 기독교 신앙으로서 가톨릭의 지위를 회복"하기 위해 모든 수단을 강구할 것을 결의했다. 카를 2세의 후계자로 1595년부터 내지 오스트리아의 통치자가 된 페르디난트 대공은 모든 프로테스탄트 성직자와 교사를 추방하고 금서를 불태우는 등 강경한 조치를 취했다. 이 때문에 그라츠 출신의 천문물리학자 요한네스 케플러(Johannes Kepler)를 비롯하여 약 2,500명이 고향을 등졌다. 이러한 노력의 결과 1590년대부터 오스트리아와 보헤미아, 헝가리의 주요 귀족 가문의 가톨릭 개종이 현저하게 증가했다.[37] 오스만제국과 평화협정을 체결한 1606년 이후 몇 년 동안은 루돌프 2세 황제, 그리고 그의 동생이자 후계자인 마티아스 대공 사이의 다툼으로 오스트리아와 보헤미아에서 프로테스탄트 귀족의 힘과 영향력이 일시적으로 증가하기도 했지만, 1612년 마티아스(Matthias r.1612~19)가 형의 자리를 공식적으로 물려받은 후에는 가톨릭의 세력 확장에 다시 시동이 걸렸다.[38]

보헤미아의 프로테스탄트 귀족들은 오스트리아에서 합스부르크가 주도하는 반종교개혁의 물결이 거세게 휘몰아치는 광경을 불안한 시선으로 바라보았다. 이들 역시 합스부르크의 권력기반이 취약한 틈을 타서, 특히 황제의 관심이 오스만제국과의 전쟁에 쏠려 있는 상황을 이용하여 황제로부터 종교의 자유와 관련하여 많은 양보를 이끌어낸 바 있었다. 이들은 황제가 이 자유를 다시 빼앗는 것은 시간문제라고 믿었다. 이러한 상황에서 1617년 6월 보헤미아의 신분의회가 마티아스의 압력에 밀려 그의 사촌이자 후계자인 페르디난트 대공을 국왕으로 선출하자 이들의 불안감은 더욱 커졌다.[39] 내지 오스트리아의 통치자였던 페르디난트는 오스트리아 합스부르크의 구성원 중에서도 가장 정력적으로 반종교개혁운동을 추진해온 인물이었다. 그의 통치하에서 내지 오스트리아는 합스부르크 오스트리아의 다른 어떤 지역보다 철저하게 가톨릭화되었다.

보헤미아 귀족들은 페르디난트가 당장은 황제 선출에 필요한 독일 제후들의 지지를 확보하기 위해 별다른 움직임을 보이지 않고 있지만, 장차 마티아스의 뒤를 이어 합스부르크 오스트리아의 수장이 되고 황제의 자리에까지 오르면 내지 오스트리아에서 벌였던 일을 보헤미아에서도 틀림없이 실행에 옮길 것으로 예상했다. 특히 보헤미아 왕국 내 프로테스탄트의 권익 보호를 위해 결성된 '신앙의 옹호자들(Defensors)'이라는 단체의 구성원들은 그렇게 확신했다. 이들은 최악의 상황이 도래하기 전에 미리 공세를 취함으로써 최대한 유리한 고지를 선점하는 것이 낫다고 결론지었다.[40] 이들이 주동이 되어 1618년 5월 23일 프라하의 흐라드신(Hradschin)성에서 일군의 보헤미아 귀족들이 합스부르크 정부의 세 명의 고위관리를 창문 밖으로 내던진 사건이 발생했다. 이 '창밖 투척(defenestration)' 사건으로 보헤미아의 반란이 시작되었다.

보헤미아 반란은 여러 가지 면에서 스페인에 대한 네덜란드의 반란을 연상시켰다. 양자 모두 합스부르크 연합왕국에 대한 저항이었고, 중앙정부의 강압적인 종교정책이 발단이 되어 일어났다. 종교 자유를 확보하는 문제가 중앙정부로부터 정치적 자율성을 확보하는 문제와 긴밀하게 연결되었다는 점, 중앙정부와 반란세력 사이의 싸움에 제3자가 개입했다는 점도 유사하다. 프라하 사건이 발생한 지 1년 남짓 지난 1619년 7월 보헤미아 반란 주도세력은 보헤미아와 모라비아, 슐레지엔, 상·하부 라우지츠의 다섯 개 지역으로 구성되는 '보헤미아 연합(Bohemian Confederation)'의 수립을 결의함으로써 독립국가를 선포했다. 같은 해 8월 보헤미아 의회는 페르디난트의 폐위를 선언했고, 칼뱅교도인 팔츠 선제후 프리드리히 5세를 새 국왕으로 선출했다. 이로써 합스부르크 오스트리아의 '내전'이 독일의 '내전'으로 확대되었다.[41]

신앙심과 정치적 야심을 동시에 지닌 프리드리히 5세는 프로테스탄티즘의 보호와 증진이라는 명분 아래 신성로마제국 내에서 정치적 입지의 확대와 강화를 모색해온 인물이었다. 그는 이러한 목표를 추진하는 데 안할트-베른부르크(Anhalt-Bernburg)의 크리스티안 1세의 도움을 받았다. 프리드리히 5세와 크리스티안 1세는 보헤미아 반란의 시작 단계부터 반란 주도세력과의 접촉을 유지했다. 크리스티안 1세는 보헤미아 의회가 페르디난트를 폐위하기로 결정하는 과정에도 관여했다. 프리드리히 5세는 보헤미아 의회가 왕위를 제안했을 때 많은 사람이 무모하다고 충고했음에도 주저하지 않고 이를 받아들였다. 그는 이 위험천만한 '모험'에서 신의 가호가 자신과 함께할 것임을 믿어 의심치 않았다. 1613년에 아내로 맞은 엘리자베스 스튜어트의 아버지인 영국의 제임스 1세가 그를 외면하지 않으리라는 기대도 있었다. 제임스 1세는 1612년 프로테스탄트 연합과 6년 기한의 동맹을 체결한 바 있었다.[42]

프리드리히 5세의 왕위 수락은 1619년 당시 독일 프로테스탄트 제후들이 공통적으로 가졌던 절박한 위기의식에서 나온 결정으로도 볼 수 있다. 일단 독일을 포함하여 유럽 전역에서 반종교개혁 운동이 성과를 거두고 있었고, 오스트리아에서 합스부르크가 주도한 가톨릭화 작업이 상당한 진전을 보였다. 여기에 더해 쾰른 분쟁, 도나우뵈르트 사건, 율리히-클레베 계승전쟁 등에서 나타난 합스부르크 황제와 가톨릭 제후국의 공세적인 정책은 신성로마제국의 프로테스탄트 제후들에게 큰 불안감을 안겨주었다. 프리드리히의 얼핏 무모해 보이는 보헤미아 왕위 수락 결정은 합스부르크가 주도하는 반종교개혁의 예봉을 꺾고 프로테스탄트 제후국의 정치적 독립성을 최대한 보호하려는 의도에서 취해진 선제적인 조치로 이해될 수 있다.[43]

2
30년전쟁의 전개과정

1) 보헤미아 반란의 실패와 합스부르크 오스트리아의 부상

반란 주도세력은 보헤미아의 합스부르크로부터 독립을 선언한 후 군대를 동원하여 황제와의 전쟁을 시작했다. 전쟁 초반 보헤미아 반란군은 빈 인근까지 진격하는 등 기세를 올리기도 했다. 하지만 이러한 상황은 오래 지속되지 못했다. 1619년 8월 마티아스의 뒤를 이어 신성로마제국의 황제로 선출된 페르디난트 2세가 전열을 가다듬고 반격을 개시했기 때문이다. 독일 내 여러 제후가 페르디난트 2세를 지원하겠다고 나섰다. 바이에른의 막시밀리안 2세가 가장 적극적이었고, 그 외에도 여러 가톨릭 제후가 지지 의사를 표명했다. 프로테스탄트였던 작센의 선제후 요한 게오르크(Johann Georg) 역시 페르디난트 2세에 대한 지지를 약속했다. 작센은 신성로마제국 내에서 루터파 제후국의 리더 역할을 담당했고, 칼뱅파 제후국의 리더였던 팔츠와는 정치적 · 종교적으로 경쟁관계였다. 작센의 페르디난트 2세에 대한 지지는 '찬탈자' 프리드리히를 응징하고 제국의 법질서를 수호한다는 명분 아래 이루어졌다. 스페인 역시 6천 명의 보병, 1천 명의 기병과 함께 200만 플로린을 지원했다.[44]

보헤미아 반란은 단 한 번의 전투로 그 운명이 결정되었다. 1620년 11월 프라하 인근에서 벌어진 빌라 호라(Bílá Hora, 白山) 전투에서 크리스티안 1세가 이끈 보헤미아 연합군은 페르디난트의 군대와 막시밀리안이 이끈 가톨릭 동맹군에게 궤멸되었다. 보헤미아 연합은 일시에 붕괴되었고, 프리드리히 5세는 도망자 신세가 되었다. 같은 해 9월 스피놀라는 스페인령 네덜란드에 주둔한 2만 5천 명의 스페인군을 이끌고 독일 서부지역으로 진입하여 팔츠를 점령했다. 영국의 제임스 1세가 사위를 위해 2천 명의 병력을 보내 스피놀라의 군대를 저지하려 했지만 역부족이었다. 이제 프리드리히는 돌아갈 곳 없이 독일 북부를 떠돌아야 했다.

보헤미아 반란이 이처럼 어이없게 실패한 데는 다음의 몇 가지 이유가 있다. 먼저, 보헤미아 연합을 구성한 다섯 지역 사이의 결속력이 그리 강하지 않았다. 둘째, 보헤미아에서는 네덜란드의 오라녜 공 빌렘 1세에 비견할 만한 지도자가 나오지 않았다. 셋째, 보헤미아의 어떤 지역도 네덜란드 반란에서 스페인의 공세에 맞서 홀란트와 제일란트가 군사적 열세에도 끝까지 저항할 수 있게 한 지리적 이점을 갖지 못했다. 넷째, 보헤미아 반란은 팔츠 이외에 프로테스탄트 제후국들의 도움을 받지 못했다. 이는 한편으로 프리드리히의 왕위 찬탈이 법적으로 정당화되기 어려웠기 때문이고, 다른 한편으로는 합스부르크 오스트리아가 제국의 북부와 동부에 위치한 여러 프로테스탄트 제후국이 중립을 지키도록 정치적으로 회유하거나 압력을 가했기 때문이다.[45]

승리를 거둔 페르디난트 2세와 막시밀리안 2세는 프리드리히 5세와 반란 주도세력을 가혹하게 응징했다. 미처 도망치지 못한 반란 주모자들은 모두 처형되었고, 보헤미아와 모라비아의 귀족들은 반란 가담 여부에 관계없이 토지를 강탈당했다. 이 토지들은 합스부르크의 지지자들에게 거의 무상이나 다름없는 가격으로 넘겨졌다. 보헤미아에서는 이 조치로 총 680개의 귀족가문이 토지를 빼앗겼고, 이 중 166개 가문은 토지를 모두 몰수당하고 몰락했다. 이러한 조치가 너무나 철저하게 이루어져 이후 약 두 세기에 걸쳐 보헤미아와 모라비아는 합스부르크와 긴밀하게 연결된 가톨릭 귀족가문들에 의해 배타적으로 지배되는 지역이 되었다.[46] 프리드리히 5세는 황제에 의해 영토와 선제후의 지위를 박탈당했다. 일부 신교 세력을 규합하는 데 성공한 프리드리히 5세가 몇 차례에 걸쳐 황제와 막시밀리안을 상대로 일전을 벌였지만, 막시밀리안 2세가 고용한 틸리(Johann T'serclaes von Tilly)의 활약에 막혀 모두 실패했다. 페르디난트 2세는 영토와 선제후 지위를 막시밀리안에게 수여하여 자신에 대한 충성심에 보답했다. 팔츠 선제후국의 일부분인 오버팔츠(Oberpfalz)까지 손에 넣은 막시밀리안 2세는 전쟁의 가장 큰 수혜자였다.[47] 그는 가톨릭의 위상 회복이라는 종교적 목표와 선제후의 지위와 영토획득이라는 정치적 야심을 모두 이루었다.[48]

보헤미아 반란으로 야기된 정치적 · 군사적 격변의 결과 보헤미아와 오스트리아에서 프로테스탄티즘의 영향력이 크게 약화되었고, 프로테스탄트 제후국의 리더 역할을 담당했던 팔츠 선제후까지 회복하기 어려울 정도로 무력화되면서 신성로마제국 내에서 프로테스탄트 진영과 가톨릭 진영 간 힘의 균형이 후자 쪽으로 크게 기울었다. 이와 함께 제후국들에 대한 합스부르크 황제의 영향력이 크게 증가했다. 프로테스탄트 제후국들은 이러한 불균형을 타개하고자 노력했지만, 스웨덴이 전쟁에 개입하기 시작한 1630년까지 별다른 성과를 거두지 못했다.

☆☆☆☆☆

1620년 빌라 호라 전투에서의 승리로 보헤미아 반란을 종식시키는 데 성공한 페르디난트 2세는 보헤미아에 대한 합스부르크의 지배를 공고히 하기 위해 강경한 조치를 취했다. 그는 앞서 지적했듯이 반란의 주동자와 동조세력을 철저히 응징하는 한편, 보헤미아 신분의회의 국왕선출 권한과 귀족들이 국왕의 동의 없이 의회를 소집할 권한을 박탈했고, 가톨릭교를 정부의 승인을 받는 유일한 종교로 만들었다. 그는 또한 세 명의 합스부르크 대공이 통치하던 '에르프란트'의 세 영토를 하나로 합쳐 자신의 지배하에 두었다.[49]

프리드리히 5세를 지지하는 일부 프로테스탄트 귀족들이 페르디난트 2세와 막시밀리안 2세에 대한 저항을 이어갔지만 심각한 위협이 되지는 못했다. 이제 프로테스탄트 제후들의 관심은 황제와 바이에른이 계속 승승장구하는 가운데 아우크스부르크 평화협정의 '유보조항'을 근거로 프로테스탄트에 의해 장악된 교회제후국을 다시 가톨릭화할지의 여부에 집중되었다. 특히 '프로테스탄트 주교'에 의해 통치되는 교회제후국이 12개나 있는 베스트팔렌 지역과 니더작센 지역 프로테스탄트 제후들의 두려움이 컸다. 1623년 이 지역의 교회제후국 중 하나인 오스나브뤼크(Osnabrück)를 가톨릭 주교가 다시 통치하게 되자 이들의 불안감은 더욱 커졌다. 이들은 덴마크 국왕 크리스티안 4세(Christian IV, r.1588~1648)에게 도움을 요청했다. 홀스타인(Holstein) 공작으로서 신성로마제국의 제후이기도 했던 크리스티안 역시 자신의 아들 중 한 명이 베르덴 주교직을 차지한 상태였으므로 교회제후국 문제에 관심을 가지지 않을 수 없었다.[50] 1625년 크리스티안 4세는 군대를 이끌고 덴마크-독일 국경선을 넘었다.

1625년부터 1629년까지 계속된 덴마크의 개입은 실패로 돌아갔다. 영국과 프랑스, 네덜란드연방이 약간의 병력을 보내 덴마크를 도왔지만 덴마크군은 틸리가 이끄는 가톨릭 동맹군과 발렌슈타인(Albrecht von Wallenstein)이 이끄는 황제의 군대에 연거푸 패배했고, 크리스티안 4세는 덴마크 본토의 일부까지 점령당하는 수모를 당했다. 1629년 1월 덴마크는 점령당한 영토를 되돌려 받는 조건으로 독일 문제에 일절 관여하지 않기로 약속하고 전쟁에서 물러났다. 때마침 이탈리아에서 발발한 만토바 계승전쟁에 병력의 일부를 보내야 했던 페르디난트 2세는 비교적 관대한 조건으로 크리스티안 4세와 평화조약을 체결했다. 다만 페르디난트 2세는 덴마크와 손잡고 자신에게 도전한 메클렌부르크(Mecklenburg) 공작 지위를 황제의 권위에 근거하여 박탈하고, 이를 전쟁으로 갑작스럽게 부와 명성을 획득한 '전쟁 기업가' 발렌슈타인에게 수여했다. 이는 당시 기준에서 신성로마제국의 법과 전통에 위배되는 자의적인 조치였으므로 프로테스탄트 제후들뿐만 아니라 가톨릭 제후들도 불만을 표시했다.[51]

덴마크의 패배로 합스부르크와 가톨릭 동맹의 신성로마제국에 대한 장악력은 더욱 공고해졌고, 프로테스탄트 제후국들은 더욱 심각한 위기에 처했다. 이제 이들에게 도움을 줄 만한 위치에 있는 나라는 네덜란드연방, 프랑스 그리고 스웨덴뿐이었다. 하지만 네덜란드연방은 1621년 재개된 스페인과의 전쟁에 모든 에너지를 쏟아야 했고, 가톨릭 국가였던 프랑스는 자국 내 위그노 세력과 최후의 일전을 벌이고 있었다. 프랑스는 위그노와의 전쟁을 더욱 효과적으로 수행하기 위해 1627년 스페인과 동맹조약을 체결했다. 이 조약에 따라 스페인의 올리바레스는 위그노 최후의 보루인 라로셸에 대한 프랑스 정부의 공세를 지원하기 위해 함대를 파견하기도 했다.[52] 스웨덴은 폴란드와 전쟁 중이었고, 설령 그렇지 않더라도 유럽 국제정치무대에서 자신의 능력을 증명할 기회를 갖지 못한 이 북방의 국가가 얼마만큼의 도움을 줄 수 있을지 예측하기 어려웠다.

이처럼 주변 환경이 합스부르크와 가톨릭 진영에 유리하게 돌아가는 상황에서 페르디난트 2세는 1629년 3월 '복원칙령(Restitutionsedikt)'을 발표하여 1552년 이후에 세속화된 모든 교회영토의 재(再)가톨릭화를 명령했다. 칙령을 그대로 따를 경우 니더작센과 프랑켄(Franken), 뷔르템베르크(Württemberg) 지역에 위치한 마그데부르크(Magdeburg), 브레멘(Bremen) 대주교령, 베르덴(Verden), 할버슈타트(Halberstadt), 민덴(Minden) 등 13개 주교령, 500개가 넘는 수도회와 교회 소속 토지가 '원주인'인 가톨릭 성직자와 수도원장에게 반환되어야 했다. 이 칙령으로 1552년 이후 교회제후국을 차지한 프로테스탄트 제후들은 자리에서 물러나야 했고, 가톨릭 수도회 소유의 토지를 합병한 프로테스탄트 제후들 역시 이를 모두 반납해야 했다. 이 외에도 칙령은 프로테스탄트교도가 가톨릭 제후국에서 종교의 자유를 주장할 수 없도록 했고, 칼뱅교도에게는 종교에 관한 어떠한 권리도 인정되지 않는다는 점을 분명히 했다. 페르디난트 2세는 제후들의 칙령에 대한 이의 제기를 일체 허용하지 않았으며, 필요한 경우 군대를 동원해서라도 영토와 토지를 회수하도록 했다.[53]

페르디난트 2세는 '복원칙령'이 아우크스부르크 평화협약에서 합의를 재확인하는 것일 뿐임을 강조했다. 하지만 '유보조항'의 정당성을 인정한 적이 없는 프로테스탄트 제후들은 복원칙령을 독일에 대한 합스부르크의 지배를 영속화하려는 의도의 소산으로 보았다. 사실 1620년대 내내 합스부르크와 가톨릭 동맹이 연전연승하는 가운데 프로테스탄트 제후국들은 교회영토의 지위에 관해 모종의 조치가 취해지리라 예상하고 있었다. 이들은 그러한 조치가 취해지면 적절한 수준에서 타협할 준비가 되어 있었다. 하지만 일반의 예상을 훨씬 뛰어넘는 과격한 내용의 칙령이 발표되자 모든 종교적인 권리를 박탈당하게 된 칼뱅교 제후들뿐만 아니라 전쟁에서 오랜 기간 페르디난트 2세를 지지해온 작센을 비롯한 루터파 제후들도 그에게 등을 돌렸다. 상당수 가톨릭 제후들 역시 반대의사를 표명했다. 칙령이 신성로마제국의 정치적 위기를 부채질할 것이 분명해 보였기 때문이다. 그리고 이들 역시 합스부르크의 영향력이 과도하게 확대되는 것을 결코 원하지 않았기 때문이다. 신성로마제국의 제후들은 페르디난트 2세가 제국 내에서 오랜 기간 지켜져온 '정치적 금도'를 넘었다고 판단했다. 심지어는 스페인도 우려를 표명했다.[54] 페르디난트 2세의 입장에서 가장 심각한 타격은 전쟁 기간 내내 그와 한편이 되어 프로테스탄트 제후국들과의 싸움을 주도한 바이에른의 막시밀리안 2세가 그와의 협력을 재고하기 시작했다는 것이다. 막시밀리안은 합스부르크 황제의 점증하는 영향력을 견제할 필요가 있다고 판단했고, 이를 위해 프랑스와 접촉하기 시작했다. '복원칙령'은 페르디난트 2세의 결정적인 실수였다.

2) 스페인-네덜란드 전쟁 발발

앞서 살펴보았듯이 스페인은 황제와 바이에른 등이 보헤미아 반란을 진압하는 과정에서 병력과 자금을 보내 지원하고, 빌라 호라 전투에서 반란군이 패배한 후에는 병력을 보내 프리드리히 5세의 팔츠를 점령했다. 스페인은 어떤 이유에서 독일에서 벌어진 전쟁에 이와 같이 적극적으로 개입했는가? 보헤미아에서 프로테스탄트 귀족들이 주도하는 반란이 일어났을 때 스페인의 이해관계는 어떤 영향을 받았는가?

일단 스페인의 입장에서 보헤미아 반란과 프리드리히 5세의 보헤미아 왕위 찬탈로 합스부르크 오스트리아가 큰 위기에 처한 것은 그 자체로 우려스러운 일이었다. 스페인 합스부르크와 오스트리아 합스부르크가 공식적으로 분리된 지 60여 년이 지났지만, 두 가문은 교차 혼인 등을 통해 두터운 유대관계를 유지해왔다. 당대인들도 두 왕가를 하나의 가문으로 인식했으며, 스페인과 오스트리아 두 나라가 사실상 하나의 왕가에 의해 통치된다고 믿었다. 이와 함께 두 나라가 프랑스와 함께 유럽의 가장 중요한 가톨릭 국가였다는 사실도 중요했다. 전 유럽에 걸쳐 프로테스탄티즘과 가톨릭의 싸움이 그 어느 때보다 치열하게 벌어지고 있는 상황에서 오스트리아가 보헤미아를 프로테스탄트 선제후에게 빼앗긴다는 것은 스페인의 입장에서 도저히 묵과하기 어려운 일이었다.

하지만 혈연적 유대감과 종교적 열정만으로는 스페인의 개입 동기를 모두 설명하기 어렵다. 이 두 가지 요인 외에도 좀 더 실질적인 차원에서 두 가지 고려사항이 스페인을 행동에 나서게 했다. 먼저 스페인의 입장에서 오스트리아 합스부르크의 통치자가 신성로마제국 황제의 지위를 유지하는 것이 매우 중요했다. 이미 지적했듯이 신성로마제국의 황제는 7인의 선제후에 의해 선출되었다. 합스부르크는 1452년 프리드리히 3세가 황제로 선출된 이후 황제 자리를 독점해왔다. 하지만 이미 160년 이상 그러한 독점이 계속되었음에도 합스부르크의 통치자가 자동으로 황제로 선출되는 경우는 드물었다. 합스부르크는 매번 가장 유력한 후보였지만, 선출과정은 상당한 불확실성을 포함했다.

이러한 상황에서 보헤미아의 상실은 제국 내에서 오스트리아의 위상을 크게 약화시켜 합스부르크의 통치자가 계속해서 황제로 선출되는 것을 어렵게 만들 수 있었다. 여기에 더해 보헤미아의 국왕은 7인의 선제후 중 한 명이었다. 이는 합스부르크 오스트리아의 통치자가 보헤미아 국왕을 겸하는 한 7표 중 한 표는 자동적으로 확보됨을 의미했다. 선출과정이 치열해지면 이 한 표는 결정적인 중요성을 가질 수 있었다. 그렇다면 합스부르크가 황제의 자리를 독점하는 것이 스페인에 왜 그렇게 중요했는가? 이는 이베리아반도 밖에 있는 스페인의 가장 중요한 두 영토, 즉 네덜란드와 이탈리아의 밀라노가 적어도 이론상으로는 신성로마제국 황제의 '봉토(封土)'였기 때문이다. 물론 근대적인 주권 개념과 소유권 개념의 발전이 그러한 중세적 · 봉건적 법 관념을 상당 부분 상쇄한 것이 사실이다. 그럼에도 스페인과 가톨릭교에 적대적인 세력이 황제의 자리를 차지한다면 쉽게 해결하기 어려운 문제가 초래될 것이 분명해 보였다. 이러한 의미에서, 트레버-로버(Hugh Trevor-Roper)가 지적했듯이 보헤미아는 스페인의 "전진기지"였다.[55]

다음으로 네덜란드연방과의 관계 변화가 스페인에 독일 문제에 개입할 것을 결심하게 했다. 앞 장에서 지적했듯이 1609년 스페인은 네덜란드연방과 '12년 휴전' 협정을 체결했다. 보헤미아 반란이 발발할 당시 휴전 기간은 불과 3년여만을 남겨두고 있었다. 스페인 정부 내에서는 수니가(Don Balthasar Zúñiga)를 비롯한 강경파가 "휴전은 실패했으며 1621년 휴전 기간이 종료되는 즉시 네덜란드연방과의 전쟁을 재개해야 한다"고 펠리페 3세와 당시 정부의 실세였던 레르마(Francisco Gómez de Sandoval, duque de Lerma) 공작을 압박했다. 전쟁을 압박하면서 수니가는 다시 한번 익숙한 논리를 동원했다. "이 반도(叛徒)들의 공화국을 그대로 놓아두면 서인도와 동인도를 잃을 것이고, 그다음엔 플랑드르의 나머지 부분, 그다음엔 이탈리아의 여러 나라, 그리고 마침내는 스페인 자체를 잃을 것이다."[56]

하지만 수니가 등이 네덜란드와의 전쟁이 불가피하다고 판단한 진정한 이유는 다른 데 있었다. 그것은 휴전 기간 동안 네덜란드연방의 상인들이 서인도제도와의 불법적인 교역으로 막대한 이득을 올리고 있었기 때문이다. 휴전협정 체결로 네덜란드연방과 스페인, 포르투갈 사이의 교역을 가로막던 장애물이 사라졌다. 교역금지조치가 해제되면서 발트해 연안의 곡물, 구리와 목재 등의 선박자재를 이베리아반도와 이탈리아에 공급하는 중개무역에 종사하는 네덜란드 상인들이 막대한 이득을 올렸다. 네덜란드연방이 셸드(Scheldt)강 하구에 대한 봉쇄 해제에 동의하지 않아 브라반트의 중심 도시인 안트베르펜은 무역항으로서의 기능을 점점 상실해가는 데 반해, 암스테르담을 비롯한 홀란트의 항구도시들이 더 큰 번영을 구가한 것도 스페인으로서는 불만사항이었다. 네덜란드 상인들은 스페인과 포르투갈이 배타적인 권리를 주장해온 동인도제도와 서인도제도와의 교역을 통해서도 큰 수익을 올렸다. 네덜란드연방의 동인도회사는 1619년 바타비아(Batavia, 지금의 자카르타)에 극동기지를 건설했고, 서인도제도에서는 휴전 직후 일시적으로 감소했던 네덜란드 상인들의 활동이 1615년 이후 다시 증가하기 시작했다. 휴전 기간 동안 네덜란드연방은 이와 같이 축적된 상업적 부를 바탕으로 당시 유럽 최강이라 일컬어지던 스페인군에 필적할 만한 전력을 구축했다.[57]

강경파의 주장대로 네덜란드연방과 전쟁이 재개된다면 이를 성공적으로 수행하기 위해서는 이탈리아와 네덜란드를 잇는 병력이동로이자 병참로인 '스페인 로드'의 안전을 확보하는 것이 필수였다. 그리고 이를 위해서는 이탈리아와 독일을 잇는 알프스의 교통로와 독일 서부의 라인란트 지역을 장악하는 것이 필수였다. 적어도 스페인에 적대적인 프랑스나 네덜란드연방, 독일의 프로테스탄트 세력이 이 지역에서 영향력을 확대하는 것을 막아야 했다.[58] 여기서 잠시 '스페인 로드'에 관해 알아볼 필요가 있다.

'스페인 로드'는 16세기 중반 이베리아반도와 네덜란드를 연결하는 해상운송로의 안전이 위협받게 되면서 처음 활용되기 시작했다. 1558년 프랑스가 당시 영국령이던 칼레(Calais)를 점령함에 따라 스페인에서 네덜란드의 덩케르크(Dunkirk)로 향하는 스페인 선박이 칼레 앞바다를 지나는 안전한 항로를 더 이상 이용할 수 없게 되었다. 여기에 더해 1568년 이후 스페인과 영국의 관계가 악화되어 영국해협을 지나는 스페인 선박은 영국 사략선의 위협에 시달리게 되었다. 이와 함께 프랑스 종교내전이 격화되면서 라로셸에 근거지를 둔 위그노 해군의 전함들도 비스케이만을 지나는 스페인 선박들을 공격했다.

이에 스페인은 이베리아반도에서 동원한 병력을 비교적 안전한 해상로를 통해 제노아로 이동시킨 뒤 이들을 이탈리아에서 동원된 병력과 함께 롬바르디아로부터 피에몬테, 사보이아, 프랑슈-콩테, 로렌을 거치는 경로를 통해 네덜란드로 이동시키기 시작했다. 이후 네덜란드 반란을 진압하기 위해 이베리아반도와 이탈리아에서 동원된 병력 대부분은 이 경로를 통해 네덜란드로 이동했다. 하지만 1601년 앙리 4세의 프랑스와 사보이아-피에몬테 공국이 리옹 조약을 체결하여 론(Rhône)강 서안에 위치한 사보이아-피에몬테 공국의 모든 영토를 프랑스가 차지한다는 데 합의함에 따라 스페인 로드는 프랑스의 위협에 직면하게 되었다. 이에 스페인은 1603년 롬바르디아에서 스위스 동부의 발텔리나(Valtellina)계곡을 거쳐 티롤로 이어지는 대체 경로를 활용하기로 하고, 이를 위해 스위스의 그라우뷘덴(Graubünden) 칸톤과 반강제로 협약을 체결했다.[59]

네덜란드연방과의 전쟁을 재개하기 위해 스페인 로드의 안전을 확보하는 것이 절실해진 상황에서 보헤미아 반란이 발발하자 스페인 정부 내 강경파는 즉각 페르디난트 2세를 지원할 것을 주장했다. 반란이 성공을 거두어 독일 내에서 합스부르크 오스트리아의 영향력이 약화되면 스페인이 라인강 유역을 안정적으로 통제하기 어려워질 것이라는 이유에서였다. 이에 더해 보헤미아 반란세력의 왕위 제안을 수락한 이가 다름 아닌 팔츠의 선제후 프리드리히 5세였다는 사실은 강경파의 주장에 더 큰 힘을 실어주었다. 16세기 중반 이후 팔츠의 선제후들은 네덜란드로 향

하는 스페인의 군자금이나 무기를 빼앗거나 병력의 이동을 방해하는 등 도발을 멈추지 않았다.[60]

당시 스페인은 지중해 연안 지역에 이슬람 해적이 출몰하여 큰 피해를 입었고, 정부의 재정상태도 양호한 것과는 거리가 멀었다. 그럼에도 강경파는 자신들의 주장을 관철시키는 데 성공했다. 다만 스페인은 오스트리아가 반란을 진압한 후 반란을 주도한 세력과 타협하여 상황을 안정시키고 반란의 여파가 신성로마제국의 다른 지역에 미치지 않도록 해야 한다는 것을 지원 조건으로 내걸었다.[61] 페르디난트 2세는 스페인의 이러한 희망을 존중할 의사가 없었던 것 같다. 앞서 지적했듯이 그는 프리드리히 5세를 포함한 반란세력을 가혹하게 응징함으로써 가톨릭과 프로테스탄트 간 힘의 균형을 무너뜨렸고, 그 결과 전쟁이 확대되고 장기화되는 길을 열었다.

☆☆☆☆☆

1621년 스페인은 휴전협정의 기한 만료에 따라 네덜란드연방과의 전쟁을 재개했다. 전쟁 재개에 회의적인 입장을 견지하던 레르마 공작은 1618년 실각했고, 수니가와 그의 조카이자 역시 강경파에 속했던 올리바레스 백작 가스파르 데 구스만(Gaspar de Guzmán, conde de Olivares)이 그의 자리를 채웠다. 수니가와 올리바레스가 네덜란드연방과의 전쟁에서 최종적으로 승리하고 연방을 다시 자국에 편입시키려는 의도에서 전쟁 재개를 옹호한 것은 아니다. 이들은 '실지 회복'이 가능하지 않음을 잘 알고 있었다. 이들은 또한 네덜란드연방이 자국 내 가톨릭교도의 종교 자유를 보장하라는 스페인의 요구를 수용하지 않으리라는 것을 잘 알고 있었다.[62] 그렇다면 스페인은 어떤 이유에서 네덜란드연방과의 전쟁 재개를 결정했는가?

스페인의 전쟁 재개 결정은 앞서 지적했듯이 휴전 기간 동안 네덜란드연방의 경제 발전으로 연방과 스페인 사이의 힘의 균형이 점차 전자 편으로 기울어지기 시작했다는 판단에서 비롯되었다. 스페인의 가장 중요한 전쟁 목표는 두 나라 사이의 경제적 불균형을 바로잡는 데 있었다. 이러한 의미에서 이스라엘(Jonathan Israel)은 정전협정의 만료와 함께 시작된 스페인과 네덜란드연방의 전쟁을 네덜란드 독립전쟁의 '제2기(1621~48)'로 보는 시각이 타당하지 않다고 지적한다.[63] 네덜란드연방은 1609년 휴전협정 체결로 사실상 합스부르크 스페인으로부터의 독립이라는 목표를 달성했고, 따라서 1621년에 시작된 전쟁은 정치적 독립이라는 이슈와는 무관했다는 것이다. 그런데 여기서 주목할 한 가지 사실은 전쟁 재개를 앞장서서 주장한 강경파가 전쟁을 통해 경제 불균형 해소라는 제한적인 목표를 달성할 가능성 역시 그리 크지 않다고 보았다는 점이다. 수니가는 다음과 같이 털어놓았다.

"군사력을 동원하여 저(네덜란드) 연방을 이전처럼 우리에게 복종하게 하는 것은 더 이상 가능하지 않다. 사안을 주의 깊고 객관적으로 파악하면 연방이 육지와 바다에서 어마어마한 군사력을 유지하고 있고, 지리적으로 바다와 강으로 둘러싸인 유리한 위치를 점하고 있으며, 프랑스, 영국, 독일과 인접해 있음을 쉽게 알 수 있다. 더군다나 연방의 국력은 현재 최고조에 달했지만 우리는 쇠퇴 중이다. 연방을 다시 점령할 수 있다고 믿는 것은 불가능한 것을 추구하는 것이고, 우리 스스로를 속이는 일이다. 현재 우리가 겪고 있는 모든 문제가 휴전협정 탓이며 협정을 파기함으로써 큰 이득을 얻을 수 있다고 주장하는 이들은 휴전을 끝내건 그렇게 하지 않건 간에 여전히 열등한 위치에 처할 것이라는 사실을 알아야 한다. 운이 없기 때문이 아니라 어떤 해결책도 소용이 없을 만큼 상황이 절망적이어서 어떤 결정을 내리더라도 언제나 더 나쁜 결과를 초래하는 그런 단계가 있다. 하지만 서인도제도와 관련하여 아무런 효력도 발휘하지 못하는 휴전협정으로부터 현재 우리가 목도하는 바와 같이 너무나 큰 피해가 발생했다. 이러한 이유로 인해 앞으로 더 적절하게 대응할 필요가 있다."[64]

네덜란드연방과의 전쟁을 재개하기로 한 스페인의 결정은 "어떤 결정을 내리더라도 언제나 더 나쁜 결과가 초래"될 수밖에 없는 절망적인 상황에서 가만히 앉아서 그러한 결과를 맞느니 성공할 가능성이 크지는 않지만 남은 힘을 총동원하여 최후의 일격을 가함으로써 반전의 기회를 엿보겠다는 의도에서 내려졌다고 할 수 있다.

스페인의 가장 중요한 전쟁목표가 실지 회복이나 영토확장이 아니라 두 나라 사이의 경제적 불균형을 바로잡는 것이었으므로 네덜란드연방에 대한 스페인의 전략 역시 이러한 목표를 달성하는 데 집중되었다. 스페인은 육지에서의 싸움은 가능한 한 자제하고 해군력 증강에 힘을 쏟기로 했다. 오스텐데를 비롯한 플랑드르의 항구에 전함을 배치하여 네덜란드연방의 무역선을 공격함으로써 연방에 경제적 피해를 입힐 심산이었다. 증강된 해군력은 유럽 내 스페인 영토와 동인도제도, 서인도제도에서 네덜란드 상인의 교역활동을 막는 데도 유용하게 사용될 수 있었다. 스페인은 네덜란드연방에 대해 '경제전쟁'을 벌이고자 했다.

물론 스페인 정부 내에서 이러한 전략에 대한 합의가 처음부터 명확하게 이루어진 것은 아니었다. 하지만 1622년 여름 브라반트 북부에 위치한 베르헌옵좀(Bergen-op-Zoom)을 점령하려는 스페인군의 시도가 실패로 끝나자 스페인 정부는 이를 계기로 내륙에서의 전략을 요새화된 도시들을 중심으로 하는 방어선 유지로 전환했다. 따라서 1624년 스피놀라가 난공불락의 요새로 알려진 브레다 포위를 본국 정부와의 협의를 거치지 않은 채 결정했을 때 스페인 정부는 적지 않게 당황했던 것으로 보인다. 장장 9개월 동안 계속된 브레다 포위는 스페인의 승리로 끝났고, 이로 인해 스페인의 위신은 한껏 고양되었다. 하지만 포위작전을 위해 막대한 비용이 소요되고 수천 명의 사상자가 발생하는 등 큰 피해를 입자 펠리페 4세(r.1621~65)와 올리바레스는 지상에서의 싸움은 최소화할 필요가 있다는 입장을 더욱 굳혔다.[65]

스페인이 도발한 경제전쟁은 네덜란드에 적지 않은 피해를 입혔다. 특히 스페인 해군의 네덜란드 선박에 대한 공격은 연방의 무역활동에 상당한 해를 입혔다. 예를 들면 1625년과 1645년 사이에 네덜란드연방의 선박이 노르웨이에서 홀란트로 선박용 목재를 운반하는 비용이 적게는 50%에서 많게는 100%까지 증가했다. 운반비용의 증가는 고스란히 경쟁국가와 경쟁도시의 이익증대로 이어졌다. 스페인 해군은 네덜란드연방의 북해 청어잡이 어선도 공격하여 막대한 피해를 입혔다. 네덜란드연방은 호위선단을 구성하여 자국의 무역선과 어선을 보호하려 했지만, 스페인의 공격을 모두 막아내기에는 역부족이었다. 스페인은 연방과 스페인령 네덜란드 간의 농산물, 해산물 교역도 금지했다. 스페인 역시 이러한 조치로 적지 않은 손해를 보았다. 남북 네덜란드 사이의 교역 중단은 연방의 농민과 어민들에게 큰 손해를 입혔지만 스페인령 네덜란드 주민도 식량부족, 생필품 품귀 현상 등으로 고통을 겪어야 했다. 스페인의 주요 항구도시들은 네덜란드 상인과의 교역 금지조치로 경제활동이 위축되었음을 호소하기도 했다. 그럼에도 스페인 정부는 네덜란드연방에 대한 경제적 압박을 위한 조치들을 꾸준히 실행에 옮겼다.[66]

하지만 스페인이 이러한 노력으로 네덜란드연방을 굴복시키는 데는 한계가 있었다. 먼저 네덜란드연방 내에서 스페인의 제재조치로 이득을 보는 집단이 생겨났고, 이들이 전쟁의 가장 열성적인 지지자가 되었다. 이들은 서인도제도, 동인도제도와의 교역에 종사하는 상인들이었다. 유럽 내 교역이 위축되면서 이 상인들에게로 자금이 집중되었고, 이들은 이를 바탕으로 사업을 확장할 수 있었다. 휴전 기간에도 동인도제도와 서인도제도에서는 스페인과 네덜란드연방 간의 싸움이 중단된 적이 없었다. 스페인이 이 지역에서 네덜란드 상인들이 교역활동을 벌이는 것을 불법으로 간주하고 군사력을 사용하여 이들을 제거하려 시도했고, 스페인의 이러한 시도에 네덜란드 상인들 역시 무력으로 대응했기 때문이다. 따라서 이 상인들은 스페인과의 전쟁을 적극 지지했다.[67]

한편, 네덜란드에서는 브레다 함락으로 잠시 위축되었던 연방의 공세가 1626년 이후 재개되었다. 1625년 마우리츠의 뒤를 이어 스타드홀더의 자리에 오른 프레데리크 헨드리크(Frederik Hendrik, r.1625~47)는 20년 전에 스피놀라에게 빼앗겼던 올던잘(Oldenzaal)과 흐룬로(Groenlo)를 되찾았고, 1629년에는 중요한 전략요충지에 위치한 스헤르토헨보스('s-Hertogenbosch)를 약 5개월간의 포위 끝에 함락시켰다. 네덜란드연방은 또한 라인강 하류 지역에서 스페인군의 보급기지 역할을 담당해온 베젤(Wesel)을 점령하여 스페인에 큰 타격을 주었다. 스헤르토헨보스와 베젤의 함락은 "무적함대가 영국 침공에 실패한 1588년과 로크루아(Rocroi) 전투에서 프랑스군에 패배한 1643년" 사이에 스페인이 당한 가장 심각한 패배였다.[68] 1632년에는 역시 전략요충지 중 하나인 마스트리히트(Maastricht)가 프레데리크 헨드리크가 이끄는 네덜란드군에 점령되었다.[69]

네덜란드연방의 선전은 한때 12만 8천 명을 동원할 정도의 경제력과 조직력에서 비롯되었다.[70] 하지만 이에 못지않게 중요했던 것은 때마침 이탈리아 북부에 위치한 만토바(Mantova) 공국의 계승문제를 둘러싸고 스페인과 프랑스가 전쟁(1628~31)에 돌입했다는 사실이었다. 스페인은 1627년 이미 한 차례 파산을 선언할 만큼 재정적으로 심각한 위기를 겪고 있었고, 1628년에는 페루에서 은을 싣고 이베리아반도로 향하던 수송선단이 쿠바의 아바나 인근 만타자(Mantazas)만에서 네덜란드 서인도회사 소속 선박의 공격을 받아 화물을 강탈당하는 사건으로 큰 타격을 입었다. 이러한 상황에서 이탈리아에서 프랑스를 상대로 전쟁이 발발했다. 1626년 이후 네덜란드연방과의 전쟁에서 스페인이 겪은 어려움의 상당 부분은 1609년 이전과 마찬가지로 한정된 인력과 재원이 여러 지역으로 분산되어야 했다는 데 기인했다.

3) 스웨덴의 참전

1630년 7월 36세의 스웨덴 국왕 구스타브 아돌프(Gustav Adolf, r.1611~32)가 약 2만 9천 명의 병력과 함께 독일 북부 포메른(Pommern)에 상륙했다. 스웨덴의 개입으로 그때까지 한 번도 흔들린 적이 없던 합스부르크와 가톨릭 세력의 우위가 심각한 도전에 직면했다. 반면에 1630년 이전까지 유럽 국제정치체제에서 주변적인 위치만을 점했던 스웨덴은 30년전쟁에서의 성공을 계기로 단숨에 주요 강대국의 반열에 들게 되었다. 스웨덴은 이때 획득한 강대국의 지위를 '대북방전쟁(Great Northern War)'이 종료된 1721년까지 유지했다.

스웨덴이 강대국으로 부상한 것은 근세 초 유럽 국제정치사에서 가장 극적인 사건 중 하나로 꼽힌다. 스웨덴의 부상은 단기간에, 급속도로 이루어졌다. 1630년 유럽 국제정치의 중앙 무대에 처음 선을 보인 지 불과 18년 후인 1648년 스웨덴은 베스트팔렌에서 프랑스와 나란히 평화조약의 이행을 보증하는 역할을 부여받았다. 1740년 슐레지엔을 기습적으로 점령한 후 오스트리아를 비롯한 유럽 강대국과의 세 차례에 걸친 전쟁을 모두 승리로 이끈 프리드리히 2세의 브란덴부르크-프로이센이 거둔 성과 정도만 17세기의 스웨덴이 거둔 성과에 필적할 만하다. 더군다나 스웨덴은 경제적으로 부유한 나라가 아니었다. 대외관계에서 적극적으로 공세를 펴기에는 사회 · 경제적 기반이 충분치 않았다. 스톡홀름을 제외하면 큰 도시가 거의 없었고, 상공업이 발달하지도 못했으며, 척박한 기후와 토양 탓에 농업생산성이 특별히 높은 것도 아니었다. 무엇보다 인구가 얼마 되지 않아 일정 규모 이상으로 군대를 유지하기도 어려웠다. 스웨덴의 인구는 16세기 중반에 겨우 100만 명을 넘어섰고, 1620년경에 125만 명 정도였던 것으로 추산된다.[71]

1397년부터 1523년까지 스웨덴은 '칼마르(Kalmar)연합'의 일원으로서 덴마크, 노르웨이와 함께 사실상 하나의 국가를 이루었다. 형식적으로는 연합의 모든 구성원이 평등한 지위를 갖는다고 되어 있었지만, 실제로는 덴마크가 주도권을 행사했다. 1523년 스웨덴 의회(Riksdag)가 구스타브 바사(Gustav Vasa)를 국왕으로 추대함으로써 스웨덴은 덴마크의 영향력으로부터 벗어나 독립국가가 되었다. 이후 스웨덴은 덴마크, 폴란드, 러시아 등 발트해 연안 국가들의 위협으로부터 독립을 지키기 위해 군사력을 증강하며 전쟁을 벌였다. 우선 덴마크가 공공연히 칼마르연합의 부활을 외치면서 스웨덴을 위협했다. 두 나라는 '북방 7년전쟁(1563~70)'으로 알려진 전쟁에서 격돌했다. 전쟁은 승패가 뚜렷하게 갈리지 않은 채 끝을 맺었지만, 전쟁 기간 내내 우세했던 덴마크는 스웨덴이 덴마크해협을 거치지 않고 북해로 진출할 수 있는 유일한 통로인 엘브스보리(Älvsborg)를 점령했다.[72] 덴마크는 스웨덴이 큰 액수의 배상금을 지급하면 이를 돌려주기로 합의했다. 스웨덴은 또한 러시아와 발트해 동쪽 연안 지역을 두고 각축을 벌였다. 1581년 스웨덴은 에스토니아를 손에 넣었고, 이후에는 대략 지금의 라트비아에 해당하는 리보니아(Livonia)를 차지하기 위해 러시아, 폴란드와 경쟁했다.[73]

1611년 구스타브 아돌프가 왕위에 즉위한 후에도 스웨덴과 발트해 연안국 사이의 각축은 계속되었다. 그가 즉위하던 해에 다시 덴마크와 전쟁이 발발했다. 덴마크군은 육상과 해상에서 스웨덴군을 압도했고, 스웨덴은 전쟁에서 패배했다. 덴마크는 엘브스보리를 다시 한번 점령했고, 1613년에 체결된 평화협정에서 양국은 스웨덴이 1619년까지 막대한 액수의 배상금을 지급하지 못하면 항구와 주변 지역이 덴마크로 귀속된다는 데 합의했다. 구스타브 아돌프의 스웨덴은 덴마크를 상대로는 고전을 면치 못했지만, 러시아와의 전쟁에서는 승리했다. 스웨덴은 1617년 스톨보바(Stolbova) 조약에서 잉그리아(Ingria, 현재의 상트페테르부르크와 그 주변 지역)와 켁스홀름(Kexholm, 현재 러시아의 프리오제르스크 주변 지역)을 획득했다. 이 전쟁의 패배로 러시아는 이후 약 40년 동안 유럽 방면으로 영토확장을 시도하지 못했다.[74]

정해진 기한 내에 필요한 돈을 마련하지 못하리라는 덴마크의 예상과 달리 1619년 배상금을 모두 지급하고 엘브스보리를 되찾은 스웨덴은 1620년부터 폴란드와의 전쟁에 집중했다. 당시 폴란드 국왕은 바사 가문 출신의 지기스문트 3세(Sigismund III, r.1587~1632)였다. 1587년 폴란드 의회에서 국왕으로 선출된 그는 1592년 부친인 요한 3세(Johan III, r.1569~92)의 뒤를 이어 스웨덴 왕위에 오름으로써 두 왕국의 통치자가 되었다. 하지만 그의 가톨릭 신앙을 문제 삼은 숙부이자 구스타브 아돌프의 부친인 카를 9세(Karl IX, r.1604~11)가 그를 강제로 폐위시킨 후 스웨덴에서 추방했다. 이후 지기스문트 3세가 스웨덴 왕위에 대한 주장을 굽히지 않았으므로 폴란드를 상대로 하는 전쟁은 덴마크나 러시아를 상대로 하는 전쟁과는 성격이 달랐다. 스웨덴과 폴란드가 각각 프로테스탄티즘과 가톨릭교를 신봉하여 두 나라의 전쟁은 종교전쟁의 성격도 띠었다. 1620년대 내내 계속된 전쟁은 대체로 스웨덴에 유리하게 전개되었다. 스웨덴은 폴란드가 오스만제국과 전쟁을 벌이는 틈을 타서 발트해 연안에서 가장 중요한 무역중심지인 리가(Riga)를 포함하여 리보니아를 획득하는 데 성공했다. 에스토니아와 잉그리아에 이어 리보니아까지 손에 넣음으로써 스웨덴은 발트해 북쪽과 동쪽 연안을 자국 영토로 채우게 되었다.[75]

구스타브 아돌프가 독일의 상황에 관심을 가지게 된 것은 폴란드와의 전쟁이 아직 끝나지 않은 상태에서였다. 앞서 지적했듯이 빌라 호라 전투 이후 승승장구하는 황제와 가톨릭 동맹으로부터 프로테스탄트 제후국들을 보호하기 위해 덴마크의 크리스티안 4세가 개입했지만, 틸리와 발렌슈타인에 패하고 전쟁에서 물러났다. 구스타브 아돌프는 가톨릭 진영의 군대가 발트해 연안에까지 이르렀다는 데 불안감을 느꼈다. 그의 불안감은 1626년 네덜란드연방과 전쟁 중이던 스페인의 올리바레스가 연방의 가장 중요한 수입원인 발트해 무역을 교란할 목적으로 독일의 발트해 연안 항구도시들에 합스부르크의 상업기지를 구축할 계획을 세웠다는 소식이 알려지고, 다음 해인 1627년 발렌슈타인의 군대가 메클렌부르크의 항구도시인 비스마르(Wismar)를 점령하자 더욱 증폭되었다.[76] 이러한 상황에서 프랑스의 리슐리외(Armand Jean du Plessis de Richelieu)는 스웨덴이 독일 전쟁에 개입하도록 부추길 목적으로 사절을 보내 폴란드와의 평화협정 체결을 중재했다. 프랑스와 브란덴부르크-프로이센의 도움으로 1629년 9월 구스타브 아돌프는 폴란드와 6년 동안 싸움을 중단하기로 합의했다. 정전협정이 체결되자 프랑스는 스웨덴에 보조금 지급과 함께 동맹체결을 제안했지만, 리슐리외의 입장에서는 몹시 당혹스럽게도 구스타브 아돌프가 이를 거부했다. 구스타브 아돌프는 이후 9개월 동안 장고를 거듭하다가 마침내 개입을 결심하고 이를 실행에 옮겼다.[77]

구스타브 아돌프가 30년전쟁에 개입하기로 결정한 가장 중요한 이유는 합스부르크-가톨릭 세력으로부터 스웨덴의 안전을 지키는 데 있었다. 물론 이들로부터의 위협이 임박한 것은 아니었다. 하지만 아무런 행동을 취하지 않는다면 이들은 독일 전역을 장악할 것이고, 그렇게 되면 스웨덴의 안전이 심각한 위험에 처하리라는 것이 분명해 보였다. 스웨덴이 직면할 것으로 예상되는 위험은 크게 세 가지였다.

첫째, 포메른과 메클렌부르크의 항구를 장악한 황제와 가톨릭 동맹이 발트해와 그 연안 지역에 대한 통제권을 장악하려 시도함으로써 스웨덴의 안보를 위태롭게 할 것으로 예상되었다. 특히 우려되는 부분은 황제가 같은 가톨릭 국가인 폴란드와 손잡고 스웨덴을 군사적으로 위협할 가능성이었다. 개입에 즈음하여 발표한 성명문에서는 모두 여덟 가지 참전 이유를 들었는데, 이 중 두 가지가 폴란드와 합스부르크의 연계에 관한 것이었다.[78]

둘째, 황제와 가톨릭 동맹이 독일 전역을 장악하면 이들은 반종교개혁운동을 대대적으로 일으킬 것이고, 이는 당장은 아니더라도 언젠가 프로테스탄트 국가로서 스웨덴의 정체성을 위협할 것으로 예상되었다. 17세기 유럽에서 종교적인 정체성에 대한 위협은 군사적인 위협만큼이나 중대한 문제였다.

셋째, 합스부르크-가톨릭 진영이 북부 독일의 항구를 장악한 후 발트해로 진출하면 이 지역에서 그간 스웨덴이 누리던 경제적 지위가 위협받을 것으로 예상되었다. 경제적 지위의 잠식은 그 자체로도 중요한 문제였지만, 수입 감소가 군사력의 약화를 초래할 수 있다는 점에서 더욱 심각한 문제였다. 요컨대 황제와 가톨릭 동맹의 약진은 스웨덴에 군사적 · 종교적 · 경제적 위험을 초래할 것으로 예측되었다.[79]

이 외에도 링마(Erik Ringmar)는 구스타브 아돌프의 참전 결정이 부분적으로는 국가의 정체성을 확립하려는 시도의 일환으로 이루어졌다고 지적한다. 발트해 연안 지역이 아닌 독일이라는 유럽 국제정치의 중앙무대에서 벌어지는 전쟁에 개입함으로써 약 한 세기 동안 독립국가로서의 지위를 위태롭게 이어온 스웨덴의 '존재감'을 드러내기 위한 목적에서, 그리고 유럽 주요국들로부터 신생국가 스웨덴이 유럽 국제정치체제의 일원임을 인정받기 위한 목적에서 참전 결정이 내려졌다는 것이다. 이는 특히 바다 건너 그의 사촌이자 폴란드 국왕이 스웨덴 왕위에 대한 권리 주장을 멈추지 않는 상황에 직면한 구스타브 아돌프에게 시급한 문제였다. 만약 링마의 주장대로 이러한 의도가 구스타브 아돌프의 참전 결정에서 중요했다면 독일 땅에 발을 디딘 지 불과 2년여 만에 목숨을 잃기는 했지만 그는 자신의 목표를 완벽하게 달성했다.[80]

☆☆☆☆☆

스웨덴이 전쟁 개입을 선언하고 구스타브 아돌프가 군대를 이끌고 독일에 상륙한 지 얼마 지나지 않아 마그데부르크와 포메른이 스웨덴 편에 섰다. 하지만 그 밖의 프로테스탄트 제후국들은 일단 조심스러운 태도를 취했다. 이들에게 스웨덴은 미지의 나라였고, 구스타브 아돌프는 미지의 인물이었다. 프로테스탄트 진영의 리더 역할을 담당해온 브란덴부르크-프로이센과 작센의 두 선제후는 페르디난트 2세와 구스타브 아돌프 어느 편에도 서지 않고 중립을 지키기로 약속했다. 하지만 강력하고 효율적인 구스타브 아돌프 군대가 두 제후국을 위협하자 두 선제후는 약속을 깨고 스웨덴 편에 서기로 했다. 브란덴부르크-프로이센의 선제후 게오르크 빌헬름(Georg Wilhelm, r.1619~40)이 스웨덴 측에 중립을 지키겠다는 입장을 표명하자 구스타브 아돌프는 선과 악 사이의 생존을 건 싸움에서 중립을 지키는 것은 가능하지 않다고 퉁명스럽게 답했다.

1631년 9월 스웨덴, 브란덴부르크-프로이센, 작센의 동맹군은 틸리가 이끄는 가톨릭 동맹군과 황제의 군대를 맞아 브라이텐펠트(Breitenfeld) 전투에서 대승을 거뒀다. 전투에서 승리한 후 구스타브의 스웨덴군은 라인강 유역으로 이동해 마인츠(Mainz)를 점령했고, 작센의 장군 아르님(Hans Georg von Arnim)이 이끄는 작센-스웨덴 연합군은 프라하를 점령했다. 1632년 3월 바이에른의 레흐(Lech) 전투에서 틸리와 다시 맞붙은 스웨덴군은 또 한 번 대승을 거뒀다. 구스타브 아돌프는 페르디난트와 막시밀리안에게 패해 네덜란드연방으로 망명했던 팔츠의 프리드리히 5세를 대동하고 뮌헨에 입성했다.[81]

구스타브 아돌프의 잇따른 승리로 불과 2년여 만에 전쟁의 판도가 완전히 바뀌었다. 그동안 구스타브 아돌프의 의도와 능력을 반신반의하던 독일의 프로테스탄트 제후들은 그의 등장을 '알렉산더 대왕'의 재림에 비유하면서 합스부르크와 가톨릭에 대한 대반격에 나섰다. 다만 프로테스탄트 제후들은 스웨덴의 도움을 얻기 위해 만만찮은 대가를 치러야 했다. 구스타브 아돌프가 전력을 유지하는 데 필요한 병력과 물자를 거의 전적으로 독일 현지에서 조달했기 때문이다. 앞서 언급했듯이 스웨덴은 가난하고 인구도 얼마 안 되는 나라였다. 프로테스탄트 제후들은 그의 과도한 요구를 충족시키는 데 큰 어려움을 겪었다. 독일 제후들과 스웨덴 국왕의 관계는 점점 '상명하복' 관계를 닮아갔다.[82]

구스타브 아돌프는 1632년 11월 발렌슈타인이 지휘하는 황제의 군대와 뤼첸(Lützen) 부근에서 전투를 벌이던 중 전사했다. 그의 후계자 크리스티나는 아직 어린아이에 불과하여 경험 많은 재상 옥센셰르나(Axel Oxenstierna)가 스웨덴 정부의 수장이자 스웨덴군 총사령관으로 전쟁을 지휘했다. 많은 사람은 왕의 죽음으로 스웨덴의 상승세가 한풀 꺾일 것으로 보았지만, 이러한 예상은 완전히 틀린 것으로 판명되었다. 유능한 정치가이자 전략가였던 옥센셰르나는 프로테스탄트 제후국을 구성원으로 하는 '하일브론(Heilbronn) 동맹'을 결성하여 황제가 제국을 전쟁 이전 상태로 되돌리는 데 동의할 때까지 싸움을 계속한다는 합의를 이끌어냈다. 하일브론 동맹은 그간의 노력과 희생에 대한 대가로 스웨덴에 일정한 보상이 주어져야 한다는 데도 합의했다. 스웨덴은 다른 무엇보다 영토할양을 통한 보상을 원했다. 스웨덴은 전쟁에 개입할 당시에는 자국의 '안전(assecuratio)'을 위해 포메른 연안의 몇몇 항구도시를 확보하는 것을 목표로 삼았지만, 전세가 유리하게 흘러감에 따라 점차 더 큰 '보상(satisfactio)'을 원하게 되었다. 스웨덴은 포메른과 메클렌부르크 일부를 차지하고자 했다. 스웨덴군이 전쟁이 완전히 막을 내릴 때까지 무려 16년 동안이나 독일 땅을 떠나지 않고 싸움을 지속한 이유 중에는 영토 보상에 대한 약속을 받아내기 위한 목적도 포함되어 있었다.[83]

로버츠(Michael Roberts) 이래 많은 역사가는 스웨덴이 1630년 전쟁에 개입한 이래 1635년까지 연전연승한 비결을 군사전술가로서 구스타브 아돌프의 혁신적인 재능에서 찾았다. 구스타브 아돌프는 네덜란드의 마우리츠가 이룩한 혁신을 한 단계 더 진전시켰다. 우선 그는 끊임없는 반복 훈련을 통해 전장에서 병사들을 6열로 배치하고도 지속적인 사격이 가능할 정도로 소총의 장전 시간을 줄이는 데 성공했다. 이에 반해 틸리는 브라이텐펠트 전투에서 병사들을 30열로 배치했다. 이와 함께 구스타브 아돌프는 언제나 상대편보다 많은 수의 야포를 전투에 활용했다. 브라이텐펠트 전투에서 양측은 각각 비슷한 수의 병력을 투입했지만, 틸리의 군대가 27문의 야포로 무장한 반면, 구스타브 아돌프의 군대는 51문의 중포(重砲)로 무장했고, 각 연대마다 4문의 경포(輕砲)를 배치했다.[84]

좀 더 최근에는 구스타브 아돌프의 전술이 당시 상황에서 그다지 혁신적이지 않았다는 주장이 제기되기도 했다. 그 대신 승리의 비결은 스웨덴 정부가 오랜 기간 폴란드, 덴마크 등과 전쟁을 치르면서 가지게 된 행정적 능력, 즉 대규모 병력을 동원하고 훈련시키고 입히고 먹이는 능력에 있었다는 점이 지적되었다.[85] 1620년 구스타브 아돌프는 징집에 관한 새로운 법령을 제정했다. 이 법령에서는 군복무의 의무를 지는 15세 이상의 모든 농민 남성을 10명의 그룹으로 묶고, 필요 시 각 그룹에서 한 명씩을 차출하는 방식으로 징집이 이루어지도록 했다. 10명 중 누구를 차출할지를 결정할 권한은 촌락 공동체의 구성원으로 이루어진 위원회에 부여했다. 훗날 프로이센의 칸톤제를 연상시키는 이와 같은 징집제도를 채택한 결과 스웨덴은 지휘관의 명령에 절대 복종하고 전투에서의 승리에 헌신하는 '국민군'을 보유하게 되었다.[86]

그 이유가 어디에 있건 구스타브 아돌프가 지휘하는 스웨덴군의 효율성은 독일인에게 엄청난 충격을 주었다. 스웨덴군의 이 같은 효율성은 1632년 구스타브 아돌프가 전사한 이후에도 줄어들지 않아서 비트스톡(Wittstock) 전투(1636), 제2차 브라이텐펠트 전투(1642), 얀코프(Jankov) 전투(1645) 등 크고 작은 전투에서 잇따라 승리를 거둔 밑바탕이 되었다. 1635년 이후에는 합스부르크와 가톨릭 제후들이 개입 초기의 충격을 극복하고 어느 정도 대등한 싸움을 벌이기 시작했지만, 전쟁이 끝나는 순간까지 스웨덴의 가공할 군사기계는 독일인을 두려움에 떨게 했다. 결국 스웨덴의 참전은 30년전쟁이 오랜 기간 동안 지속되면서 유럽역사를 통틀어 가장 파괴적인 전쟁으로 기록되게 하는 데 결정적인 요인이 되었다.

스웨덴이 무려 18년 동안 중단 없이 독일에서 벌어진 전쟁에 참여할 수 있었던 것은 뛰어난 군사기술과 행정역량 때문이었지만, 프랑스가 개입 초기부터 스웨덴에 재정적 지원을 제공했기 때문이기도 하다. 1631년 1월 베르발데(Bärwalde) 협정에서 프랑스는 스웨덴에 재정지원을 약속했다. 독일에서 합스부르크의 세력이 확대되는 것을 막기 위해 프랑스는 수년간 스웨덴의 전쟁 개입을 부추겼다. 프랑스가 전쟁에 직접 개입하기에는 여건이 좋지 않았다. 위그노와의 오랜 싸움이 1628년 10월에야 라로셸 함락으로 마무리되었고, 이후에는 이탈리아의 만토바 계승전쟁에 개입하여 스페인과 제한적이기는 하지만 전쟁을 벌여야 했으며, 국내적으로는 '데보(devots)'라 불린 정치그룹이 같은 가톨릭 국가인 스페인, 오스트리아를 상대로 전쟁을 벌이는 데 반대했다. 이러한 상황에서 리슐리외는 폴란드와 스웨덴으로 특별사절을 보내 양국 간 정전협정 체결을 중재하도록 했고, 구스타브 아돌프가 참전한 후에는 재정 지원을 제공하기로 약속했다.[87]

한편, 스페인은 1627~31년의 만토바 계승전쟁에서 프랑스에 패한 후 프랑스와의 전면전을 위한 준비 작업에 착수했다.[88] 프랑스와의 전쟁을 위해서는 먼저 어떤 형태로든 네덜란드연방과의 전쟁을 마무리해야 했다. 앞서 지적했듯이 이 무렵 스페인은 네덜란드에 스헤르토헨보스와 베젤, 마스트리히트 같은 요충지를 빼앗기는 등 수세에 몰려 있었다. 스페인은 네덜란드연방에 휴전을 제의했지만, 연방이 무리한 대가를 요구하는 바람에 협상이 결렬되었다.

펠리페 4세와 올리바레스는 다른 방안을 강구해야 했다. 그는 페르디난트 2세에게 눈을 돌렸다. 그는 페르디난트 2세가 독일에서 벌어지고 있는 전쟁을 명예롭게 마무리할 수 있다면 스페인의 도움 요청을 거절하지 않으리라 보았다. 이미 만토바에서 두 나라는 힘을 합쳐 프랑스와 전쟁을 벌인 바 있었다. 하지만 오스트리아의 도움을 받기 위해서는 먼저 스웨덴에 의해 장악된 독일의 전황을 이전 상태로 되돌릴 필요가 있었다. 스웨덴군이 전장을 지배하는 상태가 계속되는 한 페르디난트 2세가 스페인에 도움을 주기는 어려웠다. 스페인으로서는 스웨덴군이 라인란트 지역으로 진출한 것도 걱정거리였다. '스페인 로드'의 안전이 위험에 처했기 때문이다. 스페인은 네덜란드연방과의 전쟁을 위해서뿐만 아니라 다가오는 프랑스와의 전쟁을 위해서도 이 병참로를 안전하게 유지해야 했다. 올리바레스는 먼저 황제와 힘을 합쳐 스웨덴군의 기세를 꺾는 것이 필요하다고 판단했다. 1634년 8월 이탈리아에서 독일에 도착한 스페인군과 오스트리아-바이에른 연합군은 독일 남부의 뇌르틀링겐(Nördlingen) 인근에서 스웨덴과 하일브론 동맹의 군대와 전투를 벌여 결정적인 승리를 거뒀다.[89]

30년전쟁의 역사에서 브라이텐펠트 전투만큼이나 중요했던 뇌르틀링겐 전투에서의 승리로 스웨덴군은 독일 남부에서 철수했고, 하일브론 동맹은 사실상 해체되었으며, 황제는 제국 내에서 다시 주도권을 장악할 수 있었다. 물론 스웨덴이 개입하기 이전처럼 황제가 프로테스탄트 제후국들에 대해 절대적인 우위를 점한 것은 아니었다. 비록 전투에서의 패배로 크게 약화되기는 했지만, 스웨덴군은 여전히 독일 내에 머무르며 재기의 기회를 노렸다. 30년전쟁이 황제의 승리로 끝나면 자국과 스페인의 싸움에 어떤 영향을 끼칠지 잘 알았던 프랑스는 스웨덴과 1635년 2월 콩피에뉴(Compiégne) 조약을 체결하여 계속적인 지원을 약속했다.

스웨덴의 전쟁 개입 이후 잇따른 패배로 큰 좌절을 경험한 페르디난트 2세는 복원칙령 같은 실수를 저지르지 않을 준비가 되어 있었다. 1635년 5월 페르디난트는 작센의 선제후 요한 게오르크 1세와 '프라하 조약'을 체결하여 황제와 프로테스탄트 제후들 사이의 전쟁을 공식적으로 마무리 짓고자 했다. 요한 게오르크는 스웨덴 편에 서서 황제와 전쟁을 벌인 프로테스탄트 제후들을 대표했다. 황제는 이 제후들을 '사면'하고, 이들이 1552년부터 1627년 사이에 획득한 교회토지 반환을 40년간 유보한다고 선언했다. 이로써 '복원칙령'은 사실상 폐기되었다. 이 외에도 프라하 조약에서는 칼뱅교도의 종교 자유를 부인한 아우크스부르크 협약의 조항이 여전히 유효함을 재확인하면서도 그 구체적인 내용을 의도적으로 모호하게 기술함으로써 브란덴부르크-프로이센을 비롯한 칼뱅교 제후국들이 조약에 가입할 수 있도록 했다. 다만 페르디난트 2세는 팔츠, 뷔르템부르크, 헤세-카셀 등 일부 프로테스탄트 제후들을 사면 대상에서 제외시킴으로써 논란의 여지를 남겼다.[90]

4) 프랑스-스페인 전쟁 발발

프라하 조약을 체결함으로써 전쟁에 종지부를 찍으려는 황제와 제후국들의 시도는 1635년 5월 프랑스가 스페인에 선전포고함으로써 실패로 끝났다. 이제 30년전쟁에서 신성로마제국 구성원들은 조연급 역할만 담당하게 되었다. 대신 프랑스, 스웨덴, 스페인이 주인공 자리를 차지했다. 합스부르크 오스트리아는 스페인의 조력자로서 계속 중요한 역할을 맡았지만, 상황을 주도할 위치에 서지는 못했다. 프랑스와 스페인 사이의 전쟁은 1648년 베스트팔렌 평화조약의 체결로 독일에서 전쟁이 공식적으로 종료된 이후에도 계속되어 1659년에 가서야 끝을 맺었다.

먼저 프랑스가 스페인에 전쟁을 선포하기까지의 과정을 살펴보자.

1610년 프랑스에서는 국왕 앙리 4세가 가톨릭 광신도에게 살해당한 후 그의 아들 루이 13세가 왕위에 올랐다. 즉위 당시 루이 13세는 아홉 살에 불과하여 앙리 4세의 왕비이자 루이의 모친인 마리 드 메디치(Marie de Medici)가 섭정에 임명되었다. 루이 13세를 포함하여 모두 세 명의 부르봉 국왕이 미성년의 나이에 즉위했는데, 매번 정치적 불안정이 초래되었다. 특히 루이 13세의 뒤를 이어 다섯 살의 나이에 왕위에 오른 루이 14세는 '프롱드의 난'으로 알려진 대규모 정치적 격변을 겪었다. 섭정기의 루이 13세 역시 '프롱드의 난'만큼 심각하지는 않았지만, 귀족의 조직적인 저항에 직면해야 했다.

1614년 2월 일군의 대귀족들이 잇따라 병력을 동원하여 정부에 삼부회의 소집을 요구했고, 이에 굴복한 정부가 같은 해 10월 파리에서 삼부회를 개최했다. 하지만 내부 분열로 삼부회는 별다른 성과 없이 막을 내렸고, 정부는 관직 매매와 세습을 금지하는 조치를 실행에 옮기려 시도했다. 이에 1615년 3월 파리 고등법원(Parlement)은 루이 13세의 동의를 구하지 않고 국가의 중대사를 논의하기 위한 목적으로 주요 귀족과 관직보유자들이 참여하는 회의를 소집했다. 이는 국왕의 고유권한에 대한 정면 도전이었다. 무니에(Roland Mousnier)는 파리 고등법원의 의도가 신분제의회를 중심으로 국왕과 귀족의 '공치(共治)'를 실현하는 데 있었다고 지적한다.[91] 독일에서 30년전쟁의 불길이 타오르기 시작할 무렵 정치적 내분에 빠진 프랑스는 미처 이에 신경 쓸 겨를이 없었다.

잘 알려져 있다시피 프랑스가 정치적 혼란을 딛고 '절대주의 국가' 건설의 경로에 들어선 데는 리슐리외의 역할이 결정적이었다. 리슐리외는 마리 드 메디치의 후원을 받아 1622년 추기경의 자리에 오른 후 1624년 최고평의회(conseil d'en haut)에 입성하는 데 성공했다. 국내적으로 리슐리외는 정부의 재정기반을 확충하기 위한 개혁에 착수했다. 이를 위해 그는 기존 관료체제에 편입되지 않은 채 국왕의 명령에만 복종하는 '지사(知事, intendant)'를 전국에 파견하여 세금의 징수과정을 감시 · 감독하도록 했다. 그는 또한 노르망디, 기옌(Guyenne), 도피네(Dauphiné) 등 페이 데타(pays d'état)를 정부가 조세권을 직접 행사하는 페이 델렉시옹(pays d'élection)으로 전환했다. 페이 데타에서는 중앙정부와 지역의 신분의회 간 협상을 통해 지역이 중앙정부에 납부할 세액이 결정되었고, 신분의회는 세금징수과정을 총괄할 책임을 맡았다.[92]

대외적으로 리슐리외는 스페인에 대한 견제와 공세를 강화하는 방향으로 정책 전환을 주도했으나 그 과정은 결코 순탄치 않았다. 그의 정계 입문을 후원했지만 이제는 그와 정치적으로 대척점에 서게 된 마리 드 메디치와 마리약 형제 등 그의 정적들은 가톨릭 국가인 스페인과 평화적인 관계를 유지하는 대신 프랑스 내 위그노 세력에 대한 공세에 모든 힘을 집중해야 한다고 주장했다. 이에 대해 리슐리외는 스페인이 '보편왕국' 건설을 기도하고 있으며, 프랑스는 합스부르크의 세력 확장에 맞서 '평형추(contre-poids)'를 제공해야 한다고 역설했다. 그는 또한 스페인은 세속적인 야심을 위해 종교의 외피를 두르고 있을 뿐이라고 주장했다.[93] 1630년 11월 리슐리외는 반대파와의 정치투쟁에서 최종적으로 승리를 거뒀다. 이후 1642년 세상을 떠나기 전까지 리슐리외는 루이 13세의 굳건한 신임을 바탕으로 합스부르크의 견제를 핵심으로 하는 프랑스 대외정책을 주도했다.[94]

프랑스와 스페인은 1627년부터 1631년까지 계속된 만토바 계승전쟁을 계기로 갈등하고 대립하기 시작했다. 이탈리아 북부에 위치한 만토바 공국은 스페인이 통치하는 밀라노 공국과 베네치아 공화국 사이에 위치했다. 만토바는 이탈리아에서 가장 유서 깊은 귀족 가문 중 하나인 곤자가(Gonzaga) 가문 출신의 공작이 통치했다. 1531년 만토바 공작은 사보이아-피에몬테와 밀라노 사이에 위치한 몬페라토(Monferrato)를 획득했다. 몬페라토의 수도 카살레(Casale)는 프랑스군이 프랑스 남부에서 이탈리아로 진입할 때 반드시 거쳐야 하는 전략요충지였다.[95]

1627년 말 만토바 공국의 통치자 빈센초(Vincenzo) 2세가 후계자를 남기지 못한 채 세상을 떠났다. 곤자가 가문의 여러 구성원 중 사망한 공작과 혈연상 가장 가까운 이는 프랑스의 네베르(Nevers) 공작 샤를이었다. 이 점에 대해서는 이론의 여지가 없어 네베르가 공국에 대한 계승권을 주장했을 때 곤자가 가문의 다른 구성원이나 공국에 인접한 이탈리아 국가들, 스페인과 오스트리아, 프랑스 등은 아무런 이의를 제기하지 않았다.

하지만 네베르가 빈센초 2세가 통치하던 공국의 모든 영토를 계승하겠다는 입장을 표명하자 상황이 급변했다. 곤자가의 다른 구성원들과 그 밖에 빈센초 2세와 혈연관계로 얽혀 있던 이들이 이탈리아에서는 분할계승이 오랜 관행임을 주장하면서 네베르에게 영토 분할을 요구했다. 이들 중에는 사보이아-피에몬테의 카를로 에마누엘레 1세(Carlo Emanuele I)와 구아스탈라(Guastalla) 공작이 있었다. 카를로 에마누엘레는 사보이아-피에몬테와 인접한 몬페라토의 계승을 요구했고, 구아스탈라 공작은 롬바르디아에 위치한 만토바 공국의 일부를 요구했다. 두 사람은 자신들의 목적을 이루기 위해 각각 스페인과 오스트리아에 도움을 청했다. 카를로 에마누엘레 1세는 스페인에 도움을 요청하면서 지원 대가로 카살레를 양도하기로 약속했고, 구아스탈라 공작은 만토바 공국이 공식적으로 신성로마제국 황제의 '봉토'라는 점을 들어 오스트리아의 페르디난트 2세에게 도움을 요청했다. 앞서 지적했듯이 베네치아를 제외한 이탈리아 북부 지역은 근세 초 내내 신성로마제국의 '봉토'로서 지위를 유지했다. 황제는 평상시 이탈리아 도시국가들의 내정에 좀처럼 간섭하지 않았지만, 계승권 분쟁이 발발하면 봉건적 위계질서에서 상급자의 자격으로 상당한 권

한을 행사할 수 있었다.[96]

스페인과 오스트리아는 각각 네덜란드와 독일에서 전쟁이 한창 진행 중이었음에도 사보이아-피에몬테와 구아스탈라 공작을 지원하여 만토바에 군사적으로 개입하기로 결정했다. 많은 고민 끝에 내려진 결정이었다. 오스트리아는 보헤미안 반란을 진압하는 데 도움을 준 바 있는 구아스탈라 공작을 비롯한 곤자가 제후들의 지원 요청을 외면하기 어려웠다. 스페인에서는 네베르가 밀라노 바로 인근에 위치한 만토바를 통치하면 이탈리아 북부에서 프랑스의 영향력이 증가할 것이 분명한 상황에서 그가 몬페라토까지 장악하는 것을 용인할 수 없다는 올리바레스의 판단이 개입 결정에서 결정적인 역할을 했다. 카살레를 양도하겠다는 사보이아-피에몬테의 제안 역시 외면하기 어려울 만큼 매력적이었다. 펠리페 4세는 처음에는 개입의 효용성에 대해 의구심을 품었지만, 결국 올리바레스의 판단에 따르기로 결정했다.[97]

두 나라가 만토바에 개입하기로 했다는 소식을 들은 프랑스는 네베르를 군사적으로 지원하기로 결정했다. 마침 라로셸이 함락되어 병력 운용에 여유가 생겨 만토바로 파병하는 것이 순조롭게 이루어질 수 있었다. 이탈리아로 진입한 프랑스군은 1629년 초 스페인군을 물리치고 카살레를 차지했다. 후에 펠리페 4세는 1629년을 "나의 왕국이 눈에 띄게 쇠퇴하기 시작한" 해였다고 회고했다.[98] 1630년 페르디난트 2세의 군대가 만토바시(市)를 점령하는 등 전세가 합스부르크 측에 유리하게 전개되기도 했지만, 때마침 스웨덴군이 포메른에 상륙하자 황제는 전쟁을 포기하고 군대를 독일로 복귀시켰다. 만토바 계승전쟁은 1631년 4월 네베르가 사보이아-피에몬테와 구아스탈라에 공국의 영토 일부를 할양하는 것을 골자로 하는 케라스코(Cherasco) 조약이 체결됨으로써 마무리되었다. 사보이아-피에몬테는 전쟁에서 패했지만 리슐리외는 공국의 지정학적 중요성

을 감안하여 애초에 카를로 에마누엘레 1세가 요구한 거의 모든 영토를 차지하도록 했다.[99]

만토바 계승전쟁은 프랑스와 스페인의 관계에서 결정적인 전환점이 되었다.[100] 전쟁은 1635년에 시작된 두 나라 간 전면전의 '전초전' 같은 역할을 했다. 전쟁 이전까지 두 나라는 불완전하나마 평화적인 관계를 이어오고 있었다. 프랑스는 자국 내 위그노 세력을 제압하는 데, 스페인은 1621년 재개된 네덜란드연방과의 전쟁에 온 힘을 집중했다. 앞서 언급했듯이 스페인은 함대를 보내 프랑스의 라로셸 공략을 측면 지원하기도 했다.[101] 하지만 만토바 계승전쟁은 두 나라 사이의 평화에 종지부를 찍었다. 이제 잠시 수면 아래로 가라앉았던 합스부르크와 프랑스의 '구조적' 경쟁관계가 다시 유럽 국제정치의 전면에 등장했다.

☆☆☆☆☆

만토바 계승전쟁이 끝난 후 프랑스와 스페인은 장차 서로 간에 전면 대결이 불가피하다고 결론지었지만, 곧바로 전쟁에 돌입하지는 않았다. 리슐리외는 곧바로 전쟁을 시작하기에는 프랑스의 군사력과 재정 능력이 충분치 않다고 보고, 일단은 군비 확충에 집중하기로 했다. 프랑스 국내에서 같은 가톨릭 국가인 스페인과의 전쟁에 반대하는 목소리가 여전히 높았다는 점도 고려해야 할 부분이었다.[102] 그 대신 리슐리외는 프랑스-독일 국경지대에 대한 장악력을 서서히 높여나가는 전략을 채택했다. 이를 위해 리슐리외는 독일 서부에 위치한 신성로마제국의 제후국들에 보조금을 지급하여 이들을 프랑스에 우호적인 세력으로 만들고자 했다. 또한 유사시 이 제후국들을 지원하기 위해 국경지대 부근의 전략요충지를 확보하고자 했다. 특히 리슐리외는 프랑스와 독일을 잇는 주요 통로에 위치한 '관문' 확보를 목표로 삼았다. 이러한 관문을 확보한다면 프랑스를 에워싼 스페인의 '포위망'을 관통하여 '스페인 로드'로 알려진 병참로를 끊는 효과도 기대할 수 있었다.[103]

리슐리외는 이러한 계획에 따라 로렌 공국과 트리어 선제후국, 쾰른 선제후국, 뷔르템부르크 공국 등에 '보호'의 명목으로 병력을 파견하는 한편, 에렌브라이트슈타인(Ehrenbreitstein), 필립스부르크(Philippsburg) 등의 관문 요새를 확보했다. 1634년에는 프랑스군이 라인강을 건너 하이델베르크까지 장악했다.[104] 네덜란드연방과 전쟁을 치르고 있던 스페인의 입장에서는 대단히 위협적인 움직임이 아닐 수 없었다.

상황이 이에 이르자 스페인의 올리바레스는 최종적으로 프랑스와의 전면전을 결심했다. 뇌르틀링겐 전투에서의 승리로 스페인은 약속에 따라 오스트리아의 지원을 기대할 수 있었다. 교착상태에서 벗어나지 못한 네덜란드의 전황이 마음에 걸렸지만 어려우나마 극복하기로 했다. 다만 올리바레스는 넉넉하지 못한 재정 상태를 고려하여 전쟁을 단기간에 끝내는 것을 목표로 전쟁 초반에 모든 전력을 집중하여 프랑스를 공격하기로 했다. 그는 프랑스를 완전히 굴복시키는 것을 목표로 삼지 않았다. 올리바레스는 첫째, 전쟁에서 승리를 거두어 프랑스의 '위신'에 흠집을 내고, 둘째, 적어도 당분간만이라도 프랑스가 스페인의 안전을 위협하지 못하도록 하며, 셋째, 가장 중요하게는 스페인에 대한 공세적인 정책을 주도해온 리슐리외의 실각을 유도하는 것을 전쟁을 통해 현실적으로 달성할 최대치로 보았다.[105]

양국 사이의 전쟁은 스페인군이 트리어 선제후국에 주둔 중인 프랑스군을 공격하고 이를 이유로 프랑스가 정식으로 스페인에 선전포고함으로써 시작되었다.[106] 전쟁 초반에는 스페인이 기선을 잡았다. 프랑스군은 잘 훈련되고 경험이 많은 스페인군의 적수가 되지 못했다. 1636년 8월 스페인령 네덜란드에서 출발한 스페인군이 파리에서 불과 120km 떨어진 코르비(Corbie)를 점령했고, 패닉 상태에 빠진 파리 시민이 도시를 탈출하는 사태가 벌어지기도 했다. 스페인군을 이끈 펠리페 4세의 동생이자 스페인령 네덜란드의 총독 페르난도는 코르비를 점령한 후 성명서를 발표하여 스페인의 침공이 전적으로 프랑스의 잘못 때문이라고 주장했다. 페르난도는 루이 13세가 신성로마제국에 큰 혼란을 초래했고, 스웨덴을 전쟁에 끌어들여 수많은 가톨릭교회와 수도원을 파괴했으며, 네덜란드 반도들을 지원하고, 로렌 공작의 영토를 불법적으로 강탈했으며, 모후 마리 드 메디치를 박해했다는 점 등을 침공의 이유로 들었다.[107]

프랑스는 끈질긴 저항 끝에 같은 해 11월 코르비를 되찾을 수 있었다. 하지만 한번 불리해진 전세를 되돌리기는 쉽지 않았다. 프랑스에 코르비를 다시 빼앗긴 후 스페인은 프랑스에 대한 대대적인 공세를 감행했다. 남부 네덜란드에서 3만 명의 병력이 프랑스 북부를 공격했고, 이탈리아에서 출발한 병력은 사보이아-피에몬테를 거쳐 프로방스 방면으로 진격했으며, 카탈루냐에서 출발한 1만 5천 명의 병력은 프랑스 서남부의 랑그독을 공격했다. 이와 함께 약속에 따라 페르디난트 2세가 보낸 오스트리아군이 샹파뉴를 공격하기 시작했다. 하지만 스페인의 관심이 잠시 프랑스에 쏠린 틈을 타서 프레데리크 헨드리크의 네덜란드연방군이 브레다를 공격하는 바람에 스페인의 대공세는 별다른 성과를 거두지 못한 채 끝을 맺었다.[108]

이후에도 프랑스의 고난은 계속되었다. 1637년 프랑스의 동맹국이던 사보이아-피에몬테 공국과 만토바 공국이 통치자의 죽음과 함께 스페인 편으로 돌아섰다. 스페인군은 이전에 프랑스에 빼앗긴 스위스의 발텔리나(Valtellina)를 다시 장악하는 데 성공했다. 발텔리나는 이탈리아와 독일을 연결하는 알프스의 주요 교통로 중 하나였다. 거듭된 패배에 리슐리외는 스페인에 휴전을 제의했다. 리슐리외와 루이 13세는 싸움을 끝낼 수만 있다면 프랑스가 전쟁에서 사실상 패배했음을 인정할 용의도 있었다.[109]

객관적인 상황이 프랑스에 절대적으로 유리했으므로 프랑스-스페인 전쟁 초반에 프랑스가 이와 같이 고전한 것은 완전히 예상 밖의 일이었다. 스페인은 프랑스와 전쟁을 벌이는 동시에 네덜란드연방과도 쉽지 않은 싸움을 계속해야 했다. 독일에서는 스웨덴이 뇌르틀링겐의 패배를 딛고 1638년부터 황제를 강하게 밀어붙이기 시작하여 스페인은 오스트리아의 지원에 의존하기도 어려웠다. 게다가 스페인과 오스트리아는 1619년부터 한 해도 거르지 않고 전쟁을 치렀다. 재정이 고갈되었을 뿐만 아니라 전쟁으로 인한 피로도도 높았다. 그럼에도 프랑스군이 스페인군을 상대로 열세를 면치 못한 것은 프랑스가 상당 기간 큰 전쟁을 치러 본 적이 없었고, 따라서 이에 대비한 준비가 부족했기 때문인 것으로 보인다. 프랑스는 16세기 후반 종교내전의 소용돌이에 빠진 이래 1635년까지 스페인-프랑스 전쟁에 버금가는 규모의 전쟁을 치른 경험이 없었다. 이와는 대조적으로 스페인은 오랜 전쟁으로 단련된 경험 많은 군대를 보유한 덕분에 전쟁 초반 전세를 유리하게 가져갈 수 있었다.[110]

하지만 경험만으로 전세를 무한정 유리하게 끌고갈 수는 없었다. 올리바레스는 이 점을 인식해야 했지만, 그렇게 하지 못했다. 올리바레스는 스페인이 결정적인 승기를 잡았다고 판단했고, 프랑스의 휴전 제안을 거부했다. 이는 치명적인 오판이었음이 이내 입증되었다. 얼마 지나지 않아 프랑스는 반전 기회를 잡았고, 전쟁의 나머지 기간 내내 스페인에 우위를 점했다. 프랑스가 반전 기회를 잡을 수 있었던 여러 요인 중 하나는 뛰어난 군사전문가였던 베른하르트 폰 작센-바이마르(Bernhard von Sachsen-Weimar)에게 독일에서 프랑스군을 지휘할 권한을 위임한 것이었다. 베른하르트는 30년전쟁 기간 동안 활약한 여러 성공적인 '전쟁 기업가' 중

한 명이었다. 30년전쟁에서 발렌슈타인, 베른하르트, 만스펠트(Ernst von Manfeld) 등을 비롯하여 수많은 전쟁 기업가들이 각국 정부와 계약을 맺고 전쟁에 참여했다. 전쟁 기간을 통틀어 약 1,500명의 전쟁 기업가가 활동한 것으로 추산되는데, 이들의 활약은 1631~34년 스웨덴이 전쟁에 개입한 직후 절정에 달했다. 이 시기에만 약 300명의 전쟁 기업가가 활동했던 것으로 보인다.[111]

베른하르트와의 계약은 대성공이었다. 1638년 그가 이끈 프랑스군은 전략요충지인 프라이부르크-인-브라이스가우(Freiburg-in-Breisgau)와 브라이자흐(Breisach) 요새를 손에 넣었다.[112] 브라이자흐 요새를 장악한 것은 특히 전략적으로 중요했다. '스페인 로드'가 두 동강 났을 뿐만 아니라 프랑스에서 독일로 들어가는 통로가 활짝 열렸기 때문이다. 해상에서는 1639년 스페인의 북대서양 함대가 프랑스-네덜란드 함대를 맞아 벌인 전투에서 크게 패했다. 네덜란드연방에 빼앗긴 브라질 영토를 되찾기 위해 남미로 떠난 스페인 함대 역시 임무를 완수하지 못했다. 1640년 프랑스군은 스페인으로부터 카살레를 빼앗고 토리노를 점령함으로써 사보이아-피에몬테 공국을 재장악했을 뿐만 아니라 남부 네덜란드의 아라스(Arras)를 함락했다.[113]

같은 해 이베리아반도의 카탈루냐와 포르투갈에서 스페인에 대한 반란이 일어났다. 카탈루냐의 반란은 1639년 피레네산맥을 넘어 이베리아반도의 북동쪽으로 진격해 들어온 프랑스군을 막기 위해 스페인 정부가 카탈루냐인에게 물자와 인력을 제공할 것을 압박하면서 발발했다. 카탈루냐인은 1640년 훨씬 이전부터 스페인 정부의 강압적인 정책에 큰 불만을 품었다. 이들은 특히 올리바레스의 '무장연합(Unión de Armas)' 정책에 크게 반발했다. '무장연합'은 스페인 정부의 전체 재정수입 중 카스티야가 과도하게 높은 몫을 책임지는 불합리한 상황을 개선하기 위해 제국의 각 지역이 각자의 능력에 맞게 일정 수의 병력을 재정적으로 뒷받침하도록 한 정책이다.[114] 오늘날의 시각에서 보면 충분히 정당한 정책이지만, 카탈루냐를 비롯한 스페인 연합왕국의 여러 지역 주민의 입장에서 이러한 정책은 지역의 오래된 특권을 침해하려는 의도, 궁극적으로는 지역에 대한 중앙정부의 전제적인 지배를 강화하려는 의도에서 비롯된 것으로 인식되었다. 더군다나 정부의 요직을 카스티야 출신들이 독점하는 상황에서 더 많은 세금을 내라는 요구는 대가 없는 희생을 강요하는 것으로 간주했다. 1641년 반란을 진압하기 위해 카탈루냐에 투입된 스페인 정부군은 바르셀로나 외곽의 몬주익(Montjuich)에서 벌어진 전투에서 반란군에 패했다. 카탈루냐인은 루이 13세에게 바르셀로나 백작의 자격으로 카탈루냐의 통치자가 되어줄 것을 요청했고, 프랑스 국왕은 이를 수락했다. 프랑스 정부는 군대와 함께 왕을 대신해 카탈루냐를 통치할 지사를 파견했고, 프랑스군은 이를 막으려는 스페인군과 예이다(Llerida)에서 전투를 벌여 승리했다.

포르투갈인은 카탈루냐의 반란을 진압하는 과정에서 스페인 정부가 재정적 · 군사적 지원을 요구하자 브라간사(Braganza) 공작을 중심으로 반란을 일으켰다. 카탈루냐와 마찬가지로 점증하는 조세부담과 지역정부의 요직을 카스티야인이 독차지하는 것에 대한 불만이 축적되어 반란이 일어났다. 다만 포르투갈인은 프랑스에 편입되기를 원한 카탈루냐인과 달리 독립국가로서의 지위를 회복하고자 했다. 포르투갈은 1580년 펠리페 2세에 의해 스페인의 일부가 되었다. 반란 주도세력은 브라간사 공작을 국왕으로 추대했고, 그는 포르투갈 왕국의 왕위에 올라 주앙 4세(João IV, r.1640~56)로 불리게 되었다. 스페인은 오랜 기간 포르투갈의 독립을 인정하기를 거부하다가 1668년에 가서야 마지못해 승인했다. 1640년은 스페인에 악몽과도 같은 해였다.[115]

1643년 프랑스군은 2만 8천 명의 스페인군을 맞아 로크루아에서 전투를 벌여 승리를 거뒀다. 루이 13세가 숨을 거둔 지 불과 닷새 후에 치러진 로크루아 전투는 오랜 기간 '무적'이라 일컬어지던 스페인 보병 테르시오의 신화를 깨뜨린 전투이자, 한 세기 반 가까이 유럽 최강국의 자리를 지킨 스페인의 불가역적인 몰락과 이를 대신한 프랑스의 부상을 상징하는 전투로 알려져왔다. 전투에서 스페인군이 일방적으로 패하지는 않았다. 3,800여 명의 스페인 병사가 포로로 사로잡히고, 3,500여 명이 다치거나 전사한 데 반해, 프랑스군 역시 4,500여 명이 죽거나 다치고, 7천여 명이 질병 등으로 사망하는 등 큰 피해를 입었다.[116] 하지만 전투에서 패배한 후 스페인군이 수세에 몰리기 시작한 것은 사실이다. 1644년 프랑스군은 스위스 바젤에서 네덜란드 국경에 이르기까지 라인강 좌안을 완전히 장악했고, 1645년에는 스페인령 네덜란드의 10개 주요 도시를 점령했으며, 1646년에는 스페인 북대서양 함대의 기지가 위치한 됭케르크를 함락시켰다.[117]

전쟁에서의 연이은 패배와 지역의 반란으로 막다른 골목에 몰린 스페인 정부는 1643년 올리바레스가 실각한 가운데 모든 수단을 강구하여 네덜란드연방과의 소모적인 전쟁을 마무리하기로 결정했다. 스페인 정부는 네덜란드연방의 거의 모든 요구를 들어줄 준비가 되어 있었다. 그 대신 스페인은 네덜란드전쟁을 종료함으로써 아낄 수 있는 전력을 포함하여 모든 힘을 프랑스와의 최후 일전에 쏟아붓기로 결정했다.

☆☆☆☆☆

스페인이 대내외적으로 위기에 직면해 있는 사이 프랑스는 스웨덴과 헤세-카셀을 비롯한 프로테스탄트 제후국들과 동맹을 맺고 1637년 페르디난트 2세의 뒤를 이어 황제 자리에 오른 페르디난트 3세(r.1637~57)와 그를 지지하는 제후국들을 압박하기 시작했다.

프랑스가 독일에서 얻고자 하는 바는 분명했다. 첫째, 프랑스는 독일 서부 라인강 유역을 장악하여 이탈리아와 네덜란드를 잇는 스페인의 병참로를 차단하는 동시에 프랑스 동부 국경 지대의 안전을 확보하고자 했다. 둘째, 프랑스는 오스트리아와 스페인이 힘을 합쳐 자국을 공격하지 못하도록 두 나라 간의 동맹을 와해시키고자 했다. 셋째, 프랑스는 궁극적으로 신성로마제국에서 합스부르크 황제의 영향력을 약화시켜 독일을 프랑스에 우호적이거나 적어도 중립적인 지역으로 만들고자 했다. 프랑스가 이러한 목적을 달성하는 데는 스웨덴과의 동맹을 굳건하게 유지하는 것이 필수였다. 두 나라는 1638년 함부르크에서 동맹조약을 체결했고, 1641년에는 이를 갱신했다. 조약을 갱신하면서 프랑스는 스웨덴에 대한 지원규모를 늘리기로 약속했고, 두 나라는 상대 국가의 동의를 구하지 않고 일방적으로 전쟁을 중단하지 않는다는 데 합의했다.[118]

뇌르틀링겐 전투의 패배로 독일 북부로 물러나 있던 스웨덴군은 본국에서의 병력 증원과 프랑스의 지원에 힘입어 다시 독일 중심지역으로 진출했다. 이후 스웨덴군은 황제의 군대와 그를 지지하는 제후국의 군대에 맞서 연전연승함으로써 완벽하게 부활했다. 30년전쟁이 끝날 때까지 황제와 제후국의 군대는 스웨덴군의 기세를 꺾지 못했다. 1638~39년 스웨덴군은 작센-오스트리아 연합군과 전투를 벌여 승리를 거둔 후 작센의 수도인 드레스덴을 점령하고, 이후 보헤미아로 진출하여 프라하를 위협하기도 했다. 1642년 스웨덴군은 빈 인근까지 진격했다가 곧이어 치러진 라이프치히 전투에서 황제의 군대에 대승을 거뒀다. 프랑스와 스웨덴에 잇달아 패배하면서 황제와 작센, 바이에른 등 그를 지지하는 제후국들의 전력이 크게 약화되었다. 그렇다고 상대방에 일방적인 우위를 허락한 것은 아니다. 양측은 밀고 밀리는 상황을 번갈아 반복하면서 싸움을 이어나갔다. 30년전쟁 전체를 통틀어 이 시기에 독일 민간인이 가장 큰 피해를 입었다.

1643년 7월 베스트팔렌의 뮌스터와 오스나브뤼크에서 전쟁을 매듭짓기 위한 평화회담이 시작된 후에도 여전히 양측 사이에 치열한 싸움이 계속되었다. 1645년 스웨덴군과의 전투에서 패배한 작센이 스웨덴과 강화조약을 체결한 뒤 전쟁에서 발을 뺐고, 황제와 바이에른 연합군은 프랑스와의 전투에서 크게 패했다. 전세가 확연하게 프랑스-스웨덴 편으로 기울어지는 듯 보이자 바이에른의 막시밀리안 2세는 전열에서 이탈하여 프랑스와의 단독 강화를 모색했다. 1646년 프랑스와 스웨덴의 군대가 바이에른으로 진입하여 도시와 마을을 유린하자 막시밀리안은 두 나라와 울름(Ulm)에서 휴전협정을 체결했다. 하지만 바로 다음해 네덜란드연방과 일시적으로 전쟁을 중단하기로 합의한 스페인이 프랑스 북부 국경을 압박하자 막시밀리안은 다시 황제의 군대에 합류하여 보헤미아의 에게르(Eger)를 점령한 스웨덴군을 북쪽으로 몰아냈다. 양측 간의 싸움은 평화조약이 체결된 해인 1648년까지도 계속되다가 그해 10월 각국 대표들이 조약문에 최종적으로 서명하고 나서야 종료되었다.[119]

☆☆☆☆☆

1635년에 발발한 프랑스-스페인 전쟁은 엄밀히 말하면 30년전쟁과는 별개의 전쟁이었다. 양국 간의 전쟁은 30년전쟁이 종료된 이후에도 10여 년간 계속되다가 1659년에야 끝을 맺었다. 하지만 앞서 지적했듯이 스페인에 대한 전쟁에서 프랑스의 중요한 목표 중 독일 서부 지역을 장악하여 스페인의 병참로를 차단하고 스페인과 오스트리아의 연계를 막는 것이 포함되었으므로 프랑스는 독일에 군대를 보내 오스트리아 황제와 그를 지지하는 신성로마제국 제후국의 군대와 싸움을 벌였다. 이러한 결과 1635년 이후 전쟁의 국제전으로서의 성격이 한층 두드러졌다. 특히 같은 해 프라하 조약을 통해 황제와 상당수 독일 제후들이 전쟁을 마무리하는 데 합의했다는 점을 감안하면 더욱 그러하다. 1635년 이후의 30년 전쟁에서는 신성로마제국 내부의 문제 대신 스페인, 오스트리아, 프랑스 그리고 스웨덴 네 나라 사이의 세력 각축이 싸움을 이끌었다.

몇몇 역사가는 30년전쟁의 시작단계에서부터 국제전으로서의 성격이 중요했음을 지적하기도 한다. 브라이트웰(Peter Brightwell)과 트레버-로퍼는 전쟁 발발에서 스페인이 중요한 역할을 담당했음을 강조한다. 이들의 견해에 따르면 카를 5세가 합스부르크 제국을 수립한 16세기 초부터 적어도 17세기 중반까지 유럽의 "지배적인 정치 단위"는 스페인이었다. 그리고 이 한 세기 반 동안의 유럽 국제정치사는 자국의 패권적인 지위를 보존하려는 스페인과 이를 견제하려는 주변 국가들이 경쟁하고 전쟁을 벌인 역사였다. 이러한 관점에서 보면 30년전쟁은 본질적으로 스페인과 네덜란드의 전쟁, 그리고 스페인과 프랑스의 전쟁이었고, 독일에서의 전쟁은 이에 부가되었을 뿐이다.[120]

서덜랜드(N. M. Sutherland) 역시 이와 유사한 주장을 편다. 그에 따르면 1494년 프랑스 샤를 8세의 이탈리아 침공에서 1715년 위트레흐트 조약 체결에 이르는 근세 초 유럽 국제정치사의 중심축은 합스부르크와 반합스부르크 연합 사이의 갈등과 대립이었다. 30년전쟁의 기원과 전개과정 역시 이러한 맥락에서 이해할 필요가 있다. 30년전쟁의 가장 중요한 원인은 오랜 기간 지속된 스페인과 프랑스의 갈등과 대립이었다. 보헤미아 반란에서 비롯된 황제와 독일 제후들 사이의 전쟁은 강대국 사이의 "오랜 갈등과 경쟁관계에 얽혔을" 뿐이다. 그렇다면 프랑스의 전쟁 개입에도 큰 의미를 부여하기 어렵다. 1635년 이후 30년전쟁이 새로운 국면에 접어들었다기보다는 그러한 오랜 갈등과 경쟁관계가 "독일의 전쟁과 합쳐지고, 어느 정도는 이를 포섭했으며, 부분적으로 완성"시켰다고 보아야 한다.[121]

이러한 해석은 30년전쟁의 기원과 성격에 관해 사건의 시간대별 기술만으로는 얻을 수 없는 통찰력을 제공한다. 하지만 오로지 강대국 국제정치의 맥락에서 전쟁의 기원과 성격을 설명하는 것은 수긍하기 어렵다. 이러한 설명방식은 전쟁 발발과 전개과정에서 합스부르크 오스트리아와 신성로마제국 내에서 벌어진 종교적 · 정치적 갈등과 대립이 갖는 중요성을 간과한다. 30년전쟁은 1635년 혹은 적어도 스웨덴이 전쟁에 개입하기 시작한 1630년 이전까지 독일의 전쟁, 신성로마제국의 전쟁이었다. 스페인이 전쟁 초반부터 관여하기는 했지만, 브라이트웰이나 트레버-로퍼처럼 큰 중요성을 부여하기는 어렵다. 1630년 이전에 전쟁의 가장 중요한 쟁점은 제국 내에서 가톨릭-프로테스탄트 관계와 황제-제후국 관계를 재정립하는 것이었다. 앞으로 자세히 살펴보겠지만, 이러한 점은 1648년 베스트팔렌 평화조약 내용에서도 잘 드러난다. 30년전쟁이 전적으로 강대국 국제정치의 문제였다고 결론짓기보다는 1630~35년을 계기로 독일의 전쟁으로부터 국제전쟁으로의 성격전환이 이루어졌다고 보는 것이 더욱 적절하다.

3
베스트팔렌 평화조약

1648년 10월 24일 베스트팔렌의 뮌스터와 오스나브뤼크에서 프랑스와 스웨덴, 그리고 신성로마제국의 황제와 제후국들 사이에 30년전쟁을 매듭짓는 평화조약이 체결되었다. 이보다 앞서 1648년 1월 30일에는 뮌스터에서 스페인과 네덜란드연방 사이에 평화조약이 체결됨으로써 약 80년 동안 이어진 네덜란드 독립전쟁 혹은 1621년부터 계속된 스페인-네덜란드 전쟁이 끝을 맺었다. 평화협정을 위한 협상은 전쟁이 가장 파괴적인 국면으로 접어든 1641년 12월 함부르크에서 페르디난트 3세와 프랑스, 스웨덴이 평화예비조약을 체결하면서 시작되었다. 함부르크 예비조약에는 주로 협상의 형식과 절차에 관한 합의가 포함되었다.

협상장소로는 처음에 함부르크나 뤼베크가 유력한 후보지로 물망에 올랐지만, 스웨덴의 제안에 따라 베스트팔렌 지방의 뮌스터와 오스나브뤼크에서 협상을 개최하기로 합의되었다. 뮌스터에서는 프랑스, 스페인과 황제가, 오스나브뤼크에서는 스웨덴과 황제가 협상을 진행하기로 했다. 30년전쟁의 직접 당사자는 아니었지만 네덜란드연방 역시 스페인과

의 전쟁을 끝내기 위한 협상을 뮌스터에서 함께 진행하기로 했다.[122]

예비조약에서는 1642년 3월 25일을 협상 개시일로 정했다. 하지만 전세가 불리한 상황에서 협상이 진행되면 자신들에게 불리한 결과가 나올 수 있음을 우려한 오스트리아와 스페인은 예비조약의 비준을 차일피일 미루었다. 결국 오스트리아는 1642년 1월 켐펜(Kempen) 전투에서 구에브리앙(Guébriand)이 이끄는 프랑스군에 크게 패하고, 토르스텐손(Torstensson)이 지휘하는 스웨덴군이 슐레지엔을 침공함에 따라 마지못해 1642년 7월 예비조약을 비준했다. 스페인은 평화조약을 체결하면 프랑스가 독일에서 우월한 지위를 차지할지도 모른다는 우려에서 비준을 계속 미루다가 1643년 4월에야 비준했다. 이에 따라 협상 개시일은 1643년 7월 11일로 재조정되었다.[123]

하지만 협상은 프랑스와 스웨덴의 협상단이 1644년 4월에야 각각 뮌스터와 오스나브뤼크에 도착하는 바람에 재조정된 개시일에도 시작되지 못했다. 가까스로 협상이 시작되려는 순간 이번에는 신성로마제국의 제후국들을 협상에 참여시킬 것인지의 문제가 발목을 잡았다. 오스트리아는 이에 단호하게 반대했다. 대외적으로 제국을 대표하는 것은 황제의 배타적인 권한에 속한다는 이유에서였다. 이는 대부분의 당대인들이 동의하는 바였고, 프랑스와 스웨덴도 이 점을 충분히 인지하고 있었다. 그럼에도 프랑스와 스웨덴은 프라하 조약에 서명하지 않은 제후국들을 포함한 모든 제후국이 협상에 참여해야 한다고 주장했다. 두 나라 입장에서는 자신들과 동맹을 맺고 황제와 전쟁을 벌인 제후국들에 동등한 자격으로 협상에 참여할 권리가 부여되는 것이 매우 중요했다. 프랑스와 스웨덴은 전쟁이 끝난 이후에도 독일에 지속적으로 영향력을 행사할 생각이었고, 그러려면 독일 내 동맹국들의 신뢰를 잃지 말아야 했다.

황제의 입장에서 이 문제는 신성로마제국의 '정체(政體)'로서의 성격을 어떻게 이해하느냐의 문제와 제국 내에서 황제의 권한과 지위가 어떻게 규정되느냐의 문제와 밀접하게 연결되어 있었으므로 쉽게 양보하기 어려운 사안이었다. 페르디난트 3세는 프랑스와 스웨덴에 협상에 참여하는 제후국의 역할과 권한에 일정한 제약을 두는 방안을 타협안으로 제시했지만, 이마저도 거절당했다. 결국 긴 고민 끝에 페르디난트는 당시 프랑크푸르트에서 개최 중이던 '대표의회(Deputationstag)'에 모인 제후들에게 서한을 보내 제국의 모든 구성원이 동등한 자격으로 뮌스터와 오스나브뤼크에서의 협상에 참여할 것을 요청했다.[124]

제후국의 협상 참여 문제가 해결되자 1645년 6월 11일 프랑스와 스웨덴은 신성로마제국의 구성원칙과 작동 방식에 관한 제안을 내놓았다. 이 제안에서 프랑스와 스웨덴은 제국이 평화조약을 체결하거나 선전포고를 하고자 할 때, 병력을 동원하고 세금을 거둘 필요가 있으면 반드시 제국 국성원의 표결을 거쳐 동의를 얻어야 한다고 주장했다. 두 나라는 또한 제후국들이 주권, 특히 그중에서도 이웃 국가와 동맹을 체결할 권리를 보유해야 한다고 주장했다. 이 외에도 황제의 재위 중에 후계자를 선출하는 관행인 '비벤테 임페라토레(vivente imperatore)'가 금지되어야 한다는 점도 지적되었다.[125]

프랑스와 스웨덴의 의도는 명백했다. 두 나라는 황제를 신성로마제국의 명목상의 수장으로 만들고, 제국을 사실상의 독립 국가들로 구성된 느슨한 연합체로 만들려 했다. 그렇게 되면 전쟁이 끝난 이후에도 제국에 대한 두 나라의 영향력을 좀 더 효과적으로 유지할 수 있을 것으로 기대되었다. 제후국에 동맹을 체결할 권리를 보장하라는 요구도 두 나라가 제국의 '내정'에 방해받지 않고 개입할 필요성에서 비롯되었다. 황제가 지목한 후계자를 '로마인의 왕(König der Römer)'으로 선출되도록 하는 관행인 '비벤테 임페라토레'의 금지 요구는 합스부르크의 황제 직위 독점을 깨뜨

리려는 의도에서 나왔다.

프랑스와 스웨덴의 요구는 엄밀히 말하면 신성로마제국의 '내정(內政)'에 관한 것이었으므로 합스부르크 황제가 이를 받아들이도록 하기 위해서는 제후국들의 지지가 필수적이었다. 두 나라는 내심 자신들의 제안에 제후국들이 전폭적인 지지를 보내리라 기대했다. 특히 두 나라는 이들이 '비벤테 임페라토레' 폐지에 동의해줄 것을 기대했다. 하지만 프랑스와 스웨덴의 기대는 이내 실망으로 변했다. 예상과 달리 제후국들이 두 나라의 제안에 유보적인 태도를 취했기 때문이다.

제후국들은 황제의 권한과 지위가 지나치게 약화되는 것을 원하지 않았다. 특히 중소 제후국들은 두 나라의 요구대로 제국의 헌정 구조가 바뀌는 것이 자신들에게 절대 이롭지 않다고 판단했다. 제후국들은 프랑스와 스웨덴의 요구가 수용되면 이 두 나라가 황제를 대신하여 장차 제국에 지배적인 영향력을 행사하리라는 점 또한 잘 알고 있었다. 제후국들의 입장에서는 차라리 황제의 권한과 지위를 보존하는 편이 훨씬 더 나은 선택으로 비쳤다.[126] 제후국들의 소극적인 태도에 실망한 뮌스터의 프랑스 협상대표는 본국 정부에 보낸 서한에서 다음과 같이 푸념했다.

"저희들이 독일 제후들의 성향에 관해 파악한 바에 따르면 이들은 이탈리아의 제후들과는 다릅니다. 이탈리아의 제후들은 매우 영리하고 충분한 정보를 갖추고 있어서 자신들을 독립적으로 만들 것이면 그것이 무엇이든지 수용하고 지지합니다. 그리고 바로 이러한 이유 때문에 위기 시에 도움을 요청하고 스페인을 견제하기 위해 프랑스가 이탈리아에 몇몇 근거지를 보유하는 것에 전혀 불만이 없습니다. 하지만 독일 제후들은 조국에 대한 애국심으로 가득 차 있고, 아무리 많은 이익을 보장해도 다른 나라가 제국을 해체하는 것을 용납하려

하지 않습니다. 이들은 제국을 분할함으로써 개별적으로 이익을 취하기보다는 자신들이 일부를 이루는 전체를 보존하려 합니다. …… 저희는 기회가 닿는 대로 제후들과 그들의 대표들에게 그들 자신의 이익을 위해 다른 원칙을 취해야 한다고 설득할 것입니다. 하지만 아무리 노력해도 그들을 우리가 원하는 바대로 행동하도록 하기는 어려울 것입니다. 또 그들이 마음속으로는 우리가 이룬 것을 되돌려주기를 원하는 것을 멈추게 하기는 어려울 것입니다."[127]

결국 제후국들은 비벤테 임페라토레 폐지에 끝까지 동의하지 않았다.[128] 하지만 이를 제외하고는 프랑스와 스웨덴의 제안이 반영되어 최종 조약문에서 제후국들은 '영토권(ius territoriale, Landeshoheit)'을 비롯하여 과거부터 누려온 각종 권리와 특권을 재확인받았다. 그리고 필요하면 다른 제후국들이나 제국 밖의 국가들과 동맹을 체결할 권리를 부여받았다. 또한 황제는 제국이 전쟁을 시작하거나 평화조약을 체결할 때, 동맹을 맺을 때, 그리고 세금을 부과하고 법률을 해석하거나 공포할 때 제후국들의 동의를 받도록 규정되었다. 뮌스터 조약 제64조와 제65조를 직접 인용하면 다음과 같다.[129]

제64조

장차 정치적인 차이로 분쟁이 일어나는 것을 예방하기 위해 신성로마제국의 모든 선제후와 제후, 그 밖의 제국구성원은 본 조약을 체결함으로써 예부터의 권리와 권한, 특권, 영토권의 자유로운 행사, 종교적 · 정치적 권력, 그리고 직위에 수반되는 각종 고유권리 등을 보유함을 확인받는다. 어떤 명목으로도 선제후와 제후, 그 밖의 제국구성원의 이러한 권한이 침해되어서는 안 된다.

제65조

선제후와 제후, 그 밖의 제국구성원은 법의 제정과 해석, 전쟁 선포, 병사의 차출과 숙소 제공, 제국구성원의 영토 내에 새로운 요새 건립, 요새의 강화, 동맹체결 등의 사안과 관련하여 제국의 모든 구성원이 자유롭게 참여하는 모임에서 표결에 참여할 권리를 갖는다. 무엇보다 제국의 모든 구성원은 그들의 보존과 안전을 위해 필요하다면 외국과 동맹을 체결할 수 있다. 단, 이러한 동맹은 황제와 제국에 적대적이거나 공공의 평화와 본 조약을 손상시켜서는 안 되며, 황제와 제국에 대한 충성서약에 위배되어서는 안 된다.

이러한 조항에 너무 큰 의미를 부여할 필요는 없다. 제후국에 부여된 이러한 권리는 베스트팔렌 조약을 계기로 처음 만들어지지 않았다. 30년 전쟁 이전부터 제후국들은 이런저런 방식으로 동맹체결권을 비롯한 제반 권리를 행사해왔다. 이와 함께 동맹체결권에는 동맹이 황제와 제국의 이익에 저해되지 않는 범위 내에서 허용된다는 단서 조항이 부가되었다. 프랑스가 제후국에 무제한적인 동맹체결권을 부여할 것을 제안했지만, 제후국들은 한 목소리로 이에 반대했다. 신성로마제국의 헌정(憲政) 구조 변화에 관한 한 프랑스와 스웨덴은 거의 얻어낸 것이 없었다.[130]

프랑스와 스웨덴의 헌정 구조 개혁에 관한 두 나라의 요구가 적어도 형식상으로는 제국의 '평화'와 제후국들의 '자유'를 보장하는 보호자 입장에서 제기되었다면, 1646년 1월 그 전모가 처음 드러난 두 나라의 영토 보상 요구는 국제정치의 세계에서 자국의 이익을 최우선시하는 국가행위자의 입장에서 제기되었다. 프랑스와 스웨덴은 영토보상에 관한 요구사항이 공개되면 그들에 대한 제후국들의 태도가 돌변할 수 있음을 경계했다. 프랑스와 스웨덴 모두 자신들이 전쟁에 참여한 것은 '정의로운 목적'을 위해서였으며, 따라서 그에 대한 보상을 받을 당연한 권리를 가진다고 주장했지만, 이러한 주장이 제후국들에 얼마만큼 설득력을 가질지 확실하지 않았다. 실망하고 분노한 제후국들이 황제를 중심으로 단결할 가능성 역시 배제할 수 없었다. 두 나라가 요구사항의 공개를 최대한 늦추려 한 것은 바로 이러한 이유에서였다.

프랑스는 협상을 시작할 당시 새로운 영토의 획득에 그다지 관심이 없었다. 1552년부터 실질적으로 통치해온 메스, 툴, 베르됭 세 주교령에 대한 소유권과 1636년부터 점령해온 로렌 왕국에 대한 소유권을 황제로부터 정식으로 인정받기를 원했을 뿐이다. 평화협상에서 프랑스의 가장 중요한 목표는 스페인의 '패권'을 종식시키는 데 있었다. 이를 위한 첫 번째 조치로 프랑스는 스페인과 오스트리아가 서로 힘을 합쳐 자국을 위협하는 상황의 재발을 막고자 했다. 프랑스는 이를 위해 독일 제후국에 대한 합스부르크 오스트리아의 장악력을 약화시키고, 신성로마제국을 자국의 영향력 아래 두고자 했다. 제국의 황제는 선출직이었고, 프랑스는 황제의 지위에 대한 합스부르크의 장악력이 생각만큼 확고하지 않다고 보았다. 프랑스가 외교적인 영향력을 효과적으로 동원한다면 친프랑스 성향의 제후가 황제에 선출되는 것도 얼마든지 가능해 보였다. 가능성이 크지는 않지만, 적어도 이론적으로는 프랑스 국왕이 황제에 선출되는 것도 가능했다. 이와 같은 목표가 중요하다면 새로운 영토를 획득해야 할 필요성은 그리 크지 않았다.

하지만 협상이 진행됨에 따라 프랑스는 요구사항에 추가적인 영토 획득을 포함시켰다. 프랑스는 오스트리아에 브라이자흐, 필립스부르크 요새와 상 · 하부 알자스 양도를 요구했다. 독일과 프랑스를 잇는 중요한 통행로에 위치한 브라이자흐와 필립스부르크를 요구한 것은 전략적인 관점에서 충분히 이해될 수 있다. 상 · 하부 알자스에 대한 요구는 그 의도가 그리 명확하지 않았는데, 프랑스는 이 지역을 장악하는 것이 브라이자흐로 가는 통행로를 확보하는 데 필수라고 판단한 것으로 보인다. 다만 프랑스가 알자스를 획득하는 데는 심각한 문제가 있었다. 상부 알자스는 대부분 합스부르크 오스트리아의 소유였지만, 하부 알자스는 독립적인 소규모 제후국들의 영토와 제국시로 이루어져 있었다. 제후국의 시각에서 사실상의 패전국인 오스트리아가 승전국인 프랑스에 상부 알자스를 할양하는 데는 큰 문제가 없어 보였다. 하지만 하부 알자스는 프랑스에 대한 영토적 보상을 위해 전쟁에 아무런 책임이 없는 제국 구성원이 희생되어야 했다. 이는 제후국들의 반발을 불러일으켰다.[131]

프랑스와 달리 평화협상에서 스웨덴의 주된 관심은 처음부터 영토획득에 있었다. 특히 스웨덴은 발트해 연안의 포메른을 원했다. 이미 1631년에 구스타브 아돌프는 포메른을 스웨덴 영토로 편입하는 것을 전쟁 개입의 가장 중요한 목표로 설정한 바 있었다. 스웨덴이 포메른을 보유하기 원한 가장 중요한 이유는 이를 통해 발트해에서 자국의 주도권을 더욱 공고히 할 수 있다고 보았기 때문이다.

앞서 지적했듯이 스웨덴은 발트해에서 덴마크의 도전을 특히 심각하게 생각했다. 크리스티안 4세가 베스트팔렌에 대표단을 파견하여 중재자로서의 역할을 담당하도록 하겠다고 제안하자 이에 자극받은 옥센셰르나는 1643년 슐레지엔과 보헤미아에 주둔 중이던 스웨덴군을 북쪽으로 이동시켜 덴마크를 공격하게 했다. 스웨덴군은 덴마크 영토의 상당 부분을 점령했고, 1645년 2월 체결된 브룀세브로(Brömsebro) 조약에서 덴마크는 노르웨이 영토 일부와 발트해에 위치한 한두 개 도서를 스웨덴에 넘기기로 합의했다.[132] 동맹인 프랑스와 네덜란드연방을 몹시 놀라고 당황하게 한 스웨덴의 행동은 평화협상에서 스웨덴이 무엇에 관심을 두었는지 잘 보여준다. 스웨덴은 덴마크와 조약을 체결한 이후 베스트팔렌에서

포메른 이외에도 브레멘과 베르덴의 할양을 추가로 요구했다.[133]

프랑스에 대한 영토보상 문제는 1646년 9월에 마무리되었다. 황제는 브라이자흐와 알자스에 대한 프랑스의 주권을 인정했고, 필립스부르크에 프랑스군을 주둔시킬 권리를 부여했다. 황제는 메스, 툴, 베르뎅 세 주교령에 대한 프랑스의 소유권도 인정했다. 다만 알자스에서 합스부르크의 직할지가 아닌 제후국들과 제후시들에 대해서는 프랑스가 주권을 행사하되 이들이 신성로마제국 구성원으로서 갖는 권리와 특권을 박탈하지 않기로 합의했다. 프랑스는 독일 제후국들의 반발을 최소화하기 위해 이 영토의 법적 지위를 의도적으로 모호하게 남겨두기로 했다.[134]

스웨덴의 포메른에 대한 요구 역시 복잡한 문제를 야기했다. 일단 스웨덴이 포메른을 차지하는 것에 대해 덴마크, 폴란드, 네덜란드연방 등이 우려를 표시했다. 구스타브 아돌프와 옥센셰르나가 의도한 대로 포메른을 보유하게 되면 스웨덴이 발트해에서의 주도권을 더욱 공고히 할 것이 분명했기 때문이다. 또한 스웨덴은 포메른을 신성로마제국의 일부로 남겨둔 채 스웨덴 국왕이 황제의 봉신 자격으로 이 제후국에 대한 통치권을 부여받고자 했다. 즉, 스웨덴은 포메른에 대한 주권을 얻고자 하지 않았다.

다만 이러한 경우 스웨덴 왕가가 단절되면 황제가 상위 봉건영주로서 포메른을 자신에게 귀속시키거나 다른 제후에게 수여할 권리를 가진다는 문제점이 존재했다. 하지만 스웨덴은 그러한 위험을 감수하기로 했다. 그렇게 하는 편이 스웨덴의 포메른 보유를 안정적으로 보장하는 데 더 유리하다고 판단했기 때문이다. 황제의 봉신 자격으로 포메른을 보유한다는 것은 스웨덴 국왕이 공식적으로 신성로마제국의 제후가 됨을 의미했고, 제국 구성원으로서 권리와 의무를 가짐을 의미했다. 이로써 스웨덴은 제국의회와 크라이스 의회에서 벌어지는 협의와 표결에 참여할 권리와 의무를 갖게 되었다.

스웨덴이 포메른을 차지하려 하자 사망한 포메른 공작과 혈연관계상 가장 가까운 인척인 브란덴부르크-프로이센의 선제후 프리드리히 빌헬름이 강하게 반발했다. 이는 협상을 상당 기간 지연시켰고, 어렵사리 타협이 이루어졌다. 양국은 포메른을 둘로 쪼개어 서포메른은 스웨덴이, 동포메른은 브란덴부르크가 차지하기로 결정했다. 포메른의 가장 큰 항구도시 슈테틴(Stettin)을 어느 편이 차지하느냐를 놓고 양측이 마지막까지 대립했지만, 결국 스웨덴이 차지하는 것으로 결정되었다. 대신 브란덴부르크에는 세속화된 교회제후국인 할버슈타트, 마그데부르크, 민덴이 보상으로 주어졌다.[135]

평화협상에서는 신성로마제국의 종교문제도 다루어졌다. 황제와 프로테스탄트, 가톨릭 제후국 간에 어려운 협상이 진행된 끝에 참가자들은 다음에 합의했다. 먼저 '복원칙령'은 폐기되었다. 그 대신 1624년 1월 1일을 '기준일(Normaltag)'로 정하여 프로테스탄트 제후국이 이 날짜 이후에 점령하거나 병합한 교회 토지는 원소유주에게 돌려주되 이전에 획득한 교회 토지는 영구적으로 보유하도록 했다. 일부 가톨릭 제후국들이 '마음의 평화'를 위해 영구적인 보유 대신 100년의 기한을 둘 것을 요구하기도 했지만 받아들여지지 않았다.

1624년 1월 1일은 신성로마제국 신민의 종교 자유 문제와 관련해서도 기준일이 되었다. 제국의 모든 신민은 기준일 이전에 선택한 종교에 대해서는 그가 거주하는 영토의 통치자의 종교에 관계없이 자유롭게 신앙생활을 할 권리를 인정받았다. 신민이 기준일 이후에 선택한 종교가 통치자의 종교와 다르면 통치자에게는 이들을 "인내심을 갖고 관용"해야 할 의무가 부여되었고, 신민에게는 가정에서 신앙생활을 할 권리가 인정되었다. 자신의 종교가 공식적으로 인정받는 지역으로 이주할 권리 역시 인정되었다. 이주를 원하는 이에게는 3년의 말미를 주어 재산을 처분하도록 했다. 다만 프로테스탄트 제후들은 오스트리아와 보헤미아 등 합스부르크 직할지에서는 일부를 제외하고는 이러한 권리가 인정되지 않는다는 데 동의했다. 이 외에도 제국의회나 대표의회, 제국대법원 등에서 종교와 관련된 사안에 관한 결정을 내릴 때는 종교별로 별도의 모임을 갖고 먼저 결론을 내린 후 전체 회의에서 최종결정을 내린다는 원칙(itio in partes)이 확립되었다.[136]

이와 같이 규정함으로써 '각 영토의 종교는 지배자의 종교'라는 아우크스부르크 종교협약의 대원칙에 근본적인 수정이 이루어졌다. 제한적이나마 종교적인 관용이 대폭 확대되었다. 스트라우만(Benjamin Straumann)은 베스트팔렌에서 아우크스부르크의 원칙이 사실상 폐기된 것과 다름없다고 주장한다. 스트라우만은 특히 오스나브뤼크 조약 제5조 31항에서 신민이 1624년 이전부터 통치자의 종교와 다른 종교를 믿었음을 입증하는 방식을 매우 광범위하게 정의했음을 지적한다. 조약에서는 1624년 1월 1일 이전에 신민이 자신과는 다른 종교를 믿었다는 사실을 통치자가 인지하지 못한 경우에도 그 신민의 종교 자유를 인정한다고 규정되었다.[137] 온전한 의미의 종교적 관용으로 보기는 어렵지만, 당시의 기준에서 보면 급진적인 조치가 아닐 수 없었다.

한편, 스페인과 네덜란드연방의 협상에서 스페인은 앞서 지적했듯이 프랑스와의 전쟁에 전력을 쏟기 위해 연방과의 전쟁을 조속히 마무리하고자 했다. 이에 따라 스페인은 연방의 요구를 거의 그대로 수용했다. 네덜란드연방은 스페인과 연방의 무역을 제한하는 모든 조치를 중단할 것과 서인도제도와 동인도제도, 브라질 등에서 네덜란드가 획득한(스페인의 입장에서는 불법적으로 빼앗은) 식민지의 영유를 인정해줄 것을 요구했다. 이와 함께 네덜란드연방의 독립국가로서의 지위를 정식으로 인정할 것을 요구했다. 스페인의 입장에서 모두 쉽게 받아들이기 어려운 사항들이

었지만, 이제는 더 이상 승산이 없는 전쟁을 끝내기 위해 스페인은 최대한 양보하기로 했다.[138]

스페인과 네덜란드연방은 모든 협상 참여국 가운데 가장 먼저 조약을 체결할 수 있었다. 다만 네덜란드연방 내의 가톨릭교도에 대한 관용 문제로 잠시 협상이 지체되었다. 펠리페 4세는 네덜란드 가톨릭교도의 종교적 권리를 보장하는 것이 자신의 소임이라 믿었고, 연방은 이들에 대한 관용 여부는 전적으로 자국의 소관이라고 맞섰다. 결국 양측은 서로의 명분을 최대한 존중하는 방식의 타협에 합의했다. 먼저 스페인의 펠리페 4세는 네덜란드연방에 대한 자신의 모든 권한을 예외 없이 연방에 이양한다고 선언했다. 네덜란드연방은 이와 같이 이양된 권한에 종교에 관한 권한이 포함된다고 선언했다. 하지만 펠리페 4세는 오직 교황만이 종교에 관한 권한을 가질 뿐 자신은 애초에 그러한 권한을 가지지 않으며, 따라서 가지지 않은 것을 이양한 바도 없다고 주장했다. 네덜란드연방은 종교에 관해 권한을 받은 것으로 이해하고, 스페인은 그러한 권한을 가지고 있지 않았으므로 준 적도 없다고 이해하기로 합의한 것이다. 그 대신 네덜란드연방은 정부에 충성한다는 조건하에 가톨릭교도를 관용하겠다는 뜻을 스페인에 비공식적으로 전달했다.[139]

☆☆☆☆☆

17세기 중반은 오랜 기간 유럽 국제정치사에서 근대적 국제체제의 기틀이 마련된 시기로 여겨져왔다. 그리고 이러한 견해의 한가운데에 베스트팔렌 평화조약의 중요성에 대한 믿음이 있었다. 예컨대 국제법학자 그로스(Leo Gross)는 이러한 견해의 상징처럼 생각되는 1948년 논문에서 베스트팔렌 조약은 "오래된 세계에서 새로운 세계로 들어가는 장엄한 정문"으로 간주할 수 있다고 주장했다.[140] 국제정치학자 헤르츠(John Herz)는 평화조약을 가리켜 국제관계에서 중세와 근대를 가르는 "거대한 분기점"이라 칭하기도 했다.[141] 주권원칙의 등장과 확립은 이러한 변화의 핵심 요인인데, 그로스는 이를 황제와 교황으로 상징되는 상급 권위체의 존재가 일체 배제되고 평등한 국가들이 공존하는 새로운 시스템의 등장으로 이해한 반면, 헤르츠는 '불간섭(non-intervention)' 관행의 정착을 강조했다. 이 밖에도 일부 국제법학자는 베스트팔렌 조약의 체결로 국가 간 관계의 기본에 관한 국제법의 핵심 원칙이 마련되었음을 지적하기도 했고, 영국의 국제사회학파는 '주권국가들로 구성된 커먼웰스(commonwealth of sovereign states)'의 이념적 기초가 조약을 계기로 처음 정식화되었다고 주장하기도 했다.[142]

하지만 지난 10여 년간 베스트팔렌 조약의 역사적 의미와 의의를 재해석하고 재평가하려는 시도가 활발하게 이루어졌고, 평화조약에 관한 이상과 같은 전통적인 견해는 심각한 도전에 직면하게 되었다. 특히 베스트팔렌 조약에서 주권원칙이 최초로 확립되었다는 믿음의 타당성이 그리 크지 않다는 사실이 밝혀졌다. 그 결과 이제 1648년을 기점으로 주권원칙이 널리 승인됨으로써 근대적 국제관계가 탄생했다는 주장은 더 이상 큰 공감을 얻지 못하고 있다. 대신 주권원칙이 보편적인 국제관계의 구성원칙으로 자리 잡는 데 흔히 생각되는 것보다 훨씬 오랜 시간이 필요했다는 인식이 일반화되었다. 또 근세 초 유럽 국제정치사는 많은 다양한 것이 혼재된 시기였다는 견해가 설득력을 얻고 있다.[143] 이제 '베스트팔렌의 신화'에 대해 이야기하는 것이 더 이상 낯설지 않은 상황이다.

이와 같은 인식의 변화가 가능했던 것은 다른 무엇보다 조약에 관한 역사적 해석의 정확성 문제가 집중적으로 제기되었기 때문이다. 예컨대 기존 견해에서는 평화조약의 결과 신성로마제국의 제후국들이 주권국가로서의 지위를 획득하는 데 성공했고, 이것이 베스트팔렌에서 주권원칙이 확립되었음을 입증하는 결정적인 증거가 된다고 여겨졌다. 하지만 역사가들과 국제정치학자들은 이러한 견해의 타당성에 대해 두 가지 이유에서 의문을 제기했다.

먼저 기존 견해에서는 뮌스터 조약 제65조에서 제후국들이 독자적으로 조약과 동맹을 체결할 권리를 부여받은 사실이 강조되었다. 조약과 동맹을 체결할 권리야말로 주권의 징표로 간주할 수 있다는 것이다.[144] 하지만 앞서 지적했듯이 독일 제후국들은 1648년 훨씬 이전부터 타 국가들과 조약과 동맹을 체결할 권한을 사실상 인정받아 행사해왔다. 베스트팔렌 조약은 이미 오래전에 관행화된 것을 사후 추인한 것에 지나지 않으며, 당대인들이 이 조항에 특별한 의미를 부여한 것 같지도 않다. 또한 베스트팔렌 조약은 제후국이 체결하는 조약과 동맹이 황제에게 신성로마제국에 적대적이지 않은 범위 내에서만 허용된다고 명시했다. 제후국에 아무런 제약 없이 조약과 동맹을 체결할 권리가 부여되지 않았던 것이다.[145] 크록스턴(Derek Croxton)은 제후국의 독립성에 대한 제약이 조약을 계기로 이전보다 오히려 더 강화된 것으로 보아야 한다고 지적한다.[146]

베스트팔렌 조약을 전후하여 독일 제후국들이 주권을 획득했다고 보기 어렵게 하는 또 하나의 이유는 이들이 신성로마제국이라는 상위의 정치적 · 법적 조직이 해체되는 것을 결코 원하지 않았다는 데 있다. 이러한 사실은 조약을 협상하고 체결하는 과정에서 분명하게 드러났다. 협상이 진행되는 동안 독일 제후들의 기본 입장은 자신들의 오래된 특권이 유지 · 보존되어야 하며, 30년전쟁 기간 동안 이를 빈번하게 침해한 황제의 권력 행사에 분명한 한계가 설정되어야 한다는 것이었다. 어디에도 이들이 황제의 권력과 제국의 제도들을 무력화하고 스스로 주권국가가 되고자 했다는 증거는 존재하지 않는다.[147]

다른 한편, 독일 제후국들이 베스트팔렌을 계기로 주권국가가 되지 않았을 뿐만 아니라, 여타 조약 당사국들도 1648년 당시 오늘날 우리가 이해하는 바와 같은 주권관념을 가지고 있지 않았음을 지적할 수 있다. 앞서 살펴본 스웨덴의 경우가 대표적이다. 30년전쟁에 참전한 대가로 발트해 연안의 포메른 지역을 할양받게 된 스웨덴 지역을 자국의 영토로 편입시키는 대신 신성로마제국 황제의 봉신 자격으로 획득하기로 결정했다. 물론 이러한 스웨덴의 결정은 신성로마제국 내에서 일정한 영향력을 확보하여 새로 획득한 영토에 대한 장악력을 공고히 하고자 하는 목적에서 내려졌다. 하지만 아무리 현실적인 이유에서였다고 할지라도 황제의 봉신이 되기로 한 스웨덴의 결정은 베스트팔렌 조약을 통해 주권원칙이 확립되었다는 기존 견해가 당대인들의 실제 인식과는 거리가 있었음을 보여준다.[148]

베스트팔렌 조약에서 알자스 지역을 황제에게서 할양받은 프랑스 역시 애초에는 스웨덴과 마찬가지로 이들을 신성로마제국의 봉토로 보유하기를 희망했다. 하지만 오스트리아는 프랑스에 제국의 내정에 간섭할 빌미를 주지 않기 위해 영토의 완전한 할양을 주장했고, 프랑스는 이를 받아들였다. 하지만 앞서 지적했듯이 실제 영토할양은 '특정 영토에 대한 전적이고 배타적인 권리'로서의 주권 이양을 수반하지 않았다. 프랑스는 뮌스터 조약 제92조에서 할양받은 알자스의 일부 도시에는 신성로마제국 구성원으로서 향유하던 자유와 특권을 계속 인정하기로 했다. 조약문에는 프랑스 국왕이 이 도시들에 대해 "왕권의 우선성을 주장해서는 안 되며, 과거 오스트리아에 속했고 이 평화조약으로 프랑스에 양도된 권리들에 만족해야 한다"고 명기되었다.[149] 자국 영토에 대한 제한적인 권력 행사를 규정한 것이다.

이상과 같은 점들을 고려할 때 베스트팔렌 평화조약을 계기로 주권원칙이 확립되고, 이를 바탕으로 주권국가들로 이루어진 국제체제가 등장했다는 기존 견해는 역사적으로 충분한 근거를 지니지 못한다고 할 수 있다. 사실 베스트팔렌 조약은 새로운 원칙과 체제를 수립하려는 목표를 염두에 두고 작성된 문서와는 거리가 멀었다. 애쉬(Ronald G. Asch)가 지적한 대로 베스트팔렌은 30년전쟁 이전의 제도와 관습과 권리를 복원시키는 것을 가장 중요한 목표로 삼은 "놀라우리만큼 보수적인" 조약이었다.[150] 조약을 협상하고 최종적으로 서명한 이들의 마음속에 '새로운 원칙에 기초한 국가 간 관계의 재정립' 같은 목표는 애초에 존재하지 않았던 것으로 보인다.

또한 베스트팔렌 평화조약이 오랜 전쟁으로 큰 혼란에 빠진 신성로마제국에 평화와 질서를 복구하는 것을 가장 중요한 목표로 삼았다는 점 역시 기억할 필요가 있다. 조약은 프랑스와 스웨덴에 대한 영토할양 외에 크게 두 가지 내용을 포함했다. 하나는 제국의 법적 · 종교적 질서에 관한 것이고, 다른 하나는 황제와 제후국을 비롯한 제국 구성원들 사이의 관계에 관한 것이었다. 독일 이외에 유럽의 여러 국가가 참전하기는 했지만 30년전쟁은 결국 독일을 주전장으로 하는 독일의 전쟁이었고, 이를 마무리하는 것을 목표로 삼은 베스트팔렌 조약이 독일 문제의 해결에 초점을 맞춘 것은 어찌 보면 자연스러운 현상이었다.[151]

물론 근세 초 유럽 국제정치사 전반에서 베스트팔렌 조약이 차지하는 중요성은 결코 부인될 수 없다. 하지만 이 조약에서 17세기 중반 이후 유럽 국제관계 구성원칙의 결정적인 기원을 찾으려는 것은 조약의 상대적으로 제한적인 목표와 성취에 비춰볼 때 지나치게 큰 의미를 부여하는 것이다.[152]

☆☆☆☆☆

물론 그간 베스트팔렌 조약에 지나치게 큰 중요성이 부여되었다는 지적이 조약체결을 전후한 시기에 국제정치적으로 어떠한 중요한 변화도 일어나지 않았음을 의미하지는 않는다. 30년전쟁과 베스트팔렌 조약을 전후한 시기에 유럽의 국제정치체제는 의미심장한 변화를 경험했다. 변화의 핵심은 국가 간 관계와 상호작용이 그 이전에 비해 '안정화'되었다는 데 있다. 여기서 '안정화되었다'는 말의 의미는 국가 사이에 평화가 유지되었다는 뜻이 아니다. 30년전쟁 이후에도 유럽 국제정치는 대립과 갈등, 전쟁으로 점철되었다. 국제정치체제가 안정화되었다는 것은 그러한 대립과 갈등이 표출되고 전쟁이 발발하고 치러지는 방식이 이전에 비해 단순화되었음을 의미한다. 이는 크게 두 가지 요인에 기인한다.

첫째, 국가 간 상호작용에서 종교의 중요성이 상대적으로 감소했다. 먼저, 앞서 살펴보았듯이 베스트팔렌조약이 체결됨으로써 독일에서 신 · 구교 간 공존 문제가 해결되었다. 칼뱅교가 루터교, 가톨릭교와 함께 공식종교로 인정되었고, '기준년'을 지정하여 개인이 거주하는 영토의 지정종교 이외의 종교로 개종한 일시가 기준년 이전이면 자신의 종교를 유지할 자유가 부여되었다. 기준년 이후에 타 종교로 개종한 이에게는 가정 내에서 신앙을 사적으로 유지하거나 타 지역으로 이주할 권리가 부여되었다. 이러한 합의는 한 지역에서 상이한 종교가 공존할 수 있는 길을 열었다는 점에서 당시 기준에서 중대한 혁신이었다고 할 수 있다.[153]

물론 이러한 변화는 어디까지나 신성로마제국 내의 종교화의에 관한 것이었을 뿐 유럽 국제관계에서 종교문제의 배제에 관해 직접적인 합의가 이루어진 것은 아니라는 지적이 제기될 수 있다. 하지만 30년전쟁이 종교문제의 해결과 함께 종결되었다는 사실이 갖는 중요성은 독일 지역에만 국한되지 않았다. 전적으로는 아니더라도 적어도 그 명분에서 종교적인 대의를 위해 치러진 30년전쟁은 유럽 전역을 위기로 몰아넣었다. 이 전쟁이 마침내 끝을 맺었을 때, 이는 곧 모든 종교전쟁의 종언을 의미하는 것으로 인식되었다. 궁극적으로 이러한 변화는 17세기 중반을 전후하여 유럽 전역에 걸쳐 종교 갈등으로 초래된 위기를 극복하기 위한 노력이 이루어진 결과로 볼 수 있다. 종교 갈등이 30년전쟁 이외에도 다양한 형태의 정치 · 사회 갈등을 유발하고, 이로 인해 크고 작은 피해가 속출함에 따라 종교의 영향력을 통제해야 한다는 목소리가 사회적으로 힘을 얻기 시작했다. 점점 더 많은 사람이 종교의 차이를 두고 벌이는 싸움은 최종적인 해결을 기대하기 어려운 자기파멸적인 싸움일 수밖에 없다는 인식을 공유하기 시작했다. 또한 국가는 평화 · 번영 같은 인간의 목적을 달성하기 위해 존재하며, 정치와 종교는 엄격하게 분리되어야 한다는 주장이 제기되었다. 신학적으로는 '보편주의 신학(ecumenicalism)', '평화주의 신학(irenicism)'과 같이 종교 간 최대공약수를 강조하는 교리들이 지지를 얻기도 했다.[154]

이러한 변화의 결과 17세기 중반 이후 유럽 국제정치에서 종교의 영향력은 현저하게 감소했다. 물론 이는 유럽 국제정치에서 종교의 중요성이 완전히 사라졌음을 의미하지는 않는다. 예컨대 1688년과 1697년 사이에 벌어진 9년전쟁(1688~97)은 그 원인의 상당 부분이 가톨릭교의 부활에 대한 프로테스탄트 국가들의 두려움과 경계심에서 찾을 수 있다는 지적이 제기되기도 했다.[155] 종교의 영향력은 어디까지나 상대적으로 감소했다고 보아야 한다. 그럼에도 17세기 중반 이전과 이후 시기 사이의 차이는 어렵지 않게 인지된다. 프랑스와 네덜란드에 대한 무력개입을 자제하거나 그 규모를 축소할 것을 충고하는 각료들에게 "이 문제들은 종교의 대의에 관한 것이고, 종교는 모든 것에 우선하므로 포기할 수 없다"고 답한 펠리페 2세의 고민에서 상대적으로 루이 14세는 자유로웠다.[156] 이와 같이 종교의 영향력이 감소됨으로써 국가들이 상호관계에서 고려해야 할 변수의 폭이 축소되었고, 국가 간 상호작용이 이전에 비해 단순화되었다.

17세기 중반 이후 유럽 국제정치가 안정화 · 단순화된 또 하나의 이유는 연합왕국의 정치체제가 안정화되면서 이에 내재하는 결함에서 비롯된 갈등이 국제적인 차원의 갈등으로 확대되는 일이 이전에 비해 드물어졌다는 것이다. 일단 연합왕국에 내재한 불안정 요인이 17세기 중반 이후 상당 부분 완화되었다. 앞서 지적했듯이 근세 초 유럽의 거의 모든 국가는 연합왕국이었다. 대부분의 연합왕국은 효율적으로 통치되지 못했는데, 이는 근세 초 유럽의 행정적 · 사회적 · 기술적 인프라의 한계 때문이었다. 17세기에 들어와서는 경제위기와 전쟁이라는 요인이 더해져서 여러 연합왕국에서 반란과 봉기가 빈번하게 발생했다. 이와 같은 연합왕국의 결함은 17세기 중반 이전 주요 전쟁의 원인이 되었다. 대표적으로 네덜란드 독립전쟁과 30년전쟁이 연합왕국의 '내부문제'에서 비롯되었다. 16세기 후반의 프랑스 종교전쟁과 1640년대의 카탈루냐 반란도 전자는 스페인과 영국이, 후자는 프랑스가 개입하면서 부분적으로 국제화되었다. 이에 반해 베스트팔렌 이후의 전쟁들은 거의 전적으로 '국제전'이었다. 이는 17세기 중반 이후 유럽 국가들이 연합왕국의 결함을 효과적으로 극복하기 시작했기 때문이다. 이제 연합왕국 내의 어떤 한 지역에서 발생한 문제가 국가 대 국가의 전쟁을 촉발하거나 적대적인 관계에 있는 타 국가에 의해 이용되는 일은 좀처럼 일어나지 않게 되었다.

그 결과 17세기 중반 이후에는 이전까지 명확한 의미를 지니지 못한 '국내'-'국제', '내전'-'국제전', '국내정책'-'외교정책' 구분의 중요성이 점차 증가하기 시작했다.[157] 17세기 중반 이전까지의 국제관계에서 '안'과 '밖'의 구분은 상당히 불분명한 채로 남아 있었다. 이 시기 국가들은 자국의 세력 강화와 타 국가들에 대한 견제를 위해 전방위적으로 군사력을 사용했고, 이 과정에서 국내 · 국제의 구분은 중요한 고려대상이 아니었다. 하지만 17세기 중반 이후부터 국가 간 상호작용에서 '안'과 '밖'이 점차 분명하게 구분되기 시작했고, 유럽에서 국가 간 관계는 오늘날 우리가 익숙하게 알고 있는 국제정치의 모습에 한발자국 더 다가서게 되었다. 이러한 변화가 일어난 것은 다시 강조하거니와, 베스트팔렌 조약의 체결과 함께 주권원칙에 기초한 근대적인 국제정치체제가 성립되었기 때문이 아니다. 변화는 주요 연합왕국의 정치체제가 통치능력의 향상과 제도의 정비 등으로 안정화된 데 기인한다.

☆☆☆☆☆

베스트팔렌 평화조약의 체결로 30년전쟁은 공식적으로 막을 내렸다. 30년전쟁은 유례없이 치열하고 많은 후유증을 남긴 전쟁이었다. 특히 전쟁의 주전장이었던 독일은 엄청난 피해를 입었다. 웨지우드 같은 이는 전쟁으로 독일의 전체 인구 규모가 4분의 3 정도 감소했으며, 이후 독일의 "정치 기구에 영향을 미친 온갖 악이 30년전쟁에서 비롯되었다"고 주장하기도 했다.[158] 최근 연구에 따르면 아무리 낮게 잡아도 전쟁 기간 동안 최소 5%의 인구감소가 발생했고, 이 수치만으로도 30년전쟁은 유럽 역사상 가장 파괴적인 전쟁으로 기록된다.[159] 전쟁 후반부, 특히 1635년부터 1640년 사이에 가장 심각한 피해가 발생했는데 이는 오랜 전쟁으로 재정이 고갈된 국가의 군대에 의해 약탈 행위가 광범위하게 자행되었기 때문이다.[160] 직접 전화를 입지는 않았지만, 독일 이외의 참전국들 역시 장기간 지속된 전쟁으로 큰 타격을 입었다. 때마침 도래한 경제위기 역시 전쟁으로 인한 고통을 가중시키는 데 일조했다.

마지막으로 우리는 다음과 같은 질문을 던져볼 수 있다. 30년전쟁이 끝나고 신성로마제국은 독자적인 정치제도로서의 활력을 유지했는가? 신성로마제국이 30년전쟁과 베스트팔렌 조약을 계기로 사실상 그 수명을 다했다는 기존 견해와 달리 제국은 1648년 이후에도 상당한 활력을 가지고 존속했다. 제국의 정치 · 사법 제도들은 17세기 중반 이후에도 효과적으로 각각의 역할을 수행했을 뿐만 아니라 제후국들 역시 제국 구성원으로서의 정체성을 지켜나갔다. 30년전쟁이라는 대재앙을 경험한 신성로마제국의 제후국들과 기타 제국의 구성원들은 1663년 이후 상설화된 제국의회와 지역협의기구인 크라이스를 통해 상호협력을 강화하고, 구성원들 사이에 갈등과 분쟁이 발생하면 무력에 직접 호소하기보다는 제국법원을 통한 평화적 해결을 모색했다. 물론 신성로마제국이 중앙집권화에 성공한 여타 국가들만큼 효율적으로 작동한 것은 아니다. 하지만 황제와 제후국들은 복잡하고 오랜 시간을 요구하는 방식으로이기는 했지만 서로 타협하고 협력하여 공동의 정책과 행동을 취하는 정치시스템을 발전시키는 데 성공했다. 그리고 이러한 시스템 하에서 독일 제후국이 누리는 행동의 자유는 상당 부분 제약되었다.[161] 브란덴부르크-프로이센, 작센, 바이에른 등 몇몇 대제후국은 사실상의 주권국가로서 자체적인 국가건설에 전력을 기울이기도 했다.[162] 하지만 대부분의 제후국은 제국의 제도적 틀을 통해 다른 제후국들과 협력하지 않고서는 자신의 정치적 생존을 보장받기 어려웠다. 심지어는 브란덴부르크-프로이센 같은 대제후국도 제국의 보호막을 완전히 포기하는 것이 바람직하지 않음을 잘 알고 있었다.[163]

신성로마제국이 30년전쟁 이후 '부활'의 길을 걷기 시작했다는 결정적인 증거는 공동의 위협에 대처하기 위해 제국 구성원들이 군사적으로 협력했다는 사실에서 찾을 수 있다. 30년전쟁 이후 17세기 후반부터 18세기 초에 이르기까지 신성로마제국은 당시 루이 14세의 치세 하에서 유럽 최강국으로서 전성기를 누리던 프랑스의 위협에 직면했다. 다음 장에서 자세히 살펴보겠지만, 루이 14세는 그의 치세 거의 전 시기에 걸쳐 적극적인 영토팽창정책을 추진했는데 남부 네덜란드와 함께 독일 서부의 제후국들과 제국시들이 팽창의 최우선적인 목표가 되었다. 1681년 서부 독일의 가장 중요한 상업 요충지이자 오랜 역사를 지닌 제국시인 스트라스부르(Strasbourg)의 강제병합으로 절정에 달한 프랑스의 독일 공략은 1667년부터 1714년에 이르기까지 근 반세기에 걸쳐 신성로마제국을 끊임없는 전쟁 상태로 몰아넣었다. 문제는 30년전쟁을 겪으면서 프로테스탄트 제후들의 황제에 대한 불신이 극에 달한 상태였으므로 오스만제국을 상대로 전쟁을 벌인 한 세기 전처럼 세금을 납부하여 황제에게 직접 재정지원을 하는 것이 더 이상 가능하지 않게 되었다는 점이다. 이에 제국의회에 모인 제후국 대표들은 논란 끝에 제후국이 직접 병력을 동원하고 동원된 병력을 한데 모아 제국군을 구성하여 프랑스와의 전쟁에 참여하기로 결정했다. 1681년에 완성된 병력동원의 구체적인 절차는 다음과 같다.

일단 제국의회에서 전쟁의 규모와 성격에 따라 필요한 총 병력수를 결정했는데, 기본 병력 규모는 4만 명(기병 1만 2천 명, 보병 2만 8천 명)으로 책정되었고, 필요에 따라 2배수(8만 명)나 3배수(12만 명)로 증원될 수 있었다. 총 병력수가 결정되면 미리 정해진 배분규정에 따라 각 크라이스에 일정 수의 병력이 할당되었다. 각 크라이스의 구성원들은 크라이스 의회에 모여 각자가 책임지고 동원해야 할 병력수를 결정했다. 주로 크라이스 구성원의 영토 크기와 인구수를 감안하여 병력수가 결정되었는데, 예를 들면 독일 남서부에 위치한 슈바벤 크라이스(Schwäbische Kreis)의 경우 가장 큰 규모의 뷔르템베르크 공국은 1,994명의 병력을 동원하도록 한 데 비해 부카우(Buchau)라는 작은 제국시는 4명의 군사를 동원할 의무만이 부과되는 식이었다.[164] 크라이스 내에서 동원이 완료된 병력은 각 크라이스별로 제국군에 통합되어 전쟁에 참여했다. 결과적으로 이전까지 제국의회와 제국대법원의 결정사항을 실행에 옮기는 것을 주 임무로 했던 크라이스가 병력동원에서부터 무기, 식량 보급 등에 이르는 전 과정에서 주도적인 역할을 하도록 규정되었다. 이러한 조치가 동원과 보급의 업무를 지역적으로 분산시킴으로써 황제의 권력이 강화되는 것을 사전에 예방하기 위한 의도에서 비롯되었다는 데는 의심의 여지가 없다. 독일의 제후들은 동원과 보급절차의 집중화가 황제를 중심으로 하는 중앙권력의 강화로 이어질 수 있다는 사실을 누구보다 잘 인식하고 있었다.[165]

이와 같이 복잡한 절차를 거쳐 동원된 제국군은 당시 유럽 최강의 전력을 자랑하던 프랑스군을 상대로 결정적인 승리를 거두거나 국경선 밖으로 완전히 몰아내지는 못했다. 하지만 프랑스가 독일 내에서 일정 수준 이상으로 세력팽창을 도모하지 못하도록 효과적인 억지력을 행사했다. 제국군은 또한 1682년에는 오스트리아를 침공하여 빈을 포위한 오스만군에 결정적인 타격을 가하여 이들을 국경선 밖으로 몰아내는 데도 크게 기여했다.

물론 신성로마제국군의 군사적 효율성에는 명백한 한계가 존재했다. 특히 브란덴부르크-프로이센, 바이에른, 작센 등 몇몇 제후국은 군대에 대한 지휘권을 직접 행사하려 했으므로 제국군의 결속력은 그만큼 약화될 수밖에 없었다. 다른 무엇보다 복잡한 절차를 통한 병력동원방식이 제국군을 신속하게 전장에 투입하는 데 큰 장애요인이었다. 이는 제국의회와 크라이스 의회에서의 이중적인 의사결정방식이 근세 초 유럽의 교통 · 통신 수단의 수준을 감안할 때 쉽게 해결되기 힘든 어려움을 제기했기 때문이다. 하지만 다른 한편으로 신성로마제국의 전시동원체제와 이에 기초한 국방시스템은 제국의 핵심적인 이익을 지켜내기에 충분한 능력을 보유하고 있었다는 점 역시 지적되어야 한다. 우리는 신성로마제국이 근세 초를 통틀어 가장 강력한 군사력을 보유한 프랑스와 오스만튀르크 제국의 오랜 기간에 걸친 공세를 막아내고 (스트라스부르와 그 주변 지역의 상실을 제외하면) 영토적 정체성을 지키는 데 성공했다는 사실을 간과하지 말아야 한다.

주

1 Jochaim Whaley, "Federal Habits: the Holy Roman Empire and the Continuity of German Federalism," M. Umbach ed., *German Federalism: Past, Present, Future* (Basingstoke: Palgrave, 2001), pp. 15-19.

2 선제후는 신성로마제국 황제 선출 권리를 보유한 7명의 제후로, 그 구성원은 13세기 중엽에 처음 결정되었다. 라인란트 지역의 세 명의 대주교(쾰른, 마인츠, 트리어), 라인-팔츠 백작, 작센과 브란덴부르크 공작, 보헤미아 국왕이 그들이었다. 이들은 다른 제후들에 비해 더 큰 권한과 지위를 보유한 것으로 간주했다.

3 Peter Moraw, *Von offener Verfassung zu gestalteter Verdichtung: Das Reich im späten Mittelalter, 1250 bis 1490* (Berlin: Propyläen, 1985), p. 158.

4 Jochaim Leuschner, *Germany in the Late Middle Ages*, Trans. S. MacCormick (Amsterdam: North-Holland, 1980), pp. 156-68.

5 Eberhard Insenmann, "The Holy Roman Empire in the Middle Ages," R. Bonney ed., *The Rise of the Fiscal State in Europe, c.1200-1815* (Oxford: Oxford University Press, 1999), pp. 265-55; Steven Rowan, "Imperial Taxes and German Politics in the Fifteenth Century: An Outline," *Central European History* 13(3), 1980, pp. 208-11; Moraw(1985), pp. 363-64.

6 Fritz Hartung, "Imperial Reform, 1485-1495: Its Course and its Character," G. Strauss (ed,), *Pre-Reformation Germany* (New York: Harper & Row, 1972).

7 1500년에 슈바벤 크라이스(Schwäbische Kreis), 바이에른 크라이스(Bayerische Kreis), 작센 크라이스(Sächsische Kreis), 상부라인 크라이스(Oberrheinischer Kreis), 프랑켄 크라이스(Fränkischer Kreis), 베스트팔렌 크라이스(Westfälische Kreis)의 6개 크라이스가 먼저 설치되고, 1512년 작센 크라이스가 둘로 나뉘었으며, 오스트리아 크라이스(Österreichische Kreis), 라인선제후 크라이스(Kurrheinische Kreis), 부르군트 크라이스(Burgundische Kreis)가 추가되었다. 크라이스는 영어로는 Imperial Circle로 번역된다. Peter Claus Hartmann, *Der bayerische Reichskreis (1500 bis 1803): Strukturen, Geschichte und Bedeutung im Rahmen der Kreisverfassung und der allgemeinen institutionellen Entwicklung des Heiliges Römisches Reiches* (Berlin: Duncker & Humblot, 1997), pp. 39-40.

8 Heinz Angermeier, *Die Reichsreform: Die Staatsproblematik in Deutschland zwischen Mittelalter und Gegenwart* (München: C. H. Beck, 1984), p. 170.

9 Helmut Neuhaus, *Das Reich in der frühen Neuzeit* (München: R. Oldenburg, 1997), p. 45.

10 Peter Schmid, "Reichssteuern, Reichsfinanzen und Reichsgewalt inder ersten Hälfte des 16. Jahrhunderts," H. Angermeier ed., *Säkulare Aspekte der Reformationszeit* (München: R. Oldenbourg, 1983), pp. 168-78.

11 Angermeier (1984), p. 309.

12 Peter Moraw, "Versuch über die Entstehung des Reichstags," R. C. Schwinges ed., Über König und Reich: Aufsätze zur deutschen Verfassungsgeschichte des späten Mittelalters (Sigmarigen: Jan Thorbecke, 1995).

13 넥슨(Daniel Nexon)은 신성로마제국을 연합왕국으로 분류하지만 그렇게 보기는 어렵다. 연합왕국에서는 한 명의 군주가 여러 개의 영토를 동시에 통치했음에 반해, 신성로마제국에서 각 영토제후국은 하나의 독립적인 왕조에 속하는 제후들에 의해 통치되었다. 물론 한 명의 제후가 두 개 이상의 제후국을 통치하는 경우가 드물지 않았고, 그 결과 제국 내에 '연합제후국'이 여럿 존재하기는 했지만, 제국 전체로 보면 황제는 연합왕국의 군주와 달리 모든 영토의 통치자가 아니라 제후국의 상위에 존재하는 '권위체'였다. 또한 신성로마제국에서는 제후국들이 제국의회, 크라이스 의회, 제국대법원 같은 제도를 통해 협력한 데 반해 연합왕국의 영토들은 상호간에 횡적인 협력을 가능하게 하는 제도를 갖추지 못했다. 오직 군주만이 여러 영토를 잇는 유일한 연계였다. Nexon (2009), pp. 265-88.

14 이 표현은 모라우가 중세 말 독일사에 관한 그의 영향력 있는 저서의 제목에서 처음 사용했다. Moraw (1985).

15 Thomas A. Brady Jr. *German Histories in the Age of Reformation, 1400-1650* (Cambridge: Cambridge University Press, 2009), pp. 217-28.

16 Brady (2009), pp. 231-32.

17 Brady (2009), pp. 233-39.

18 교회제후국의 통치자로서 누릴 혜택이 상당했으므로 프로테스탄티즘으로 개종한 대주교와 주교들이 성직자로서의 신분을 유지하고자 하는 현상이 나타났다. 그 결과 다수의 '프로테스탄트 주교'들이 등장했다. 오늘날의 기준에서 보면 쉽게 이해하기 어려운 현상이다.

19 Peter H. Wilson, *The Thirty Years War: Europe's Tragedy* (Cambridge, MA: Harvard University Press, 2009), pp. 43-46; Ronald G. Ash, *The Thirty Years War: The Holy Roman Empire and Europe, 1618-1648* (Basingstoke: Palgrave, 1997), pp. 12-13; Geoffrey Parker, *Thirty Years War,* Second Edition (London: Routledge, 2005), pp. 13-14.

20 '스페인 로드'에 관해서는 나중에 자세히 설명한다.

21 Wilson (2009), pp. 207-10; Parker (2005), pp. 13-14; Geoff Mortimer, *The Origins of the Thirty Years War and the Revolt in Bohemia, 1618* (Basingstoke: Palgrave Macmillan, 2015), pp. 17-18.

22 Wilson (2009), p. 98; Thomas A. Brady Jr., "Settlements: The Holy Roman Empire," T. A. Brady et al eds., *Handbook of European History, 1400-1600: Late Middle Ages, Renaissance, and Reformation, Volume 2, Visions, Programs, and Outcomes* (Grand Rapids: William B Eerdmans Publishing Company, 1994), pp. 368-69.

23 Winfried Schulze, *Reich und Türkengefahr im späten 16. Jahrhundert: Studien zu den politischen und gesellschaftlichen Auswirkungen einer äußeren Bedrohung* (München: C.H.Beck, 1978), pp. 310-36.

24 Schulze (1978), pp. 348-59.

25 Schulze (1978), pp. 139-46.

26 15세기 말과 16세기 초 이래 제후국이나 제국시에 대한 제국대법원의 판결을 집행하는 것은 각 크라이스의 선임 제후국들에 맡겨졌다.

27 Wilson (2009), pp. 221-23; Mortimer (2015), pp. 22-23.

28 Wilson (2009), pp. 199-200.

29 Wilson (2009), pp. 225-27.

30 Parker (2005), pp. 20-27; Wilson (2009), pp. 229-38, 252-54; Mortimer (2015), pp. 24-30.

31 Parker (2005), p. 2.

32 C. V. Wedgwood, *Thirty Years War*, 남경태 옮김(서울: 휴머니스트, 2011), p. 99.

33 Wilson (2009), pp. 49-57.

34 Wilson (2009), pp. 58-59.

35 Wilson (2009), pp. 59-61.

36 Whaley (2014), p. 17; Brady (2009), pp. 255-56.

37 Parker (2005), pp. 4-5; Wilson (2009), pp. 64-71; Mortimer (2015), pp. 82-89.

38 Asch (1997), pp. 52-54.

39 Mortimer (2015), pp. 124-31. 1576년 막시밀리안 2세의 뒤를 이어 그의 아들 루돌프 2세가 신성로마제국의 황제와 상·하부 오스트리아-보헤미아·헝가리 왕국의 통치자 자리에 올랐고, 1612년 루돌프가 후사 없이 사망하자 그의 동생 마티아스가 자리를 이어받았다. 마티아스 역시 후사가 없었으므로 막시밀리안 2세의 동생인 카를 대공의 아들 중 한 명인 페르디난트가 마티아스의 자리를 이어받게 되었다. 마티아스는 1619년 사망하기 전인 1617년과 1618년 페르디난트가 보헤미아 왕국과 헝가리 왕국의 국왕으로 선출되도록 했다.

40 Asch (1997), pp. 54-55; Wilson (2009), pp. 269-73.

41 Wilson (2009), pp. 282-85.

42 Asch (1997), pp. 56-57; Wilson (2009), pp.247-49; Wedgwood (2011), pp.134-35.

43 Wilson (2011), p. 107.

44 흥미로운 점은 스페인의 개입이 '부르군트(Burgund)' 크라이스의 구성원 자격으로 이루어졌다는 것이다. 부르군트 크라이스는 신성로마제국의 10개 크라이스 중 하나로 네덜란드 지역을 포괄했지만, 이 지역이 스페인의 지배를 받는 탓에 명목상으로만 존재했다. Wilson (2009), pp. 196-99; Asch (1997), pp. 58-59.

45 Wilson (2009), pp. 308-13; Asch (1997), pp. 62-63.

46 Wilson (2009), pp. 353-54.

47 1618년 당시 팔츠 선제후국은 하이델베르크를 중심으로 하는 니더팔츠(Niederpfalz)와 바이에른과 인접한 독일 남동부의 오버팔츠(Oberpfalz)의 두 부분으로 이루어져 있었다. 바이에른의 막시밀리안은 프리드리히 5세가 자신과 같은 비텔스바흐(Wittelsbach) 가문의 일원이라는 이유로 두 팔츠 모두에 대한 영유권을 주장했다. 하지만 스페인군이 니더팔츠를 이미 점령했으므로 오버팔츠를 점령하는 데 만족해야 했다.

48 Asch (1997), 65-70; Wilson (2009), p. 348.

49 Wilson (2009), pp. 349-50.

50 Wedgwood (2009), pp. 262-63.

51 Wilson (2009), pp. 385-423; Asch (1997), pp. 85-91.

52 Asch (1997), p. 76.

53 Marc R. Forster, "The Edict of Restitutions (1629) and the Failure of Catholic Restoration," O. Ansbach & P. Schröder eds., *The Ashgate Research Companion to the Thirty Years' War* (Farnham: Ashgate, 2014), pp. 205-15.

54 Wilson (2009), pp. 452-54.

55 Peter Brightwell, "Spanish Origins of the Thirty Years War," *European Studies Review* 9(4), 1979, pp. 419-20; Trevor-Roper (1970), pp. 276-77.

56 Trevor-Roper (1970), p. 280.

57 Jonathan Israel, "A Conflict of Empires: Spain and the Netherlands, 1618-1648," *Past and Present* 76(1), 1977, pp. 37-39.

58 Brightwell (1979), p. 420.

59 Geoffrey Parker, *The Army of Flanders and the Spanish Road, 1567-1659: The Logistics of Spanish Victory and Defeat in the Low Countries' Wars* (Cambridge: Cambridge University Press, 1972), pp. 56-77.

60 Parker (1972), p. 54.

61 Brightwell (1979), pp. 423-26.

62 Lynch (1992), p. 98.

63 Israel (1977), pp. 34-35.

64 Peter Brightwell, "The Spanish system and the twelve years' truce," *English Historical Review* 131(551), 1974, p. 289에서 재인용.

65 Israel (1977), pp. 42-43; Olaf van Nimwegen, "Dutch-Spanish War in the Low Countries, 1621-1648," O. Ansbach & P. Schröder eds., *The Ashgate Research Companion to the Thirty Years' War* (Farnham: Ashgate, 2014), p. 164.

66 Israel (1977), pp. 45, 51, 56-57.

67 Israel (1977), p. 66.

68 Wilson (2009), p. 437.

69 Nimwegen (2014), pp. 166-68.

70 Israel (1995), p. 507.

71 Michael Roberts, *The Swedish Imperial Experience, 1560-1718* (Cambridge: Cambridge University Press, 1979), pp. 43-44.

72 당시 덴마크는 스칸디나비아반도에서 노르웨이와 함께 현재 스웨덴 남부의 할란드(Halland)주와 스코네(Skåne)주에 해당하는 지역을 보유했다. 따라서 스웨덴에서 덴마크해협을 거치지 않고 북해와 연결될 유일한 통로는 엘브스보리가 유일했다.

73 Paul Douglas Lockhart, *Sweden in the Seventeenth Century* (Basingstoke: Palgrave MacMillan,

2004), pp. 5-17.

74 Roberts (1979), pp. 10-12.

75 Lockhart (2004), p. 25, pp. 41-44; Michael Roberts, *Gustavus Adolphus*, Second Edition (London & New York: Longman, 1992), pp. 49-54.

76 Roberts (1992), pp. 54-55; Lockhart (2004), p. 48.

77 Roberts (1992), pp. 66-67.

78 Erik Ringmar, *Identity, Interest and Action: A Cultural Explanation of Sweden's Intervention in the Thirty Years War* (Cambridge: Cambridge University Press, 1996), p. 134.

79 Roberts (1979), pp. 15-17.

80 Ringmar (1996), pp. 177-78.

81 Toby Osborne, "1629-1635," O. Ansbach & P. Schröder eds., *The Ashgate Research Companion to the Thirty Years' War* (Farnham: Ashgate, 2014), pp. 142-45.

82 Wilson (2009), pp. 476-87.

83 Wilson (2009), p. 463, pp. 507-16; Roberts (1971), p. 398.

84 Parker (1988), p. 23.

85 Jan Glete, *War and the State in Early Modern Europe: Spain, the Dutch Republic and Sweden as fiscal-military states, 1500-1660* (London & New York: Routledge, 2002), pp. 189-99.

86 Lockhart (2004), pp. 33-34; Ronald G. Asch, "Warfare in the Age of the Thirty Years War, 1598-1648," J. Black, *European Warfare, 1453-1815* (Basingstoke: Palgrave MacMillan, 1999), p. 54.

87 Lucien Bély, "France and the Thirty Years' War," O. Ansbach & P. Schröder eds., *The Ashgate Research Companion to the Thirty Years' War* (Farnham: Ashgate, 2014), pp. 87-90.

88 만토바 계승전쟁에 관해서는 다음 절에서 상세히 설명한다.

89 R. A. Stradling, "Olivares and the origins of the Franco-Spanish War, 1627-1635," *English Historical Review* 101(398), 1986, pp. 78-82; Wilson (2009), pp. 527-30, 545-51.

90 Asch (1997), pp. 110-17; Wilson (2009), pp. 565-72; Martin Espenhorst, "The Peace of Prague - A Failed Settlement?," O. Ansbach & P. Schröder eds., *The Ashgate Research Companion to the Thirty Years' War* (Farnham: Ashgate, 2014), pp. 285-95.

91 Roland Mousnier, "French Institutions and Society, 1610-61," J. P. Cooper ed., *The New Cambridge Modern History, Volume IV: The Decline of Spain and the Thirty Years War, 1609-1648/59* (Cambridge: Cambridge University Press, 1971), pp. 481-82; Yves-Marie Bercé, *The Birth of Absolutism: A History of France, 1598-1661*, Trans. by R. Rex (Basingstoke & London: MacMillan, 1996), pp. 59-63.

92 James B. Collins, *The State in Early Modern France* (Cambridge: Cambridge University Press, 1995), pp. 54-55.

93 J. H. Elliott, *Richelieu and Olivares* (Cambridge: Cambridge University Press, 1984), p. 99.

94 Mousnier (1971), pp. 488-89; Collins (1995), pp. 55-58.

95 David Parrott, "The Mantuan Succession, 1627-31: A Sovereignty Dispute in Early Modern Europe," *English Historical Review* 112(445), 1997, pp. 30-31.

96 Parrott (1997), pp. 27-30.

97 R. A. Stradling, "Prelude to Disaster: The Precipitation of the War of the Mantuan Succession, 1627-29," *Historical Journal* 33(4), 1990, pp. 772-73.

98 Stradling (1990), pp. 769-70.

99 Parrott (1997), p. 64.

100 Stradling (1990), pp. 769-70.

101 물론 두 나라 사이에 갈등이 전혀 일어나지 않은 것은 아니다. 1625년 프랑스는 이탈리아와 네덜란드를 잇는 '스페인 로드'의 핵심 경유지 중 하나인 스위스의 발텔리나(Valtellina)를 점령하고 사보이아-피에몬테 공국, 베네치아 공화국과 스페인의 오랜 동맹인 제노아 공화국에 반대하는 동맹을 체결했다. 이어서 프랑스는 함대를 동원하여 제노아를 봉쇄함으로써 바르셀로나와 밀라노, 네덜란드를 잇는 수송로를 차단하고자 했다. 이에 스페인은 함대를 보내 프랑스의 제노아에 대한 봉쇄를 푸는 한편, 발텔리나에 군대를 보내 프랑스군을 알프스 반대편으로 몰아냈다. 두 나라는 1626년 3월 몬존(Monzón) 조약을 체결하여 이탈리아와 발텔리나의 현상유지에 합의했다. Lynch (1992), p. 102.

102 David Parrott, *Richelieu's Army: War, Government and Society in France, 1624-1642* (Cambridge: Cambridge University Press, 2001), p. 101.

103 Andrew Lossky, *Louis XIV and the French Monarchy* (New Brunswick: Rutgers University Press, 1994), p. 46.

104 Asch (1997), pp. 120-21; David Parrott, "The Causes of the Franco-Spanish War of 1635-59," J. Black ed., *The Origins of War in Early Modern Europe* (Edinburgh: John Donald Publishers, 1987), pp. 96-100.

105 Stradling (1986), p. 91.

106 1633~34년 트리어의 선제후 필리프-크리스토프 폰 쇠터른(Philip-Christoph von Sötern)은 프랑스의 후원을 등에 업고 제후국 내 유력가문 중 하나이자 합스부르크의 지지를 받는 메테르니히(Metterinich)가 소유지를 자신의 영지로 편입시키려 했다. 이에 메테르니히가는 스페인에 도움을 요청했고, 스페인 정부의 지시를 받은 룩셈부르크 총독은 군대를 보내 필리프-크리스토프를 체포하여 신성로마제국의 황제에게 인도했다. 이 과정에서 선제후국에 주둔하던 프랑스군과 스페인군 사이에 소규모의 충돌이 발생했다. René Pillorget, "Louis XIV and the Electorate of Trier, 1652-1676," R. Hatton ed., *Louis XIV and Europe* (Columbus: Ohio State University Press, 1976), p. 117.

107 Jonathan I. Israel, "Olivares, the Cardinal-Infante and Spain's Strategy in the Low Countries: The Road to Rocroi, 1635-43," J. I. Israel, *Conflicts of Empires: Spain, the Netherlands and the Struggle for World Supremacy, 1585-1713* (London: The Hambledon Press, 1997), pp. 75-76.

108 Israel (1997), pp. 78-80.

109 Paul Sonnino, *Mazarin's Quest: The Congress of Westphalia and the Coming of the Fronde*

(Cambridge, MA & London: Harvard University Press, 2008), pp. 23-24.

110 Parrott (2001), pp. 110-13.

111 Geoff Mortimer, "War by Contract, Credit and Contribution: The Thirty Years War," G. Mortimer ed., *Early Modern Military History, 1450-1815* (Basingstoke: Palgrave MacMillan, 2004), p. 104.

112 Bély (2014), pp. 91-92; Wilson (2009), pp. 598-611; Wedgwood (2011), pp. 514-23.

113 Sonnino (2008), p. 26.

114 올리바레스의 계획에 따르면 스페인 왕국을 구성하는 각 지역은 다음과 같은 수의 병력을 유지할 재정적 책임을 져야 했다. 실제로 협상 과정에서 각 지역의 부담은 원래 계획에서 제시된 것보다 훨씬 줄어들었다. R. A. Stradling, *Europe and the Decline of Spain: A Study of the Spanish System, 1580-1720* (London: George Allen & Unwin, 1981), pp. 96-97.

- 카스티야 ······························ 44,000명
- 카탈루냐 ······························ 16,000명
- 포르투갈 ······························ 16,000명
- 나폴리 ································· 16,000명
- 플랑드르(스페인령 네덜란드) ········· 12,000명
- 아라곤 ································· 10,000명
- 밀라노 ··································· 8,000명
- 발렌시아 ································ 6,000명
- 시칠리아 ································ 6,000명
- 발레아레스제도, 카나리아제도 ········· 6,000명
- 합계 ································· 140,000명

115 Lynch (1992), pp. 131-57.

116 Israel (1997), p. 88; Robert Stradling, "Catastrophe and Recovery: The Defeat of Spain, 1639-43," *History* 64(211), pp. 215-16.

117 Bély (2014), pp. 96-97.

118 Wilson (2009), p. 597, 628.

119 Wilson (2009), pp. 612-49, 678-715, 738-46; Tryntje Helfferich, "The Long War (1635-1648)," O. Ansbach & P. Schröder eds., *The Ashgate Research Companion to the Thirty Years' War* (Farnham: Ashgate, 2014), pp. 154-60.

120 Brightwell (1979), p. 411; Trevor-Roper (1970), pp. 276-82.

121 N. M. Sutherland (1992), p. 618. 유사한 견해를 위해서는 Myron P. Gutmann, "The Origins of the Thirty Years War," *Journal of Interdisciplinary History* 18(4), 1988, pp. 749-70.

122 Derek Croxton, *Westphalia: The Last Christian Peace* (New York: Palgrave MacMillan, 2013), pp. 76-81.

123 Croxton (2013), pp. 81-84.

124 Croxton (2013), pp. 85-89; 191-96.

125 Croxton (2013), pp. 197-99.

126 Asch (1997), pp. 138-39.

127 Andreas Osiander, *The States System of Europe, 1640-1990: Peacemaking and the Conditions of International Stability* (Oxford: Clarendon Press, 1994), p. 38에서 재인용.

128 Croxton (2013), p. 362.

129 "Peace of Westphalia," F. L. Israel eds., *Major Peace Treaties of Modern History, 1648-1967, Volume I* (Philadelphia: Chelsea House Publishers, 1967), pp. 27-28.

130 Axel Gotthard, "The Settlement of 1648 for the German Empire," O. Asbach & P. Schröder, eds., *The Ashgate Research Companion to the Thirty Years' War* (Farnham: Ashgate, 2014), pp. 304-8; Asch (1997), pp. 141-42; Johannes Burkhardt, *Vollendung und Neuorientierung des frühmodernen Reiches, 1648-1763* (Stuttgart: Klett-Cotta, 2006), p. 40.

131 Croxton (2013), pp. 105-109, 220-22; Asch (1997), pp. 135-38.

132 당시 노르웨이는 덴마크의 일부였다.

133 Wilson (2009), pp. 685-91; Croxton (2013), pp. 109-13.

134 Croxton (2013), pp. 240-41; "Peace of Westphalia" (1967), pp. 30-33, 36.

135 Croxton (2013), pp. 253-67.

136 Wilson (2009), pp. 758-60; Croxton (2013), pp. 301-5; "Osnabrücker Friedensvertrag (Instrumentum Pacis Osnabrugensis, IPO)," InterPortal "Westfälische Geschichte",http://www.lwl.org/westfaelische-geschichte/portal/Internet/finde/langDatensatz.php?urlID=740&url_tabelle=tab_quelle#art5(검색일: 2017년 11월 18일)

137 Benjamin Straumann, "The Peace of Westphalia as a Secular Constitution," *Constellations* 15(2), 2008, pp. 181-82.

138 Croxton (2013), pp. 113-21.

139 Croxton (2013), p. 297.

140 Leo Gross, "The Peace of Westphalia, 1648-1948," *American Journal of International Law* 42(1), 1948, p. 28.

141 John Herz, "Rise and Demise of Territorial State," *World Politics* 9(4), 1957, p. 477.

142 Sebastian Schmidt, "To Order the Minds of Scholars: The Discourse of the Peace of Westphalia in International Relations Literature," *International Studies Quarterly* 55(3), 2011, pp. 605-607; Adam Watson, *The Evolution of International Society: A Comparative Historical Analysis* (London & New York: Routledge, 1992), pp. 186-89.

143 전재성, "유럽의 국제정치적 근대 출현에 관한 연구", 《국제정치논총》 49(5), 2009.

144 Ernst-Wolfgang Böckenförde, "Der westfälische Friede und das Bündnisrecht der Reichsstände," *Der Staat* 8, 1969.

145 Osiander (1994), pp. 46-47; Ronald G. Asch, "The *ius foederis* re-examined: the Peace of Westphalia and the constitution of the Holy Roman Empire," Randall Lesaffer, eds., *Peace*

Treaties and International Law in European History: From the Middle Ages to World War One (Cambridge: Cambridge University Press, 2004), pp. 331-36.

146 Derek Croxton, "The Peace of Westphalia of 1648 and the Origins of Sovereignty," *International History Review* 11(3), 1999, p. 573.

147 Osiander(1994), pp. 31-43; Heinhard Steiger, "Der Westfälische Frieden: Grundgesetz für Europa?," *Historische Zeitschrift*, Beihefte, 26, 1998, pp. 67-69.

148 Osiander (1994), p. 65.

149 "Peace of Westphalia"(1967), p. 36.

150 Asch (1997), pp. 142-43.

151 Steiger (1998), pp. 50-55.

152 Benjamin de Carvalho, Halvard Leira & John M. Hobson, "The Big Bangs of IR: The Myths That Your Teachers Still Tell You about 1648 and 1919," *Millennium* 39(3), 2011, p. 742.

153 로데릭 힐은 오늘날의 기준에 비춰보아도 베스트팔렌 조약의 종교화 전략은 높이 평가될 수 있다고 지적한다. Roderick M. Hills Jr., "Federalism as Westphalian Liberalism," *Fordham Law Review*, 75, 2006.

154 Heinz Schilling, *Early Modern European Civilization and its Political and Cultural Dynamism* (Hanover & London: Brandeis University Press, 2008), pp. 78-84; Philip Benedict, "Religion and Politics in the European Struggle for Stability, 1500-1700," P. Benedict & M. Gutmann eds., *Early Modern Europe: From Crisis to Stability* (Newark: University of Delaware Press, 2005), pp. 133-35.

155 Andrew C. Thompson, "After Westphalia: Remodelling a Religious Foreign Policy," David Onnekink ed., *War and Religion after Westphalia, 1648-1713* (Farnham: Ashgate, 2009).

156 Parker (1998), p. 93, 142, 286.

157 Jens Bartelson, *A Genealogy of Sovereignty* (Cambridge: Cambridge University Press, 1995), pp. 179-80.

158 Wedgwood (2011), p. 623.

159 Wilson (2009), p. 787.

160 Asch (1997), p. 179.

161 Osiander (2001), pp. 269-281; Burkhardt (2006), pp. 26-31.

162 Ogilvie (1992), p. 431.

163 Peter H. Wilson, "Prussia's Relations with the Holy Roman Empire, 1740-1786," *Historical Journal* 51(2), 2008.

164 Peter-Christoph Storm, *Der Schäbische Kreis als Feldherr: Untersuchungen zur Wehrverfassung des Schwäbischen Reichskreis in der Zeit von 1648 bis 1732* (Berlin: Duncker & Humblot, 1974), pp. 270-73.

165 Helmut Neuhaus, "Das Problem der militärischen Executive in der spätphase des Alten

Reiches," Johannes Kunisch ed., *Staatsverfassung und Heeresverfassung in der europäischen Geschichte der frühen Neuzeit* (Berlin: Duncker & Humblot, 1998), pp. 308-9; Peter H. Wilson, *German Armies: War and German Politics, 1647-1806* (London: UCL Press, 1998), pp. 64-67.

International Politics

IV

루이 14세 시대:
프랑스의 부상과
유럽 국제정치체제의 변화

1

마자랭, 프랑스-스페인 전쟁, 피레네 조약

1648년 베스트팔렌 조약이 체결됨으로써 독일은 평화를 되찾았고, 스페인과 네덜란드연방은 오랜 전쟁을 끝내는 데 성공했지만, 프랑스와 스페인은 그들 사이의 전쟁을 끝내는 데 실패했다. 중요한 이유 중 하나는 마자랭(Jules Raymond Mazarin)의 '과욕'이었다. 1643년 루이 13세의 뒤를 이어 다섯 살의 나이에 왕위에 오른 루이 14세를 대신하여 프랑스를 통치한 마자랭은 베스트팔렌에서 평화협상이 시작된 후 전황이 프랑스와 스웨덴을 비롯한 동맹국들에 유리하게 전개되자 합스부르크 측에 무리한 요구를 제기하기 시작했다. 오스트리아에 대한 요구의 핵심은 영토할양과 함께 프랑스와 스페인 사이의 분쟁에 대한 불개입이었다. 오스트리아의 페르디난트 3세는 이러한 프랑스의 요구에 굴복하여 두 나라 간 전쟁에 개입하지 않기로 약속했다.[1]

마자랭은 스페인에 대해 펠리페 4세가 도저히 받아들일 수 없는 요구들을 제기했다. 1646년 1월 마자랭은 베스트팔렌의 프랑스 대표단에게 보낸 서한에서 당시 프랑스가 점령하고 있던 카탈루냐와 루시용을 스페인령 남부 네덜란드와 맞교환하는 방안을 강구할 것을 지시했다. 남부 네덜란드가 프랑스의 영토로 편입되면 왕국의 수도 파리가 북쪽으로 치우쳐 위치함으로써 발생하는 안보상의 위협을 최종적으로 제거할 수 있으리라는 이유에서였다.

마자랭은 그러한 교환이 이루어지면 프랑스와 국경선을 사이에 두고 마주하게 될 네덜란드연방이 큰 위협을 느끼리라는 점을 간과했다. 오히려 그는 남부 네덜란드의 프랑스 편입이 연방에도 이익이 된다고 주장했다. 하지만 "스페인으로부터 독립하기 위해 반세기 이상 싸움을 벌여온 네덜란드인이 프랑스가 이웃 국가가 되는 것에 별다른 불만을 제기하지 않으리라는 것"은 지극히 비현실적인 믿음이었다. 마자랭은 지리적으로 멀리 떨어져 있어 통치하기 어려운 남부 네덜란드를 포기하고 루시용과 카탈루냐를 되찾는 것이 스페인에도 이득이 된다고 보았다. 마자랭은 또한 스페인에 포르투갈의 독립을 인정할 것을 요구했다. 스페인의 입장에서 포르투갈의 독립은 이에 속한 광대한 해외 식민지도 모두 상실하게 됨을 의미했으므로 쉽게 받아들이기 어려운 요구였다.[2]

손니노(Paul Sonnino)는 마자랭의 전임자인 리슐리외였다면 스페인에 이와 같이 무리한 요구를 제기하지 않았으리라고 본다. 예컨대 리슐리외는 남부 네덜란드의 프랑스 편입이 프랑스와 여타 유럽 국가들 사이에 심각한 갈등을 초래했으리라는 점을 잘 이해했을 것이다. 리슐리외는 사회적으로 큰 부담을 초래하는 전쟁을 계속하는 것보다는 스페인과 적당한 수준에서 타협하여 이를 마무리하는 것이 바람직하다는 점을 충분히 알았을 것이다. 이에 반해 마자랭은 스페인에 대한 압박 수위를 계속 높여나감으로써 합스부르크의 견제라는 16세기 초 이래 프랑스 대외정책의 가장 중요한 목표를 일거에 달성하고자 했다.[3] 마자랭은 이와 같이 비현실적인 목표를 고수함으로써 대내외적으로 중대한 도전에 직면한다.

먼저 베스트팔렌에서 네덜란드연방이 프랑스와의 공조를 포기하고 스페인과 평화조약을 체결했다. 프랑스가 자국의 요구사항을 늘려가면서 조약체결에 성의를 보이지 않는 가운데 스페인은 조속한 시일 내에 조약을 체결하지 않으면 군사적 행동을 재개하겠다고 연방에 압박을 가했다. 특히 스페인은 조약을 체결하지 않으면 남부 네덜란드를 프랑스에 이양할 수도 있다고 위협했고, 이에 두려움을 느낀 네덜란드연방은 조약안에 서명하기로 했다.[4] 네덜란드연방과의 단독 조약체결 합의와 함께 프랑스에 대한 스페인의 태도 역시 변화하기 시작했다. 때마침 스페인은 나폴리에서 일어난 반란(1647. 8~1648. 4)을 진압하는 데 성공했고, 카탈루냐에서도 반격의 계기를 잡았다. 펠리페 4세는 뮌스터의 스페인 협상대표단에게 프랑스의 과도한 요구에 응하지 말도록 지시했다. 이후 두 나라 사이의 협상은 양측이 조금의 양보도 없이 팽팽히 맞선 가운데 별다른 성과를 거둔지 못한 채 종결되었다.[5]

대내적으로 마자랭은 '프롱드의 난'으로 알려진 귀족들의 반란에 직면했다. 반란은 전쟁의 장기화로 인한 정부재정의 악화에서 비롯되었다. 애초에 프랑스 정부는 적어도 1647년 말까지는 전쟁이 마무리될 것으로 예상하고 이때까지의 조세수입을 담보로 관직보유자들로부터 반강제로 돈을 빌렸다. 하지만 전쟁이 1647년을 넘어 계속될 조짐을 보이자 새로운 수입원을 필요로 하게 된 정부는 1650년까지의 수입을 담보로 대출을 강요할 계획을 세웠다. 정부는 또한 새로운 관직을 만들어 판매하고 관직세습권의 갱신을 빌미로 기존 관직보유자들로부터 대규모의 재정적 양보를 이끌어낼 계획도 세웠다.

이에 1648년 6월 파리의 4개 고등법원 대표들이 집단행동에 돌입하여 각 지방에서 활동 중인 지사의 소환과 세무 관료의 자율성 보장, 강제

대출의 금지, 타이유의 축소, 재정규모의 제한 등을 요구했다.[6] 얼핏 정부의 재정정책과 관련된 것으로 읽히는 이러한 요구는 실제로 국가의 힘의 중심을 국왕으로부터 귀족들 편으로 옮기라는 요구와 다를 바 없었다. 재정권한의 축소는 대외정책에서 정부의 독립성을 침해할 것이고, 이는 국왕의 권력을 심각하게 제한할 것이었다. 반란에 참여한 귀족들은 1620년대 이래 리슐리외와 마자랭이 이루어놓은 정치적 · 제도적 변화를 되돌리고자 했다.[7] 파리 고등법원이 주도한 반란이 1649년 3월 막을 내린 후 반란의 진압을 주도한 콩데를 비롯한 대귀족을 중심으로 다시 반란이 일어났다. '제2차 프롱드의 난'은 대귀족의 병력 동원 능력과 스페인의 지원으로 앞서 고등법원들이 일으킨 반란보다 규모와 강도 면에서 훨씬 위협적이었지만, 본질적으로 권력투쟁의 성격을 띠었기 때문에 통치구조 자체를 문제 삼지는 않았다. 마자랭은 잠시 동안이기는 했지만 독일로 망명을 떠나야 했다.

마자랭은 베스트팔렌에서 과도한 요구조건을 내걸어 전쟁을 조기에 종결시키는 데 실패했을 뿐만 아니라, 전쟁을 계속 수행하기 위해 과중한 재정부담을 부과함으로써 귀족의 반발을 초래했다. 프롱드를 주도한 이들은 스페인과의 평화협상 실패를 줄곧 마자랭에 대한 비판의 초점으로 삼았다. 이들은 마자랭이 자신의 정치적 목적을 위해 평화조약 체결을 회피했다고 비난했다.[8] 심각한 어려움을 겪기는 했지만, 마자랭은 귀족의 반란을 성공적으로 극복하고 권좌로 복귀할 수 있었다. 1653년 말부터 프랑스 정부는 다시 지방에 지사를 파견하기 시작했다.[9] 다만 베스트팔렌에서의 실기(失機)와 프롱드 난의 발발로 프랑스는 반격의 기회를 잡은 스페인의 도전을 물리치는 데 많은 시간과 노력을 들여야 했다.

프랑스와의 전쟁에서 스페인의 가장 중요한 목표는 카탈루냐와 포르투갈의 독립을 저지하는 데 있었다. 또한 스페인은 스페인 로드의 안전을 보장하기 위해 독일 서부 지역에서 영향력을 확대하고자 했다. 특히 프랑스가 상 · 하부 알자스를 차지함으로써 이 지역에서 전략적으로 유리한 고지를 점하자 행동에 나서야 할 필요성이 더욱 커졌다고 판단했다. 프롱드의 난은 스페인에 절호의 기회를 제공했다. 프롱드가 한창 진행 중이던 1648~52년 사이에 스페인은 전략요충지에 위치한 신성로마제국의 두 교회제후국인 트리어(Trier)와 슈파이어(Speyer)에 압력을 행사해 친스페인 성향의 인물이 각각 대주교와 주교에 선출되도록 했다. 이와 함께 프랑스가 슈파이어의 필립스부르크 요새에 병력을 주둔시키고 있다는 것을 이유로 역시 슈파이어에 위치한 프랑켄탈(Frankenthal) 요새로부터 스페인군을 철수시키지 않겠다고 공표했다.[10]

스페인은 남부 네덜란드, 이탈리아, 카탈루냐 전선에서도 전세를 점차 역전시키기 시작했다. 특히 스페인은 1651년까지 카탈루냐에서 상당한 지역을 재정복했다. 펠리페 4세는 프랑스에 평화협상을 제의하면서 카탈루냐를 포기하면 스페인-프랑스 국경지대의 루시용과 세르다뉴(Cerdagne)를 프랑스에 할양할 용의가 있음을 밝혔다. 프랑스에 대한 스페인의 공세는 1652년 최고조에 달했다. 스페인군은 남부 네덜란드 전선에서 됭케르크, 이탈리아 전선에서 카살레, 그리고 카탈루냐 전선에서 바르셀로나를 함락시켰다. 됭케르크를 함락시키는 과정에서는 스페인과 동맹을 맺은 영국 해군이 프랑스 함대를 침몰시키거나 포획하여 스페인군을 도왔다.[11]

하지만 1652년은 프랑스에서 프롱드의 기세가 한풀 꺾이기 시작한 해이기도 했다. 1653년 반란의 기세가 잦아들자 프랑스는 스페인에 대한 공세를 재개했다. 이후 스페인에 종종 반격의 기회가 주어지기도 했지만, 전세는 의심의 여지없이 프랑스에 유리한 방향으로 전환되었다. 프랑스는 앞서 언급한 세 전선 모두에서 스페인을 몰아붙였다. 국내적으로 안정을 되찾은 프랑스의 거센 공세에 재정이 바닥난 스페인은 전쟁 포기를 결정했다. 스페인은 이미 40년 동안 쉬지 않고 전쟁을 치렀다. 1637년 이후로는 프랑스의 카탈루냐 침공과 카탈루냐 반란, 포르투갈 반란으로 스페인 본토에서도 전쟁이 계속되었는데, 이베리아반도에서 전쟁이 이렇게 오랜 기간 지속된 것은 15세기 그라나다 정복전쟁 이후 처음 있는 일이었다. 하지만 전비 부담은 계속 늘어나는 데 반해 조세행정을 비롯한 전반적인 국가행정의 비효율성으로 수입은 좀처럼 늘어나지 못했다. 막다른 골목에 몰린 스페인 정부는 세금징수청부인과 지방정부, 시정부에 점점 더 많은 권한을 이양함으로써 긴급히 필요한 자금을 확보하고자 했고, 이로 인해 국가의 행정은 점점 더 '사유화'되었다.[12]

1655년 프랑스와 스페인은 평화조약체결을 위한 협상을 시작했다. 하지만 협상은 곧 결렬되었는데, 이는 펠리페 4세가 프랑스 정부에 콩데 공작을 사면 · 복권할 것을 약속하지 않으면 조약체결에 동의하지 않겠다고 고집을 부렸기 때문이다. 콩데는 프롱드를 주도한 인물로 반란이 실패로 돌아가자 스페인 편에 서서 프랑스와의 전쟁에 참여한 바 있었다. 콩데의 사면 · 복권 문제는 양국 군주의 위신과 명예가 걸린 문제로 여겨져 영토를 분배하는 문제보다 해결하기 쉽지 않았다. 스페인 정부는 1558년 6월 남부 네덜란드 전선에서 치러진 뒨(Dunes) 전투에서 콩데가 이끄는 병력이 튀렌(Turenne)의 프랑스군에 크게 패하고 나서야 평화협상 재개에 동의했다.[13]

1659년 8월 중순부터 11월 7일까지 프랑스-스페인 국경 부근에서 24차례에 걸친 회의 끝에 '피레네 조약'이 체결되었다. 프랑스는 남부 네덜란드에서 손에 넣은 영토 중 아르투아(Artois), 그라블린느(Gravelines), 에노(Hainault)와 룩셈부르크 일부를 제외하고 나머지 모두를 스페인에 되돌려주기로 했다. 프랑스가 이 지역에서 상당한 영토를 점령했음을 감안하면 이는 적지 않은 양보였다. 프랑스는 또한 카탈루냐를 포기하고 포르투갈에 대한 지원을 중단하는 대가로 스페인으로부터 루시용과 세르다뉴 일부를 할양받기로 했다. 스페인은 알자스에 대한 프랑스의 권리를 인정하는 데 동의했다. 이와 함께 양국은 이탈리아 카살레의 성벽을 허물고 전략요충지에 위치한 이 도시를 탈(脫)요새화하기로 했다. 마지막으로 프랑스와 스페인 양국은 루이 14세와 펠리페 4세의 장녀 마리-테레즈(Marie-Thérèse)를 혼인시키기로 합의했다. 앞으로 좀 더 자세히 살펴보겠지만, 이 혼인은 후에 새로운 갈등의 불씨가 된다.[14]

피레네 조약의 체결로 프랑스는 1635년 이후 24년간 중단 없이 계속된 전쟁을, 스페인은 30년전쟁이 발발하고 네덜란드와의 정전협정이 종료된 1618~21년 이후 무려 40여 년 동안 계속된 전쟁을 마무리했다. 정확히 100년 전인 1559년 스페인과 프랑스는 카토-캉브레지에서 조약을 체결하여 역시 수십 년간 지속된 전쟁을 마무리한 바 있다. 100년 전에도 두 나라는 영토를 주고받았고, 왕족 간의 혼인을 성사시켰다. 다만 국제정치적인 위상에서 1559년과 1659년 두 나라는 상반된 길을 걸었다. 카토-캉브레지 조약을 체결한 이후 펠리페 2세의 스페인은 전성기를 구가한 반면, 조약체결을 축하하기 위해 개최된 마상시합에서 앙리 2세가 낙마하여 죽음을 맞이한 이후 프랑스는 피비린내 나는 종교내전의 늪에 빠졌다.

이와는 대조적으로 피레네 조약 이후 프랑스는 젊고 유능한 루이 14세 치하에서 유럽 국제정치를 주도한 반면, 스페인의 지위는 급속도로 추락하기 시작했다. 특히 1665년 펠리페 4세의 뒤를 이어 다섯 살의 나이로 왕위에 오른 카를로스 2세가 너무나 병약하여 오래 살지도, 후사를 남기지도 못할 것으로 예상되면서 스페인의 국제정치적 위상은 심각한 위기에 처했다. 카를로스 2세가 후사 없이 사망하면 스페인의 왕위는 유럽의 여러 지배 가문 중 어느 한 가문 출신에 의해 계승되어야 했고, 그런 경우 합스부르크 스페인의 영토가 분할될 가능성도 배제할 수 없었다.

좀 더 근본적인 차원에서 스페인의 지위 하락은 16세기 말과 17세기 초에 시작된 카스티야의 경제적 쇠퇴에서 비롯되었다. 앞서 지적했듯이 16세기에 카스티야는 합스부르크 스페인을 구성하는 여러 영토 중 가장 크고, 가장 인구가 많으며, 가장 부유한 지역으로서 정치적 중심지이자 대외정책의 동력원 역할을 담당했다. 이러한 카스티야의 경제상황이 1590년대부터 현저하게 하락세로 돌아섰다. 일단 1599년과 1600년에 카스티야를 덮친 전염병과 대기근으로 600~700만 인구 중 50만 명이 목숨을 잃었다. 인구의 감소는 곧바로 재정수입의 감소로 이어졌고, 엎친 데 덮친 격으로 카스티야의 주산업인 양모 생산업이 불황에 빠졌다. 매년 아메리카에서 세비야에 도착하는 은의 양도 조금씩 줄어들기 시작했고, 멕시코와 페루 등의 스페인에 대한 경제의존도가 점차 감소함에 따라 식민지와의 교역에서 예전만큼 높은 상업적 이익을 기대하기도 어려워졌다. 펠리페 3세의 재위 마지막 해인 1621년 즈음이면 카스티야를 중심으로 한 스페인의 경제적 쇠퇴는 불가역적인 사실이 되었다.[15]

다만 경제의 쇠퇴가 곧바로 국제정치적인 영향력의 쇠퇴를 가져오지는 않았다. 지금까지 살펴보았듯이 펠리페 4세 치하에서 스페인은 네덜란드연방, 스웨덴, 프랑스를 상대로 40여 년 이상 막대한 재원을 투입하여 전쟁을 치렀다. 1640년대에는 카탈루냐와 포르투갈, 나폴리 등이 반란을 일으켜 심각한 곤경에 처하기도 했지만 포르투갈을 제외하고는 1659년 이전까지 모두 복속시키는 데 성공했다. 전쟁에서 패배한 후 피레네 조약에서 프랑스에 할양한 영토의 규모도 그리 크지 않았다.[16]

하지만 1659년 이후로는 상황이 달라졌다. 유럽 국제정치무대에서 스페인의 위상은 눈에 띄게 저하되기 시작했다. 피레네 조약으로 프랑스와의 전쟁이 마무리되자 스페인은 모든 힘을 포르투갈의 독립을 저지하는 데 쏟아부었다. 하지만 1665년 펠리페 4세가 숨을 거두기 전까지 계속된 포르투갈에 대한 대공세는 완벽한 실패로 끝났다. 1665년 빌라비치오사(Villaviciosa) 전투에서 영국과 프랑스의 은밀한 지원을 받은 포르투갈군은 스페인군에 대승을 거뒀다. 1668년 스페인은 결국 포르투갈의 독립을 공식적으로 인정했다. 프랑스와의 전쟁을 매듭지었음에도 스페인이 포르투갈의 독립을 저지하는 데 실패하자 당대인들은 왕국의 몰락이 시작되었다고 결론지었다. 1667년 프랑스의 루이 14세가 '상속전쟁(War of Devolution)'을 일으켜 스페인령 남부 네덜란드를 공격했지만, 스페인은 변변하게 저항조차 하지 못했다. 엑스라샤펠(Aix-la Chapelle, 독일명은 Aachen)에서 개최된 평화회담에서 스페인 대표단은 프랑스 왕이 일방적으로 결정한 프랑스와 남부 네덜란드 사이의 국경선을 별다른 이의도 제기하지 못한 채 받아들여야 했다.[17]

2

루이 14세의 전쟁 I: 상속전쟁과 네덜란드전쟁

피레네 조약 이후 프랑스는 역사상 그 어느 때보다 안정적인 대외 환경을 향유할 수 있었다.[18] 스페인은 전쟁에서 패배한 이후 한동안 프랑스에 심각한 위협을 가할 수 없는 상태로 추락했고, 왕정복고에 성공한 찰스 2세의 영국 역시 별다른 위협을 제기할 처지가 못 되었다. 떠오르는 강대국 프랑스보다는 힘이 부쩍 약해진 스페인이 남부 네덜란드를 계속 통치하기 바란 네덜란드연방은 피레네 조약에서 프랑스의 영토획득 규모가 생각보다 그리 크지 않자 프랑스와 동맹을 체결하겠다는 의사를 내비쳤다. 1662년 4월 양국은 25년 기한의 동맹을 체결했다. 독일 서부 지역에는 피레네 조약이 체결되기 전인 1658년에 결성된 라인 동맹이 존재했다. 라인 동맹에는 프랑스와 독일 서부의 여러 제후국이 참여했다. 뮌스터, 노이부르크(Neuburg), 쾰른, 마인츠, 트리어, 팔츠, 헤세-카셀(Hesse-Kassel), 브라운슈바이크-뤼네부르크(Braunschweig-Lüneburg), 브란덴부르크-프로이센 등 프로테스탄트와 가톨릭을 가리지 않고 독일의 여러 세속제후국과 교회제후국들이 참여했고, 스웨덴은 브레멘과 페르덴(Verden), 비스마르(Wismar)의 제후 자격으로 동맹에 참여했다. 라인 동맹은 서부 독일에서 일종의 '집단안보체제'를 구축하는 것을 목표로 삼았다. 제후국들은 동맹을 통해 서부 독일이 프랑스-스페인 전쟁의 전장이 되는 것을 막고자 했다. 프랑스는 독일에서 무력을 행사하지 않겠다고 약속했고, 대신 제후국들로부터 스페인이나 오스트리아 군대가 이 지역을 거쳐 남부 네덜란드로 이동하는 것을 허용하지 않겠다는 약속을 받았다. 라인 동맹은 전쟁이 끝난 이후에도 계속 존속했고, 이로써 프랑스는 독일과의 국경지역에서 어느 정도 안전을 보장받을 수 있었다.[19]

이와 같이 프랑스를 둘러싼 대외환경이 안정적이었음에도 1661년 마자랭이 사망한 후 그를 대신할 인물을 찾는 대신 국정을 직접 장악한 루이 14세는 그렇게 생각하지 않았다. 그는 마자랭이 구축한 안전보장 시스템이 충분히 효율적이라고 느끼지 않았다. 그는 프랑스가 더욱 적극적인 대외정책을 펼쳐야 한다고 믿었다. 그는 프랑스에 그러한 정책을 추구하기에 충분한 능력이 있다고 믿었다. 1661년 이후 무려 54년간 프랑스의 거의 모든 주요 대외정책을 직접 결정한 루이 14세는 자신의 생각을 실행에 옮기기 시작했고,[20] 프랑스는 그의 재위 기간 동안 모두 다섯 차례에 걸쳐 전쟁을 치렀다. 이 중 상속전쟁(1667~68)과 재결합전쟁(1683~84)은 짧은 기간 지속되었지만, 나머지 세 전쟁, 즉 네덜란드전쟁(1672~78), 9년전쟁(1689~97), 스페인 왕위계승 전쟁(1701~14)은 장기간 지속되었다. 사실상 루이 14세의 재위 기간 내내 전쟁이 계속되었다고 해도 과언이 아니다.

이 다섯 차례의 전쟁은 하나같이 더 많은 영토를 획득하려는 루이 14세의 의도가 발단이 되어 발발했다. 재결합전쟁을 제외한 다른 모든 전쟁에서 프랑스는 이러한 계획을 저지하려는 영국, 네덜란드연방, 스페인,

오스트리아 그리고 독일의 여러 제후국 등으로 이루어진 대(對)프랑스 동맹에 맞서 싸워야 했다. 이와 같이 여러 나라를 상대로 벌인 전쟁은 재정적으로 심각한 부담을 초래했지만 프랑스는 리슐리외와 마자랭의 재임 기간 동안 완성된 행정체계를 통해 이를 어렵사리 감당할 수 있었다. 루이 14세가 사망할 무렵 프랑스는 이전에 비해 한층 넓어진 영토를 보유하게 되었다.

프랑스를 상대로 전쟁을 벌여야 했던 영국, 네덜란드연방 등은 루이 14세가 '보편왕국'을 건설하려 한다고 주장했다.[21] 이러한 견해는 그의 재위 기간 내내 끊이지 않고 제기되었다. 1702년 네덜란드연방의 스타텐헤네랄은 프랑스에 대한 전쟁에 참여할 것을 결의하면서 "프랑스국왕이 우리나라를 지배하게 되면 보편왕국으로 가는 길이 열릴 것"이라고 주장했다.[22] 하지만 루이 14세의 프랑스가 이전에 비해 야심찬 대외정책 목표를 추구했고, 영토획득을 위해 끊임없이 전쟁을 벌이기는 했지만 그가 유럽을 '지배'하겠다는 야심을 가졌다고 보기는 어렵다. 그러한 믿음은 프랑스의 우월한 국력과 프랑스군의 효율성에 큰 두려움을 느낀 이들이 만들어낸 '신화'였다.[23]

루이 14세는 전 유럽의 '지배'가 아니라 프랑스의 '안전'을 추구했다. 다만 그는 프랑스의 안전을 추구하는 과정에서 불확실한 요인들의 존재를 용납하지 않으려 했다. 그는 적극적으로 이러한 요인들을 제거하고자 했다. 루이 14세는 프랑스의 '절대 안보'를 추구했다. 이는 그가 야심만만한 군주였기 때문이기도 하지만 그가 친정을 시작할 당시 프랑스와 다른 유럽 국가 간 국력 격차가 매우 컸기 때문이기도 하다. 큰 국력 격차는 그에게 프랑스의 안보를 최대한 폭넓게 규정하도록 만들었다. 이러한 모습이 주변 국가들에 '보편왕국'을 수립하려는 시도로 비친 것도 무리가 아니다. 하지만 루이 14세의 대외정책은 '체제 전복적'인 것과는 거리가 멀었다. 그는 약 한 세기 반에 걸쳐 그 형태를 갖춰온 유럽 국제정치체제의 틀 내에서 프랑스의 이익을 극대화하고자 했다.

☆☆☆☆☆

루이 14세가 친정을 시작한 이래 프랑스가 벌인 첫 번째 전쟁은 상속전쟁이었다. 1659년 피레네 조약에서 루이 14세와 펠리페 4세의 장녀 마리-테레즈의 혼인을 결정하면서 프랑스와 스페인 양국은 스페인이 거액의 결혼지참금을 지급하면 마리-테레즈의 스페인 영토에 대한 모든 상속권을 포기한다는 데 합의했다. 하지만 1665년 스페인의 펠리페 4세가 사망하고, 카를로스 2세가 그 뒤를 이어 왕위에 오르자 루이 14세는 자신의 왕비인 마리-테레즈의 남부 네덜란드에 대한 상속권을 주장하고 나섰다. 프랑스 정부는 그 근거로 아버지의 첫 번째 결혼으로 태어난 자녀는 두 번째 결혼에 의한 자녀에 대해 상속에서 우선권을 갖는다는 브라반트의 관습법을 들었다. 프랑스는 이 관습법이 플랑드르의 일부와 안트베르펜, 에노, 림부르흐(Limburg), 캉브레, 나뮈르(Namur) 그리고 룩셈부르크와 프랑슈-콩테의 일부에도 적용되어야 한다고 주장했다. 1667년 5월 마리-테레즈의 권리를 주장하기 위해 튀렌이 이끄는 프랑스군이 남부 네덜란드로 진격해 들어갔다.[24]

프랑스가 상속권을 근거로 군사적 행동에 나선 것은 앞서 언급했듯이 병약한 소년의 왕위 등극과 포르투갈에 대한 군사작전의 실패로 인해 스페인이 심각한 위기에 처한 결과 남부 네덜란드가 사실상 '무주공산'과 다름없는 상태에 놓이게 되었기 때문이다. 프랑스의 상속권 주장이 영토 획득을 위한 구실에 불과했던 것은 아니다. 루이 14세나 프랑스 정부는 이러한 명분의 정당성을 진지하게 생각했다. 근세 초 유럽에서 국가의 영

토는 군주와 그의 가문의 '가산(家産)'이라는 관념은 구체제가 끝나는 순간까지 힘을 잃지 않았다.[25]

이와 함께 한동안 비교적 평화로운 시기가 이어지면서 전장에서 무공을 세우기를 원하는 궁전 안팎의 귀족들이 젊은 국왕의 유약함을 비판하기 시작했다는 사실 역시 루이 14세의 전쟁 결정에 영향을 미쳤다. 이 시기 대부분의 귀족들은 전쟁에서 무공을 세우고 용맹함을 입증하는 것이 자신들의 가장 중요한 의무라는 믿음을 갖고 있었다. 군주도 이러한 귀족의 의무에서 예외는 아니어서 루이 14세는 전쟁의 승리와 영토획득을 통해 자신의 위신과 명성을 드높일 기회가 좀처럼 찾아오지 않는다는 사실에 대해 종종 초조감을 드러내곤 했다. 군주 자신과 왕가의 '영광(gloire)'을 고양하는 것은 루이 14세가 한창 혈기왕성하던 시기에 치러진 상속전쟁과 네덜란드전쟁에서 그의 가장 중요한 목표 중 하나였다. 네덜란드전쟁이 발발할 당시 네덜란드연방을 정치적으로 이끌던 요한 드 위트(Johan de Witt)는 1664년 루이 14세에 대해 다음과 같이 썼다.

> "프랑스에는 현재 26세의 젊은 국왕이 있다. 그는 신체적으로나 정신적으로 한창 왕성한 시기에 있다. 그는 자신이 무엇을 원하는지 잘 알고 있고, 자신의 권위에 근거하여 행동에 나설 줄도 안다. 그리고 그는 매우 호전적인 국민으로 이루어지고 상당히 부유한 왕국을 소유하고 있다. 만일 그가 모든 군주에게 공통적인, 영토를 확장하려는 야심을 포기하려면 그는 매우 특별한, 거의 기적에 가까운 자제력을 발휘해야 할 것이다."[26]

상속전쟁은 소규모 전투와 요새화된 도시들에 대한 포위 작전을 중심으로 전개되었다. 남부 네덜란드의 여러 도시는 별다른 저항 없이 프랑스군에 순순히 투항했다. 오직 릴(Lille)만이 한 달 가까이 프랑스군의 포위공세를 견뎠다. 1668년 5월 엑스라샤펠에서 체결된 조약에서 프랑스는 프랑슈-콩테를 스페인에 반환하는 대신 릴, 투르네 등 남부 네덜란드의 몇몇 주요 도시를 할양받았다.[27] 루이 14세의 입장에서 이러한 성과는 애초에 기대한 바에 미치지 못했다. 새로 그어진 국경선이 왕국을 군사적으로 방어하기에 적합하지 않았기 때문이다.[28] 그럼에도 그가 전쟁을 끝내는 데 합의한 것은 1668년 1월 네덜란드연방이 영국, 스웨덴과 3국 동맹을 체결하여 스페인에 대해서는 조속한 시일 내에 프랑스의 요구에 응할 것을 종용하는 한편, 프랑스에 대해서는 만약 스페인에 대한 요구 수준이 지나치게 높다고 판단될 경우 세 나라는 1659년의 국경선을 복원하기 위해 스페인을 도와 참전할 수 있다고 위협했기 때문이다. 네덜란드연방이 이와 같이 적극적으로 프랑스의 영토획득을 저지하고 나선 것은 연방의 입장에서 프랑스와 국경을 사이에 둔 이웃 국가가 되는 것이 결코 달갑지 않았기 때문이다. 네덜란드연방은 이제는 크게 약화된 스페인이 남부 네덜란드를 계속 통치하는 것이 자국의 이해관계에 더 잘 부합한다고 보았다. 루이 14세는 1635년 이래 스페인을 상대로 한 전쟁에서 오랜 기간 긴밀하게 협력했고, 1662년에는 방어동맹을 체결한 바 있는 네덜란드연방이 다른 나라들과 협력하여 프랑스에 압력을 행사한 것을 '배신'으로 이해했다.[29]

엑스라샤펠 조약이 체결된 직후부터 루이 14세는 네덜란드연방에 대한 전쟁을 결정하고 이를 위한 사전 정지작업에 들어갔다. 일단 1670년 영국의 찰스 2세와 비밀조약(도버 조약, Treaty of Dover)을 체결하여 찰스 2세가 적절한 시기에 본인의 가톨릭 신앙을 고백하고 네덜란드연방과의 관계를 단절한다는 조건으로 상당 액수의 지원금을 지급하기로 약속했다. 루이 14세는 또한 영국 내에서 소요가 발생할 경우 6천 명의 병력을 파견하여 찰스 2세를 돕기로 했다. 이러한 지원에 대한 대가로 찰스 2세는 프랑스와 함께 "스타텐 헤네랄의 오만함을 꺾기 위해 지상과 해상에서 모든 군사력을 총동원하여 네덜란드연방에 대해 공동으로 전쟁을 수행"하기로 합의했다.[30] 프랑스는 또한 리에주(Liège) 주교 겸 쾰른 선제후 막시밀리안 하인리히(Maximilian Heinrich)에게 프랑스군이 네덜란드연방을 공격할 때 리에주와 쾰른의 영토를 통과하는 것에 대해 양해를 구하는 한편, 바이에른 선제후 페르디난트 마리아(Ferdinand Maria)로부터는 오스트리아군이 바이에른을 통과하여 네덜란드로 향하는 것을 허용하지 않겠다는 약속을 받았다. 국내적으로는 르텔리에(Michel Le Tellier)와 루부아(François Michel Le Tellier de Louvois) 부자가 주도한 군사개혁과 콜베르(Jean-Baptiste Colbert)가 주도한 재정개혁이 성과를 거두어 전쟁의 효과적인 수행을 위한 탄탄한 기반이 마련되었다.[31]

이제 프랑스가 네덜란드연방을 침공할 의도를 가지고 있음이 명백해졌다. 프랑스의 위협에 대처하기 위한 네덜란드연방의 전략은 단순했다. 연방은 프랑스와 연합한 영국의 해상 공세를 강력한 해군력을 동원하여 차단하고, 지상에서 공세를 펴는 프랑스군은 마스트리히트, 베젤, 라인베르크 등 견고하게 구축된 요새로 이루어진 방어선에서 최대한 오랫동안 발을 묶는다는 전략을 세웠다. 네덜란드연방은 또한 스페인과 오스트리아에 도움을 청했다. 하지만 두 나라 모두 연방의 요청에 미적지근하게 반응했다. 스페인은 네덜란드연방과 동맹을 체결하여 프랑스가 연방을 침공하면 병력을 지원하기로 약속했지만 프랑스와의 관계를 단절하거나 전쟁 당사자가 되지는 않는다는 단서조항을 부가했다. 오스트리아의 레오폴트 1세(Leopold I, r.1658~1705)는 연방의 요청에 응하는 대신 루이 14세와 중립조약을 체결하여 두 나라 사이의 전쟁에 개입하지 않겠다는 뜻을 분명히 했다. 물론 스페인과 오스트리아는 프랑스가 네덜란드연방을 제압하고 남부 네덜란드를 장악하는 상황을 원하지 않았다. 하지만 일단은 당시 유럽에서 최강의 군사력을 보유한 프랑스와 정면으로 맞서는 것은 바람직하지 않다고 판단했다. 결국 네덜란드연방은 어느 나라의 도움도 받지 못한 채 프랑스군의 예봉을 고스란히 홀로 견뎌야 했다.[32]

1672년 튀렌과 콩데가 이끄는 프랑스군이 세 갈래로 네덜란드연방을 침공함으로써 네덜란드전쟁이 시작되었다. 루이 14세가 벌인 다섯 차례의 전쟁 중에서 네덜란드전쟁은 그의 개인적인 관심과 믿음 그리고 이해관계가 가장 많이 반영된 전쟁으로 알려져 있다. 우선 루이 14세는 전쟁을 통해 상속전쟁에서 드러난 네덜란드의 이중성을 '응징'하고자 했다. 이와 관련하여 그는 다음과 같이 주장했다.

> "남부 네덜란드에 대한 여왕의 정당한 권리를 주장하려는 짐의 노력은 물거품이 되었다. …… 짐은 그녀의 권리를 확인받기 위해 무기를 들었다. …… 영국인도 신성로마제국의 황제도 짐의 목표에 반대하지 않았다. …… 하지만 짐은 짐의 충실하고 오랜 친구인 네덜란드연방이 짐을 막으려 한다는 것을 알았다. 연방은 짐의 이해관계를 존중하는 대신 그들의 규칙을 짐에게 강요하고 평화조약을 체결하도록 했다. 심지어 연방은 그들의 중재를 거부하지 말 것을 협박하기까지 했다."[33]

루이 14세는 네덜란드연방이 프로테스탄트 국가라는 사실도 전쟁을 불가피하게 만든 요인이라고 보았다. 그는 특히 프랑스 내에서 위그노교도들에게 제한적이기는 하지만 종교의 자유가 허용되는 데 반해, 연방에서는 그러한 관용이 가톨릭교도들에게 허용되지 않는 데 대해 불편한 마음을 감추지 않았다. 그는 상속전쟁 당시 연방의 주도로 결성된 영국, 스웨덴과의 3국 동맹이 프로테스탄트 국가들의 가톨릭 국가에 대한 음모에서 비롯되었다는 의심을 품기도 했다. 루이 14세에게는 네덜란드연방이 군주의 정당한 지배에 대한 반란으로부터 생겨난 공화국이라는 사실도, 연방이 귀족의 명예나 고귀함에 무지한 "청어 상인들"의 국가라는 사실도 일정 부분 전쟁을 정당화하는 것으로 여겨졌다. 한마디로 루이 14세는 자기 자신과 자신의 가문, 국가의 명예가 '근본 없는 이교도 국가'에 의해 손상되었다고 믿었고, 이는 전쟁의 충분한 이유가 된다고 보았다.[34]

국가를 군주 개인의 소유물로 간주한 시대에, 더군다나 루이 14세의 프랑스와 같이 강력한 권한을 가진 군주가 국정의 세세한 부분까지 관여하는 국가에서 군주의 개인적인 판단과 믿음과 동기가 전쟁의 중요한 원인이 되었다는 것은 부인하기 어렵다. 에크버그(Carl J. Ekberg)는 루이 14세의 네덜란드 침공이 1494년 샤를 8세의 이탈리아 침공과 유사한 동기에서 이루어졌다고 지적하기도 한다.[35] 하지만 전쟁의 기원을 전적으로 이러한 관점에서만 이해할 수는 없다. 비록 전쟁이 프랑스의 일방적인 도발과 공세로 시작되긴 했지만 루이 14세가 이를 통해 궁극적으로 얻고자 한 것은 프랑스의 안보였기 때문이다. 루이 14세의 목표는 남부 네덜란드를 프랑스의 통제하에 두는 데 있었다.

앞서 살펴보았듯이 마자랭 역시 베스트팔렌에서 이 지역을 손에 넣으려 시도한 바 있었다. 남부 네덜란드는 수도 파리와 가까운 거리에 위치해 있었을 뿐만 아니라 프랑스-남부 네덜란드 국경선과 파리 사이에 병력의 이동을 지체시킬 만한 자연적인 지형지물도 부재했다. 따라서 15세기에 부르고뉴 공국이 이 지역을 손에 넣은 이래 프랑스에 안보상의 위협을 제기할 수 있는 위치에 있는 국가가 남부 네덜란드를 장악해왔다는 것은 프랑스 안보의 아킬레스건이었다. 이제 이 지역에 대한 스페인의 장악력이 크게 약화된 상황에서 프랑스가 이 문제를 해결하는 데 네덜란드연방은 유일한 걸림돌이었다. 루이 14세는 유럽의 국제정세가 그 어느 때보다 프랑스에 유리한 이때 이 오래된 문제를 단번에 해결하고자 했다.[36] 튀렌, 콩데, 르텔리에, 루부아 등 군 지휘관과 군사전문가들 역시 남부 네덜란드를 장악하여 왕국의 북쪽으로부터 침공을 방어하기에 용이한 국경선을 확보할 필요성을 역설했다.[37]

1672년 4월 2일 전쟁선포와 함께 네덜란드연방을 침공한 프랑스군은 파죽지세로 연방군을 밀어붙였다. 네덜란드연방의 예상과는 달리 난공불락의 마스트리히트 요새를 우회한 프랑스군은 약 한 달 만에 무려 40여 개의 요새를 함락시켰다. 대부분의 요새는 프랑스군에 의해 본격적으로 포위되기도 전에 투항했다. 프랑스군은 6월 12일 라인강을 건너는 데 성공했고, 같은 달 30일에 위트레흐트에 입성했다. 하지만 프랑스군의 성공은 거기까지였다. 위트레흐트에 입성하기 약 열흘 전에 네덜란드군이 제방을 터뜨려 암스테르담과 그 주변 지역을 바닷물로 둘러쌌기기 때문이다. 도하에 필요한 여러 척의 선박을 구할 수 없다면 프랑스군이 더 이상 진격하는 것은 불가능했다. 제방을 터뜨림으로써 최소한의 안전이 확보되자 네덜란드연방은 프랑스에 평화협상을 제안했다.

네덜란드연방은 협상에서 누가 보더라도 프랑스에 절대적으로 유리한 조건을 제시했다. 네덜란드연방은 전략요충지에 위치한 마스트리히트 요새와 함께 프랑스가 점령한 라인 강변의 모든 요새, 그리고 네덜란드연방이 통치해온 플랑드르와 브라반트의 일부를 프랑스에 할양하겠다는 의사를 밝혔다. 이와 함께 거액의 전쟁배상금 지급도 약속했다. 이러한 제안은 프랑스가 남부 네덜란드 전체를 합병하더라도 반대하지 않겠다는 의사 표시와 다를 바 없었다. 제안한 영토와 요새의 할양과 함께 네덜란드연방이 프랑스의 남부 네덜란드 지배를 군사적으로 막을 수단이 완전히 사라질 것이기 때문이었다.

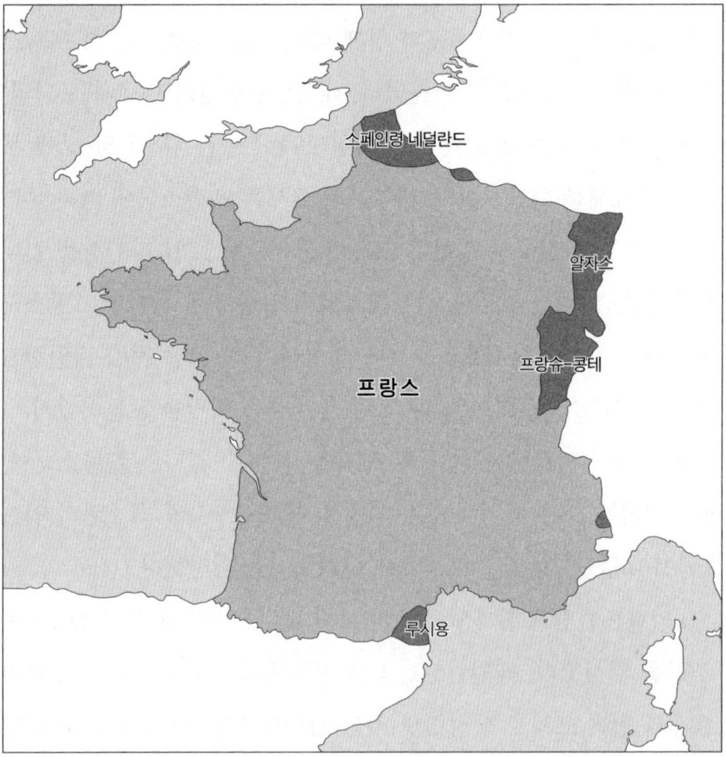

루이 14세 재위 시기 프랑스의 영토확장

하지만 예상을 뛰어넘는 전과에 도취한 루이 14세와 그의 측근들은 네덜란드연방의 제안을 거부하고 이미 할양을 제안한 영토 이외에도 연방의 7개 주 중 헬데를란트 오버레이설, 위트레흐트의 할양과 프랑스 상인에 대한 보복관세 폐지, 연방 내에서 가톨릭교의 허용 등을 추가로 요구했다. 이러한 제안은 네덜란드연방을 프랑스의 '보호국'으로 만들겠다는 것과 다름없었다. 네덜란드연방은 프랑스와의 평화협상을 중단하기로 결정했다. 만약 네덜란드연방의 제안을 받아들였다면 루이 14세는 전쟁의 가장 중요한 목표를 달성하고 이를 명예롭게 끝낼 수 있었을 것이다. 그는 15세기 이래로 프랑스를 지속적으로 괴롭혀온 문제, 즉 네덜란드로부터의 위협에 대한 안전 확보라는 문제를 최종적으로 해결할 수 있었을 것이다. 이와 함께 전쟁이 불필요하게 길어지고 주변 국가의 개입으로 전선이 네덜란드에서 다른 지역으로 확산되는 것을 피할 수 있었을 것이다. 하지만 루이 14세는 불필요한 과욕과 오만으로 결정적인 기회를 눈앞에서 놓치고 말았다.[38]

홀란트에서 전선이 교착상태에 빠지자 1673년 6월 프랑스군은 마스트리히트 요새의 공략에 나섰다. 루이 14세의 전폭적인 신뢰를 받았던 군사기술전문가 보방(Sébastien Le Prestre de Vauban)의 지휘 아래 프랑스군은 당대의 최첨단 기술을 총동원하여 공성전을 펼쳤고, 마스트리히트는 22일 만에 투항했다. 마스트리히트의 함락으로 프랑스는 강력한 군사력을 전 유럽에 과시하는 데 성공했지만 전쟁의 흐름에는 별다른 영향을 끼치지 못했다. 루이 14세는 네덜란드연방에 대한 요구수준을 낮추어 전쟁을 끝내고자 했지만, 요한 드 위트의 뒤를 이어 연방의 권력을 장악한 스타드호울더(Stadhoulder) 빌렘 3세는 평화협상을 거부했다. 이는 프랑스군이 마스트리히트 함락 외에 네덜란드연방 내에서 군사적으로 별다른 진전을 보이지 못했다는 사실과 더불어 네덜란드 해군이 프랑스와 영국의 연합

해군에 연전연승을 거뒀다는 사실,[39] 그리고 스페인과 오스트리아가 전쟁 개입을 준비하기 시작했다는 사실 때문이었다. 1673년 8월 스페인과 오스트리아는 네덜란드연방과 동맹을 체결했다. 동맹은 1659년 국경선으로 복귀하는 것을 목표로 삼았다. 그해 10월 스페인과 프랑스는 서로 선전포고를 주고받았고, 이와 거의 동시에 브란덴부르크-프로이센이 동맹에 참여했다. 이에 루이 14세는 네덜란드연방으로부터의 철수를 결정하고, 전력의 대부분을 프랑스-남부 네덜란드, 프랑스-독일, 프랑스-스페인 국경지역으로 이동시켰다.[40]

1674년 2월 영국이 네덜란드연방과 웨스트민스터 조약을 체결하고 프랑스와의 동맹을 포기했다. 전쟁을 통해 영국 내에서 자신의 권력기반을 강화하려던 찰스 2세의 시도가 해전에서의 잇따른 패배로 수포로 돌아갔기 때문이다. 오히려 그는 의회의 거센 저항과 여론의 비판에 직면했다.[41] 영국의 동맹 파기로 프랑스는 다른 나라의 도움을 전혀 받지 못한 채 유럽의 여러 나라와 전쟁을 벌여야 했다. 이후 네이메헨(Nijmegen)에서 평화조약이 체결된 1678년까지 참전국 중 어느 편도 결정적인 우위를 차지하지 못한 채 밀고 밀리는 공방전이 계속되었다. 1673년 이후 프랑스는 외부의 침략으로부터 방어가 용이한 국경선의 확보라는 목표에 집중하기 시작했다. 특히 남부 네덜란드에서 영토를 획득하여 더욱 '합리적인' 국경선을 만드는 데 관심이 집중되었다. 1677년 카셀(Cassel) 전투에서 프랑스군이 네덜란드연방군에 거둔 승리는 이러한 목표를 앞당기는 데 기여했다. 승리의 결과 프랑스는 발랑시엔(Valenciennes), 생토메르(Saint-Omer), 캉브레(Cambrai) 등 그때까지 프랑스-남부 네덜란드 국경선을 '비합리적'으로 만든 주요 지점에 위치한 요새들을 손에 넣을 수 있었다.[42]

네덜란드 전쟁은 1678년 네이메헨 평화조약의 체결과 함께 막을 내렸다. 전쟁이 예상보다 장기화되고 참전국과 전선의 수가 늘어나면서 프랑스의 전쟁 부담이 크게 증가한 것이 루이 14세로 하여금 조약체결을 결심하게 했다. 특히 전쟁이 포위전을 중심으로 전개되면서 필요한 인력이 늘어남에 따라 병력 규모가 크게 증가했다. 프랑스는 애초에 15만 명을 동원할 계획이었지만 여러 나라를 상대하는 과정에서 적어도 서류상으로는 총 병력 규모가 28만 명까지 증가했다.[43] 근세 초 대부분의 전쟁과 마찬가지로 네덜란드전쟁도 일방적인 승자와 패자를 가리기 어려운 상태에서 끝을 맺었다. 굳이 구분을 짓자면 전쟁의 최종승자는 프랑스와 네덜란드연방이었다. 네이메헨에서 프랑스는 나쁘지 않은 성과를 올릴 수 있었다. 물론 프랑스는 전쟁 초기에 남부 네덜란드를 거의 완전하게 장악할 기회를 흘려보내는 실수를 저질렀다. 하지만 전쟁의 나머지 기간 동안 프랑스는 여러 적에 맞서 선전했다. 프랑스는 남부 네덜란드에서 스페인으로부터 앞서 언급한 세 도시 이외에도 이프르(Ypres), 콩데(Condé), 부샹(Bouchain) 등을 획득했고, 프랑슈-콩테 또한 할양받았다. 프랑스의 입장에서 가장 큰 성과는 프랑스와 남부 네덜란드 사이의 국경선이 마침내 '합리적'인 형태를 취하게 되었다는 것이다. 네덜란드연방은 전쟁 전의 영토를 완벽하게 회복했다. 프랑스가 네덜란드 상품에 부과했던 높은 관세를 폐지하겠다는 약속도 받아냈다. 네덜란드연방이 한때 '존망의 위기'에 처했다는 점을 감안하면 이는 준수한 성과였다.[44]

전쟁의 패자는 스페인이었다. 스페인은 상속전쟁에 이어 다시 한번 상당한 영토를 프랑스에 할양해야 했다.[45] 이제 스페인 내에서는 군사적으로나 재정적으로 더 이상 효과적인 통치가 가능하지 않게 된 남부 네덜란드를 포기해야 한다는 목소리가 나오기 시작했다. 대표적으로 펠리페 4세의 서자로서 1675년부터 1679년까지 이복동생 카를로스 2세를 위해 스페인 정부를 이끈 돈 후안(Don Juan)은 프랑스 서남부의 루시용을 획득하는 대가로 남부 네덜란드 전체를 프랑스에 할양하는 방안을 제안했다.

돈 후안은 남부 네덜란드를 포기하여 프랑스와의 분쟁 소지를 아예 없애 버리는 것이 프랑스를 견제할 여력이 더 이상 남아 있지 않은 스페인의 입장에서 더 나은 대안이라고 믿었다.[46]

3
루이 14세의 전쟁 II: 재결합전쟁과 9년전쟁

네이메헨 평화조약에서 프랑스는 상당한 성과를 거뒀다. 프랑슈-콩테를 합병하고, 남부 네덜란드와의 국경을 방어가 유리한 형태로 합리화했다. 전쟁이 끝난 후 루이 14세는 '루이 대왕(Louis le Grand)'으로 불리기 시작했다. 하지만 루이 14세 자신은 네덜란드전쟁에 들인 노력과 희생을 감안하면 전쟁으로 프랑스가 얻은 이익이 기대에 크게 미치지 못한다고 판단했다. 루이 14세와 그의 신료들은 전쟁이 끝나자마자 새로운 대외정책 목표를 설정하고 이를 위한 계획수립에 착수했다. 이들의 다음 목표는 독일과의 국경선을 '합리화'하는 데 맞춰졌다.

우선 프랑스 정부는 메스와 브장송(Besançon), 브라이자흐에 위치한 고등법원과 상급법원에 '재결합(Réunions)' 업무를 담당하는 부서를 설치했다. 그리고 이들로 하여금 '법적으로' 프랑스에 속하지만 이 사실이 제대로 인지되지 못한 영토를 왕국에 '편입'시키도록 했다. 편입되는 영토의 귀족이나 주민이 저항하는 경우 군사력을 사용하도록 했다. 이러한 조치에 따라 프랑스 동부 국경지대에서 신성로마제국의 제후국과 스페인, 스웨덴에 속했던 혹은 속한다고 여겨졌던 영토들이 프랑스에 합병되었다. 대표적으로 1679년 브장송 고등법원은 몽벨리아르(Montbéliard) 지역 내의 80여 개 마을이 프랑스의 주권 하에 놓인다고 선언했다. 법원은 이 마을을 봉토로 보유한 귀족들에게 루이 14세를 그들의 상급영주로 인정하든지 아니면 봉토를 포기하라고 통고했다. 통고를 받은 이들 중에는 신성로마제국의 뷔르템베르크(Württemberg) 공작이 포함되어 있었다. 몽벨리아르는 지리적으로 프랑슈-콩테와 알자스를 연결하는 지점에 위치해 있었고, 프랑스는 이와 같은 전략요충지가 외국 제후의 소유로 남아 있는 것을 용인하지 않았다. 1681년 메스의 고등법원은 스페인 영토인 룩셈부르크 공국 내의 쉬니(Chiny) 지역이 원래 메스 주교의 소유였음을 '발견'하고 이의 환수를 명령했다. 스페인은 당연히 이러한 조치에 반발했지만 프랑스는 이에 아랑곳하지 않고 군대를 보내 법원의 명령을 '집행'했다. 메스의 고등법원은 룩셈부르크 내 6개 도시와 다수의 촌락이 쉬니의 부속지였다는 이유로 이의 환수 역시 명령했다. 결국 룩셈부르크 공국 내에서 오직 룩셈부르크 요새만이 스페인의 수중에 남게 되었는데, 프랑스는 군사적으로 중요한 이 요새마저 차지하기 위해 이를 겹겹이 에워쌌다. 알자스에서도 유사한 절차가 진행되어 1680년 8월까지 스트라스부르를 제외한 콜마르, 아그노(Hagenau), 비상부르(Wissembourg) 같은 알자스의 주요 도시들이 프랑스 왕국의 일부가 되었다.

1681년 9월 30일 프랑스군은 스트라스부르와 켈(Kehl)을 점령하여 프랑스 영토로 편입시켰다. 두 도시는 프랑스와 독일을 잇는 주요 경로 상에 위치했다. 네덜란드전쟁 기간 동안 오스트리아 황제의 군대가 여러 차례 두 도시를 거쳐 프랑스를 공격했고, 이는 프랑스가 이들을 장악해야 할 이유가 되었다. 이러한 조치는 법원의 재결합 명령에 의거하지 않고 순전히 군사적 · 전략적 필요성에 따라 강압적으로 이루어졌다. 최소한의 절차적 정당성마저 무시되었다. 스트라스부르를 점령한 것과 거의 동시에 프랑스군은 역시 어떤 합법성의 외피도 두르지 않고 북부 이탈리아의 전략요충지인 카살레를 점령했다.[47]

프랑스의 재결합 정책은 스페인과의 전면전으로 이어졌다. 1683년 8월 프랑스는 남부 네덜란드의 스페인 총독에게 스페인 정부가 프랑스의 '정당한' 영토할양 요구를 거부했으므로 이에 대한 보복으로 3만 5천 명의 프랑스군이 국경을 넘어 남부 네덜란드에 주둔하면서 식량과 말에게 먹일 사료 등을 징발할 것임을 알렸다. 이에 남부 네덜란드 총독은 스페인군에 역시 국경을 넘어 몇몇 프랑스 촌락을 습격하도록 했다. 이 소식을 들은 루이 14세는 스페인군이 "짐의 영토 내에 있는 가옥 하나 혹은 촌락 하나를 불태울 때마다 저들의 가옥 혹은 촌락 50개씩을 불태울 것"을 명령했고, 이에 따라 남부 네덜란드에 대한 가혹한 보복이 이루어졌다. 스페인은 10월 26일 프랑스에 정식으로 전쟁을 선포했고, 양국 군대는 피레네와 룩셈부르크, 남부 네덜란드 등에서 대치했다. 스페인군은 네덜란드연방의 지원에도 프랑스군과 대등한 싸움을 벌이기 어려웠다. 프랑스군은 특히 남부 네덜란드에서 매우 가혹한 방식으로 다수의 촌락을 파괴함으로써 악명을 떨쳤다. 대표적으로 1684년 2월 루부아는 스페인군이 두 군데의 프랑스 촌락에 위치한 두 개의 곳간을 불태운 것에 대한 보복으로 샤를루아(Charleroi) 인근 20개 촌락을 불태울 것을 명령했다. 전쟁은 1684년 8월 양측이 레겐스부르크(Regensburg)에서 정전에 합의함으로써 끝났다. 프랑스는 전쟁 중에 차지한 영토를 되돌려주는 대가로 스트라스부르와 룩셈부르크, 그리고 재결합을 통해 획득한 영토의 보유를 인정받았다.[48]

1679년부터 1684년까지 재결합정책과 전쟁을 통해 프랑스가 획득한 영토의 규모는 그리 크지 않았다. 다시 강조하거니와 루이 14세와 프랑스 정부의 목표는 영토확장에 있지 않고 외부로부터의 침략을 용이하게 방어할 국경선의 구축에 있었다. 하지만 프랑스의 재결합정책은 유럽 국가들에 큰 충격과 두려움을 불러일으켰다. 당대인들은 프랑스의 강압적인 영토획득 방식과 이를 위해 동원된 프랑스군의 폭력성에 우려를 표명했다. 가장 심각한 반응을 보인 것은 독일인이었다. 독일인은 프랑스가 신성로마제국의 가장 유서 깊은 제국시 가운데 하나인 스트라스부르를 '강탈'에 가까운 방식으로 점령한 것에 큰 충격을 받았다. 또한 독일에 대한 오스만제국의 위협이 점증하는 와중이었음에도 프랑스가 기독교인의 의무를 저버리고 공세의 고삐를 늦추지 않은 것에 대해 크게 분노했다. 1681년 제국의회에 모인 신성로마제국 구성원들이 프랑스의 공세로부터 독일을 방어할 목적으로 최대 12만 명으로 구성되는 '제국군'을 창설하기로 합의한 것은 바로 이러한 충격과 분노에 바탕을 두었다.[49]

☆☆☆☆☆

1682년 오스만튀르크제국의 재상(vizier) 카라 무스타파(Kara Mustapha)가 오스트리아에 대한 공격을 결정했다. 당시 레오폴트 1세의 오스트리아는 루이 14세의 재결합 정책의 여파를 차단하는 데 모든 주의를 쏟고 있었다. 헝가리에서는 1670년대 이래 오스트리아에 대한 반란이 계속되고 있었는데, 프랑스는 독일로부터 레오폴트 1세의 주의를 돌리기 위해 터키령 헝가리와 트란실바니아에 근거지를 둔 반란세력을 재정적 · 군사적으로 지원했다. 프랑스가 오스만제국과 긴밀한 관계를 유지한 것도 같은 이유에서였다. 프랑스는 오스만제국으로 하여금 오스트리아에 공세적인 조치를 취하게 함으로써 프랑스-독일 국경지대에서 필요한 영토를 확보하는 데 도움을 받고자 했다. 물론 프랑스가 오스만제국의 빈 공격을 직접 부추긴 것은 아니다. 프랑스는 오스만제국이 군사적으로 그럴만한 능력을 지니고 있다고 믿지 않았다. 하지만 실제로 빈이 포위되었을 때 프랑스는 큰 비난을 받았다. 비난의 목소리는 독일에서 가장 거셌다.[50]

오스만제국의 오스트리아 침공은 어느 정도 예상된 바였다. 오스트리아는 이에 대비하여 병력을 증강했다. 1683년 7월 침공이 시작된 후에는 신성로마제국의 제후국들과 폴란드에 도움을 요청했다. 독일 내에서는 바이에른, 작센을 비롯한 다수의 제후국이 독자적으로 혹은 크라이스를 중심으로 병력을 동원하고 조직하여 총 4만 명을 지원했고, 폴란드 역시 1만 5천 명에서 2만 명의 병력을 급파했다. 총 7만 5천 명에 이르는 '기독교 연합군'이 빈 인근의 칼렌베르크(Kahlenberg)에서 벌어진 전투에서 오스만군에 승리를 거뒀을 때, 도시를 포위한 오스만군은 외성을 돌파하는 데 성공하고 터널을 뚫어 도시 내부로 막 진입하려 하고 있었다.

빈의 함락을 막는 데 성공한 기독교 연합군은 곧바로 반격에 나섰다. 연합군은 터키령 헝가리로 진격했고, 파르카니(Párkány) 전투에서 다시 한 번 승리를 거뒀다. 1684년에는 교황 이노켄티우스 11세의 주도로 오스트리아와 폴란드, 베네치아 사이에 '신성동맹'이 체결되었다. 로렌 공작 카를 5세가 이끄는 독일 제국군은 1686년 터키령 헝가리의 중심인 부다(Buda)를 점령하는 데 성공했고, 1687년에는 모하치(Mohács) 전투에서 오스만 군대에 대승을 거뒀다. 이어서 1688년에는 바이에른의 막시밀리안 에마누엘(Maximilian Emanuel) 대공이 이끄는 제국군이 베오그라드를 함락했다. 터키령 헝가리를 정복함으로써 오스트리아는 이곳에 근거를 둔 반란세력 역시 성공적으로 제거할 수 있었다.[51] 1687년 9월 프레스부르크(Pressburg)에서 소집된 헝가리 의회는 레오폴트 1세의 아들 요제프를 헝가리 국왕으로 인정하면서 합스부르크에 헝가리의 왕위세습권을 부여했다. 이전까지 헝가리인은 관습적으로 합스부르크의 왕위계승을 인정하면서도 공식적으로는 국왕선출제를 포기하지 않았다. 하지만 1540년 이래 150년 가까이 헝가리 중심부를 지배한 오스만제국을 몰아내는 데 성공한 황제의 위세에 헝가리 의회는 별다른 이의 없이 왕위세습을 인정했다. 국왕선출제를 포기함과 동시에 국왕 선출 시 중앙정부에 특권과 특혜 부여를 요구할 헝가리인의 권리도 함께 사라졌다. 헝가리 의회는 1222년 이래 보유해온 국왕의 폭정에 무력으로 저항할 권리(ius resistandi) 역시 포기했다.[52]

오스만제국을 상대로 한 오스트리아의 승리는 루이 14세에게 큰 위기감을 불러일으켰다. 그는 이슬람제국의 침공으로 위기에 처한 오스트리아에 어떤 지원도 제공하기를 거부함으로써 여러 나라로부터 이미 큰 비난을 받은 바 있었다. 루이 14세는 오스만제국과 오스트리아 침공을 공모했다는 의심까지 받았다. 그런데 치명상을 입으리라 예상했던 오스트리아가 위기를 극복했을 뿐만 아니라 역공에 나서 상당한 영토까지 획득한 것이다. 루이 14세는 이전보다 강력해진 오스트리아가 병력을 서유럽 전선에 투입하기 전에 방어에 적합한 국경선을 구축하는 작업을 마무리해야 한다고 결론지었다.

프랑스의 공세를 저지하기 위한 유럽 국가 간 협력 네트워크가 점점 촘촘해지고 두터워지는 것도 문제였다. 1686년 오스트리아 황제와 독일 서부의 몇몇 군소 제후 간에 맺은 동맹이 스페인과 스웨덴의 참여로 확대되고 강화되었다. 두 나라는 '아우크스부르크(Augsburg) 동맹'으로 불린 이 동맹에 신성로마제국 구성원의 자격으로 참여했다. 1681년에는 네덜란드연방과 스웨덴이, 1683년에는 황제와 네덜란드연방, 스페인, 스웨덴이, 1685~86년에는 브란덴부르크-프로이센과 네덜란드연방, 황제와 스웨덴이 방어동맹을 체결했다.[53] 그간 줄곧 친프랑스적인 입장을 고수해온 브란덴부르크-프로이센의 선제후 프리드리히 빌헬름은 프랑스의 1685년 낭트 칙령 폐지를 계기로 반프랑스 진영에 가담했다. 모든 프로테스탄트 교회를 파괴하고 모든 종교 회합을 금지하는 등 위그노에게 제한적으로 허용되어오던 관용마저 완전히 박탈한 이 조치로 약 8만~10만 명에 이르는 프로테스탄트교도가 프랑스를 떠나 영국, 네덜란드연방, 스위스, 브란덴부르크-프로이센 등에 정착했다. 특히 브란덴부르크-프로이센은 여러 유인을 제시하며 위그노의 수용에 발 벗고 나섰다.[54]

국제정세가 이처럼 프랑스에 불리하게 전개되는 가운데 루이 14세는 또 한 번의 전쟁 도발을 감행했다. 문제의 발단은 쾰른 선제후국의 새 선제후 선출을 둘러싸고 벌어진 프랑스와 바이에른 사이의 갈등이었다. 1688년 6월 신성로마제국을 구성하는 수많은 교회제후국 중 하나이자 가장 영향력 있는 선제후국 중 하나인 쾰른의 선제후 막시밀리안 하인리히가 사망했다. 쾰른의 선제후는 대대로 바이에른을 통치해온 비텔스바흐(Wittelsbach)가의 일원 중에서 선출되는 것이 관행이었고, 바이에른의 선제후 막시밀리안 에마누엘의 동생 요제프 클레멘스(Joseph Clemens)가 막시밀리안 하인리히가 사망하기 훨씬 전부터 그의 후임자로 내정되어 있었다. 하지만 프랑스 정부는 쾰른의 선제후 자리를 요제프 클레멘스가 차지하는 것이 달갑지 않았다. 막시밀리안 에마누엘이 레오폴트 1세의 딸과 혼인한 후 황제의 오스만제국 공세에 적극 참여하는 등 친오스트리아 행보를 보이고 있었기 때문이다. 프랑스는 그의 동생이 장악한 쾰른 역시 프랑스에 고분고분하지 않을 것으로 보았다. 루이 14세는 라인강 하류의 전략요충지에 위치한 쾰른을 프랑스에 적대적이거나 적어도 호의적이지 않은 선제후가 장악한다면 프랑스-독일 국경지대의 안전이 위험에 처할 것으로 보았다. 이에 프랑스는 스트라스부르 주교 퓌르스텐베르크(Fürstenberg) 추기경을 선제후 후보로 밀기로 결정하고, 선거권을 보유한 쾰른 사제단에 오랜 시간 공을 들였다. 하지만 선제후의 사망 후에 실시된 선거에서 퓌르스텐베르크와 요제프 클레멘스 중 누구도 선출에 필요한 3분의 2의 표를 확보하지 못했다.[55]

사제단이 두 명의 후보 중 한 명을 주교로 선출하는 데 실패한 후 규정에 따라 주교 선출의 최종 권한은 교황 이노켄티우스 11세에게 넘어갔다. 문제는 루이 14세와 교황의 관계가 여러 가지 이유에서 몹시 좋지 않았다는 것이다. 루이 14세는 로마로 사절을 파견하여 퓌르스텐베르크의 주교 지명을 요청하려 했지만, 교황은 사절을 접견하는 것조차 거부했다. 이와 거의 동시에 콘스탄티노플 주재 프랑스 대사로부터 오스만제국이 오스트리아와의 평화협정 체결을 모색 중이라는 소식이 전달되었다. 이제 오스트리아가 그간 오스만제국과의 전쟁을 통해 잘 단련된 군대를 독일 서부지역으로 이동시키기 전에 쾰른을 장악해야 했다. 루이 14세는 이를 위해 독일 제후들의 지지를 확보하려 시도했지만, 그간 폭압적이고 전제적으로 행동한 결과 그와 프랑스에 대한 독일인의 신뢰가 완전히 바닥났음을 알고 크게 당황했다. 루이 14세는 프랑스의 대쾰른 정책뿐 아니라 대독일 정책 전반이 심각한 위기에 처했음을 인정하지 않을 수 없었다.[56]

레오폴트 1세에 대한 루이 14세의 선전포고는 이러한 상황에서 이루어졌다. 전쟁에서 프랑스의 가장 중요한 목표는 지난 10년 가까운 시간 동안 '재결합'한 영토의 안전을 보장하고, 국경선의 안전을 확보하는 데 있었다.[57] 이를 위해 프랑스는 프랑스와 독일 사이의 주요 '관문' 중 하나인 필립스부르크를 오스트리아로부터 빼앗고, 이의 반환을 조건으로 1684년 레겐스부르크에서 체결된 정전협정을 영구적인 평화조약으로 전환한다는 전략을 세웠다. 이후 1697년까지 무려 9년 동안이나 계속될 전쟁에서 프랑스의 목표는 영토획득이나 세력 팽창이 아니라 기존의 '성과'를 확인받고 독일에서 발을 빼는 데 있었다. 역설적인 표현이기는 하지만, 프랑스는 "방어적 공세"를 목표로 삼았다.[58] 루이 14세는 이러한 목표를 달성하는 데 그리 오랜 시간이 필요하지 않을 것으로 보았다.[59] 물론 황제와 독일 제후들의 반발이 예상되었지만, 이들이 합심하여 프랑스에 저항하리라고 생각되지 않았다. 루부아는 "제후들 사이에 반드시 이해갈등이 일어날 수밖에 없고, 이들 대부분이 보조금 없이는 군대를 유지할 능력을 갖추고 있지 않다"는 점을 들어 저항이 최소한에 그치리라 예상했다.[60]

이러한 예상은 크게 잘못된 것임이 판명되었다. 제국군의 주력이 오스만제국과 전쟁 중이어서 프랑스군은 별다른 어려움 없이 카이저슬라우테른(Kaiserslautern)에 이어 4주간 지속된 공성 끝에 필립스부르크를 함락시키는 데 성공했고, 팔츠와 마인츠, 트리어 등도 점령했다. 하지만 신성로마제국의 제후국들은 1688년 10월 브란덴부르크-프로이센, 작센, 브라운슈바이크-뤼네부르크, 헤세-카셀이 마그데부르크에서 협약을 체결하여 라인강 방어를 위해 상호 협력한다는 데 합의하고, 독자적인 군대를 보유하지 못한 중소 제후국들은 크라이스를 중심으로 제국군에 동계 주둔지와 지원금을 제공하기로 하는 등 프랑스에 대한 결전의 의지를 다졌다. 얼마 지나지 않아 브란덴부르크-프로이센과 작센, 브라운슈바이크-뤼네부르크 등이 합의에 따라 상당 규모의 병력을 동원했고, 마침 오스만제국군과의 싸움이 종료됨에 따라 막시밀리안 에마누엘이 바이에른군과 오스트리아군을 이끌고 전선에 도착했다. 11월에는 네덜란드연방 역시 참전을 선언했다. 같은 해 12월 11일 제국의회는 프랑스를 신성로마제국의 적으로 선언하는 결의안을 통과시켰다. 1689년 4월에는 프랑스와 스페인이 공식적으로 전쟁에 돌입했다. 독일에서 자국의 지위를 공고하게 하기 위해 전쟁을 시작한 프랑스는 스페인이 중립을 지키기 원했다. 하지만 네덜란드연방의 지원을 약속받은 스페인은 1689년 초부터 참

전하겠다는 의사를 분명히 했다.[61]

한편, 1688년 11월 5일 스타텐 헤네랄이 제공한 병력을 이끌고 영국 토베이(Torbay)에 상륙한 네덜란드연방의 빌렘 3세가 누구도 예상하지 못했을 만큼 빠른 속도로 제임스 2세를 왕위에서 몰아내는 데 성공했다. 그는 다음 해 2월, 윌리엄 3세로서 아내이자 제임스 2세의 장녀인 메리와 함께 영국 왕위에 올랐다.

1685년 찰스 2세의 뒤를 이어 왕위에 오른 스튜어트왕조의 네 번째 영국 국왕 제임스 2세는 신실한 가톨릭교도였다. 제임스 2세는 프로테스탄트 국가의 가톨릭 국왕으로서 영국을 자신이 원하는 대로 통치하기 위해서는 프랑스의 도움이 반드시 필요하다고 보았다. 제임스 2세는 유럽 대륙에서 프랑스의 세력 증대를 두려워하거나 경계할 이유가 없다고 보았다. 그는 대륙 국가 프랑스와 해양 국가 영국의 이해관계가 상보적이라고 믿었다. 물론 영국 내에서의 취약한 정치적 기반으로 인해 이러한 견해를 공식화할 수는 없었지만, 루이 14세와의 비밀협상을 통해 자신과 자신의 정부에 대한 프랑스의 지지를 확인받을 수 있었다. 동맹국이 필요했던 루이 14세는 제임스 2세에게 필요한 경우 군사적 지원을 제공하겠다고 약속했다.[62]

바다 건너 네덜란드연방에서는 빌렘 3세가 점점 더 긴밀해져가는 영국과 프랑스의 관계를 근심어린 눈으로 바라보았다. 젊은 시절 자신의 조국이 루이 14세가 지휘하는 프랑스군에 짓밟히는 광경을 목도한 빌렘 3세는 이미 오래전부터 영국의 참여 없이는 프랑스를 견제하기 어렵다는 믿음을 가지고 있었다. 마침 그의 장인인 제임스 2세에게 메리와 앤 두 딸 외에는 후사가 없어 빌렘 3세는 이미 60세에 가까운 나이의 제임스가 사망한 후 아내와 함께 영국 왕위를 계승하기를 기대할 수 있었다. 하지만 1688년 6월 제임스 2세에게 아들이 태어나자 상황이 급변했다. 빌렘이 영국 왕위를 차지할 가능성이 희박해졌을 뿐만 아니라 가톨릭교도로 길러질 제임스 2세의 아들이 통치하는 영국이 대외적으로 친프랑스 노선을 걸을 것이 확실해 보였다. 이에 그는 영국 침공을 결정하고 스타텐 헤네랄에게 이에 필요한 자금과 병력을 지원해줄 것을 요청했다. 빌렘 3세는 프랑스가 독일 문제에 사로잡혀 제임스 2세를 지원할 여력이 없을 때 영국을 공격해야 한다고 판단했다. 여러 채널을 통해 빌렘 3세의 의도를 어느 정도 파악하고 있던 루이 14세는 헤이그 주재 프랑스 대사에게 네덜란드연방이 영국을 침공한다면 이를 프랑스에 대한 선전포고로 간주하겠다고 스타텐 헤네랄에 경고하도록 했지만, 오히려 빌렘 3세에 대한 지지를 굳건하게 하는 결과를 낳았다.[63]

영국에 상륙했을 당시 빌렘 3세의 목표는 의회의 반대파와 힘을 합쳐 제임스 2세에게 프랑스와 동맹을 체결하지 않도록 압력을 가하는 데 있었다. 하지만 일이 의외로 순조롭게 풀려 빌렘 3세가 영국 국왕의 자리에 오르게 되자 이제 영국-프랑스 동맹의 저지가 아니라 프랑스를 상대로 하는 전쟁에 영국을 참여시키는 것이 가능해졌다. 빌렘을 도와 제임스 2세를 몰아내고 그를 왕위에 앉히는 데 일조한 정치세력의 입장에서도 영국이 어떤 방식으로든 전쟁에 힘을 보탤 필요가 있었다. 프랑스로 피신한 제임스 2세가 루이 14세의 지원을 등에 업고 왕위를 되찾으려 시도할 것이 분명했기 때문이다. 그러한 예상은 1689년 3월 제임스 2세가 영국 주재 프랑스 대사 다보(d'Avaux) 공작과 다수의 프랑스 장교를 대동하고 윌리엄 3세를 국왕으로 인정하기를 거부한 아일랜드의 킨세일(Kinsale)에 상륙했을 때 현실이 되었다. 루이 14세는 한편으로는 제임스 2세가 영국 왕위에 대한 신성한 권리를 가진다고 믿었으므로 다른 한편으로는 영국을 약화시킬 목적으로 그의 아일랜드 상륙을 지원했다. 그때까지 프랑스에 대한 선전포고를 주저하던 영국 의회는 지체 없이 전쟁 참여에 동의

했다. 영국은 1689년 5월 프랑스에 전쟁을 선포했다.[64]

이제 어떤 동맹국의 도움도 기대하지 못한 채 영국을 포함한 거의 모든 이웃 국가와 전쟁을 해야 할 상황에 처한 프랑스는 군대의 주력을 프랑스-남부 네덜란드 국경지대로 이동시키기로 결정했다. 프랑스는 독일 대신 남부 네덜란드에서 승패를 가리고자 했다. 그 대신 적군의 프랑스-독일 국경선을 통한 침공을 차단하기 위해 라인강 건너편의 독일 영토를 초토화하는 전략을 택했다. 이에 따라 1688~89년 겨울 팔츠, 바덴, 뷔르템베르크 등의 수많은 도시와 촌락이 철저하게 파괴되었다. 이 중에는 하이델베르크, 트리어, 보름스, 슈파이어, 만하임 등 독일 서부의 유서 깊은 도시들이 포함되어 있었다. 초토화 작전으로 프랑스는 프랑스-독일 국경선 방어라는 소기의 목적을 달성했다. 하지만 초토화 작전은 독일인의 애국심을 자극하여 프랑스에 대한 저항의지를 더욱 굳건하게 했고, 1689년 5월 레오폴트 1세와 네덜란드연방 간 동맹체결을 촉진했다. 프랑스의 영토를 1648년 혹은 1659년의 국경선으로 되돌릴 것을 결의한 이 동맹은 영국의 참여를 염두에 두고 결성되었다. 의도한 대로 영국이 동맹에 참여했고, 이 외에도 스페인, 사보이아-피에몬테, 브란덴부르크-프로이센, 작센, 하노버, 바이에른 등이 힘을 보탰다. 역사가들은 9년전쟁을 '대동맹전쟁(War of Grand Alliance)'으로 부르기도 한다.[65]

프랑스와의 전쟁에서 대동맹이 가장 먼저 해결해야 할 문제는 오스트리아가 과연 오스만제국과 프랑스와의 싸움을 동시에 감당할 수 있느냐였다. 윌리엄 3세는 황제가 멀리 떨어진 두 개의 전장에서 전쟁을 동시에 치르는 것이 가능하지 않다고 보고, 레오폴트 1세에게 오스만제국과 평화협정을 체결하여 동부 전선에서 전쟁을 마무리하라고 설득했다. 황제의 각료들은 '서부파'와 '동부파'로 갈려 치열하게 논쟁을 벌였고, 스페인과 교황청은 사절을 파견하여 각각 프랑스와 오스만제국에 대한 전쟁에 더 많은 재원과 인력을 투입할 것을 촉구하기도 했다. 하지만 오스만제국과의 평화협상은 양측이 서로 무리한 요구를 제기함에 따라 결렬되었고, 레오폴트 1세는 두 전쟁을 동시에 수행하는 것이 "불가능하지는 않더라도 매우 어려울 것"임을 잘 알았음에도 그렇게 하기로 결정했다. 레오폴트 1세는 프랑스와의 전쟁을 위해 오스만제국을 상대로 거둔 그간의 성과를 포기하지 않으려 했다. 하지만 예상대로 이는 오스트리아의 능력을 넘어서는 일이었다. 1691년 바덴 변경백 루트비히 빌헬름(Markgraf Ludwig Wilhelm von Baden)이 지휘한 독일 제국군이 슬란카멘(Slankamen 혹은 Zalálnkemén) 전투에서 오스만제국군에 승리를 거둔 이후 동부전선에서의 전쟁은 1696년까지 밀고 밀리는 국면이 지속되었다. 오스트리아는 9년전쟁이 끝난 1697년 이후에야 다시 승기를 잡을 수 있었다. 1699년 1월 카를로비츠(Karlowitz)에서 오스만제국과 평화조약이 체결되었는데, 오스트리아는 헝가리와 크로아티아, 슬라보니아(Slavonia)의 대부분을 차지하는 성과를 거뒀다.[66]

9년전쟁은 군사적으로는 주목할 만한 전투나 기억될 만한 장면이 거의 없이 치러졌다. 프랑스와 동맹 중 전투와 작전에서 우세를 보인 것은 프랑스였다.[67] 지난 30여 년 동안 르텔리에, 루부아, 콜베르, 보방 등이 구축한 프랑스의 전쟁기계는 9년전쟁에서 그 위력을 유감없이 발휘했다. 남부 네덜란드 전선에서 뤽상부르(François-Henri de Montmorency, duc de Luxembourg)가 이끈 프랑스군은 나뮈르(Namur) 전투, 스텐케르케(Steenkerke) 전투, 니어빈덴(Neerwinden) 전투에서 승리를 거뒀다. 이탈리아 전선에서 카티나(Nicolas de Catinat)의 프랑스군은 사보이아-피에몬테 공국과 니스를 점령하는 데 성공했다. 피레네산맥을 넘어 스페인을 침공한 프랑스군은 바르셀로나를 점령했다. 프랑스는 해군력에서도 영국, 네덜란드연방과 대등한 전력을 과시했다. 콜베르가 야심차게 추진한 해군건설 사업이 결실을 거두어 프랑스 해군은 1690년의 비치헤드(Beachy Head) 전투에서 영국 해군에 승리하기도 했다.[68]

하지만 근세 초 유럽에서 벌어진 대다수 전쟁과 마찬가지로 전투의 승리가 직접 전쟁의 승리로 이어지지는 않았다. 특히 9년전쟁에서는 양측이 정면으로 격돌한 전투가 얼마 되지 않았고, 그나마 이러한 전투의 대부분은 비교적 소규모로 치러졌으며, 그 결과에서도 어느 한편이 일방적으로 승리한 경우가 드물었다. 국경지대의 도시와 요새에 대한 포위와 공성이 여러 차례 이루어졌지만, 이 중 대부분은 1692년 프랑스의 나뮈르(Namur)에 대한 포위공격을 제외하면 전세에 큰 영향을 미치지 못했다. 윌리엄 3세는 이미 1693년에 전쟁의 승패가 쉽게 갈리지 않을 것이며, 전쟁을 계속하느니 양측이 협상하고 타협함으로써 불필요한 희생을 줄이는 편이 낫다는 결론을 내렸다.[69] 9년전쟁은 전형적인 '소모전(war of attrition)'이었다. 어느 편도 뚜렷하게 우위를 차지하지 못한 채 전쟁이 장기화되면서 프랑스와 동맹 모두 전쟁을 조속히 끝낼 방법을 모색하기 시작했다. 이 중 전쟁의 종결을 더 간절히 원한 것은 루이 14세의 프랑스였다.

프랑스와 동맹은 남부 네덜란드, 독일 서부, 피레네, 아일랜드, 그리고 이탈리아 북부의 다섯 개 전선에서 싸움을 벌였다. 이를 위해 양측은 각각 20만 명 이상의 병력을 동원했다. 1691년 동맹 측의 병력 동원 현황은 다음과 같다. 오스트리아, 스페인, 브란덴부르크-프로이센, 영국이 각각 2만 명씩, 네덜란드연방이 3만 5천 명, 사보이아-피에몬테와 바이에른이 각각 1만 8천 명씩, 작센이 1만 2천 명, 팔츠가 4천 명, 헤세-카셀이 8천 명, 신성로마제국의 슈바벤 크라이스와 프랑켄 크라이스가 각각 1만 명씩, 리에주와 뷔르템베르크가 각각 6천 명씩, 뮌스터가 7천 명, 하노버가 1만 6천 명을 동원하여 적어도 서류상으로는 총 21만 명의 병력을 전장에 투입했다.[70] 이 외에 프랑스는 해상에서도 유럽에서 가장 막강한 해군력을 가진 영국과 네덜란드연방을 상대로 싸움을 벌여야 했다.

프랑스는 이와 같이 엄청난 규모의 병력을 동원한 동맹과 상대하기 위해 이와 대등하거나 더 큰 규모의 병력을 동원해야 했다.[71] 아무리 프랑스가 유럽 최강국이었다고 해도 큰 부담이 아닐 수 없었다. 1692년과 1693년 예외적으로 낮은 기온으로 초래된 흉작과 기근으로 세수가 크게 줄면서 프랑스 정부의 부담이 더욱 가중되었다. 1691년 7월 1세티에(setier)에 10리브르(livres)이던 곡물 가격은 1692년 11월 20리브르, 1693년 8월에는 42리브르로 올랐다. 1693년 루앙(Rouen)의 지사가 보고한 바에 따르면 전체 도시 인구 중 약 2만 명이 구호물자로 연명하고, 약 3천 명이 구걸에 나섰다. 1690년대에 프랑스의 인구는 전체 인구의 6%인 약 150만 명 정도 감소한 것으로 추정된다.[72]

1692~93년 루이 14세는 대외정책에서 줄곧 온건 노선을 옹호해오던 퐁폰(Simon Arnauld, Marquis de Pomponne)에게 외교채널을 가동하여 전쟁 종결을 위한 협상에 나서도록 했다.[73] 협상은 이후 4~5년 동안 계속되어 1697년에야 최종적으로 타결되었다. 베스트팔렌 평화조약의 협상과 체결과정에서 확인할 수 있었듯이 전쟁과 이의 종식을 위한 평화협상이 상당 기간 동시에 진행되는 것은 근세 초 유럽에서 벌어진 전쟁에서 일반적인 현상이었다.

일단 프랑스는 1696년 8월 외교적 노력을 통해 대동맹의 일원인 비토리오 아메데오 2세(Vittorio Amedeo II, r.1675~1730)의 사보이아-피에몬테 공국과 토리노 조약을 체결하여 동맹에 균열을 내는 데 성공했다. 1690년 사보이아-피에몬테는 1630년부터 유지해오던 프랑스와의 동맹을 파기하고 대동맹에 참여했다. 프랑스가 스페인군과 오스트리아군이 북부 이탈리아에서 프랑스 남부의 프로방스, 도피네 등을 공격할 가능성에 대비하고자 두 지역 사이에 위치한 사보이아-피에몬테에 자칫 공국의 독립을 위태롭게 만들 수 있는 무리한 요구를 연달아 제기했기 때문이다. 이에 비토리오 아메데오 2세는 무려 60년 동안 지속된 동맹을 깨고 반프랑스 진영에 가담하기로 결정했다. 프랑스는 이 지역에서 스페인군, 오스트리아군, 사보이아-피에몬테군을 상대로 힘겨운 싸움을 벌였다. 남부 네덜란드나 독일 전선에 비해 병참 체계가 제대로 갖춰져 있지 않았을 뿐만 아니라, 이 지역에 할당된 병력규모도 크지 않았기 때문이다.

프랑스는 토리노 조약 체결로 북부 이탈리아에서 불리한 전세를 역전시킴과 동시에 전쟁 종결을 앞당길 기회를 잡았다. 하지만 그 대가로 프랑스는 사보이아-피에몬테에 피네롤로를 비롯하여 전쟁 중에 점령한 지역을 되돌려주고, 장차 공국의 내정에 간섭하지 않겠다는 약속을 해야 했다.[74] 비록 요새를 파괴하고 재건하지 않는다는 조건을 부가하긴 했지만, 프랑스와 이탈리아 사이의 가장 중요한 관문인 피네롤로의 반환은 프랑스의 대이탈리아 정책의 근간을 뒤흔드는 동시에 남부 프랑스를 이탈리아의 침공 위협에 무방비로 노출시키는, 프랑스로서는 상당한 위험을 감수한 결정이었다.[75]

9년전쟁은 1697년 9월과 10월 레이스베이크(Rijswijk)에서 프랑스와 영국, 네덜란드연방, 스페인, 오스트리아 사이에 평화조약이 체결됨으로써 공식적으로 막을 내렸다. 프랑스는 스트라스부르를 보유하는 대신 룩셈부르크를 비롯하여 재결합으로 얻은 거의 모든 영토를 반환하기로 합의했다. 프랑스는 또한 라인강 우안의 모든 영토를 포기한다는 데 합의하고 브라이자흐, 켈, 프라이부르크, 필립스부르크를 반환했다. 루이 14세의 입장에서 영토 할양만큼이나 중요한 문제는 윌리엄 3세를 영국 국왕으로 인정하느냐 하는 문제였다. 여러 차례 주저한 끝에 그는 윌리엄의 영국 국왕으로서의 지위를 인정하고 제임스 2세의 왕위 복귀를 위한 모든 지원을 중단할 것을 약속했다.[76]

9년전쟁의 승자와 패자는 누구인가? 프랑스가 스트라스부르 이외에 재결합으로 얻은 영토의 거의 대부분을 상실했다는 점만 놓고 보면 전쟁은 프랑스의 패배로 끝을 맺었다고 볼 수 있다. 하지만 동맹 측 역시 1648년 혹은 적어도 1659년 국경선으로 복귀한다는 애초의 목표에는 크게 미치지 못하는 성과를 거뒀음을 감안하면 어느 한편이 일방적으로 패배 혹은 승리했다고 말하기 어렵다. 다만 9년전쟁을 계기로 프랑스의 대외정책에 큰 변화가 일어났다. 이제 루이 14세를 비롯한 베르사유의 주요 정책결정자들은 유럽 국제정치 무대에서 프랑스가 주도권을 행사할 공간이 제한적이라는 점, 그리고 그 공간에서 프랑스의 운신 폭이 앞으로 더욱 제한될 것임을 인정하게 되었다. 한편으로는 오스만제국과의 성공적인 전쟁으로 영토와 세력을 크게 확장한 오스트리아가 프랑스의 만만치 않은 경쟁자가 될 것이 분명해 보였다. 다른 한편으로 영국과 네덜란드연방이 프랑스가 남부 네덜란드를 장악하도록 내버려두지 않으리라는 것 역시 분명해 보였다. 프랑스군은 여전히 유럽 최강이었고, 9년전쟁의 대부분 전투에서 승리를 거뒀지만 그것만으로는 부족했다. 프랑스는 힘의 균형이 자국에 점차 불리하게 기울어져간다는 사실과 '절대 안보' 확보라는 목표 달성이 가능하지 않다는 사실을 인정해야 했다. 1698년 네덜란드연방이 스페인과 협약을 체결하여 쿠르트레(Courtrai), 몽(Mons), 나뮈르 등 프랑스와의 국경지대에 위치한 남부 네덜란드의 요새 도시에 연방 군대를 배치하기로 했을 때 루이 14세가 별다른 이의를 제기하지 않은 것은 그의 상황인식이 변화된 결과로 볼 수 있다.[77]

☆☆☆☆☆

근세 초 유럽 국제정치사에서 전쟁사나 군사사 전공자들에게 별다른 관심의 대상이 되지 못했던 9년전쟁이 중요한 의미를 지니는 것은 유럽 국제정치의 주요 행위자로서 영국의 행보가 이 전쟁을 계기로 본격화되었기 때문이다. 1660년 왕정복고가 이루어진 이래 영국과 대륙의 관계에서 가장 두드러진 사건은 네덜란드연방과의 두 차례에 걸친 전쟁(1665~67, 1672~74)이었다. 거의 전적으로 영국해협과 북해에서의 해전(海戰)으로 이루어진 두 차례 전쟁 중 첫 번째 전쟁은 서아프리카, 카리브해, 인도양 등지에서 벌어진 양국 상인 사이의 충돌이 원인이 되어 발발했고, 두 번째 전쟁은 네덜란드전쟁에서 영국이 프랑스의 동맹으로 참여하는 과정에서 발발했다. 두 번째 전쟁에서 영국이 프랑스와 동맹을 맺고 네덜란드연방에 전쟁을 선포한 표면적인 이유는 이전의 전쟁에서와 같이 상업적 이익의 증진이었지만, 실제로는 전쟁을 통해 의회로부터 정치적 자율성을 확보하려는 찰스 2세의 의도가 더 중요하게 작용했던 것으로 보인다. 하지만 앞서 지적했듯이 찰스 2세는 전투에서의 패배와 의회의 반대로 프랑스와의 동맹을 포기하고 연방과 단독으로 강화조약을 체결했다.[78]

1678년 찰스 2세는 네덜란드연방, 스페인과 동맹을 체결하고 남부 네덜란드의 오스텐데를 프랑스군의 공격으로부터 방어하기 위해 병력을 파견하기도 했다. 하지만 그의 의도에 대한 의심을 거두지 못한 의회의 반대에 가로막혀 별다른 전과를 올리지 못했다. 네덜란드전쟁이 끝난 후 프랑스의 재결합 정책으로 프랑스와 주변국가 간에 전쟁이 발발했을 때 영국은 중립을 지켰다. 찰스 2세의 친프랑스, 친가톨릭 성향을 잘 알고 있던 루이 14세가 만성적인 현금 부족에 시달리던 그에게 보조금을 지급하여 중립을 지키도록 부추겼기 때문이다. 유럽의 여타 국가들은 찰스 2세의 이러한 행보에 우려의 눈길을 보냈다. 스페인은 찰스 2세를 왕좌에서 끌어내리기 위해 비밀리에 영국 내 공화파를 지원하기도 했다.[79]

앞서 살펴보았듯이 윌리엄 3세의 영국 원정도 이와 유사한 동기에서 비롯되었다. 원정의 주된 목적 중 하나는 유럽 대륙에서 쾰른의 선제후 선출 문제를 둘러싸고 프랑스와 여타 국가 간에 전쟁 가능성이 고조되는 가운데 1685년 찰스 2세의 뒤를 이어 왕위에 오른 제임스 2세가 프랑스와 동맹을 체결하여 네덜란드연방을 비롯한 유럽 국가들과의 전쟁에 참여하는 것을 예방하는 데 있었다.[80] 예상과 달리 제임스 2세가 별다른 저항도 없이 왕위를 포기하고 프랑스로 망명함에 따라 1689년 2월 영국 왕위에 오른 윌리엄 3세는 같은 해 5월 프랑스에 전쟁을 선포하고, 9월에는 네덜란드연방, 오스트리아와 대프랑스 동맹을 결성했다. 이에 루이 14세는 주저하는 제임스 2세를 부추겨 1689년 3월 병력을 이끌고 아일랜드에 상륙하도록 했다. 한동안 아일랜드 상당 부분을 장악하며 기세를 올리던 아일랜드-프랑스 연합군의 공세는 1690년 7월 윌리엄이 직접 이끈 영국군에 대패하면서 실패로 돌아갔다.[81]

1692년 5월 바르플뢰르(Barfleur)와 라호그(La Hogue) 연안에서 프랑스 함대가 영국 해군에 연달아 패배하면서 제임스 2세를 앞세워 영국을 침공하려던 루이 14세의 계획이 다시 한번 좌절되었다. 영국해협의 제해권을 장악한 영국은 남부 네덜란드로 4만여 명의 병력을 파병했다. 이는 전쟁의 승패가 누가 이 지역을 장악하느냐에 따라 판가름 날 것이라는 윌리엄 3세의 신념에 따른 결정이었다. 하지만 남부 네덜란드의 영국군은 기대했던 것만큼의 성과를 거두지 못했다. 1692년 7~8월 윌리엄 3세가 지휘하는 영국과 네덜란드연방의 동맹군은 스텐케르케(Steenkerque) 전투와 1693년 7월 란덴(Landen) 전투에서 프랑스군에 패배했다. 대륙으로의 파병이 전례 없는 규모로 이루어진 데 대해 불안감을 감추지 못하던 영국 의회는 전략의 타당성을 문제 삼기 시작했다. 이들의 불안감은 전쟁으로 영국의 국부가 유출되고 있다는 우려, 프랑스에 승리를 거두는 것이 불가능할지 모른다는 불안감, 네덜란드연방을 위해 영국의 이익이 희생되고 있다는 믿음 등으로 더욱 증폭되었다. 이에 윌리엄 3세는 휘그당과의 연대를 강화하여 자신의 전쟁 노력에 대한 지지를 확보하려 시도했다. 휘그 의원들과 정치인들은 국내적으로는 자신들의 정치적 입지를 굳히고, 국제적으로는 프로테스탄티즘을 보호하고 증진할 목적으로 윌리엄 3세의 대외정책을 지지했다. 1693년 겨울 윌리엄 3세는 의회에 총 9만 3,635명의 병력 동원 및 유지를 위한 재원을 요청했다.[82]

결국 회의적인 시선에도 윌리엄 3세는 의회로부터 9년전쟁 기간 내내 그리고 1701년부터 1713년까지 계속된 스페인 왕위계승 전쟁 기간 내내 상당한 규모의 병력을 유지하기에 충분한 재정적 지원을 받을 수 있었다. 1689년 이전의 상황과 비교해보면 놀라운 변화였다. 1665~67년 네덜란드연방과의 전쟁에 소요된 총비용이 500만 파운드였는데, 이는 1689~1713년 사이에 전쟁을 위해 매년 지출한 액수에도 미치지 못했다는 점을 감안하면 영국 의회와 일반 국민의 태도가 얼마나 큰 변화를 겪었는지 알 수 있다.[83] 이러한 변화의 원인은 무엇인가?

먼저 제임스 2세를 몰아내고 왕위에 오른 이가 다름 아닌 윌리엄 3세라는 점이 중요하다. 앞서 지적했듯이 그는 네덜란드연방의 슈타트호울더로서 목전에 닥친 프랑스와의 전쟁에서 영국이 프랑스와 손잡을 가능성을 사전에 차단하기 위해 군대를 이끌고 영국에 상륙했다. 하지만 윌리엄 3세가 단지 위기에 처한 조국을 위해 영국의 왕위를 이용한 것은 아니다. 프랑스군이 펼친 파상공세로 연방의 운명이 절체절명의 위기에 처한 1672년 20대 초반의 젊은 나이에 슈타트호울더의 자리에 올라 프랑스에 맞서는 저항을 주도한 윌리엄 3세는 루이 14세의 프랑스가 단순히 연방의 안전을 위협할 뿐만 아니라 유럽 전체의 자유와 안전을 위협한다고 믿었다. 그는 영국 역시 섬나라로서 가지는 특수성에도 이러한 위험에서 자유롭지 않다고 보았다. 그는 영국이 유럽의 일부이며, 유럽 국제정치체제 내에서 프랑스를 견제하기 위해 일정한 역할을 담당해야 한다고 주장했다. 영국 정치에서 의회의 막강한 권한에도 대외정책은 여전히 국왕의 고유권한으로 간주했으므로 윌리엄 3세의 이러한 견해는 곧 영국 정부의 공식 입장이 되었다.[84]

핀커스(Steve Pincus)는 이에 관해 조금 다른 견해를 제시한다. 그에 따르면 윌리엄 3세의 영국 원정이 이루어질 무렵 영국에는 외교정책에 관한 일종의 '공론장(public sphere)'이 형성되었다. 이 공론장에서 일정 수준 이상의 교육을 받은 영국인은 유럽 국제정치에서 영국이 차지하는 위상에 관해 활발하게 의견을 교환했다. 명예혁명이 일어날 당시 영국인은 유럽 대륙에서 루이 14세가 통치하는 프랑스의 위상이 그 어느 때보다 커지고 있음을 잘 알았고, 프랑스의 위세에 밀려 영국이 '2류 국가'로 전락할 가능성을 우려했다. 그 결과 이들 사이에서 루이 14세의 프랑스를 견제하고 유럽에서 세력균형을 복원하기 위해 영국이 지금까지보다 더 적극적인 역할을 담당해야 한다는 공감대가 형성되었다. 핀커스는 윌리엄 3세가 프랑스를 견제할 필요성에 관한 자신의 견해를 영국 국민에게 설득 또는 강요했다기보다는 그의 견해와 자신들의 견해가 부합한다고 본 영국인이 그를 영국으로 '초청'했다고 보는 것이 더 정확하다고 주장한다. 주도권이 윌리엄 3세에게 있었던 것이 아니라 '계몽된' 다수 국민에게 있었다는 것이다.[85]

명예혁명이 성공을 거둔 후 영국에는 프랑스의 세력 확장을 견제하고 세력균형을 복원한다는 목표 외에도 프랑스와의 전쟁에 적극적으로 참여해야 할 이유가 한 가지 더 생겼다. 그것은 루이 14세의 지원을 받아 복위를 꾀하는 제임스 2세의 시도를 봉쇄하고, 프로테스탄트 교도에 의한 영국 왕위계승을 보장하는 것이었다. 루이 14세는 제임스 2세의 아일랜드 원정이 실패로 끝난 이후에도 영국 국내외에서 활동 중인 자코바이트주의자(Jacobites)와 연합하여 그를 왕위에 복위시키려는 계획을 포기하지 않았다.[86] 루이 14세가 제임스 2세와 자코바이트주의를 전쟁의 승리를 위한 수단으로만 이해한 것은 아니다. 왕권의 신성함에 대한 깊은 신념을 지닌 루이 14세에게 명예혁명은 법적 · 도덕적으로 도저히 용인될 수 없는 반역행위였다. 루이 14세는 제임스 2세의 복위 시도를 경제적 · 군사적으로 지원하는 한편, 생제르맹앙레(Saint-Germain-en-Laye)궁을 거주지로 제공하는 등 그와 그의 가족, 측근들을 극진하게 대접함으로써 왕위찬탈자 윌리엄 3세에 대한 반감을 표시했다.[87] 9년전쟁에서 영국의 가장 중요한 목표 중 하나는 루이 14세에게서 국왕으로서 윌리엄 3세의 정당성을 인정받고, 제임스 2세와 자코바이트주의자에 대한 지지를 중단하겠다는 약속을 받아내는 것이었다. 영국은 레이스베이크에서 마침내 이러한 목표를 달성했고, 윌리엄 3세는 개인적으로 이를 전쟁의 가장 큰 성과로 여겼다.

명예혁명과 윌리엄 3세의 왕위 즉위를 계기로 영국이 프랑스를 상대로 하는 대륙국가들의 전쟁에 적극 참여하기로 결정한 것은 영국 대외정책의 '혁명적' 변화라 할 만하다. 여기에 더해 영국은 전쟁 수행을 위한 노력에서도 '혁명적'인 변화를 경험했다. 9년전쟁은 영국이 그 이전에 경험한 전쟁들과는 그 규모면에서 차원이 다른 전쟁이었다. 영국은 전례 없는 규모의 병력을 동원해야 했고, 이를 위해 역시 전례 없는 규모의 재원을 필요로 하게 되었다. 하지만 이를 세금만으로 충당하는 것은 불가능했다. 1688년 당시 영국의 재정수입은 프랑스의 5분의 1에 불과했다. 그렇다면 대출로 필요한 자금을 마련해야 했는데, 영국은 프랑스나 네덜란드 연방과 달리 장기대출을 위한 제도적인 장치를 갖추고 있지 않았다. 하지만 영국은 놀라울 정도로 짧은 기간 내에 이러한 문제를 해결할 방안을 찾아냈다. 1694년 영국 정부는 '영국은행(Bank of England)'을 설립한 뒤 장기 채권을 발행하여 판매하는 역할을 맡겼다. 영국 정부는 영국은행이 채권 판매로 벌어들인 수입으로 전쟁비용을 충당하거나 단기부채를 갚았다. 영국은행은 채권 구매자에게 연금 형식으로 매년 소정의 이자를 지급했다.[88]

이와 같은 제도적 혁신의 결과 1689년 이전 매년 200만 파운드 미만이던 영국 정부의 지출규모가 1689년부터 1702년 사이에 매년 평균 514만 파운드에 이르게 되었다. 이 액수는 스페인 왕위계승 전쟁 기간 동안 더 증가하여 1702년부터 1714년 사이에 영국 정부의 총지출액은 9,900만 파운드, 매년 평균 지출액은 825만 파운드에 달했다. 이 막대한 지출액 중 36% 정도는 육군에 지출되었고, 30% 정도는 해군에 지출되었다. 스페인 왕위계승 전쟁 중에는 동맹국에 대한 보조금으로도 상당한 액수가 지출되었다.[89] 비교적 짧은 기간 내에 어떻게 이와 같은 정부재정이 가능해졌는가?

이에 관한 자세한 답변은 7년전쟁에 관한 장에서 좀 더 상세하게 다룬다. 다만 여기서 주목할 필요가 있는 것은 1660년 왕정복고로 찰스 2세가 왕위에 오른 후부터 1688년 명예혁명 직전까지 정부기구의 개혁, 그 중에서도 특히 재정제도 개혁이 꾸준하게 이루어졌고, 이것이 17세기 말과 18세기 초반에 영국 정부가 재정을 비약적으로 확대할 수 있었던 중요한 이유 중 하나였다는 점이다. 이러한 개혁 작업의 결과 정부의 세수가 두 배 증가했을 뿐만 아니라, 재무부(Treasury)가 세금징수의 전 과정을 실질적으로 장악함으로써 근세 초 조세행정의 가장 고질적인 문제점이던 조세청부업자에 대한 의존을 청산할 수 있었다. 찰스 2세와 제임스 2세의 재위 기간에 이러한 개혁이 추진된 것은 의회와의 갈등으로 재정적 어려움에 직면한 두 국왕이 행정의 효율성을 제고하여 세수를 조금이라도 더 늘리고자 했기 때문이다. 아이러니하게도 이러한 재정 혁신의 가장 큰 수혜자는 윌리엄 3세였다. 그는 프랑스로 망명한 제임스 2세에게서 당시 유럽에서 가장 선진적인 조세행정체계를 물려받았고, 이를 바탕으로 프랑스와의 전쟁을 위해 재정을 급속하게 확대할 수 있었다.[90]

4

루이 14세의 전쟁 III: 스페인 왕위계승 전쟁과 위트레흐트 평화조약 체결

9년전쟁이 끝났을 때 루이 14세는 오랜 전쟁에 지친 프랑스가 그 어느 때보다 평화와 휴식을 필요로 한다는 사실을 절감했다. 9년전쟁이 끝난 이후 프랑스는 평화 보존을 대외정책의 가장 중요한 목표로 설정했다. 하지만 유럽의 국제정치적 상황이 루이 14세에게 다시 한번 전쟁의 길을 걷지 않을 수 없게 했다. 이번에는 스페인의 왕위계승을 둘러싼 유럽 국가들 사이의 갈등이 원인이 되었다. 앞서 언급했듯이 1665년 다섯 살의 나이로 펠리페 4세의 뒤를 이어 카를로스 2세가 스페인 국왕의 자리에 올랐다. 하지만 카를로스 2세는 태어날 때부터 너무나 병약하여 오래 생존할 수도, 후사를 남기지도 못할 것으로 예상되었다. 따라서 카를로스 2세가 왕위에 오른 직후부터 그의 사후 어느 가문의 누가 스페인 왕위를 계승할 것인지가 유럽 여러 나라의 초미의 관심사가 되었다. 분명한 사실은 누가 왕위에 오르건 이는 유럽의 국제정세에 큰 파장을 불러일으키리라는 것이었다. 이러한 상황은 오늘날의 관점에서 보면 쉽게 이해되지 않는 부분이 있다. 하지만 이 책이 다루는 시기 내내 베네치아나 네덜란드 연방처럼 공화정체를 가진 소수의 국가를 제외하면 대다수 유럽 국가의 정치체제는 왕정이었고, 이들 중 폴란드처럼 선출제의 전통을 고수한 경우를 제외하면 국왕의 자리는 혈연관계의 친소(親疏)에 따른 계승 원칙을 따랐다. 이러한 원칙은 거의 신성한 자연법칙과 같은 것으로 인식되었다. 누구도 이 원칙을 함부로 바꾸거나 포기할 수 없었다.

카를로스 2세가 사망할 경우 모두 세 가문이 혈연적 친소관계를 근거로 왕위계승을 주장할 수 있었다. 먼저 프랑스의 부르봉가는 루이 14세의 왕비이자 펠리페 4세의 장녀인 마리-테레즈의 권리를 근거로 스페인 왕위계승권이 자신들에게 있음을 주장했다. 물론 1659년 두 사람의 혼인에 관한 협정을 체결할 때 프랑스와 스페인 양국은 스페인이 약속한 지참금을 모두 지급한다는 조건으로 마리-테레즈가 스페인 왕위에 대한 모든 권리를 포기한다는 데 합의했다. 하지만 스페인은 약속한 지참금을 지급하지 않았으며, 설령 지급했다고 하더라도 마리-테레즈가 아직 태어나지 않은 자녀의 계승권까지 대신 포기할 수 있는지에 대해서는 논란의 여지가 있었다. 후에 루이 14세가 자신의 아들 프랑스의 루이(Louis de France, Grand Dauphin)의 왕위계승권을 주장했을 때 이것이 자신의 야망을 위해 꾸며낸 억지주장은 아니었다. 그의 주장은 당대인의 관점에서 충분히 정당하게 다퉈볼 만한 주장이었다.

부르봉가와 함께 스페인의 왕위계승을 주장할 자격이 있는 가문은 바이에른의 비텔스바흐가였다. 펠리페 4세의 차녀 마르가리타 테레사(Margarita Teresa)는 신성로마제국의 황제 레오폴트 1세와 혼인했다. 두 사람 사이에서 태어난 마리아 안토니아(Maria Antonia)는 바이에른의 막시밀리안 에마누엘과 혼인했고, 두 사람 사이에서 요제프 페르디난트(Josef

Ferdinand)가 태어났다. 마리아 안토니아는 선제후와 결혼할 때 마리-테레즈와 마찬가지로 왕위계승과 관련된 모든 권리를 포기한다고 서약했다. 하지만 마리-테레즈와 마찬가지로 그녀가 자식의 계승권까지 포기할 수 있는지에 관해서는 논란의 여지가 있었다.

만약 마리-테레즈와 마리아 안토니아의 계승권 포기가 유효하다면 스페인의 왕위는 그다음 계승서열인 레오폴트 1세와 그 자손들에게 넘겨져야 했다. 펠리페 4세에게는 두 명의 여자형제가 있었는데 이 중 안(Anne)은 루이 13세와 혼인하여 루이 14세를 낳았고, 마리아 안나(Maria Anna)는 오스트리아의 페르디난트 3세와 혼인하여 레오폴트 1세를 낳았다. 안 역시 프랑스의 왕비가 될 때 계승권을 포기했으므로 레오폴트는 1세는 펠리페 3세의 손자인 자신과 자신의 아들 요제프(후에 요제프 1세, r.1705~11)와 카를(후에 카를 6세, r.1711~40)이 스페인의 왕위계승권을 가진다고 주장했다.[91]

펠리페 4세가 남긴 유언도 계승권을 둘러싼 논쟁을 복잡하게 했다. 이 유언에서 펠리페 4세는 만일 자신이 후사를 남기지 못한 채 죽으면 스페인 합스부르크가 통치하는 모든 영토는 자신의 차녀 마르가리타 테레사와 그 자손들이 계승해야 한다고 밝혔다. 이 유언이 유효하다면 카를로스 2세가 만약 후사 없이 죽는다면 스페인의 왕위는 마르가리타 테레사의 유일한 자식인 마리아 안토니아를 거쳐 역시 그녀의 유일한 자식인 비텔스바흐의 요제프 페르디난트에게로 넘어가야 했다. 하지만 국왕이 아무리 생전에 절대적인 권한을 행사했다 하더라도 사후에 적용될 왕위계승의 기본적인 규칙을 변경할 수 있는지에 관해서는 논란의 여지가 있었다. 즉, 루이 14세와 레오폴트 1세는 펠리페 4세가 남긴 유언의 정당성을 문제 삼을 수 있었다.[92]

이와 같이 세 가문의 주장이 엇갈리는 가운데 스페인 왕위계승에 직접적인 이해관계를 가진 프랑스와 오스트리아, 바이에른뿐만 아니라 여타 유럽의 주요 국가들은 문제의 폭발력을 감안하여 카를로스 2세가 세상을 떠나기 전에 협상과 타협을 통해 해결책을 찾고자 시도했다. 특히 프랑스와 영국, 네덜란드연방이 적극적으로 나섰다. 프랑스의 루이 14세는 9년전쟁을 치른 후 스페인의 왕위를 부르봉가가 차지하는 것은 현실적으로 가능하지 않다고 결론지었다. 여타 국가들은 유럽의 두 강대국을 동일한 왕조가 통치하는 것을 잠자코 지켜보지 않을 것이고, 이들을 상대로 또 한 번의 전쟁을 치른다면 프랑스는 승패 여부에 관계없이 심각한 어려움에 처할 것이 분명해 보였기 때문이다.

물론 프랑스로서는 스페인의 영토 중 남부 네덜란드와 이탈리아의 밀라노, 나폴리, 시칠리아 등은 매우 욕심나는 지역이었다. 하지만 프랑스가 남부 네덜란드를 손에 넣으려 하면 영국과 네덜란드연방이 이를 용인할 리 만무했다. 밀라노의 경우 북부 이탈리아를 자신의 세력권으로 간주해온 오스트리아가 이를 저지하려 들 것이 분명했다. 프랑스가 나폴리와 시칠리아를 장악하려 한다면 역시 영국과 네덜란드연방이 지중해 무역에 걸림돌이 될 것을 우려하여 이에 반대할 것이 분명했다.[93]

영국과 네덜란드연방은 스페인 왕위계승과 관련하여 직접적인 이해관계를 갖지는 않았지만, 이 문제로 유럽에서 또 한 번의 전쟁이 발발하는 것을 막고자 했다. 만약 전쟁이 발발한다면 어떤 형태를 취하건 두 나라가 중립을 지키는 것은 사실상 불가능했다. 새로운 전쟁은 아마도 9년전쟁 이상의 규모로 치러질 것이고, 그러한 전쟁을 감당하기에는 두 나라 역시 프랑스와 마찬가지로 이미 너무나 많은 국력을 소진했다.

영국과 네덜란드연방이 스페인의 왕위계승문제에 관심을 갖는 데는 경제적인 측면도 있었다. 당시 영국과 네덜란드연방의 상인들은 스페인령 아메리카와의 무역으로 막대한 이익을 올리고 있었다. 스페인은 쿼터를 정해 무역량에 제한을 두었지만, 양국 상인들은 카를로스 2세 치하에서 스페인 정부의 식민지 통제력이 약화된 틈을 타 허용된 한계치를 훨씬 초과하여 자국산 상품을 식민지에 팔고, 또 식민지의 생산품을 유럽에 가져다 팔았다. 두 나라는 부르봉이 되었든 오스트리아 합스부르크가 되었든 스페인에 새로운 왕조가 들어서면 이러한 상황을 바로잡으려는 시도가 어떤 식으로든 이루어지리라 예상했다. 두 나라는 왕위계승문제에 적극적으로 개입함으로써 그러한 조치가 실제로 취해지기 전에 자신들의 상업적 이익을 보호할 장치를 마련해놓는 것이 필요하다고 보았다.[94]

1698년 10월 프랑스와 네덜란드연방 그리고 영국 세 나라는 헤이그에서 스페인 영토를 왕위계승권을 보유한 국가들이 분할하는 방안에 합의했다. 이 합의에서 세 나라는 루이 14세의 아들에게 나폴리와 시칠리아, 토스카나의 몇몇 항구, 그리고 이베리아반도의 기푸스코아(Guipúzcoa) 지역을 할양하고, 레오폴트 1세의 차남인 카를 대공에게 밀라노를 할양한 후, 바이에른의 요제프 페르디난트에게 아메리카 식민지와 남부 네덜란드를 포함하여 스페인의 나머지 영토 전부를 스페인 왕위와 함께 넘긴다는 데 합의했다.

루이 14세는 협상과정에서 상당한 자제력을 발휘했다. 프랑스에 인접한 핵심 전략요충지인 밀라노를 오스트리아에 넘기고 본토에서 멀리 떨어진 나폴리와 시칠리아 획득에 동의한 것은 그만큼 스페인 왕위계승문제로 또다시 전쟁에 휘말리기를 원하지 않았음을 잘 보여준다. 루이 14세는 영토 분할이 프랑스에 지나치게 유리하게 이루어지면 9년전쟁에서와 같은 대프랑스 동맹이 부활할 수 있음을 경계했다. 반(反)프랑스 성향을 가진 것으로 알려진 카를로스 2세가 부르봉가에 왕위를 넘길 가능성이 거의 없다고 판단한 것도 그가 프랑스에 불리한 합의안에 동의한 이유가 되었다. 그는 오스트리아나 바이에른이 스페인 영토를 모두 차지하느니

영국과 네덜란드연방의 협조하에 프랑스의 몫을 미리 챙겨두는 편이 낫다고 생각했다.[95]

세 나라가 분할안에 합의한 지 몇 달 지나지 않아 예상치 못한 변수가 발생했다. 1699년 2월 바이에른의 요제프 페르디난트가 갑작스럽게 사망한 것이다. 이로써 스페인 왕위계승 후보는 부르봉과 합스부르크로 좁혀졌고, 스페인 영토의 분할에 관한 재협상이 필요하게 되었다. 1700년 3월 런던에서 체결된 제2차 분할협정에서 영국, 네덜란드연방, 프랑스는 스페인 본토와 식민지, 그리고 남부 네덜란드는 스페인의 왕위와 함께 합스부르크의 카를 대공이 차지하고, 루이 14세의 아들 프랑스의 루이(Louis de France)는 1698년에 합의된 나폴리, 시칠리아 외에 밀라노를 차지하기로 했다. 다만 윌리엄 3세는 프랑스가 로렌 공국이나 사보이아-피에몬테 공국의 통치자에게 스페인으로부터 획득한 영토를 넘기고 두 공국 중 하나를 합병하도록 하는 조항을 추가할 것을 주장했다. 그는 프랑스가 이탈리아에서 지배적인 지위를 누릴 것을 우려했다. 루이 14세는 프랑스 본토에서 멀리 떨어진 이탈리아 영토보다는 인접한 로렌이나 사보이아-피에몬테를 획득하는 것이 더 낫다고 판단하여 윌리엄 3세의 주장에 동의했다. 루이 14세는 다시 한번 자제력을 발휘했다. 로렌이나 사보이아-피에몬테의 획득은 프랑스로서는 분명히 환영할 만한 일이지만, 오스트리아 합스부르크에 돌아갈 몫에는 한참 미치지 못했기 때문이다.[96]

☆☆☆☆☆

이처럼 전쟁을 피하기 위한 방안을 강구했지만, 1700년 11월 카를로스 2세가 마침내 세상을 떠났을 때 모두의 예상을 뒤엎는 변수가 발생했다. 카를로스 2세가 유언장에서 스페인의 왕위와 스페인의 모든 영토를 루이 14세의 손자 앙주 공작 필리프(Philippe duc d'Anjou)에게 넘긴다는 의사를 밝혔기 때문이다. 카를로스 2세는 또한 만약 필리프가 스페인 영토의 일부를 분할하여 다른 나라에 넘기고자 한다면 스페인의 왕위와 모든 영토는 카를 대공의 차지가 되어야 한다고 명시했다. 이러한 결정을 내리면서 카를로스 2세와 스페인 정부는 프랑스와 오스트리아 중 어느 편이 스페인의 영토를 최대한 잘 보존할 수 있을지를 최우선적으로 고려했다. 루이 14세의 프랑스에 호의적인 시각을 가지지 않았지만, 카를로스 2세의 최종 선택은 프랑스였다. 오스트리아는 스페인 본토에서 상대적으로 멀리 떨어져 있었고, 식민지를 유지하는 데 필수적인 해군을 보유하지도 않았기 때문이다. 그 대신 루이 14세의 아들이 아니라 손자인 필리프가 왕위계승자로 지목되었다. 필리프에게는 손위형제인 부르고뉴 공작이 있었으므로 그가 프랑스의 왕위를 계승할 확률은 상대적으로 낮았다. 즉, 프랑스와 스페인이 동일한 국왕의 통치를 받는 일은 최대한 피할 수 있을 것으로 판단되었다.[97]

카를로스 2세가 남긴 유언장의 내용을 알게 된 루이 14세는 심각한 딜레마에 빠졌다. 카를로스 2세의 제안을 받아들여 자신의 손자가 스페인 왕위에 오른다면 오스트리아는 물론이거니와 여타 주변 국가들도 이를 그대로 두고 보지 않을 것이 분명했다. 특히 영국과 네덜란드연방은 합의 위반을 이유로, 그리고 세력균형의 붕괴를 이유로 오스트리아와 함께 프랑스에 전쟁을 선언할 가능성이 다분했다. 제안을 거부하고 영국, 네덜란드와의 분할협정을 준수하려 해도 전쟁은 불가피했다. 오스트리아의 카를 대공이 통치하는 스페인이 프랑스가 협정에서 할당된 영토를 손에 넣은 것을 그대로 지켜보지 않을 것이었기 때문이다. 프랑스가 카를로스 2세의 제안을 수용하든 거부하든 사실상 전쟁은 불가피했다. 두 선택지 사이의 차이는 전자의 경우 프랑스는 스페인과 동맹을 맺고 영국,

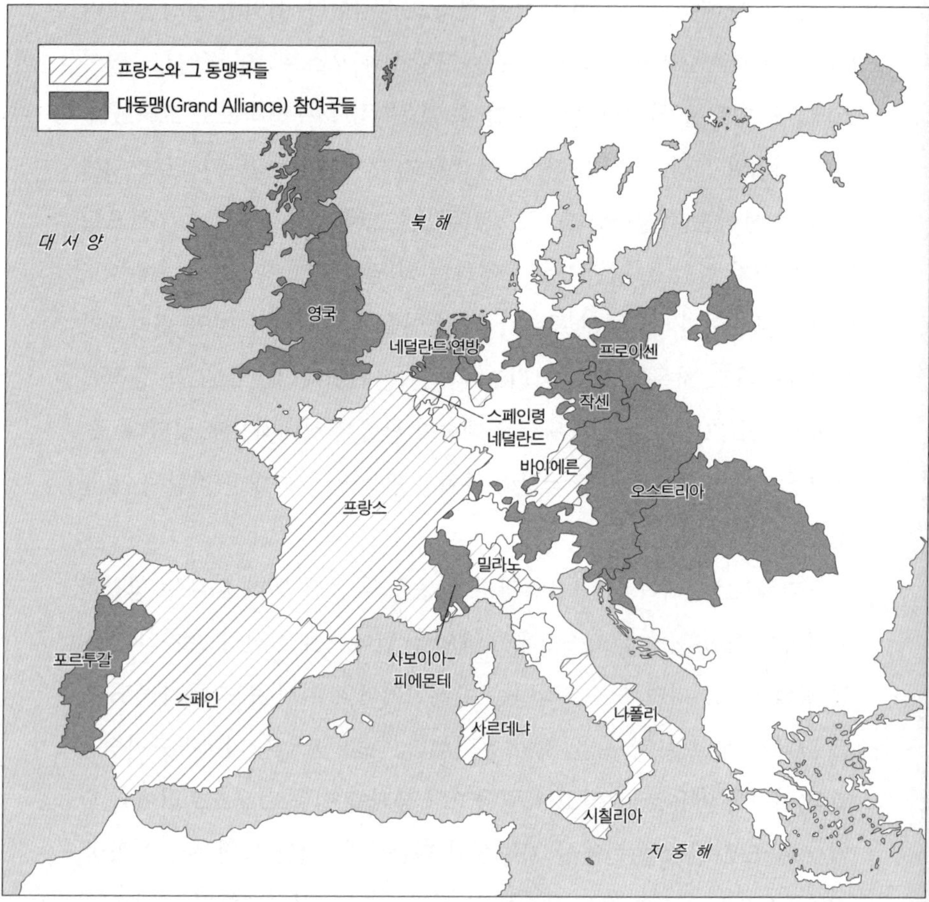
프랑스와 그 동맹국들
대동맹(Grand Alliance) 참여국들
대 서 양
북 해
영국
네덜란드 연방
프로이센
작센
스페인령
네덜란드
바이에른
오스트리아
프랑스
밀라노
포르투갈
사보이아-
피에몬테
스페인
사르데냐
나폴리
시칠리아
지 중 해

스페인 왕위계승 전쟁

네덜란드연방, 오스트리아를 상대로 전쟁을 벌일 것이고, 후자의 경우 영국, 네덜란드연방과 동맹을 맺고 오스트리아와 스페인을 상대로 전쟁을 벌일 것이라는 데 있었다. 루이 14세는 전자를 선택했다. 그는 스페인을 동맹국으로 하여 여타 국가들을 상대로 전쟁을 벌이는 편이 더 낫다고 판단했다. 루이 14세는 오스트리아와 스페인을 상대로 하는 전쟁에서 영국과 네덜란드연방이 프랑스를 전폭적으로 지지하지 않을 것으로 보았다. 특히 영국 의회가 프랑스와의 동맹을 반대하리라고 보았다.[98]

프랑스가 카를로스 2세의 유언을 받아들이기로 결정했다는 소식이 전해지자 유럽 각국은 큰 충격에 빠졌다. 특히 루이 14세와 두 차례에 걸쳐 분할협정을 체결한 영국과 네덜란드연방이 큰 충격을 받았다. 필리프가 스페인의 모든 영토를 통치하는 국왕의 자리에 오른다는 것은 단순히 부르봉가에 의한 왕위계승에 그치지 않고 프랑스와 스페인이 사실상 하나의 나라처럼 긴밀하게 협력할 가능성이 커짐을 의미했다. 스페인의 국력이 현저하게 쇠약해진 상황에서 두 나라 사이의 관계에서 프랑스가 주도권을 행사하리라는 것 역시 분명해 보였다. 영국과 네덜란드연방 입장에서는 프랑스가 장악한 남부 네덜란드, 이탈리아 그리고 스페인의 아메리카 식민지는 도저히 용인될 수 없는 '악몽'이었다. 9년전쟁이 마무리된 지 채 5년도 채 지나지 않은 시점에서 전쟁의 암운이 다시 한번 짙게 드리워졌다. 영국의 일부 정치인은 필리프의 왕위계승이 프랑스와 스페인 두 나라 사이의 관계를 긴밀하게 만들 필연적인 이유는 없다고 주장하기도 했다. 후에 20여 년에 걸쳐 영국 수상으로 재임하게 될 로버트 월폴(Robert Walpole)은 "스페인에서 새로운 왕이 즉위하더라도 적어도 3년 동안 섭정이 통치할 것이고, 이 기간 동안 새 국왕은 스페인인이 될 것이다. 그렇게 되면 그는 부친이나 조부에 반대하여 자신의 이익을 주장할 수 있게 될 것이다"라고 희망 섞인 예측을 내놓기도 했다.[99]

하지만 루이 14세의 조심성 없는 행동으로 온건론은 힘을 잃고 말았다. 루이 14세는 자신의 손자를 스페인으로 떠나보내면서 프랑스의 왕위가 공석이 될 경우 필리프가 왕위계승권을 갖는다고 선언했다. 이는 주변 국가들에 프랑스와 스페인이 통합되는 상황을 고려하는 것으로 비쳤다. 루이 14세의 의도는 만에 하나 그런 상황이 발생하면, 즉 필리프의 부친과 손위형제가 모두 사망하는 있을법하지 않은 일이 벌어지면, 필리프가 스페인의 왕위에서 퇴위한 후 프랑스의 왕위에 오를 수 있다는 것이었다. 하지만 그는 이러한 입장을 밝히면서 주변 국가들의 이해를 구하려는 노력을 소홀히 했다.[100] 루이 14세는 또한 남부 네덜란드의 여러 요새에 주둔하고 있던 네덜란드연방의 군대를 철수시켜달라는 스페인 정부의 요청을 기꺼이 수락하고 프랑스군에 이를 지체 없이 실행에 옮기도록 명령함으로써 영국과 네덜란드연방을 다시 한번 충격에 빠뜨렸다. 두 나라의 충격은 스페인 정부가 아메리카의 자국 식민지에서 프랑스 상인들에게 특별한 혜택을 제공하기로 결정했음을 알았을 때 절정에 달했다.[101]

1701년 9월 헤이그에서 영국, 네덜란드연방 그리고 오스트리아는 동맹 결성을 위한 협약을 체결했다. 협약문에서 세 나라는 "유럽의 자유와 교역을 짓밟으려는" 프랑스에 맞서 싸우겠다고 선언했다.[102] 오스트리아의 레오폴트 1세는 카를로스 2세의 유언장 내용을 알게 된 이후에도 자신의 차남이 스페인 왕위의 유일하게 합법적인 계승자이며, 모든 스페인 영토의 통치자가 되어야 한다는 믿음을 버리지 않았다. 하지만 프랑스와의 전쟁을 위해서는 영국과 네덜란드연방의 도움이 반드시 필요했고, 일단은 유럽의 '세력균형'을 위해 스페인의 영토를 어떤 식으로든 분할해야 한다는 두 나라의 주장에 동의했다. 영국과 네덜란드연방은 필리프의 스페인 왕위계승을 허용하되 프랑스가 어떤 일이 있어도 스페인과 통합하지 않겠다는 약속을 받아내고, 오스트리아는 왕위를 포기하는 대가로 남부 네덜란드, 이탈리아와 지중해에서 "정당하고 합리적인 보상"을 받는 수준에서 만족하는 것이 가장 바람직하다고 보았다. 영국과 네덜란드는 자신들을 위해서는 스페인의 아메리카 식민지 중 일부를 획득하고, 두 나라가 기존에 스페인 영토에서 누리던 상업적 특혜를 계속 보장받을 수 있기를 희망했다. 프랑스와의 전쟁을 위해 오스트리아는 8만 2천 명, 네덜란드연방은 10만 명, 영국은 4만 명의 병력을 각각 동원하기로 했다. 연방과 영국은 또한 각자의 해군을 동원하고 전쟁에 참여하는 독일 제후국들에 보조금을 지급하기로 했다. 1701년과 1702년 사이의 겨울에 프로이센,[103] 하노버, 팔츠, 뮌스터, 헤세-카셀, 바덴 같은 신성로마제국의 몇몇 제후국이 동맹에 참여하겠다는 의사를 밝혀왔다.[104]

프랑스는 9년전쟁에 이어서 동맹과 비슷한 규모의 병력을 동원했다. 1705년 프랑스 육군은 25만 명을 헤아렸다. 이전 전쟁과의 가장 큰 차이점 중 하나는 스페인이 남부 네덜란드, 독일 서부, 북부 이탈리아와 함께 주요 전장으로 추가되었다는 점이다. 이는 국토가 여러 전선의 한가운데 있어 병참과 연락체계를 다른 참전국에 비해 효율적으로 운용할 프랑스의 이점을 더욱 두드러지게 했다.[105] 북부 이탈리아 전선의 중요성이 커진 것도 스페인 왕위계승 전쟁의 또 다른 두드러진 특징이었다. 오스트리아가 북부 이탈리아를 프랑스에 대한 공세의 주전장으로 삼았기 때문이다. 오스트리아는 영국, 네덜란드연방과의 동맹이 체결되기 이미 수개월 전에 정식으로 선전포고도 하지 않은 상태에서 밀라노에 대한 공격을 개시했다. 프랑스 역시 전쟁 초기에 주도권을 잡고자 이 지역에 상당 규모의 병력을 투입했다. 프랑스는 사보이아-피에몬테가 이전 전쟁에서와 같이 동맹에 가담하는 것을 막기 위해 공국을 강하게 밀어붙였다. 1706년 봄까지 프랑스는 토리노와 그 주변 지역을 제외한 공국의 거의 모든 영토를 장악하는 데 성공했다.[106]

한편, 북쪽의 남부 네덜란드와 독일 전선에서는 네덜란드연방과 영국이 프랑스와의 전쟁을 주도했다. 양국의 전쟁 노력은 1702년 3월 윌리엄 3세의 죽음으로 잠시 타격을 입는 듯했지만, 말보로 공작(John Churchill, Duke of Marlborough)이 영국-네덜란드연방 연합군의 지휘를 맡으면서 활력을 되찾았다. 말보로는 특히 1704년 8월 독일 남부의 회흐슈테트-블린트하임(Höchstädt-Blindheim, 영어화된 명칭으로는 Blenheim)에서 벌어진 전투에서 프랑스-바이에른 연합군에 대승을 거뒀다.

전투가 벌어질 당시 오스트리아는 북부 이탈리아 전선에서의 싸움이 별다른 진전을 보이지 못한 가운데 재정상의 어려움과 헝가리에서 발발한 라코치(Rákóczy) 반란으로 심각한 위기에 처해 있었다. 라코치 반란은 빈의 중앙정부가 헝가리에 부과한 과도한 세금이 발단이 되어 발발했다. 프랑스는 반란군에 자금을 지원하고 장교와 군사전문가를 보냈다.[107] 이러한 상황에서 프랑스와 동맹을 맺은 바이에른이 오스트리아를 군사적으로 위협하자 말보로는 병력을 남부 네덜란드로부터 독일 남부까지 먼 거리를 이동시켜 전투를 벌였다. 영국 정부가 실패 가능성이 상당했던 말보로의 작전계획을 승인한 것은 오스트리아가 자칫 전쟁의 동력을 상실할까 우려했기 때문이다. 영국의 입장에서는 남부 네덜란드에서 프랑스군의 압박을 완화하기 위해서라도 오스트리아가 이탈리아 전선에서 제 역할을 다해주는 것이 필요했다.

전투에서의 승리로 영국은 이러한 목적을 달성하는 데 성공했을 뿐 아니라 바이에른을 전쟁에서 완전히 이탈시키는 성과까지 거뒀다.[108] 이후에도 말보로가 이끈 영국-네덜란드 연합군은 평소 "20여 개의 도시를 함락하는 것보다 단 한 번의 전투에서 승리하는 것"이 전쟁 목표의 달성에 더 크게 기여"할 수 있다는 그의 지론에 따라 적극적인 공세전략을 밀고 나갔고, 전투에서 여러 차례 승리했다. 다만 네덜란드연방의 입장에서 만약 전투에서 패배할 경우 자칫 국경이 뚫릴 수도 있었으므로 연방 측은 말보로에게 좀 더 신중한 접근을 촉구했다. 말보로의 전략은 그런 문제에 신경 쓸 필요가 없는 영국군에 특화된 전략이었다.[109]

1703년 5월 영국의 부추김을 받은 포르투갈이 동맹에 참여했다. 영국 해군이 포르투갈 항구를 이용하는 것이 가능해짐에 따라 동맹군은 더욱 수월하게 바르셀로나, 지브롤터, 미노르카, 툴롱 등에 공세를 펼칠 수 있게 되었다. 하지만 포르투갈의 참전을 계기로 영국은 기존 입장을 변경하여 카를 대공의 스페인 왕위계승을 지지하기 시작했다. 필리프가 스페인의 왕위에 계속 남으면 포르투갈의 안전을 보장하기 어려울 것으로 판단했기 때문이다. 앞서 살펴보았듯이 1640년 스페인으로부터 독립을 선언한 후 포르투갈은 무려 30년 가까이 계속된 전쟁 끝에 1668년 마침내 독립을 인정받았다. 하지만 그 이후에도 스페인과 포르투갈의 관계는 그다지 우호적이지 못했다. 영국은 포르투갈의 이와 같은 특수한 사정을 감안해 "스페인 없는 평화", 즉 카를 대공에게 스페인의 왕위가 돌아가지 않는 평화에 반대한다는 입장을 취하기 시작했다.[110]

회흐슈테트-블린트하임 전투에서의 승리와 포르투갈의 참전으로 전쟁 양상에 변화가 일어났다. 이제 독일 전선에서의 싸움은 사실상 종결되었고, 남부 네덜란드 전선은 더 이상 이전만큼의 중요성을 지니지 못하게 되었다. 그 대신 이탈리아 북부와 이베리아반도가 주전장이 되었다. 특히 이베리아반도에서는 프랑스, 영국, 네덜란드연방이 스페인과 포르투갈로 병력을 파견함에 따라 역사상 처음으로 반도 내에 위치하지 않은 국가들이 격돌하는 전쟁이 치러졌다.[111]

이베리아반도의 전황은 1704년 8월 영국군이 이베리아반도 남단의 전략요충지인 지브롤터 요새를 점령한 이후 점차 프랑스와 스페인에 불리한 방향으로 흐르기 시작했다. 1만 8천 명의 프랑스와 스페인 연합군이

2천 명의 영국군, 400명의 네덜란드연방군, 70명의 카탈루냐군이 지키는 요새를 8개월 동안이나 포위했지만 결국 탈환에 실패했다. 1705년 8월에는 카탈루냐에 도착한 카를 대공이 바르셀로나에서 국왕으로 선포되었고, 아라곤과 발렌시아도 곧 이를 인정했다. 대부분의 카스티야인은 필리프를 지지했지만, 일부 귀족은 그가 주요 관직에 프랑스인을 중용한 데 불만을 품고 그와 카를 대공 사이에서 중립적인 태도를 취했다. 필리프의 곤경은 1706년 7월 포르투갈 지휘관이 이끄는 동맹군이 마드리드를 점령했을 때 극에 달했다. 필리프는 궁을 떠나 피신해야 했고, 카를로스 2세의 미망인은 카를 대공을 스페인의 국왕으로 인정했다. 필리프에게 그나마 위안이 된 것은 비교적 소수의 귀족을 제외하면 대다수 카스티야인이 그에 대한 지지를 철회하지 않았다는 사실이다. 동맹군의 마드리드 점령은 오래 지속되지 못했다. 프랑스-스페인 연합군은 다시 반격을 시작했고, 같은 해 10월 필리프는 마드리드에 재입성했다.[112]

1705년 가을 프랑스는 네덜란드연방에 평화협정 체결을 제의했다. 완강한 입장을 고수하는 영국이나 오스트리아와 달리 연방과는 협상의 여지가 있다고 판단했기 때문이다. 루이 14세는 상황에 따라서는 연방의 동맹 탈퇴를 유도하는 것도 가능하다고 믿었다. 그는 남부 네덜란드, 나폴리, 시칠리아를 카를 대공에게 양도하고, 네덜란드연방에 대해서는 국경의 안전을 보장하는 조치를 취하겠다고 제안했다. 프랑스의 제안은 네덜란드연방에 꽤 매력적이었다. 하지만 네덜란드인은 동맹국인 영국을 배신할 수 없었다. 이는 단순히 신의의 문제가 아니었다. 혹시라도 영국과의 관계가 틀어지면 네덜란드연방과 아시아, 아메리카 사이를 운행하는 거의 모든 선박이 경유하는 영국해협에서의 안전통행이 위험에 처할 수 있었다. 네덜란드연방은 그러한 위험을 감수할 수 없었다.[113]

1706년 5월 남부 네덜란드의 라미예(Ramillies) 부근에서 벌어진 전투에서 말보로는 프랑스군에 다시 한번 대승을 거뒀다. 동맹군은 브뤼셀, 안트베르펜, 헨트를 점령했고, 브라반트 의회와 플랑드르 의회는 카를 대공을 국왕으로 선포했다. 반면, 남부 네덜란드에서 프랑스어 사용권에 속한 에노, 나뮈르, 룩셈부르크 등은 필리프에 대한 충성을 포기하지 않았다. 이탈리아 전선에서도 프랑수아 외젠(François-Eugène)이 이끄는 오스트리아군과 비토리오 아메데오 2세(Vittorio Amedeo II)가 이끄는 사보이아-피에몬테군이 토리노를 포위하고 있던 프랑스군을 격퇴하는 데 성공했다. 한때 북부 이탈리아 전선에 8만 명의 병력을 투입했던 프랑스는 라미예 전투 이후 북부 전선을 보강하기 위해 이 지역에서 지휘관과 병력을 차출했고, 이는 토리노 전투 패배의 원인이 되었다. 토리노 전투로 프랑스는 북부 이탈리아의 거점을 거의 완전히 상실했다. 오스트리아는 이후 전쟁이 끝날 때까지 이 지역을 자국의 통제하에 두었다.[114]

1706년 말이 되면서 영국과 네덜란드연방은 1701년 전쟁을 시작하면서 세웠던 목표를 모두 이룬 것처럼 보였다. 남부 네덜란드 대부분이 양국 군대에 장악되었고, 이탈리아에서는 오스트리아가 승승장구했으며, 이베리아반도에서도 카를 대공이 마드리드를 점령하는 등 우세를 점하기 시작했다.[115] 하지만 동맹의 위세가 절정에 달한 이때, 전쟁의 목적과 전략을 둘러싸고 동맹국 간에 이견이 표출되기 시작했다. 애초에 영국, 네덜란드연방과 오스트리아는 상이한 목표를 염두에 두고 프랑스와의 전쟁을 위한 동맹 결성에 합의했다. 오스트리아의 가장 중요한 목표는 왕조의 이익을 지키는 데 있었다. 레오폴트 1세는 합스부르크가가 아닌 다른 어떤 가문의 스페인 왕위계승도 정당화될 수 없다고 굳게 믿었다. 오스트리아와 인접한 북부 이탈리아에서 프랑스의 영향력 확대를 막아야 한다는 것도 첫 번째 목표만큼은 아니지만 역시 중요한 전쟁 목표였다. 오스트리아가 전쟁 초반부터 이탈리아 전선에 주력한 것도 바로 이러한 이유에서였다.

영국과 네덜란드연방의 가장 중요한 전쟁 목표는 앞서 지적했듯 남부 네덜란드, 나폴리, 시칠리아, 그리고 스페인의 아메리카 식민지 등 두 나라에 안보적 · 경제적으로 중요한 지역에서 프랑스의 영향력 확대를 막는 데 있었다. 네덜란드연방은 특히 남부 네덜란드에 이른바 '네덜란드 장벽(Dutch Barrier)'을 확보하고자 했고, 영국은 1701년 제임스 2세의 사후 스스로 '제임스 3세'로 칭하며 영국 왕위에 대한 권리를 주장한 제임스 프랜시스 에드워드 스튜어트(James Francis Edward Stuart)의 보호자를 자처한 루이 14세로부터 프로테스탄트 왕위계승의 원칙을 수호하고자 했다.[116]

이처럼 두 해양국가와 오스트리아가 중요하게 생각하는 전쟁 목표가 일치하지 않는 가운데, 영국과 네덜란드연방은 오스트리아가 동맹의무를 제대로 이행하지 않음을 이유로, 오스트리아는 두 나라가 막강한 자금력을 바탕으로 자국에 부당한 영향력을 행사한다는 이유로 서로를 비난하기 시작했다. 영국과 연방의 입장에서는 오스트리아가 애초에 약속한 규모의 병력을 동원하는 데 번번이 실패한 데 대한 불만이 컸다. 특히 영국 내에서는 "동맹국의 이익에 반하지 않는 생각을 조금도 하지 않는" 오스트리아, "모든 것을 기대하지만 아무것도 하지 않으려는" 오스트리아에 대한 불만이 갈수록 커져갔다. 오스트리아는 오스트리아대로 불만이 많았다. 먼저 오스트리아는 이미 손에 넣은 밀라노 외에 나폴리와 시칠리아를 점령하기 위한 계획을 수립하고 영국과 네덜란드연방에 해군지원을 요청했지만, 이를 거절당한 데 대해 불만을 가졌다. 오스트리아는 또한 두 나라가 신성로마제국 내에서 프로테스탄트 교도에 대한 탄압이 중단되도록 레오폴트 1세가 황제의 자격으로 영향력을 행사해줄 것을 촉구하는 등 전쟁 외적인 문제에 간섭한 것, 그리고 프랑스와의 전쟁에 오스트리아가 더 많은 힘을 쏟도록 하기 위해 오스트리아 정부와 헝가리 반란

세력 사이의 협상을 중재하겠다고 나선 것에 대해서도 반감을 표시했다.[117]

영국과 네덜란드연방 사이의 전쟁 목표를 둘러싼 갈등도 조금씩 불거지기 시작했다. 앞서 지적했듯이 영국은 포르투갈의 참전을 계기로 필리프가 왕위를 계승하는 대신 스페인의 영토를 분할한다는 이전의 입장을 포기하고 카를 대공에 의한 스페인의 왕위와 전 영토의 계승을 지지하기 시작했다. 영국 국내에서 이와 같은 입장 선회를 주도한 것은 1705년 선거에서 압승을 거둔 휘그(Whig)파 각료와 정치인들이었다. 하지만 네덜란드연방은 영국의 이러한 목표 변경에 동의하지 않았다. 네덜란드연방은 여전히 스페인 영토의 분할을 지지했으며, 영국이 주장하듯이 스페인의 왕위가 카를 대공에게 돌아가야 한다면 필리프에게는 적어도 나폴리와 시칠리아가 보상으로 주어져야 한다고 주장했다. 영국은 프랑스가 이 두 지역을 장악하면 자국의 레반트 무역에 위협이 될 수 있다는 이유로 이를 거부했다. 네덜란드연방은 자국의 핵심적 요구사항인 '네덜란드 장벽'의 확보와 관련해서도 영국으로부터 확실한 답을 얻지 못했다. 영국이 확답을 미룬 것은 남부 네덜란드에서 가장 중요한 항구인 오스텐데와 덴데르몬데(Dendermonde)를 장벽에 포함시키는 데 동의할 수 없었기 때문이기도 하지만 내심 장벽을 볼모로 네덜란드연방을 전쟁에 묶어두고자 했기 때문이기도 하다. 결국 네덜란드연방은 점점 자국의 핵심적인 이익과 무관해지는 전쟁을 6년이나 더 수행해야 했다.[118]

1706년 이후 양측이 팽팽히 맞서는 가운데 어느 한편도 결정적인 우위를 차지하지 못하는 상황이 계속되었다. 1707년 이탈리아에서는 오스트리아군이 나폴리를 점령하는 데 성공했지만, 이베리아반도에서는 알만차(Almanza) 전투에서 카를 대공의 군대가 필리프의 군대에 크게 패배했다. 알만차 전투는 반도에서 벌어진 가장 중요한 전투였다. 필리프는 전투를 계기로 반전 기회를 잡을 수 있었다.[119]

1708년과 1709년 프랑스는 유례없이 추운 날씨와 이로 인한 흉작과 기근으로 큰 어려움에 직면했다. 이미 8년 동안 계속된 전쟁으로 국가 재정이 피폐해질 대로 피폐해진 상태였다. 여기에 70년이 넘는 루이 14세의 재위 기간을 통틀어 가장 가혹했던 것으로 기록될 자연재해까지 덮치자 프랑스 정부는 외무장관 토르시(Jean-Baptiste Colbert, marquis de Torcy)를 헤이그로 보내 동맹과 평화협정 체결을 위한 협상을 벌이도록 지시했다.

협상에서 동맹은 프랑스에 40개에 달하는 평화협정 체결을 위한 '예비조항'을 제시하고, 두 달의 휴전 기간 안에 이 조항들을 모두 실행에 옮길 것을 요구했다. 동맹은 프랑스가 이 40개의 조항 중 어느 하나라도 거부한다면 전쟁을 재개하겠다고 위협했다. 예비조항의 핵심은 이베리아 반도에 주둔한 프랑스군을 철수시키고, 카를 대공을 스페인의 유일하게 정당한 통치자로 인정하라는 것이었다. 동맹은 이를 위해 루이 14세가 필리프에게 왕위 포기를 설득하고, 만약 필요하다면 군사력을 동원해서라도 그를 압박하라고 요구했다.

동맹은 루이 14세가 필리프를 완벽하게 통제하고 있어 실제로 프랑스가 군사력을 사용해야 할 상황이 발생할 가능성은 그리 크지 않다고 믿었다. 하지만 이는 동맹의 오해였다. 이때쯤 루이 14세와 필리프의 관계는 한편이 다른 한편에 일방적으로 지시하거나 복종하는 관계가 아니었다. 필리프는 스페인 국왕이라는 지위에 큰 애착을 가졌고, 그에 대한 카스티야의 지지도 매우 굳건했다. 특히 1707년 그와 왕비 사이에 아들 루이스(Luis)가 태어나면서 카스티야와의 유대는 더욱 강화되었다.[120] 비록 왕위를 지키기 위해 프랑스의 군사 지원이 필요했지만, 만에 하나 루이 14세가 퇴위를 요구해도 이에 순순히 따를 가능성은 별로 없었다. 또한 아무리 동맹 측이 루이 14세와 필리프의 관계를 오해하고 있었다고 하더라도 손자에 대한 군사력 사용을 요구한 것은 누가 보기에도 과도한, 사실은 심각한 모욕에 가까운 요구였다. 협상에 참여한 동맹 측 인사 중 일부도 이러한 요구의 문제점을 인식했다. 말보로는 "내가 만일 프랑스의 왕이라면 손자를 쫓아내기 위한 전쟁에 군대를 동원하느니 나라를 조금 더 일찍 잃어버리는 편을 택할 것이다"라고 말하기도 했다.[121]

동맹은 이밖에도 스트라스부르와 릴을 포함하여 프랑스가 루이 14세의 재위 기간 동안 획득한 영토 중 상당 부분을 반환하고, 네덜란드연방에 프랑스가 보유한 남부 네덜란드의 요새 중 6개를 할양하며, 영국과 네덜란드연방의 상선에 큰 피해를 입힌 프랑스 사략선의 근거지인 덩케르크의 방어시설을 해체하고, 캐나다 연안의 뉴펀들랜드(Newfoundland)섬을 영국에 할양할 것을 요구했다. 루이 14세는 동맹의 요구를 거부하기로 결정했다. 거부 의사를 통보한 후 프랑스 각지의 주지사들에게 명령을 내려 일반 국민에게 동맹의 요구사항을 자세히 알리고, 자신은 요구사항 중 단 하나를 제외한 나머지 모두를 수용하려 했지만 동맹은 필리프를 왕위에서 쫓아내는 데 힘을 보태기를 요구했고, 이 요구만은 차마 들어줄 수 없었기에 불가피하게 전쟁을 재개할 수밖에 없다는 점을 이해시키라고 지시했다. 예전의 루이 14세였다면 상상하기 어려운 명령이었고, 이는 그와 프랑스 정부가 장기간 지속된 전쟁의 결과 얼마나 절박한 상황에 처했는지를 잘 보여준다.[122]

루이 14세는 '헤이그 예비조항'을 거부하면서도 이베리아반도에서 프랑스군을 철수시킴으로써 협상을 계속할 의사가 있음을 내비쳤다. 1709년 9월에는 남부 네덜란드의 말플라케(Malplaquet) 인근에서 벌어진 전투에서 말보로와 외젠이 이끄는 동맹군이 다시 한번 프랑스군에 승리를 거뒀다. 하지만 동맹군 역시 프랑스군 못지않게 큰 피해를 입었으므로 전투의 최종 결과는 무승부에 가까웠다. 그럼에도 1710년 3월 네덜란드연방의 헤르트라위덴베르크(Geertruidenberg)에서 재개된 협상에서 동맹은 프랑스에 오히려 이전보다 한층 더 강화된 요구를 제기했다. 요구의 핵심은 프랑스 단독으로 무력을 사용하여 필리프를 왕위에서 물러나게 하라는 것이었다. 토르시의 표현에 따르면 동맹은 "조부와 손자의 싸움에서 구경꾼"이 되겠다는 것이었다.[123] 동맹은 군사력을 사용하지 않는 대신 보조금을 지급하겠다는 루이 14세의 제안도 거부할 만큼 강경한 입장을 고수했고, 결국 협상은 결렬되었다. 루이 14세로서는 굴욕의 순간이 아닐 수 없었다. 이와 함께 지난 수십 년간 쌓아온 루이 14세의 프랑스에 대한 유럽 국가들의 '증오'와 '두려움'이 얼마나 뿌리 깊었는지 여실히 드러났다.[124]

루이 14세로서는 다행스럽게도 헤르트라위덴베르크 협상이 실패로 끝난 후 프랑스는 반전 기회를 얻었다. 이는 세 가지 상황 변화에 기인했다. 첫째, 스페인에서 펠리페 5세가 카를 대공에게 최종적인 승리를 거뒀다. 펠리페 5세는 동맹군의 거센 공세에 다시 한번 마드리드를 빼앗기는 등 어려움을 겪었지만, 네덜란드에서의 협상이 실패로 끝난 후 루이 14세가 보낸 프랑스군의 도움을 받아 마드리드를 되찾고 카탈루냐를 제외한 스페인 전역을 장악했다. 비록 카를 대공이 바르셀로나에 머물면서 반격 기회를 노렸지만, 이제 그가 카를로스 3세로서 스페인 왕위를 계승하는 것은 사실상 불가능해졌다. 전쟁이 무한정 지속되길 원하지 않는 이상 동맹 측도 좀 더 현실적인 타협책을 모색하지 않을 수 없게 되었다.

둘째, 영국에서 고돌핀(Sidney Godolphin, Early of Godolphin)이 이끄는 휘그 정권이 붕괴되고, 옥스퍼드(Robert Harley, Earl of Oxford)와 볼링브룩(Henry Saint-John, Viscount of Bolingbroke)이 이끄는 토리(Tory) 정권이 들어섰다. 영국 내에서 전쟁에 대한 염증이 조금씩 확산되는 가운데 헤이그와 헤르트라위덴베르크에서의 협상 실패가 휘그 정권에 대한 불신을 부추기면서 토리가 집권하기에 유리한 환경이 만들어졌다. 강경노선을 옹호하는 말보로를 비롯한 휘그 각료와 정치인들에 대한 앤(Anne, r.1702~14) 여왕의 '환

멸'도 토리당이 집권하는 데 한몫을 했다. 옥스퍼드는 여왕에게 "만일 영국인이 정당이 아니라 폐하가 우두머리임을 다시 깨닫게 된다면 모든 일이 잘 풀릴 것입니다"라고 말함으로써 그녀의 반(反)휘그 감정을 자극했다.[125]

옥스퍼드와 볼링브룩 등은 영국 대외정책의 가장 중요한 목표는 해외무역의 팽창과 이를 위해 필요한 식민지 개척이어야 한다는 신념을 고수해왔고, 따라서 휘그 정권이 주도한 유럽 대륙에서의 값비싼 전쟁에 대한 효용성을 회의적인 시선으로 바라보았다. 이들은 또한 동맹으로서 네덜란드연방의 가치에 대해서도 회의적이었다. 이들은 연방을 해외무역에서 영국이 가장 경계하고 견제해야 할 경쟁자로 인식했다. 볼링브룩은 네덜란드 상인들이 전쟁 중에도 프랑스와의 교역을 완전히 중단하지 않았음을 지적하면서 "우리의 무역은 계속 가라앉고 있고 조만간 완전히 사라질 것이다. …… 이에 반해 네덜란드인의 상업 활동은 계속 확대되고 있으며, 그 어느 때보다 번창하고 있다"고 주장했다.[126] 옥스퍼드와 볼링브룩 등은 영국과 네덜란드연방이 체결한 1709년의 이른바 '장벽조약(Barrier Treaty)'에서 휘그 정권이 연방의 동맹 이탈을 막기 위해 영국이 카를 대공으로부터 획득한 서인도제도에서의 상업적 특권을 연방과 공유하기로 한 결정, 그리고 연방이 '장벽'을 구축하고 유지하기 위해 소요되는 비용을 이에 포함되는 도시들뿐만 아니라 남부 네덜란드 전역에서 징수하도록 허용한 결정을 신랄하게 비판했다.[127] 토리파 정치인 중 한 명인 조너선 스위프트(Jonathan Swift)는 1711년에 발간된 《동맹의 수행(*Conduct of the Allies*)》이라는 책자에서 장벽조약을 통해 네덜란드연방은 전쟁이 끝난 후 20개의 도시와 그 주변 지역을 군사적으로 통제할 권한뿐 아니라 사실상 남부 네덜란드에서 가장 부유한 플랑드르 지방 전체를 장악할 기회를 부여받게 되었다고 주장했다. 스위프트는 이어서 남부 네덜란드에 대한 군사적 통제 권한을 보유하게 된 네덜란드연방이 이 지역을 상업적으로도 장악하리라 예측했다. 그는 네덜란드인이 "그들 마음대로 관세를 부과하여 상업을 규제할 것이고, 이 비옥한 땅에 현재 독일에 흩어져 살고 있는 아일랜드와 프랑스 출신 장인들을 불러 모아 모직물 공장을 비롯한 온갖 종류의 공장을 세울 것이며, 이후 이 공장들이 번성하면 영국의 직물 장인들까지 불러 모을 것"이라고 경고했다.[128] 조금은 과장 섞인 스위프트의 주장에서 드러난 토리 정권의 반(反)네덜란드 정서는 영국이 연방을 배제한 채 프랑스와 단독으로 협상을 진행한 중요한 이유 중 하나가 되었다.

셋째, 1705년 레오폴트 1세의 뒤를 이어 황제의 자리에 오른 요제프 1세가 1711년 4월 즉위 6년 만에 세상을 떠남에 따라 카를 대공이 그의 뒤를 잇게 되었다. 바르셀로나에 머물면서 필리프와의 싸움을 지휘하던 카를 대공은 요제프 1세의 사망 소식이 전해지자 대공비를 섭정으로 지명하고 지체 없이 빈으로 떠났다. 그해 10월 카를 대공은 신성로마제국의 황제로 선출되었다. 만일 '카를 6세'로 불리게 된 카를 대공이 스페인의 왕위까지 계승한다면 오스트리아와 보헤미아, 헝가리, 남부 네덜란드, 밀라노와 나폴리, 시칠리아, 포르투갈을 제외한 이베리아반도 전역, 그리고 스페인의 아메리카 식민지의 통치자가 될 것이었다. 가히 카를 5세 대제국의 부활이라 할 만했다. 이는 영국과 네덜란드연방을 비롯하여 유럽의 어느 나라도 원하지 않는 상황이었다.

영국의 토리 정권은 요제프 1세가 사망했을 당시 이미 수개월째 프랑스와 비밀리에 평화조약을 위한 협상을 진행 중이었다. 이들은 애초부터 카를 대공에게 스페인의 왕위와 모든 영토를 넘겨주기 위해 전쟁을 계속할 생각이 없었다. 스위프트는 도대체 무엇이 "영국인으로 하여금 오스트리아 왕가가 스페인을 차지하지 않으면 영국에 틀림없이 재앙이 닥치리라는 강력한 환상"을 갖게 했는가라고 반문했다.[129] 요제프의 죽음은 협상을 반드시 타결시키겠다는 이들의 결의를 더욱 강화했을 뿐이다. 1711년 10월 영국과 프랑스는 '런던 예비조항'에 합의했다. 이 합의에서 영국은 프랑스와 스페인을 한 명의 군주가 통치하지 않는다는 조건으로 부르봉가에 의한 스페인 왕위계승을 지지한다는 입장을 천명했다. 그 대신 프랑스는 영국에 지브롤터, 미노르카, 아시엔토(Asiento, 아메리카의 스페인 식민지에서 노예무역에 종사할 권한), 스페인에서 영국 상품과 영국 상인에 대한 상업적 특혜, 덩케르크의 항만시설과 방어시설의 해체, 북아메리카의 아카디아(Acadia)와 뉴펀들랜드를 양보하기로 했다. 영국과 프랑스는 모든 참전국이 참여하는 평화협상을 위한 국제회의를 개최하기로 합의했다.[130]

1712년 1월 29일부터 네덜란드의 위트레흐트에서 약 15개월 동안 진행된 평화회담 기간 내내 영국이 주도권을 행사했다. 적국인 프랑스와 스페인뿐만 아니라 같은 동맹에 속한 네덜란드연방과 오스트리아도 영국의 평화안을 사실상 일방적으로 받아들여야 했다. 볼링브룩이 큰 틀을 마련한 영국 평화안의 대원칙은 프랑스가 유럽에서 다시는 패권을 장악하지 못하도록 세력균형의 원칙에 따라 스페인의 왕위계승과 영토분배 문제를 결정해야 한다는 것이었다. 그러면서도 볼링브룩은 영국의 특수한 이익을 확보하는 데 많은 노력을 기울였다. 그의 가장 중요한 목표는 네덜란드연방이었다.

볼링브룩은 연방에 압력을 가해 1709년의 장벽조약을 대체하는 새로운 조약체결에 동의하도록 했다. 1713년 1월에 체결된 제2차 장벽조약에서 네덜란드연방은 장벽에 포함되는 도시 및 요새의 수를 현저하게 줄이는 데 합의했다. 영국은 중요한 요새 중 하나인 투르네(Tournai)를 장벽에 새롭게 포함하는 데 동의했지만, 네덜란드연방의 입장에서 크게 위안이 될 만한 정도는 아니었다. 인구가 채 200만 명에도 미치지 못하는 네덜란드연방은 프랑스와의 전쟁을 위해 어떤 해에는 10만 명 이상의 병력을 동원하는 등 모든 노력을 아끼지 않았다. 하지만 10년 넘게 지속된 전쟁에서 승리를 거뒀음에도 네덜란드연방은 전쟁 전에 비해 '약간' 강화된 '장벽'을 제외하고는 실질적으로 얻은 것이 거의 없었다. 물론 프랑스를 굴복시킴으로써 대륙에서 세력균형을 유지하고 자국의 안전을 도모할 수 있게 된 것은 그 자체로 중요한 성과였다. 하지만 함께 전쟁을 승리로 이끈 영국과 오스트리아에 비하면 네덜란드연방에 주어진 보상은 너무나 미약했다. 스페인 왕위계승 전쟁은 네덜란드연방이 근세 초 유럽 국제정치무대에서 강대국으로서 중요한 역할을 담당한 마지막 전쟁이었다.[131]

위트레흐트의 가장 큰 승자는 영국이었다. 영국은 프랑스로부터 런던 예비조항에서 미리 합의되었던 바를 그대로 얻어낼 수 있었다. 위트레흐트에서 얻은 성과를 바탕으로 영국은 유럽 최강의 해양대국으로 발돋움할 수 있었다. 이후 수십 년 동안 적어도 7년전쟁이 끝날 때까지 북해와 지중해, 대서양과 인도양에서 영국의 제해권이 굳건히 유지되었다.[132] 비록 하노버가의 조지 1세가 영국 왕위에 오른 후 정권을 탈환한 휘그당에 의해 탄핵되어 런던탑에 갇히거나 프랑스로 망명을 떠나야 했지만, 옥스퍼드와 볼링브룩을 비롯한 토리당의 꿈이 실현되었다. 지중해의 지브롤터와 미노르카 획득으로 영국은 자국 상인들의 레반트 무역을 지원할 천혜의 해군기지를 확보했고, 뉴펀들랜드 획득으로 북아메리카에서 프랑스에 우위를 점할 수 있었으며,[133] 남아메리카에서는 네덜란드연방을 배제하고 수익성 좋은 사업들을 독점할 수 있었다.[134] 프랑스는 영국 왕위의 프로테스탄트 계승 원칙을 인정하고, 제임스 2세의 아들을 프랑스에서 추방할 것도 약속했다. 이 합의에 따라 제임스 프랜시스 에드워드 스튜어트는 로렌 공국으로 망명지를 옮겨야 했다.[135]

한편, 위트레흐트에서 회의가 개최되고 얼마 지나지 않아 프랑스에서 예상치 못한 상황이 발생했다. 프랑스의 왕위계승서열 1위인 루이 14세의 아들 루이가 1711년 4월에 사망한 데 이어 1712년 2월에는 왕위계승서열 2위인 같은 이름의 손자마저 29세의 젊은 나이에 세상을 떠났다. 이제 루이 14세가 사망한다면 프랑스의 왕위는 1710년에 태어난 그의 증손자가 넘겨 받아야 했다. 만약 이 두 살짜리 갓난아이마저 일찍 세상을 떠난다면 프랑스의 왕위계승서열 1위는 지금은 스페인에서 '펠리페 5세'로 불리는 아이의 삼촌이 될 것이었다. 그런 경우 유럽 국가들은 또 한 번의 전쟁을 거치지 않고서는 해결하기 어려운 문제에 직면할 수 있었다.

영국과 프랑스는 즉시 이 문제에 관한 협상을 시작했고 해결책에 합의했다. 이에 따르면 펠리페 5세는 프랑스의 왕위계승을 영구적으로 포기하고 스페인의 국왕으로 남아 있든지, 아니면 스페인 왕위에 지분을 가진 사보이아-피에몬테 공작에게 국왕의 자리와 스페인 본토, 그리고 아메리카 식민지를 넘기고 자신은 사보이아-피에몬테, 만토바, 몬페라토, 시칠리아를 통치하면서 프랑스 왕위계승권을 계속 보유하든지 둘 중의 하나를 즉각 선택해야 했다. 만약 펠리페 5세가 후자를 선택하고 루이 14세의 병약한 증손자가 사망한다면 그가 프랑스 왕위를 계승하되 시칠리아는 오스트리아에 할양하고, 사보이아-피에몬테는 프랑스에 합병하기로 했다. 다시 한번 복잡다단한 왕위계승 방정식이 펼쳐졌다. 루이 14세는 펠리페 5세가 스페인 왕위를 포기하기를 원했다. 그는 자신의 손자에게 "네 백성에 대한 애정과 감사의 마음 때문에 그들과 함께하고자 한다면 같은 마음을 스페인에 앞서서 나와 너의 가족, 너의 조국에 가져야 한다"고 말하며 왕위 포기를 종용했다. 하지만 펠리페 5세는 전자를 선택했고, 이로써 프랑스 왕위계승에 관한 문제는 최종적으로 해결되었다.[136]

루이 14세는 펠리페 5세의 선택에 실망감을 감추지 못했다. 왜냐하면 프랑스 왕위계승의 불확실성이 크게 증가했기 때문이다. 하지만 루이

14세가 걱정하던 일은 벌어지지 않았다. 1715년 그의 뒤를 이어 왕위에 오른 다섯 살 소년은 이후 1774년까지 프랑스 왕위를 지켰다. 오히려 펠리페 5세가 스페인 왕위를 선택함으로써 두 명의 부르봉가 출신 국왕이 유럽의 두 강대국을 통치하게 되었다. 프랑스의 입장에서는 16세기 초 이래 계속되어온 합스부르크의 프랑스 '포위'가 마침내 종식된 것도 큰 성과였다. 물론 스페인령 남부 네덜란드가 오스트리아 차지가 된 것은 분명히 신경 쓰이는 일이기는 했지만, 본토에서 멀리 떨어진 이 지역에 대한 빈 정부의 통치가 효과적으로 이루어질 가능성은 그리 커 보이지 않았다.[137] 전쟁을 치르는 과정에서 군사적 · 재정적 · 경제적으로 심각한 어려움을 겪어야 했다는 점을 감안하면 위트레흐트에서 프랑스는 그리 나쁘지 않은 결과를 얻었다.

영국과 프랑스, 네덜란드연방을 비롯하여 사보이아-피에몬테, 포르투갈, 브란덴부르크-프로이센 등 전쟁에 약간이라도 힘을 보탰던 모든 국가가 위트레흐트에서 최종 조약안에 합의한 이후에도 오스트리아의 카를 6세 황제는 서명을 거부했다. 그는 1725년까지도 자신을 스페인 국왕으로 칭하기를 멈추지 않을 만큼 스페인 왕위에 대한 미련이 컸다. 결국 카를 6세는 프랑스군이 가용한 병력을 총동원하여 란다우(Landau)와 프라이부르크-임-브라이스가우(Freiburg-im-Breisgau)를 점령하고 나서야 프랑스와의 평화조약체결에 동의했다.

1714년 3월 라슈타트(Rastatt)에서 체결된 조약에서 프랑스는 스트라스부르와 란다우를 보유하는 대신 프랑스가 점령한 영토 중 라인강 우안에 위치한 브라이자흐, 켈, 프라이부르크 등 모든 도시와 요새를 반환할 것을 약속했다. 오스트리아는 또한 이탈리아에서 과거 스페인에 속했던 거의 모든 영토를 획득했다. 밀라노와 만토바, 미란돌라(Mirandola), 파르마(Parma), 피아첸차(Piacenza) 등 주변의 작은 공국, 나폴리, 사르데냐가 모두 오스트리아 소유가 되었다. 오스트리아는 그야말로 이탈리아의 지배자가 되었다. 앞서 언급했듯이 남부 네덜란드 역시 오스트리아 수중에 들어갔다. 스페인 왕위와 모든 영토의 계승이라는 원래의 목표를 이루는 데는 실패했으므로 평화조약체결에 대한 불만이 가장 컸던 오스트리아는 역설적이게도 스페인 왕위계승 전쟁 참전국 중 유럽에서 가장 큰 규모로 영토를 확장하는 데 성공한 나라가 되었다. 오스트리아는 영국과 더불어 전쟁의 가장 큰 수혜자였다.[138]

☆☆☆☆☆

지금까지 살펴보았듯 스페인 왕위계승 전쟁은 1700년 루이 14세가 스페인의 왕위계승 제안을 받아들임으로써 촉발되었다. 이후 12~13년 동안 프랑스를 포함한 유럽의 주요 국가들은 스페인의 왕위계승과 스페인 통치 하의 영토 처분 문제를 놓고 치열하게 전쟁을 벌였다. 이 전쟁은 1661년 이후 루이 14세가 벌인 다섯 차례의 전쟁 중 가장 마지막에 치러진 전쟁이자 가장 오랫동안 지속된 전쟁이었다. 프랑스의 입장에서 스페인 왕위계승 전쟁은 군사적으로 가장 고전을 면치 못한 전쟁이기도 했다. 회흐슈테트-블린트하임과 라미예, 말플라케 전투에서의 패배는 루이 14세의 프랑스군이 이전의 전쟁에서는 경험하지 못한 종류의 패배였다. 1706년이 되면 프랑스는 남부 네덜란드 전선과 북부 이탈리아 전선을 적에게 거의 완전히 내주었고, 동맹국 스페인은 마드리드를 빼앗겼다.

스페인 왕위계승 전쟁은 재정적으로 프랑스에 치명적인 타격을 입힌 전쟁이었다. 9년전쟁이 초래한 재정적 부담을 청산하기도 전에 다시 전쟁이 발발함으로써 프랑스는 전쟁 초반부터 심각한 재정위기에 직면했다. 이전 전쟁과 달리 병력을 4개 전선에 동시에 투입해야 했던 것도 큰 부담이 되었다. 전쟁이 끝나고 프랑스 정부의 총 부채 규모는 18억 리브르에서 23억 리브르에 이르렀다. 이는 정부 한해 수입의 35~45배에 달하는 규모였다. 전쟁 기간 동안 재정총감(contrôleur gènèral des finances)으로서 전시재정을 책임졌던 샤미야르(Michel Chamillart)와 데마레(Nicolas Desmaretz)의 비전문성과 잘못된 판단도 상황을 악화시키는 데 일조했다. 영국의 토리 정권이 전쟁을 조기에 종결시키겠다는 결정을 내리지 않았다면 프랑스는 자금 부족으로 전쟁을 중단해야 하는 초유의 사태에 처했을 수도 있었다.[139]

그렇다면 전쟁 발발의 책임은 누구에게 돌아가야 하는가? 스페인 왕위를 자신의 손자가 계승하도록 결정한 루이 14세가 가장 큰 책임을 져야 하는가? 이 질문에 대해서는 두 가지 답변이 가능하다. 먼저, 군주 개인이 속한 가문의 이익을 위해 유럽의 주요 국가들이 12~13년 동안 당시의 경제적 수준에 비춰볼 때 엄청난 규모의 인력과 재원을 동원하여 전쟁을 치렀다는 것은 오늘날의 시각에서 보면 쉽게 이해하기 어렵다. 루이 14세의 손자를 스페인 왕위에 앉히는 과정에서 초래된 프랑스인의 그 모든 희생을 어떻게 정당화할 수 있을까?

하지만 우리는 근세 초 대부분의 유럽인이 국왕을 정점으로 하는 위계적인 정치질서를 가장 기본적이고 정당한 질서로 인식했고, 왕위는 혈연의 친소에 근거하여 세습되는 것이 가장 자연스럽다고 믿었다는 점을 기억할 필요가 있다. 그들은 가장 바람직한 세습은 국왕의 아들 중 장자가 왕위를 이어받는 것이며, 만약 국왕이 아들을 두지 못했거나 있었다고 해도 일찍 사망했다면 혈연적으로 가장 가까운 남자형제나 친족이 왕위를 계승해야 한다고 믿었다. 이러한 세습방식은 단순히 관행에 불과한 것이 아니었다. 이는 인간이 마음대로 바꾸거나 포기할 수 없는 신성한 전통에 근거를 두고 있다고 여겨졌다. 영국에서 윌리엄 3세 이후의 스튜어트 국왕들과 1714년 이후 하노버가 출신 국왕들이 오랜 기간 정통성 시비에 시달렸다는 사실은 당대인들이 이러한 세습방식에 얼마나 큰 의미를 부여했는지 잘 보여준다.

따라서 1700년 카를로스 2세가 후사를 남기지 못하고 세상을 떠난 후 그의 유언에 따라 스페인 정부가 혈연의 친소에 근거하여 프랑스 왕의 손자 앙주 공작 필리프에게 왕위계승을 제안했을 때 루이 14세가 필리프를 대신해서 이 제안을 수락한 데 대해 적어도 법률적인 차원에서는 어느 누구도 이의를 제기할 수 없었다. 오직 신성로마제국의 황제 레오폴트 1세만이 마리-테레즈가 스페인의 왕위계승과 관련한 모든 권리를 포기했음을 근거로 오스트리아 합스부르크의 우선권을 주장할 수 있었을 뿐이다.

다음으로 카를로스 2세가 남긴 유언장의 내용을 루이 14세가 알았을 때 그에게는 선택의 여지가 그리 많지 않았음을 기억할 필요가 있다. 앞서 지적했듯이 카를로스 2세는 유언장에서 만약 프랑스가 왕위계승 제안을 거부하면 합스부르크 오스트리아에 모든 권리가 넘어갈 것이라 밝혔다. 만약 루이 14세가 국제정세를 고려하여 스페인의 왕위 제안을 수락하지 않았다 하더라도 스페인의 왕위와 모든 영토를 계승하려는 오스트리아와 불가피하게 전쟁을 벌여야 했을 것이다. 프랑스의 입장에서 아버지와 아들(레오폴트 1세와 카를 대공) 혹은 형과 아우(요제프 1세와 카를 대공)가 프랑스의 남쪽(스페인)과 남동쪽(이탈리아 북부), 동쪽(독일)과 북동쪽(남부 네덜란드)을 통치하도록 방치할 수는 없었다.

결과적으로 1700년 말 당시 루이 14세에게 주어진 선택지는 스페인과 연합하여 영국, 네덜란드연방, 오스트리아와 전쟁을 치르느냐 영국, 네덜란드연방과 연합하여 오스트리아, 스페인과 전쟁을 치르느냐의 두 가지뿐이었다. 아마도 스페인 왕위계승 전쟁 발발은 1699년 2월 바이에른의 요제프 페르디난트가 사망한 순간 이미 결정되었다고 할 수 있다. 부르봉이나 합스부르크가 아닌 가문에서 왕위를 계승할 가능성이 그의 죽음과 함께 사라졌기 때문이다. 만약 요제프 페르디난트가 스페인 왕위에 즉위했다면 제1차 분할조약에 서명하기를 거부했던 오스트리아도 자기 몫의 영토를 챙기기 위해 스페인 영토의 분할에 적극 참여했을 것이다.[140]

결국 문제는 프랑스의 부르봉가가 왕위를 계승하든 오스트리아의 합스부르크가가 왕위를 계승하든 어느 한편의 스페인 왕위계승으로 유럽 국가들 사이의 힘의 균형이 스페인을 차지하는 국가로 급격히 기울어질 것이 분명했다는 것이다. 비록 유럽 유력 왕조들 사이의 왕위계승을 둘러싼 갈등이라는 그야말로 '전근대적'인 문제가 도화선이 되어 전쟁이 발발했지만, 유럽 국가들로 하여금 최종적으로 전쟁을 결심하게 한 것은 왕위계승으로 초래될 국가들 사이의 힘의 배분 변화였다. 스페인 왕위계승 전쟁은 왕위계승으로 인한 세력균형의 붕괴를 막기 위한 '세력균형 전쟁', '예방전쟁'이었다. 전쟁 발발의 책임을 전적으로 루이 14세에게 돌리기 어려운 이유가 여기에 있다.

물론 앞서 지적했듯이 루이 14세 프랑스의 신중하지 못한 행동이 전쟁 발발을 앞당긴 측면이 크긴 하다. 또한 그 이전에 수차례의 전쟁에서 보여준 약탈적이고 공세적인 대외정책의 결과 그와 그의 프랑스 정부에 대해 축적된 유럽 국가들의 불신이 전쟁의 주요 원인 중 하나가 된 것도 사실이다. 그럼에도 스페인 왕위계승 전쟁은 유럽을 자신의 발아래 두려는 루이 14세의 야심 때문에 일어나지 않았다.[141] 다시 한번 강조하거니와 1661년부터 1700년까지 프랑스 대외정책의 가장 중요한 목표는 프랑스 안보의 좀 더 확실한 보장과 방어에 유리한 국경선의 구축에 있었다. 9년 전쟁으로 국력을 소진할 대로 소진한 프랑스가 불과 4~5년 후에 스페인 왕위계승을 계기로 유럽에서의 패권 장악이라는 새로운 목표를 설정했으리라고 보는 것은 현실적이지 않다. 자신의 손자에게 스페인 왕위를 계승하도록 한 것은 얼핏 공세적인 의도에서 비롯된 결정으로 보이지만, 사실은 대안의 부재에서 비롯된, 지금까지의 대외정책노선에서 벗어나지 않는 지극히 방어적인 결정이었다.

린(John A. Lynn)은 루이 14세가 주도한 다섯 번의 전쟁을 비롯한 프랑스의 대외정책 전반이 당시 국제정치체제의 틀 내에서 이루어졌음을 강조한다.[142] 루이 14세의 프랑스가 기존 국제질서의 틀 자체를 깨거나 전복시키려 하지 않았다는 것이다. 프랑스의 막강한 위세에 두려움을 느낀 여타 유럽 국가들은 루이 14세가 '보편왕국'을 건설하려 한다고 비난했지만, 사실 프랑스가 제기한 영토할양 요구 중에서 다른 국가들의 입장에서 어떤 경우에도 절대로 수용할 수 없을 만큼 무리한 요구는 거의 없었다. 오히려 전쟁을 위해 프랑스가 들인 노력의 크기, 프랑스가 거둔 승리의 규모에 비해 프랑스의 요구는 제한적이었다. 루이 14세는 종종 개탄을 자아낼 만큼 폭력적인 수단을 동원하기는 했지만, 17세기 중반 큰 위기를 겪은 이후 조금씩 자리를 잡아가고 있는 유럽 국제정치체제의 기본 전제와 규칙을 위반하거나 무너뜨릴 생각은 없었다. 흔히 생각되는 것과 달리 그의 재위 기간 동안 유럽 국제정치체제는 점점 더 안정화 · 제도화의 길을 걷게 되었다.

이러한 점은 위트레흐트 평화조약의 내용과 조약체결을 주도한 이들이 남긴 여러 형태의 글에서도 확인된다. 이러한 글에서 드러난 한 가지 중요한 인식상의 변화는 유럽 국제정치체제가 하나의 독자적인 체제로서 개별 국가의 '사적 이익'과 구분되는 '공적 이익'을 갖는다는 관념이 등장했다는 것이다. 유럽 국제정치체제의 가장 중요한 '공적 이익'은 '안정'과 '평온'으로 규정되었다. 그리고 개별 국가의 '사적 이익'은 이러한 체제의 '공적 이익'을 손상시키지 않는 범위 내에서만 정당하게 허용될 수 있다는 점이 강조되었다. 이러한 점은 예컨대 평화협상에서 프랑스 대표였던 토르시가 남긴 비망록이 "유럽의 이익(bien de l'Europe)", "유럽의 안녕(salut de l'Europe)", "공공의 안정(repos public)", "유럽의 평온(tranquillité de l'Europe)", "프랑스 왕국과 유럽 전체의 이익을 위하여(pour le bien du royame de France et de l'Europe entiére)" 같은 표현들로 채워져 있다는 점에서 잘 확인된다. 이는 당시 협상에 관여했던 거의 모든 사람의 공통적인 현상이었다.[143]

유럽 국제정치체제가 안정화 · 제도화의 길을 걷기 시작했다는 것은 위트레흐트 조약에서 세력균형이 체제의 작동방식 및 운용원칙으로서의 지위를 공식적으로 획득했다는 데서도 확인할 수 있다. 영국과 프랑스의 합의에 따라 루이 14세의 손자인 베리 공작(Charles de France, duc de Berry)이 서명한 스페인 왕위 포기각서에서는 세력균형의 필요성에 관해 다음과 같이 언급하고 있다.

> "유럽의 모든 국가가 현 전쟁으로 인해 심각하게 파괴되었다. 전쟁은 또한 국경지대뿐만 아니라 부유한 왕국들과 그 밖의 다른 국가들에 속한 여러 지역을 황폐하게 했다. 이에 영국과의 회담과 협상을 거쳐 피비린내 나는 이해관계의 갈등을 겪은 왕국들 사이에 균형을 유지하고 정치적 한계를 설정하기로 합의했다. 또한 이 왕국들의 힘이 두려움과 시기를 불러일으키지 않도록 하는 것이 이 평화를 유지하기 위한 기본 원칙이 되어야 한다는 데 대해서도 합의가 이루어졌다. 이와 함께 이러한 목표를 달성할 가장 확실한 방법은 약소국이 그들보다 강한 국가로부터 스스로를 지키기 위해 연합하고, 그들과 동등한 힘을 지닌 국가에 대해서는 서로 도울 수 있도록 국가의 팽창을 막고 일정한 비율을 유지하도록 하는 것이라는 데 대해서도 합의가 이루어졌다."[144]

주

1 Sonnino (2008), pp. 166-67.

2 Sonnino (2008), p. 70.

3 Sonnino (2008), pp. 170-71.

4 Sonnino (2008), p. 107, 118.

5 Jonathan I. Israel, "Spain and Europe from the Peace of Münster to the Peace of the Pyrenees, 1648-59," J. I. Israel, *Conflicts of Empires: Spain, the Low Countries and the Struggles for World Supremacy, 1585-1713* (London & Rio Grande: The Hambledon Press, 1997), pp. 108-9.

6 Collins (1995), pp. 65-71.

7 Richard J. Bonney, "The French Civil War, 1649-53," *European Studies Review* 8(1), 1978, pp. 74-76.

8 Bonney (1978), p. 78.

9 Mousnier (1972), p. 500.

10 Israel (1997), pp. 112-14.

11 Israel (1997), pp. 127-28.

12 I. A. A. Thompson, "The Impact of War and Peace on Government and Society in Seventeenth Century Spain," R. Asch, W. E. Voß, M. Wrede eds., *Der Krieg und das Werden des frühmodernen Staates: Dei europäische Staatenordnung und die außereuropäische Welt* (Müncehn: Fink, 2001), pp. 161-62, 169-70.

13 Israel (1997), p. 143.

14 Lossky (1994), pp. 57-58; Israel (1997), pp. 141-42. 피레네 조약에 관한 흥미로운 연구로는 Peter Sahlins, *Boundaries: The Making of France and Spain in the Pyrenees* (Berkeley: California University Press, 1989) 참조.

15 J. H. Elliott, "The Spanish Peninsular, 1598-1648," J. P. Cooper, *The New Cambridge Modern History, Volume IV: The Decline of Spain and the Thirty Years War, 1609-48/59* (Cambridge: Cambridge University Press, 1971), pp. 438-43.

16 R. A. Stradling, "Seventeenth Century Spain: Decline or Survival?," *European Studies Review* 9(2), 1979, pp. 162-63.

17 Stradling (1979), pp. 181-82.

18 Lossky (1994), p. 60.

19 Lossky (1994), pp. 128-30; Georges Livet, "International Relations and the role of France, 1648-60," J. P. Cooper, *The New Cambridge Modern History, Volume IV: The Decline of Spain and the Thirty Years War, 1609-48/59* (Cambridge: Cambridge University Press, 1971), p. 421.

20 루이 14세는 '최고평의회(Conseil d'en haut)' 혹은 '국가평의회(Conseil d'État)'라 불린 최고 위기구를 통해 주요 대외정책을 결정했다. 평의회에서 루이 14세의 권한은 절대적이었다. 그는 재위 기간 동안 프랑스의 거의 모든 주요 대외정책을 결정했다. 평의회에는 외무성, 전쟁성, 해군성 장관과 총재정감독관이 참석하는 것이 일반적이었지만, 루이 14세는 참석자를 규정에 따라 정하지 않고 개인적으로 그의 승인을 받은 이들로 국한시켰다. 평의회는 그가 소집하는 경우에만 개최되었고, 그는 장관들이 그의 허락을 얻지 않고 별도로 모임을 갖는 것도 금지시켰다. John A. Lynn, "A quest for glory: The formation of strategy under Louis XIV, 1661-1715," W. Murray, A. Bernstein, M. Knox eds., *The Making of Strategy: Rulers, States, and War*, (Cambridge: Cambridge University Press, 1994), pp. 181-82.

21 Lossky (1994), p. 132; Reginald Hatton, "Louis XIV and his Fellow Monarchs," R. Hatton ed., *Louis XIV and Europe* (Columbus: Ohio State University, 1976), p. 27.

22 Bosbach (1988), p. 107.

23 Paul W. Schroeder, "Not even for the seventeenth and eighteenth centuries: power and order in the early modern era," E. R. May, R. Rosecrance, Z. Steiner eds., *History and Neorealism* (Cambridge: Cambridge University Press, 2010), pp. 92-93.

24 Lossky (1994), p. 132.

25 John B. Wolf, *Louis XIV* (New York: W. W. Norton & Company, 1967), p. 200.

26 Lynn (1994), p. 186에서 재인용.

27 프랑스와 스위스의 국경지대에 위치한 프랑슈-콩테(Franche-Comté)는 스페인의 영토이기는 했지만 해안에서 멀리 떨어진 내륙에 위치했으므로 힘이 약해진 스페인으로서는 방어가 어려웠다. 상속전쟁이 시작되자마자 프랑스군은 어렵지 않게 프랑슈-콩테를 점령했다.

28 Wolf (1967), p. 211.

29 Wolf (1967), p. 207; Lossky (1994), pp. 132-34; John A. Lynn, *Wars of Louis XIV, 1667-1714* (London: Longman, 1999), pp. 108-9.

30 J. R. Jones, *The Anglo-Dutch Wars of the Seventeenth Century* (London and New York: Longman, 1996), p. 180.

31 Lossky (1994), pp. 139-41.

32 Lossky (1994), pp. 142-43; Paul Sonnino, "The Origins of Louis XIV's Wars," J. Black ed., *The Origins of War in Early Modern Europe* (Edinburgh: John Donald, 1989), p. 121.

33 Wolf (1967), p. 213에서 재인용.

34 Wolf (1967), pp. 215-16.

35 Carl J. Ekberg, *The Failure of Louis XIV's Dutch War* (Chapel Hill: The University of North Carolina Press, 1979), pp. 173-74.

36 Paul Sonnino, "Louis and the Dutch War," R. Hatton ed., *Louis XIV and Europe* (Columbus: Ohio State University Press, 1976), pp. 154-55; Lossky (1994), p. 42.

37 콜베르의 경우에는 조금은 다른 이유에서 전쟁을 지지했다. 그는 전쟁을 통해 프랑스가 남부 네덜란드의 안트베르펜을 손에 넣으면 이 도시를 암스테르담에 버금가는 무역항으로 만들겠

다는 야심을 품고 있었다. 16세기 말 이래 네덜란드연방은 안트베르펜과 북해를 연결하는 스헤르데강 하구를 봉쇄함으로써 이 중세 이래 큰 번영을 누리던 상업중심지를 내륙도시로 만들어 버렸다. 연방은 베스트팔렌 조약에서도 스페인으로부터 봉쇄의 권리를 인정받았다. 콜베르는 궁극적으로 네덜란드의 상업국가로서 지위를 빼앗고 프랑스가 그 자리를 대신하기를 원했다. Wolf (1967), pp. 214-15.

38 Wolf (1967), p. 223. 물론 루이 14세가 네덜란드연방의 제안을 받아들여 평화조약을 체결하고 남부 네덜란드를 사실상 지배하게 되었다면 전쟁의 패배로부터 회복한 연방과 스페인, 오스트리아 등 유럽의 여타 국가들이 이를 그대로 인정했을지는 확실치 않다.

39 영국과 네덜란드연방의 관점에서 영국 해군과 네덜란드 해군의 해상에서의 싸움은 '제3차 영국-네덜란드 전쟁(1672~74)'으로 간주할 수 있다. 제1차 전쟁(1652~54)과 제2차 전쟁(1665~67)은 모두 영국의 승리로 끝났지만 제3차 전쟁에서는 프랑스와 연합한 영국 해군이 네덜란드 해군을 상대로 한 해전에서 단 한 번의 승리도 거두지 못했다. 세 차례에 걸친 영국-네덜란드 전쟁의 개요를 위해서는 Jones (1996), pp. 107-216.

40 Lynn (1999), p. 122; Wolf (1967), p. 236

41 Jones (1996), pp. 214-16; Ekberg (1979), p. 154.

42 Wolf (1967), p. 260. 프랑스 입장에서 합리적인 국경선이란 휨이 심한 굴곡과 인클레이브(enclave), 엑스클레이브(exclave)가 최소화된 국경선을 의미했다.

43 Lynn (1999), pp. 144-45.

44 "Peace of Nijmegen," F. L. Israel eds., *Major Peace Treaties of Modern History, 1648-1967, Volume I* (Philadelphia: Chelsea House Publishers, 1967), pp. 132-36.

45 Wolf (1967), pp. 264-65; Lynn (1999), pp. 156-57.

46 Lossky (1994), p. 162.

47 Wolf (1967), pp. 402-10; Lossky (1994), pp. 170-72; Lynn (1999), pp. 161-64.

48 Lynn (1999), pp. 166-69.

49 Wolf (1967), p. 412; Joachim Whaley, *Germany and the Holy Roman Empire, Volume II: The Peace of Westphalia to the Dissolution of the Reich, 1648-1806* (Camrbridge: Cambridge University Press, 2012), pp. 39-41.

50 Michael Hochedlinger, *Austria's Wars of Emergence: War, State and Society in the Habsburg Monarchy, 1683-1797* (London: Longman, 2003), pp. 154-55.

51 Whaley (2012), pp. 42-43; Hochedlinger (2003), pp. 156-60.

52 J. W. Stoye, "The Austrian Habsburgs," J. S. Bromley ed., *The New Cambridge Modern History, Volume VI: The Rise of Great Britain and Russia, 1688-1715/25* (Cambridge: Cambridge University Press, 1970), p. 577; Hochedlinger (2003), p. 25.

53 Lossky (1994), p. 229.

54 Lossky (1994), pp. 224-27.

55 Richard Place, "Bavaria and the Collapse of Louis XIV's German Policy, 1687-88," *Journal of Modern History* 49, 1977, pp. 369-89; George Clark, "The Nine Years War, 1688-97," J.

S. Bromley ed., *The New Cambridge Modern History, Volume VI: The Rise of Great Britain and Russia, 1688-1715/25* (Cambridge: Cambridge University Press, 1970), pp. 224-24.

56 Geoffrey Symcox, "Louis XIV and the Outbreak of the Nine Years War," R. Hatton ed., *Louis XIV and Europe* (Columbus: Ohio State University Press, 1976), pp. 196-97.

57 Wolf (1967), p. 441.

58 Lynn (1994), p. 200.

59 Lossky (1994), pp. 231-32.

60 Place (1977), p. 391.

61 Clark (1970), p. 232.

62 Steve Pincus, *1688: The First Modern Revolution* (New Haven & London: Yale University Press, 2009), p. 318-21.

63 Symcox (1976), pp. 202-3.

64 Julian Hoppit, *Land of Liberty?: England, 1689-1727* (Oxford: Oxford University Press, 2000), pp. 92-93; Lynn (1999), p. 203.

65 Lynn (1999), pp. 193-99; Lossky (1994), pp. 240-41; Wolf (1967), pp. 451-54.

66 Stoye (1970), pp. 579-81; Hochedlinger (2003), pp. 160-66.

67 Lynn (1999), p. 191.

68 Collins (1995), p. 128.

69 Clark (1970a), p. 246.

70 Hoppit (2000), p. 105.

71 1693년 프랑스군의 규모는 서류상으로 44만 7천 명에 달했다. 이로부터 실제 병력규모를 추정해보면 적어도 약 36만 2천 명을 동원했다고 할 수 있다. 네덜란드전쟁 당시 동원된 병력규모는 서류상으로 28만 명이었고, 1635~59년의 대스페인 전쟁에서 프랑스의 병력규모는 8만 명을 넘은 적이 없었다. 불과 30년 사이에 프랑스군의 규모는 4배 반에서 6배 정도 증가했다. John A. Lynn, "The grand strategy of the *grand siécle*: Learning from the Wars of Louis XIV," W. Murray, R. H. Sinnreich, J. Lacey eds., *The Shaping of grand strategy: Policy, diplomacy and war* (Cambridge: Cambridge University Press, 2011), p. 56.

72 Collins (1995), pp. 150-51; Lossky (1994), pp. 246-47; Lynn (1999), p. 241.

73 Lossky (1999), p. 247.

74 사보이아-피에몬테 공국은 오랜 숙원이었던 피네롤로 환수에 성공함으로써 9년전쟁에서 가장 큰 이득을 얻은 참전국이 되었다. 그 대신 공국은 동맹 측에 '배신자'로 낙인찍힘을 감수해야 했다. Wolf (1967), p. 485.

75 Guy Lowlands, "Louis XIV, Vittorio Amedeo II and French Military Failure in Italy, 1689-96," *English Historical Review* 115(462), 2000, pp. 540-41, 544-45, 559-60.

76 Lynn (1999), pp. 262-65; Wolf (1967), p. 486.

77 Lossky (1994), pp. 255-56.

78 Jones (1996), pp. 145-49, 179-80.

79 Jeremy Black, *A System of Ambition?: British Foreign Policy, 1660-1793* (London & New York, 1991), pp. 131-34.

80 Black (1991), p. 136.

81 Kishlansky (1996), pp. 294-96.

82 Craig Rose, *England in the 1690s: Revolution, Religion and War* (Oxford: Blackwell,1999), pp. 123-30; Black (1991), pp. 137-40.

83 David Ogg, "Emergence of Great Britain as a World Power," J. S. Bromley ed., *The New Cambridge Modern History, Volume VI: The Rise of Great Britain and Russia, 1688-1715/25* (Cambridge: Cambridge University Press, 1970), p. 255.

84 G. C. Gibbs, "The Revolution in Foreign Policy," Geoffrey S. Holmes ed., *Britain after the Glorious Revolution: 1689-1714* (London: MacMillan Press, 1969), pp. 62-63.

85 Pincus (2009), pp. 307-16.

86 '자코바이트주의(Jocabitism)', '자코바이트주의자(Jocobites)'는 영국 국내외에서 공공연히 혹은 비밀스럽게 제임스 2세와 그의 아들의 영국 왕위 복귀를 지지한 세력을 지칭한다.

87 Claude Nordmann, "Louis XIV and the Jacobites," Ragnhild Hatton ed., *Louis XIV and Europe* (Columbus: Ohio State University Press, 1976), pp. 82-83, 101-2.

88 Rose (1999), pp. 132-34.

89 P. G. M. Dickinson, "War Finance, 1689-1714," J. S. Bromley ed., *The New Cambridge Modern History, Volume VI: The Rise of Great Britain and Russia, 1688-1715/25* (Cambridge: Cambridge University Press, 1970), p. 285.

90 Thomas Ertman, *The Birth of Leviathan: Building States and Regimes in Medieval and Early Modern Europe* (Cambridge: Cambridge University Press, 1997), pp. 187-208.

91 Wolf (1967), p. 463.

92 George Clark, "From the Nine Years War to the War of the Spanish Succession," J. S. Bromley ed., *The New Cambridge Modern History, Volume VI: The Rise of Great Britain and Russia, 1688-1715/25* (Cambridge: Cambridge University Press, 1970), p. 386.

93 Wolf (1967), p. 494.

94 Clark (1970), pp. 384-85.

95 Wolf (1967), pp. 497-98.

96 Wolf (1967), p. 499; Lynn (1999), p. 267; Lossky (1994), p. 259.

97 Wolf (1967), p. 503; Lynn (1999), p. 268.

98 Wolf (1967), pp. 506-7; Lossky (1994), pp. 261-62.

99 Craig Rose, *England in the 1690s: Revolution, Religion and War* (Oxford: Blackwell, 1999),

pp. 145-46.

100 Lossky (1994), p. 262; Clark (1970b), p. 397.

101 Lynn (1994), pp. 202-3; Wolf (1967), pp. 510-13.

102 Lossky (1994), p. 264.

103 1701년 프로이센이 왕국으로 승격됨으로써 브란덴부르크-프로이센의 선제후는 국왕의 지위를 인정받게 되었다. 이후에는 브란덴부르크-프로이센을 '프로이센'으로 표기한다.

104 A. J. Veenendaal, "The War of the Spanish Succession in Europe," J. S. Bromley ed., *The New Cambridge Modern History, Volume VI: The Rise of Great Britain and Russia, 1688-1715/25* (Cambridge: Cambridge University Press, 1970), pp. 410-11; Linda Frey and Marsha Frey, "A Question of Empire: Leopold I and the War of Spanish Succession, 1701-1705," *Austrian History Yearbook*, 14, 1978, p. 60.

105 Veenendaal (1970), p. 412.

106 Lossky (1994) pp. 264-65.

107 Hochedlinger (2003), pp. 187-90.

108 John B. Hattendorf, "English Grand Strategy and the Blenheim Campaign of 1704," *International History Review* 5(1), 1983, p. 18.

109 William S. Maltby, "The origins of a global strategy: England from 1558 to 1713," W. Murray, M. Knox & A. Bernstein eds., *The Making of Strategy: Rulers, States, and War* (Cambridge: Cambridge University Press, 1994), p. 166.

110 Veenendaal (1970), p. 419; Lossky (1994), p. 267.

111 Henry Kamen, *Philip V of Spain: The King who Reigned Twice* (New Haven and London: Yale University Press, 2001), p. 34.

112 Lossky (1994), p. 268; Kamen (2001), pp. 41-55.

113 Veenendaal (1970), pp. 425-26.

114 Veenendaal (1970), pp. 428-29.

115 Wolf (1967), p. 546.

116 Frey & Frey (1978), pp. 60-61.

117 Frey & Frey (1978), pp. 64-71.

118 Veenendaal (1970), pp. 430-31; H. G. Pitt, "The Peace of Utrecht," J. S. Bromley ed., *The New Cambridge Modern History, Volume VI: The Rise of Great Britain and Russia, 1688-1715/25* (Cambridge: Cambridge University Press, 1970), p. 448.

119 Kamen (2001), p. 59.

120 Kamen (2001), p. 60.

121 Pitt (1970), pp. 451-55.

122 Veenendaal (1970), p. 437; Lossky (1994), pp. 272-73.

123 Pitt (1970), p. 456.

124 Veenendaal (1970), pp. 439-40; Lossky (1994), pp. 273-74.

125 Kishlansky (1996), p. 332.

126 A. D. MacLachlan, "The Road to Peace, 1710-13," Geoffrey S. Homles ed., *Britain after the Glorious Revolution: 1689-1714* (London: MacMillan Press, 1969), p. 199.

127 B. W. Hill, "Oxford, Bolingbroke, and the Peace of Utrecht," *Historical Journal* 16(2), 1973, pp. 246-47; Pitt (1970), p. 458.

128 Jonathan Swift, "The Conduct of the Allies," B. A. Goldgar & I. Gadd eds., *English Political Writings, 1711-1714: The Conduct of the Allies and Other Works* (Cambridge: Cambridge, 2008), p. 68-70.

129 Swift (2008), p. 99.

130 Veenendaal (1970), p. 442.

131 Hill (1973), p. 261.

132 Maltby (1994), p. 176.

133 프랑스는 뉴펀들랜드가 영국에 할양된 후에도 프랑스 어부들이 부근의 어장에서 잡은 생선을 뉴펀들랜드 해안가에서 건조하는 것을 허용해 달라고 요청했고, 영국은 이를 수락했다.

134 Kishlansky (1996), p. 334.

135 Lossky (1994), pp. 276-77; "Treaty of Utrecht," F. L. Israel eds., *Major Peace Treaties of Modern History, 1648-1967, Volume I* (Philadelphia: Chelsea House Publishers, 1967), pp. 179-180.

136 Hill (1973), pp. 254-55; Pitt (1970), p. 463; Osiander (1994), pp. 127-33; "Treaty of Utrecht" (1967), pp. 181-86.

137 Lynn (1999), p. 359.

138 Pitt (1970), pp. 473-74.

139 Guy Rowlands, *The Financial Decline of a Great Power: War, Influence, and Money in Louis XIV's France* (Cambridge: Cambridge University Press, 2012), pp. 228-31.

140 William Roosen, "The Origins of the War of the Spanish Succession," J. Black ed., *The Origins of War in Early Modern Europe* (Edinburgh: John Donald Publisher, 1989), pp. 160-61.

141 Ragnhild Hatton, "Louis XIV and his Fellow Monarchs," R. Hatton ed., *Louis XIV and Europe* (Columbus: Ohio State University, 1976), p. 27.

142 Lynn (2011), p. 59.

143 Osiander (1994), pp. 110-20.

144 "Treaty of Utrecht" (1967), p. 195; Osiander (1994), p. 132.

International Politics

V

18세기 유럽 국제정치체제의 전개

1

위트레흐트 평화조약에서 오스트리아 계승전쟁까지

힌슬리(F. H. Hinsley)와 도일(Michael W. Doyle)에 따르면 위트레흐트 조약 이후 유럽 국제관계는 두 가지 면에서 의미심장한 변화를 경험했다. 먼저 힌슬리에 따르면 1715년 이후 어떤 유럽 국가도 단독으로 주도권을 장악하지 못한 채 엇비슷한 국력의 몇몇 국가가 때로는 경쟁하고, 때로는 협력하는 시기가 도래했으며, 이로써 유럽에서 근대적인 국제정치체제가 수립되었다.

18세기 이전에는 우월한 힘과 영향력을 지닌 하나의 국가가 여타 국가들에 대해 특별한 지위를 누리는 것이 일반적이었다. 물론 '지배'를 가능하게 할 만큼 이 하나의 국가와 다른 국가들 사이의 힘의 격차가 크지 않았으므로 유럽은 단일제국이 되는 운명을 피할 수 있었다. 하지만 압도적인 힘과 영향력을 가진 이 하나의 국가는 기독교 세계 전체의 보호자를 자처하는 등 스스로 여타 국가들과 차별화하려는 노력을 멈추지 않았다. 카를 5세의 합스부르크 왕국과 펠리페 2세의 스페인, 루이 14세의 프랑스가 각각 16세기 전반과 후반, 17세기 후반에 이처럼 특별한 지위를 누린 국가들이다.

힌슬리는 위트레흐트 평화조약 체결과 함께 이러한 상황에 근본적인 변화가 일어났다고 지적한다. 루이 14세의 프랑스가 9년전쟁과 스페인 왕위계승 전쟁으로 국력을 소진하면서 결정적으로 약화되었고, 이후 어느 나라도 확고한 우위를 장악하지 못했다. 위트레흐트 직후에는 프랑스와 영국, 합스부르크 오스트리아가 공동으로 유럽 국제정치체제를 이끌었고, 1740년에 발발한 오스트리아 계승전쟁을 계기로 프로이센과 러시아가 대열에 합류하면서 이른바 '5강 체제'가 완성되었다.[1]

다음으로 도일에 따르면 위트레흐트를 계기로 '고전적'인 세력균형 체제가 확립되었다.[2] 그는 종교적 영향력 같은 요인에서 비교적 자유로웠던 18세기 유럽 국제관계는 외재적인 변수들이 통제될 때 세력균형의 원리가 어떻게 작동하는지 잘 보여주는 '실험실' 같은 환경을 제공했다고 주장한다. 이러한 환경에서 유럽 국가들은 오로지 국력의 계산에 근거하여 국가 간 힘의 균형을 유지하는 데 전력을 기울였다.

힌슬리와 도일은 이전 시기와 차별되는 18세기 유럽 국제관계의 중요한 특징을 정확하게 지적했지만, 이들의 견해는 다음과 같은 점에서 한계를 지닌다. 먼저 18세기 초를 근대적인 국제관계의 출발점으로 잡는 힌슬리의 견해는 설득력이 크지 않다. 앞서 살펴보았듯이 카를 5세와 펠리페 2세의 합스부르크 제국과 루이 14세의 프랑스가 다른 국가와의 관계에서 종종 '전근대적'으로 행동하기는 했지만, 대외적으로 이들의 가장 중요한 목표는 이미 가진 것을 지키고 보존하는 데 있었다. 이들의 대외정책은 '체제전복적'인 것과 거리가 멀었다. 이들은 거의 언제나 유럽 국제정치체제 내에서 행동했고, 이 체제가 설정한 제한을 넘어서지 않았다. 어느 한 나라가 여타 국가들에 우위를 점하는 상황 자체가 전근대적이라고 결론짓지 않는 한 힌슬리의 주장을 수긍하기 어렵다.

도일의 견해에 대해서는 두 가지 반론이 가능하다. 첫째, 18세기 들어 세력균형에 대한 관심이 높아지고 이를 명시적으로 개념화 · 이론화하려는 노력이 이루어진 것은 사실이다. 루이 14세의 프랑스를 견제하기 위해 벌인 반세기에 걸친 전쟁의 기억이 생생하게 남아 있었고, 국제관계에서 종교 요인의 중요성이 감소하고 군사력과 경제력, 그리고 영토와 인구의 규모 등으로 결정되는 국력에 대한 고려가 국가의 대외정책 결정과정을 지배하게 되었기 때문이다.[3] 하지만 위트레흐트 이전에도 명시적으로 개념화되거나 이론화되지 않았을 뿐 유럽 국가들은 세력균형을 대외정책의 근간으로 삼았다. 그렇지 않다면 펠리페 2세의 스페인을 견제하기 위해 영국과 프랑스가 네덜란드의 독립을 지원한 사실, 가톨릭 국가인 프랑스가 스웨덴과 독일의 프로테스탄트 제후국들 편에서 30년전쟁에 참전한 사실을 달리 어떻게 설명하겠는가?

둘째, 18세기 국제관계에서 국력의 비교 이외의 외재적 변수들이 모두 배제된 채 마치 실험실과 같이 통제된 환경에서 세력균형이 작동했다는 도일의 주장을 액면 그대로 받아들이기 어렵다. 종교의 영향력이 줄어들고 군주를 비롯한 주요 정책결정자들이 의식적으로 국가이익을 최우선시하는 국가이성 이념을 대외정책과 관련하여 판단기준으로 삼기 시작한 것이 사실이다. 또한 앞서 지적했듯이 17세기 중반 이후 유럽 국제관계가 종교적 요인의 중요성 감소 이외에도 연합왕국 정치체제의 제도화와 통치능력의 향상으로 점차 안정화되기 시작했다.

하지만 18세기 이후에도 외재적 변수가 완전히 사라지지는 않았다. 군주와 국가의 명예나 위신에 대한 고려, 군주를 비롯한 주요 정책결정자의 예측이 어려운 변심, 공식적인 직함을 갖지 않은 인물의 대외정책에 대한 영향력, 국가의 이익보다 왕가의 이익을 우선시하는 경향 등 통제하기 어려운 변수들이 18세기에도 국가의 대외정책에 큰 영향을 끼쳤다. 예컨대 의회가 정책결정과정에서 상당한 영향력을 행사했으므로 유럽의 다른 어느 나라보다 철저하게 국가이익에 기초한 대외정책을 추구했다고 언급되는 18세기 영국에서도 정부는 하노버 출신 군주가 자신의 독일 영토에 대해 갖는 관심과 애정을 무시하기 어려웠다.

위트레흐트 조약 체결 이후 오랜 전쟁으로 큰 피해를 입은 프랑스가 결정적으로 약화됨에 따라 어느 한 국가가 여타 국가들에 대해 우위를 점하던 시기가 종료되고 힘의 격차가 크지 않은 여러 국가가 세력균형을 가장 중요한 행동지침으로 삼아 공존하고 경쟁하는 시기가 시작되었다. 확실히 이는 전례가 없는 상황이었고, 이와 함께 근세 초 유럽 국제정치사에서 새로운 장이 열렸다. 다만 위트레흐트 이전과 이후의 차이를 지나치게 확대해석하지 않도록 주의할 필요가 있다. 다음에서는 이러한 점을 염두에 두면서 18세기 국제정치사의 전개과정을 살펴보고자 한다.

1) 영국-프랑스 동맹과 포스트-위트레흐트 체제의 전개

위트레흐트 평화조약 체결과 함께 오랜 전쟁이 끝나고 평화가 찾아왔다. 발트해를 중심으로 한 지역에서는 스웨덴과 폴란드, 러시아 사이에 '대(大)북방전쟁(Great Northern War)'이 계속되었지만, 적어도 서유럽은 실로 오랜만에 평화로운 시기를 맞이하게 되었다. 이후 1740년 오스트리아 계승전쟁이 발발하기 전까지 서유럽에서는 스페인 왕위계승 전쟁에 비견될 만한 규모의 전쟁이 발발하지 않았다. 물론 크고 작은 전쟁과 무력

분쟁은 끊이지 않고 계속되었다. 하지만 거의 25년간 쉼 없이 이어진 전쟁의 후유증으로, 그리고 프랑스의 힘이 결정적으로 약화되면서 갈등의 중심축이 사라짐에 따라 군사적 충돌의 강도가 현저하게 감소했다. 그 대신 각 국가는 파트너를 바꾸어가면서 끊임없이 새로운 동맹을 체결했다. '주적(主敵)'이 사라진 시대에 유럽 국가들은 그때그때의 상황에 따라 협력할 상대와 적대할 상대를 택했다.

위트레흐트 이후의 유럽 국제관계에서 가장 중요한 변화는 프랑스가 더 이상 여타 국가들을 위압하거나 이들에 대해 주도권을 행사할 수 없게 되었다는 데 있다. 앞 장에서 살펴보았듯이 프랑스는 루이 14세의 친정이 시작된 1661년부터 1714년까지 모두 다섯 번의 전쟁을 치렀다. 이에 들인 시간이 도합 30년이 넘었다. 이 중 거의 대부분의 기간 동안 프랑스는 동맹국의 지원 없이 영국, 오스트리아, 네덜란드연방을 비롯한 유럽의 여러 나라와 전쟁을 치러야 했다. 정부재정이 고갈되고 국가 경제가 파탄에 빠진 것은 너무나 당연한 수순이었다. 특히 5년 간격을 두고 연달아 일어나 각각 9년과 13년 동안 계속된 9년전쟁과 스페인 왕위계승 전쟁은 프랑스 정부와 사회에 파멸적인 영향을 끼쳤다.

1715년 9월 1일 루이 14세가 왕위에 오른 지 72년 3개월 만에 세상을 떠났다. 루이 14세의 뒤를 이어 그의 증손자 루이가 그의 증조부와 마찬가지로 다섯 살의 나이에 왕위에 올랐다. 루이 14세는 어린 루이 15세를 대신해서 자신의 서자인 멘 공작 루이 오귀스트(Louis-Auguste, duc de Maine)와 조카인 오를레앙 공작 필리프(Philippe, duc d'Orléans)가 공동으로 섭정을 맡을 것을 유언으로 남겼다. 하지만 오를레앙 공작은 여러 정치세력의 지지에 힘입어 멘 공작을 배제하고 단독으로 섭정 자리를 차지하는 데 성공했다.[4]

이후 1723년 사망할 때까지 오를레앙 공작은 프랑스의 실질적인 통치자의 자리를 지켰다. 하지만 섭정으로서 그가 행사할 힘과 담당할 역할의 한계 역시 명백했다. 오랜 전쟁으로 위기에 처한 국가재정을 정상화하기 위한 오를레앙의 시도는 실패로 돌아갔다. 다른 무엇보다 영국의 전례를 좇아 중앙은행을 설립함으로써 프랑스의 후진적인 금융시스템을 개혁하려던 스코틀랜드 출신 금융전문가 로(John Law)의 시도가 실패로 끝난 것이 뼈아팠다.[5] 왕위계승서열에서 오를레앙에 앞서는 스페인의 펠리페 5세가 위트레흐트에서 프랑스 왕위를 포기하겠다고 서약했음에도 오를레앙의 섭정으로서 정통성을 공공연히 문제 삼은 것도 그의 권위를 심각하게 손상시켰다. 비록 실행에 옮겨지지는 않았지만, 펠리페 5세는 루이 14세가 사망한 직후 섭정의 권한이 자신에게 있음을 선언하려는 계획을 세우기도 했다.[6]

그 밖에도 너무나 병약하여 누구도 성인이 될 때까지 생존하리라 예상하지 못했던 소년이 프랑스의 왕위에 있다는 사실 자체가 문제였다. 만약 루이 15세가 후사를 남기기 전에 사망한다면 직계가 아닌 방계에 의한 왕위계승이 이루어져야 할 텐데, 이는 불가피하게 정통성의 문제를 발생시킬 것이었다. 루이 15세는 모두의 예상을 뒤엎고 1774년까지 59년 동안 왕위를 지켰지만, 프랑스는 1750년대 중반 이후에야 국왕의 갑작스러운 죽음으로 초래될 혈연 단절과 왕위계승을 둘러싼 갈등, 이로 인한 정치적 혼란의 위험에서 완전히 벗어났다. 정치질서에서 국왕이 차지하는 중심적인 위치에 관한 믿음이 확고했던 시기에 왕위계승을 둘러싼 갈등이라는 폭발력 있는 이슈가 언제든지 터져 나올 수 있었다는 사실은 프랑스의 상대적 지위와 영향력을 약화시키는 결정적인 요인이 되었다.[7]

비슷한 시기 영국 역시 프랑스만큼 심각하지는 않았지만, 왕위계승을 둘러싼 갈등을 겪었다. 앤 여왕이 1714년 8월 후사를 남기지 못하고 사망하자 '왕위계승법(Act of Settlement)'에 따라 독일 신성로마제국의 주요

제후국 중 하나인 하노버(Hanover) 공국의 선제후 게오르크 루트비히(Georg Ludwig)가 조지 1세(George I)로 영국 왕위에 올랐다. 1701년 윌리엄 3세의 주도로 입안되고 의회에서 통과된 왕위계승법은 스튜어트가의 혈연이 단절되면 왕위는 프로테스탄트교도가 계승해야 한다고 규정했다.[8] 이에 따라 제임스 1세의 손녀이자 팔츠의 선제후 프리드리히 5세와 엘리자베스 스튜어트의 딸인 조피(Sophie von der Pfalz)와 그의 후손들이 영국 왕위의 계승자로 지명되었다. 조피는 앤 여왕이 사망하기 불과 한 달 전에 숨을 거뒀으므로 그녀의 아들인 선제후가 영국 왕위를 계승했다.

이로써 영국은 1689년 윌리엄 3세가 왕위에 오른 후 한 세대 만에 다시 외국인을 왕으로 맞이하게 되었다. 비록 미리 합의된 법령에 따른 것이었다고는 하지만, 영어를 한마디도 하지 못하는 54세 독일인의 왕위 계승은 필연적으로 정통성 문제를 야기했다. 조지 1세는 위트레흐트 조약 체결을 주도한 토리 각료들을 사임시키고 휘그 정치인들을 중용함으로써 이 문제를 극복해보려 했지만, 1715년 제임스 2세의 아들의 왕위계승을 주장하는 자코바이트주의자의 반란을 막지 못했다.[9]

1716년 영국과 프랑스는 동맹을 체결하기로 합의했다. 영국이 먼저 동맹체결을 제안했고, 오를레앙의 섭정체제가 아직 확고하게 자리 잡지 못했던 프랑스는 잠시 고민한 끝에 이를 수락했다.[10] 9년전쟁과 스페인 왕위계승 전쟁에서 20년 이상 치열하게 대립한 두 나라가 동맹을 체결한 것은 내정 불안의 위험에 처해 있던 오를레앙과 조지 1세가 안정적인 대외환경을 필요로 했기 때문이다. 동맹을 체결하는 대가로 프랑스는 영국에 하노버의 왕위계승을 인정하고 반란을 주도한 '제임스 3세'를 "알프스 너머" 이탈리아 교황령으로 추방할 것을 약속했다. 영국은 스페인의 펠리페 5세가 서약을 깨고 프랑스 왕위에 대한 권리를 주장하면 오를레앙을 군사적으로 지원하기로 약속했다. 1717년 네덜란드연방의 가입으로 삼

국동맹으로 재편된 이 동맹은 이후 1731년까지 양국 대외정책의 근간을 이루었다.[11]

물론 동맹의 체결로 영국과 프랑스 사이의 갈등과 대립이 완전히 해소된 것은 아니었다. 프랑스는 위트레흐트에서 영국이 스페인의 아메리카 식민지에서 아시엔토를 비롯하여 여러 경제적 특권을 독점할 권리를 획득한 데 대해, 그리고 그로 인해 이 지역과의 무역에 종사하는 프랑스 상인들에게 불이익이 발생한 데 대해 불만을 가졌다. 프랑스는 스페인의 지브롤터 반환 요구에도 심정적으로 동조했다. 영국은 영국대로 프랑스가 위트레흐트에서 빼앗긴 이탈리아 영토를 되찾으려는 스페인의 시도를 지지할 가능성을 경계했다. 그럼에도 두 나라, 특히 프랑스의 오를레앙과 영국의 조지 1세는 대외환경을 안정적으로 유지하기 위해 서로 일정 부분 양보하고 협력하여 위트레흐트 체제를 지켜야 한다는 데 견해를 같이했다.[12]

이처럼 과거의 갈등을 일시적으로라도 극복하고 현 체제를 수호하기 위해 협력하기로 한 영국과 프랑스가 가장 경계해야 할 대상은 위트레흐트 체제에 가장 큰 불만을 갖고 있던 스페인과 오스트리아였다. 특히 스페인의 펠리페 5세는 오스트리아와 사보이아-피에몬테에 돌아간 이탈리아의 옛 스페인 영토를 부분적으로나마 회복하려 시도했다. 펠리페 5세의 두 번째 왕비 이사벨 디 파르네시오(Isabel de Farnesio)가 자신의 두 아들을 이탈리아 공국의 통치자로 만들기 위해 왕에게 압력을 가한 것도 스페인이 이탈리아 영토획득에 적극적으로 나서게 된 이유 중 하나였다.

동맹국의 압력에 밀려 어쩔 수 없이 라슈타트 조약에 서명한 오스트리아의 카를 6세 황제 역시 1714년 이후의 국제질서에 대한 불만을 공공연히 표출했다. 앞서 언급했듯이 1725년까지 자신을 스페인 국왕으로 칭했을 정도로 부르봉에 의한 스페인 왕위계승의 정당성을 인정하지 않으려 했던 카를 6세는 이탈리아에서도 곡창지대인 시칠리아가 사보이아-피에몬테 공국에 넘어가고 오스트리아에는 대신 사르데냐가 주어진 것에 대해 불만을 품었다.[13]

☆☆☆☆☆

두 나라 중 먼저 행동에 나선 것은 스페인이었다. 스페인은 오스트리아가 1716~18년 오스만제국과 전쟁을 벌이는 틈을 타 사르데냐와 시칠리아를 침공했다.[14] 영국은 아메리카의 스페인 식민지에서 자국 상인들이 누리던 경제적 특권이 위협받을 가능성에도 위트레흐트 체제를 지키기 위해 즉각 개입을 선언했고, 프랑스 역시 부르봉 국가 간의 전쟁에 반대하는 국내 여론에도 영국과의 동맹의무에 따라 스페인에 전쟁을 선포했다.[15] 오스트리아는 오스만제국과의 전쟁에서 승리를 거두고 1718년 7월 파사로비츠(Passarowitz) 조약에서 베오그라드를 비롯한 영토를 할양받기로 한 후에야 이탈리아로 병력을 파견할 수 있었다.

영국은 스페인의 공세에 적극적으로 대응하는 한편, 국무장관 스태너프(James Stanhope)의 제안에 따라 오스트리아에 이탈리아 영토 일부를 스페인에 할양할 것을 종용했다. 그렇게 함으로써 스페인의 불만을 잠재우고 이탈리아에서 평화를 더욱 잘 보장할 수 있다고 보았기 때문이다. 그 대신 영국은 사보이아-피에몬테를 상대로 오스트리아에 시칠리아를 할양하는 대신 사르데냐를 받도록 압력을 행사하기로 했다. 이탈리아 전역을 확고하게 통제하기에는 힘이 부쳤던 오스트리아는 마지못해 이 제안에 동의했다. 오스트리아는 파르마와 피아첸차, 토스카나를 이사벨 디 파르네시오의 장남에게 양도하고, 스페인 왕위의 영구적인 포기를 서약하기로 했다. 그나마 이탈리아 본토에서 멀리 떨어진 사르데냐 대신 나폴리에 인접한 시칠리아를 양도받기로 한 것이 위안이 되었다. 시칠리아를 양도하는 대신 지리적으로는 가깝지만 훨씬 가치가 떨어지는 사르데냐를 받게 된 사보이아-피에몬테의 비토리오 아메데오 2세에게는 스페인에서 부르봉가의 혈연이 단절되면 왕위계승을 약속했다.

스페인에 상당히 유리한 조건이었음에도 펠리페 5세는 이러한 영국의 제안을 선뜻 받아들이려 하지 않았다. 결국 시칠리아 남단의 파사로(Passaro)곶 인근에서 벌어진 영국 해군과 스페인 해군 사이에 벌어진 해전에서 영국이 승리를 거둠으로써 상황은 일단락되었다. 1720년 스페인은 영국, 프랑스, 오스트리아, 네덜란드연방과 평화조약을 체결했다. 1718~20년에 벌어진 스페인과 영국-프랑스-네덜란드연방-오스트리아 사이의 무력충돌은 '4국 동맹 전쟁(War of the Quadruple Alliance)'으로 불리기도 한다.[16]

한편, 영국은 발트해 연안에서 벌어지고 있던 스웨덴과 러시아, 폴란드 사이의 전쟁과 관련하여 전에 없던 상황에 직면하게 되었다. 1700년 발트해 연안의 패권을 장악하려는 스웨덴 국왕 카를 12세의 시도가 발단이 되어 시작된 이 전쟁은 1709년 폴타바(Poltava) 전투에서 스웨덴군이 러시아군에 크게 패한 것을 계기로 전세가 역전되었다. 카를 12세가 러시아와의 전투에서 패한 후 오스만제국으로 피신한 사이 스웨덴은 그야말로 '몰락'의 길을 걸었다. 이후 전쟁은 러시아를 비롯하여 덴마크, 폴란드 등이 발트해 연안의 스웨덴 영토를 어떻게 배분할 것인가를 두고 서로 경쟁을 벌이는 양상으로 전개되었다.

이러한 와중에 영국의 조지 1세는 하노버 공국의 선제후 자격으로 스웨덴의 독일 내 영토 중 공국에 인접한 브레멘과 페르덴을 획득하려 시도했다. 스웨덴은 두 지역을 1648년 베스트팔렌에서 획득했다. 두 지역의 합병은 내륙 국가인 하노버에 북해로 진출할 항구를 제공할 것으로 기대되었다. 조지 1세는 두 지역에 인접한 덴마크가 이들을 장악하기 전에 먼저 행동을 취해야 한다고 판단했다. 1715년 10월 조지 1세는 러시아의 표트르 1세(r.1682~1721)와 동맹을 맺고 스웨덴을 상대로 전쟁을 시작했다.[17]

하지만 1716년 러시아군이 독일의 메클렌부르크에 진출하자 러시아의 위세에 놀란 하노버를 포함한 러시아 동맹국들은 러시아가 스웨덴을 대신하여 발트해의 패권을 장악하는 것을 막기 위해 스웨덴에 대한 공세의 고삐를 늦췄다. 이들은 스웨덴과의 전쟁을 가능한 한 빨리 마무리하기로 합의했다. 덴마크, 브란덴부르크-프로이센이 스웨덴과 조약을 체결하여 영토할양을 대가로 전쟁을 끝내기로 합의했고, 하노버 역시 브레멘과 페르덴을 할양받기로 합의하고 스웨덴과 평화조약을 체결했다. 이 과정에서 스웨덴과 여타 국가들을 중재하려는 프랑스의 외교적 노력이 중요한 역할을 담당했다. 스웨덴과 러시아 사이의 평화조약 역시 프랑스의 중재로 1621년 니스타드(Nystad)에서 체결되었다. 러시아는 핀란드를 스웨덴에 되돌려주는 대신 오늘날의 라트비아, 에스토니아, 카렐리아 지역 등 발트해 동쪽 연안의 스웨덴 영토를 차지했다.[18]

영국-프랑스 동맹은 북방전쟁을 종식시키고 발트해 연안에 평화를 가져오는 데 적지 않게 기여했다. 특히 영국의 입장에서 프랑스가 오랜 기간 긴밀한 관계를 유지해오던 스웨덴을 지지하여 분쟁에 개입하는 대신 전쟁이 종식되는 데 힘을 보탠 것이 중요했다. 영국은 조지 1세가 하노버 선제후의 자격으로 스웨덴과의 전쟁에 참여하고, 얼마 후에는 러시아와 대립함에 따라 간접적이기는 하지만 분쟁당사국이 되었다.

조지 1세의 참전으로 영국 정부는 모호한 상황에 처했다. 조지 1세가 하노버의 영토획득을 위해, 그리고 이후에는 메클렌부르크를 점령한 러시아군을 견제하기 위해 영국 해군의 도움을 청했기 때문이다. 발트해 연안은 영국에 경제적 · 군사적으로 매우 중요한 지역이었다. 특히 이 지역에서 수입되는 목재는 함선 건조에 반드시 필요한 자재였다. 따라서 영국 정부는 대북방전쟁의 전황에 꾸준히 관심을 기울였다. 특히 영국은 러시아가 스웨덴을 대신해 이 지역의 맹주로 부상할 가능성을 경계했다.[19]

그럼에도 조지 1세가 자신의 공국을 위해 영국 해군을 이용하려 한 것은 큰 논란을 낳았다. 이는 조지 1세를 지지하던 휘그 각료와 의원들, 정치인들 사이에 분열을 낳았다. 국무장관 타운센드(Charles Townshend)와 전쟁성장관 풀티니(William Pulteney), 재무장관 월폴(Robert Walpole) 등 동료들 사이에서 높은 신망을 누리던 휘그 각료들이 잇따라 사임했다. 조지 1세의 하노버 정책을 지지한 스태너프는 "여러분이 만약 지도를 펼쳐 브레멘과 페르덴이 어디에 있는지 직접 살펴본다면 이 두 공국을 누가 소유하느냐가 여러분과 무관한 문제가 아님을, 두 공국이 러시아의 차르보다는 국왕 폐하의 수중에 있는 것이 영국의 이익에 훨씬 잘 부합함을 쉽게 알 수 있을 것이다"라고 주장하며 반대 여론을 잠재우려 했지만 분열을 극복하지는 못했다.[20]

사실 영국인은 이미 네덜란드연방 출신의 윌리엄 3세의 통치를 경험한 바 있었으므로 독일 출신 군주를 맞아들였을 때 25년 전과 유사한 문제가 발생하리라 예상하고 있었다. 바로 이러한 이유에서 1701년의 왕위계승법 제3조에서 "영국에서 태어나지 않은 이가 왕위에 즉위하면 의회의 동의 없이 영국 이외의 영토를 지키기 위한 목적으로 전쟁을 시작할 수 없다"고 규정되었다. 또한 "잉글랜드와 스코틀랜드, 아일랜드 이외의 지역에서 태어난 이"는 영국 국적으로 귀화한 이후에도 어떠한 공직도 맡을 수 없다고 규정되었다.[21] 이러한 안전장치에도 조지 1세가 영국과 하노버의 이익을 분리하지 않고 양자가 사실상 한 나라라는 전제하에 대외정책을 입안하고 추진하자 많은 사람이 충격에 빠졌다.

☆☆☆☆☆

여기서 잠시 18세기 영국 대외정책에서 중요한 논란거리 중 하나였던 '하노버 문제(Hanover Question)'를 살펴볼 필요가 있다. 이 문제는 기본적으로 근세 초 유럽에 특유한 정치단위체로서 '연합왕국'의 문제였다. 즉, 한 명의 군주가 두 개 이상의 서로 독립적인 영토를 통치하는 과정에서 발생하는 문제였다. 하지만 앞서 살펴본 연합왕국의 문제가 주로 인프라 부족 등으로 군주가 이끄는 중앙정부가 여러 영토를 동시에 효과적으로 통치하기 어려운 상황에서 정부가 어떻게 구심력을 발휘하여 중앙으로부터 독립적이기를 원하는 영토들을 하나의 틀 내로 통합하느냐의 문제였다면, '영국-하노버 연합왕국' 문제는 이와는 성격을 달리했다. 가장 큰 차이는 런던의 영국 정부가 하노버를 통합해야 할 필요성에 관해 단일한 목소리를 내지 못했다는 데 있다. 앞의 예에서 알 수 있듯이 국왕은 당연하게도 두 나라가 하나의 틀 내에서 통합하거나 적어도 협력하기를 원했다. 하지만 영국 정치체제의 또 다른 축인 의회는 그래야 할 필요성에 관해 확신을 갖지 못했다. 의회 구성원 중 상당수는 영국과 하노버의 이해관계가 일치하지 않으며, 하노버를 위해 영국이 재정적 부담이나 그 밖의 희생을 감수할 이유가 없다고 믿었다.

18세기 영국에서 대외정책에 관한 대부분의 권한, 즉 전쟁을 시작하거나 끝내고, 조약을 체결하고, 외교관을 임명하고 그들에게 지시를 내리는 권한 등은 국왕에게 속했다. 하지만 정부재정에 관한 주요 결정을 승인할 권한을 보유한 의회는 많은 전비가 소요되는 전쟁에 관한 결정이나 재정부담을 수반하는 조약체결 등의 사안에서 실질적인 영향력을 행사했다. 또한 대외정책은 의회에서 언제나 뜨거운 토론의 대상이었다. 국왕은 논란을 불러일으킬 만한 대외정책을 실행에 옮기고자 할 때는 의회의

지지를 확보하기 위해 특별한 노력을 기울여야 했다.[22]

하지만 의회의 막강한 권한에도 영국은 여전히 왕국이었으므로 하노버 출신 군주가 두 나라의 통치자로서 가지는 이해관계를 전적으로 무시하기는 어려웠다. 앞서 지적했듯이 조지 1세는 영국 왕위에 즉위했을 당시 이미 54세였다. 1727년 그의 뒤를 이어 왕위에 오른 조지 2세 역시 1714년 그의 부친과 함께 영국에 도착했을 때 이미 30세를 넘긴 나이였다. 따라서 하노버 선제후로서의 정체성이 조지 1세는 물론 조지 2세에게도 강하게 각인되어 있었다. 이들은 재위 기간 내내 정기적으로 하노버를 방문하여 수개월씩 머무르곤 했다. 하노버에 대한 이러한 애착으로 이들은 영국의 대외관계에서 영국의 이익과 하노버의 이익을 구분하지 않으려 했다. 아무리 의회가 정부에 큰 영향력을 행사하더라도 대외정책은 군주의 고유권한에 속했으므로 조지 1세와 2세가 하노버에 대한 애정과 관심을 버리지 않는 한 영국의 대외정책 역시 이를 부분적으로라도 존중하는 방향으로 수립되어야 했다. 최소한 두 나라의 대외정책이 엇박자를 내는 일은 없어야 했다. 이는 18세기 영국의 대외관계에서 상당한 부담요인으로 작용했다.

물론 연합왕국이라는 체제 자체가 영국에 완전히 새로운 경험이었던 것은 아니다. 영국은 아일랜드 및 (1707년 이전까지) 스코틀랜드와 연합왕국을 형성했다. 윌리엄 3세의 재위 기간(1689~1702)에는 네덜란드연방과 연합왕국을 이루기도 했다.[23] 하지만 조지 1세와 조지 2세의 하노버 공국은 아일랜드와 스코틀랜드는 물론 네덜란드연방과도 매우 다른 나라였다. 지리적으로 영국에 인접한 네덜란드연방은 영국과 긍정적이든 부정적이든 오래전부터 긴밀한 관계를 유지해왔다. 종종 갈등의 원인이 되기는 했지만, 두 나라 모두 해양강국으로서 해외무역을 통해 얻는 상업적 이익을 국부의 가장 중요한 원천으로 간주했다는 공통점을 지녔다. 또한 두 나라는 프랑스가 남부 네덜란드를 장악하거나 영향권 하에 두면 이로부터 심각한 안보상의 위협에 노출된다는 점에서도 공통적이었다. 무엇보다 네덜란드연방은 적어도 18세기 초까지는 영국에 버금가는 유럽의 최강국 중 하나였다. 9년전쟁 내내 윌리엄 3세가 연방의 이익을 영국의 이익보다 우선시한다는 비판이 끊이지 않고 제기되기는 했지만, 그리 심각한 수준은 아니었다.

이에 반해 영국은 조지 1세의 왕위계승 이전까지 하노버 공국과 별다른 이해관계를 공유하지 않았다. 대부분의 영국인은 독일 북부에 위치한 하노버에 대해 잘 알지 못했고, 공국이 신성로마제국의 선제후국으로서 가지는 특수한 성격에 대해서도 무지했다. 하노버의 국제정치적 위상을 고려하면 이는 자연스러운 현상이었다. 하노버는 유럽 국제정치무대에서 그야말로 약소국에 불과했다. 하노버는 신성로마제국 내에서도 그 규모와 영향력에서 브란덴부르크-프로이센, 작센, 바이에른 등 전통적인 대제후국에 크게 못 미쳤다. 예컨대 공국의 병력규모는 1715년 1만 5천명, 1740년 1만 9,442명 수준에 불과했다.[24] 1692년 레오폴트 1세 황제에 의해 선제후국으로 승격되기는 했지만, 이로 인해 유럽 내에서는 물론이고 제국 내에서도 하노버의 지위가 크게 향상된 것으로 보이지는 않는다.

이러한 이유로 인해 조지 1세와 조지 2세의 재위 기간 내내 하노버 문제는 계속해서 논란의 대상이 되었다. 평소 영국의 대륙 개입에 비판적인 입장을 취하던 토리파보다는 윌리엄 3세 이래 영국의 안보는 대륙에서 시작해야 한다는 원칙을 지지한 휘그파가 대체로 국왕의 입장에 더 공감하는 경향을 보였다. 이들 중 일부는 하노버의 존재를 영국이 대륙의 상황에 더욱 적극적으로 개입할 '기회'로 보아야 한다고 주장하기도 했다. 하지만 국왕의 입장을 지지하는 이들뿐만 아니라 이를 비판하는 이들도 영국이 하노버의 운명에 완전히 무관심할 수 없다는 데는 견해를 같이

했다. 영국은 '왕국'이었기 때문이다. 1716년 조지 1세의 하노버 정책에 항의하며 장관직을 사임했다가 다시 내각으로 복귀한 타운센드는 1721년 다음과 같이 말했다.

> "우리는 영국 국민의 명예를 위해 우리의 국왕에게 스웨덴 국왕에게 부과되는 것보다 더 많은 제약을 부과해서는 안 된다. 문제가 되고 있는 지역이 왕의 독일 영토에 속하며, 영국 왕국과는 분리하여 고려되어야 하는 것은 맞다. …… 하지만 두 하노버와 영국의 모든 충성스러운 신민은 왕의 명예와 이익에 관련되는 모든 것에 동일한 관심과 열정을 가져야 한다. …… 오늘날 이 왕국 내에서 아무리 그가 현재의 상황에 관해 아는 것이 별로 없다고 하더라도 국왕이자 선제후로서 폐하의 이익이 분리될 수 없으며, 독일에 문제가 생기면 이곳의 정부 역시 약화될 것이라는 것을 이해하지 못하는 이는 거의 없다."[25]

여기서 한 가지 지적할 것은 왕국이라는 성격 때문에 영국 정부가 하노버에 대한 책임을 부분적으로라도 짊어져야 했지만, 이의 타당성을 두고 논란이 끊이지 않았다는 사실, 그리고 '가외 부담으로서의 하노버'와 '영국의 이익과 양립하는 하노버' 사이의 구분이 문제가 되었다는 사실은 당시 영국에서 대외정책과 관련하여 군주와 군주 가문의 이익과 구별되는 국가의 이익에 대한 인식이 명확하게 형성되어 있었다는 증거로 읽힐 수 있다는 것이다. 한계가 분명하기는 했지만, 영국의 대외정책은 이러한 점에서 두드러지게 '근대적'이었다.[26]

☆☆☆☆☆

1721년 니스타드 조약 체결과 함께 명실상부 유럽 전역에 평화가 찾아왔다. 하지만 서유럽에서는 국가 간 긴장과 갈등이 좀처럼 수그러들 기미가 보이지 않았다. 스페인은 여전히 영국으로부터 미노르카와 지브롤터를 돌려받기 원했고, 오스트리아는 스페인에 양보하기로 한 이탈리아 영토할양을 차일피일 미루었으며, 카를 6세는 스페인 국왕이라는 칭호를 포기하지 않았다. 스페인은 영국이 오스트리아에 이탈리아 영토를 조속히 할양하도록 압력을 넣어주기를 요청했지만, 영국 정부가 별다른 반응을 보이지 않자 불만을 표시했다. 오스트리아와 영국의 관계도 원만하지 않았다. 영국은 오스트리아 정부가 1722년 남부 네덜란드 상인들의 해외무역을 장려하고 지원할 목적으로 남부 네덜란드의 항구도시인 오스텐데에 무역회사를 설립한 데 대해 불만을 가졌다. 18세기 초만 해도 해외무역에서 각국 정부와 상인들은 가능한 한 경쟁자를 배제하고 시장을 독점함으로써 이윤을 극대화하려 했으므로 영국은 오스트리아 정부의 비호 아래 남부 네덜란드 상인들이 해외무역에 참여하는 것이 달갑지 않았다.[27]

영국과 프랑스는 또한 발칸반도와 이탈리아에서 영토를 획득한 오스트리아의 '급성장'이 유럽의 세력균형을 위태롭게 만들 수 있다는 데 인식을 같이했다. 이러한 가능성이 현실화되는 것을 막고자 양국은 카를 6세의 아킬레스건인 왕위계승문제를 최대한 활용하고자 했다.[28] 1711년 요제프 1세가 아들을 남기지 못하고 죽자 합스부르크 오스트리아의 유일한 남성 후계자로서 오스트리아 대공이자 헝가리와 크로아티아, 보헤미아의 국왕 등의 자리에 오른 카를 6세는 1713년 '국사조칙(Pragmatische Sanktion)'을 제정하여 자신 역시 아들을 남기지 못하고 죽으면 자신의 딸을 포함한 여성이 자신이 통치하는 모든 영토의 계승자가 될 수 있도록 했다. 카를 6세는 두 가지를 염두에 두었다. 첫째, 자신의 (1713년 당시 아직 태어나지 않은) 딸에게 계승문제에서 요제프 1세와 레오폴트 1세의 딸들에 대한 우선권을 주고자 했다. 둘째, 자신의 이복자매들과 조카들, 그리고 이들의 자손이 경쟁적으로 계승권을 주장하면 연합왕국으로서의 합스부르크 왕국이 여러 조각으로 해체될 가능성이 있다고 보고 이를 사전에 차단하고자 했다. 신성로마제국에서 대공직과 왕위를 여성이 계승하는 것은 전례가 없는 일이었으므로 카를 6세는 신성로마제국의 제후국들뿐만 아니라 유럽 주요 국가들로부터 국사조칙에 대한 승인을 얻기 위해 외교력을 총동원했다.[29] 영국과 프랑스는 이 문제에 관해 모호한 입장을 취하거나 승인을 거부함으로써 오스트리아를 압박했다.

영국-프랑스와 오스트리아, 스페인 사이의 관계가 좀처럼 개선될 기미를 보이지 않는 가운데 1725년 4~5월 스페인과 오스트리아가 펠리페 5세와 이사벨 디 파르네시오의 장남 돈 카를로스(Don Carlos)와 카를 6세의 장녀 마리아 테레지아(Maria Theresia)의 혼인을 매개로 동맹을 체결했다(제1차 빈 조약). 오스트리아는 토스카나와 파르마-피아첸차를 돈 카를로스에 이양하기로 한 약속을 재확인했고, 스페인은 오스트리아에 스페인 식민지에서의 경제적 특권을 약속했다. 스페인과 오스트리아에 불의의 일격을 당한 영국과 프랑스는 같은 해 9월 프로이센과 하노버에서 동맹조약을 체결했다(하노버 조약). 특히 영국이 오스트리아를 견제하는 데 적극적으로 나섰다. 영국은 남부 네덜란드를 오스트리아로부터 빼앗아 영국, 프랑스, 네덜란드연방의 세 나라 사이에 분할하는 방안을 강구하기도 하고, 바이에른 선제후의 신성로마제국 황제 선출을 지지하는 방안을 논의하는 등 오스트리아를 견제하기 위해 가용한 모든 수단을 동원하여 "카를 5세 제국의 부활"을 저지하려 했다.[30]

하지만 1726년 8월 오스트리아는 러시아를 동맹에 끌어들였고, 같은 해 10월에는 프로이센이 하노버 조약에서 탈퇴하고 오스트리아와 쾨니히스부스터하우젠(Königswusterhausen) 조약을 체결했다. 프로이센이 오스트리아 편으로 돌아선 것은 영국의 입장에서 특히 뼈아팠다. 이로써 영국이 진행 중이던 스웨덴과의 동맹 협상이 어려움에 처했고, 프로이센과 인접한 하노버의 안전이 위협받게 되었다.

1727년 스페인이 지브롤터를 간헐적으로 공격하기 시작하면서 전쟁의 기운이 고조되었다. 영국은 프랑스의 독일과 남부 네덜란드에 대한 군사적 개입을 종용했다. 프랑스가 법률적 근거를 들어 난색을 표하자 영국의 국무장관 뉴캐슬(Thomas Pelham-Holles, Duke of Newcastle)은 1648년 베스트팔렌 평화조약에서 부여된 신성로마제국의 평화와 안전의 보장자로서의 자격으로 프랑스가 독일에 개입할 권리와 의무를 지닌다고 주장하기도 했다. 불과 15년 전만 하더라도 상상하기조차 어려운 일이 벌어졌다.[31] 다행스럽게도 전쟁의 위협은 오래 지속되지 않았다. 오스트리아는 영국과 프랑스를 상대로 한 전쟁에서 승리할 가능성이 희박하다고 보고 타협을 택했다. 1727년 5월 프랑스의 중재하에 영국, 프랑스, 오스트리아, 네덜란드연방은 평화조약 체결을 위한 예비조항에 합의했다. 스페인 역시 지브롤터에 대한 공세를 중단하고 예비조항에 서명했다.[32]

이후 오스트리아와의 동맹 유지가 어렵다고 판단한 스페인은 1729년 프랑스, 영국과 세비야(Seville) 조약을 체결했다. 스페인은 지브롤터에 대한 포위를 풀고, 오스트리아에 부여한 스페인 식민지에서의 무역특혜를 취소하기로 했다. 이에 대한 보답으로 영국과 프랑스는 스페인이 오스트리아가 여러 차례 약속했음에도 이양을 미루어온 이탈리아 영토를 접수하기 위한 병력을 파견하는 데 동의했다. 영국은 호위선단을 보내 스페인의 병력 이동을 지원하기로 했다.

전쟁의 위험이 다시금 고조되는 가운데 영국과 프로이센의 관계가 악화되었다. 문제의 발단은 하노버와 프로이센 사이의 갈등이었다. 두 나라는 이전부터 국경선 설정 문제, 메클렌부르크와 동(東)프리슬란트(Ostfriesland)의 영유권 문제를 놓고 대립해왔다. 조지 1세는 자신의 재위 기간 동안 이러한 문제들을 잘 통제할 수 있었지만, 1727년 조지 2세가 즉위한 후 그와 평소 사이가 좋지 않던 그의 사촌이자 처남인 프로이센의 프리드리히 빌헬름 1세와의 관계가 틀어지면서 갈등이 불거졌다. 프로이센이 하노버를 "아침거리밖에 안 된다"며 위협하는 동안 영국 정부는 덴마크와 헤세-카셀, 브라운슈바이크-볼펜뷔텔 등에 보조금 지급을 대가로 하노버를 위해 병력을 동원해줄 것을 요청하는 한편, 프랑스에도 도움을 요청했다.[33] 프랑스는 영국의 요청에 응하여 필요하다면 프로이센의 위협으로부터 하노버를 보호하기 위해 독일 내로 병력을 이동시키기로 했다. 프랑스는 또한 바이에른, 팔츠와 동맹을 체결하여 이들을 반오스트리아 전선에 합류시키는 데 성공하기도 했다. 영국으로서는 영국-프랑스 동맹의 가치가 그 어느 때보다 빛을 발한 순간이었다.[34]

이와 같이 더할 나위 없이 잘 작동하는 것처럼 보이던 영국-프랑스 동맹은 1731년 영국과 오스트리아의 제2차 빈 조약 체결을 계기로 급작스럽게 종료되었다. 영국이 오스트리아와의 반목과 대립을 해소하고 협력적인 관계를 구축하려 했고, 프랑스는 이를 '배신'으로 받아들였다. 영국 내에서는 프랑스나 스페인이 아닌 오스트리아가 영국의 가장 자연스러운 동맹 파트너라는 인식이 강하게 남아 있었다. 이러한 견해를 지지하는 이들은 오스트리아를 적대하는 정부에 비판의 목소리를 높였다. 결국 오스트리아에 대한 강경책을 주도해온 타운센드 등의 반대에도 1731년 1월 두 나라는 빈에서 조약을 체결했다. 오스트리아도 스페인을 이탈리아로부터 배제하고, 오스텐데 회사를 영국과 네덜란드연방의 방해를 무릅쓰고 계속 유지하는 것이 현실적으로 가능하지 않다고 판단하여 영국의 제의를 받아들이기로 했다. 오스트리아는 오스텐데 회사를 폐쇄하고, 스페인에 이탈리아 영토를 이양하기로 한 약속을 실행에 옮겼다. 카를 6세는 신성로마제국의 황제 자격으로 하노버의 브레멘과 페르덴 보유를 정식으로 승인했다. 그 대신 영국은 국사조칙을 인정하여 카를 6세의 장녀 마리아 테레지아가 그의 모든 영토를 계승하는 데 동의했다.[35]

제2차 빈 조약의 체결로 영국과 프랑스의 동맹은 반(半)자동으로 소멸되었다. 프랑스는 영국의 조약체결을 더 이상 자국과의 동맹을 유지할 의사가 없다는 표시로 간주했다. 당시 프랑스 외교정책을 진두지휘한 이는 1726년부터 정부 내에서 '수상'의 역할을 담당한 플뢰리(André-Hercule Fleury) 추기경이었다. 1726년에 이미 76세의 고령이던 플뢰리는 1743년 90세의 나이로 사망할 때까지 과거 리슐리외와 마자랭이 각각 루이 13세와 루이 14세를 위해 수행한 역할을 맡았다. 스페인 왕위계승 전쟁 당시 프로방스의 주교였던 플뢰리는 자신의 교구가 전쟁터가 되어 큰 피해를 입는 광경을 직접 목도했고, 대외정책을 책임지는 자리에 오르자 가능한 한 군사력 사용을 자제하고 외교적인 협상과 타협으로 프랑스의 이익을 보존하는 정책을 지향했다. 플뢰리의 정치적 반대파들은 그의 이러한 접근법을 '부르주아적'이라고 비난하기도 했지만, 그의 신중하고 노련한 정책 덕분에 프랑스는 피폐된 경제의 회복에 주력할 수 있었다.[36]

플뢰리 외교정책의 가장 중요한 목표는 루이 14세의 재위 기간 내내 프랑스가 직면한 문제, 즉 유럽의 주요 국가들이 프랑스에 적대하는 상황이 다시 발생하는 것을 예방하는 데 있었다. 이를 위해 플뢰리는 영국과의 동맹을 프랑스 대외관계의 중심축으로 삼은 전임자의 정책을 그대로 이어나가려 했다.[37] 하지만 이와 같이 유연한 입장을 지닌 플뢰리도 영국이 오스트리아의 '국사조칙'을 승인한 것은 묵과할 수 없었다. 프랑스는 영국과 달리 오스트리아와의 화해가 근본적으로 불가능하다고 보았다.

그러기에 오스트리아는 프랑스에 너무나 심각하게 위협적인 존재였다. 프랑스와 오스트리아 모두 육군을 주력으로 하는 대륙 국가였고, 독일과 이탈리아에서 영향력을 확대하는 데 관심을 가졌다. 따라서 오스트리아가 1680년대 이후 오스만제국과의 전쟁에서 승리한 결과 중 · 동부 유럽에서 상당한 규모의 영토를 획득하고, 스페인 왕위계승 전쟁에서도 스페인 왕위를 포기하는 대가로 밀라노, 나폴리 등을 획득하면서 이탈리아의 지배자로 부상하자 프랑스는 크게 경계하지 않을 수 없었다. 17세기 중반 이후 오스트리아는 영토확장이라는 측면에서 프랑스를 압도했다. 약 반 세기에 걸친 루이 14세의 재위 기간 동안 수많은 전쟁으로 프랑스가 획득한 영토의 크기는 기존 영토의 10% 남짓이었던 반면에, 1680년대 이후 오스트리아가 새로이 획득한 영토는 기존 영토의 30~40%에 이르렀다.[38] 비록 지리적인 제약으로 효율적인 통치가 불가능했지만, 스페인 소유였던 남부 네덜란드가 1715년 이후 오스트리아 차지가 된 것도 프랑스로서는 신경이 쓰이는 부분이었다.[39]

이러한 상황에서 카를 6세가 마리아 테레지아와 로렌 공국의 프란츠 슈테판(Franz Stephan von Lothringen)의 혼인을 추진하자 프랑스-오스트리아 관계는 돌이킬 수 없을 정도로 악화되었다. 오스트리아가 두 사람의 혼인으로 프랑스와 독일 사이에 위치한 로렌 공국을 장악한다면 프랑스 동부 국경의 안전이 심각하게 위협받을 것이 분명했다. 프랑스는 이 혼인을 자국에 대한 도발로 간주했다.[40] 따라서 영국이 국사조칙을 승인하면서 오스트리아와의 화해를 모색하자 프랑스는 이를 '배신'으로 받아들였다. 프랑스의 판단이 크게 잘못된 것은 아니었다. 영국은 프랑스가 자국의 정책 변경을 이해해주기를 희망하면서도 프랑스가 그럴 의사가 없다는 것이 분명해지자 큰 미련을 두지 않고 동맹을 포기하기로 결정했다. 오래전부터 영국 국내에서는 프랑스와의 동맹을 비판하는 목소리가 계속 제기되었다. 동맹을 비판하는 이들은 견제가 필요한 나라는 오스트리아가 아니라 프랑스라는 점, 동맹은 근본적으로 영국의 이익이 아닌 하노버의 이익을 위한 것이라는 점, 동맹으로 인해 영국이 대륙의 문제에 끊임없이 개입해야 하는 부담을 진다는 점 등을 반대의 이유로 들었다. 여기에 더해 프랑스의 정치체제, 종교, 사회, 문화 전반에 대한 반감도 한몫을 했다.[41]

영국-프랑스 동맹은 위트레흐트 이후 약 15년 동안 서유럽에서 비교적 평화로운 시기가 지속될 수 있었던 가장 중요한 이유였다. 사실 두 나라가 동맹을 맺은 것은 1750년대 프랑스-오스트리아 간의 동맹체결 못지않게 외교적으로 '혁명적'인 사건이었다. 오랜 기간 대립하던 영국과 프랑스가 동맹을 체결한 것은 두 나라 모두 오랜 전쟁으로 군사력과 경제력을 소진한 결과 회복기가 필요했고, 두 나라 모두 왕위계승과 관련하여 내정이 불안정해졌기 때문이다. 두 나라는 위트레흐트 체제의 보존을 목표로 긴밀하게 협력했다.

다만 두 동맹국이 평등한 관계를 유지했다고 하기는 어렵다.[42] 동맹에서 주도권을 행사한 것은 거의 언제나 영국이었고, 프랑스는 영국의 지휘를 따랐다. 프랑스는 같은 부르봉 국가인 스페인과 영국의 전쟁에서는 후자의 편에 서서 참전하기도 했다. 프랑스가 이처럼 1715년 이전이라면 상상하기조차 어려울 정도로 파격적인 방식으로 행동한 것은 영국과의 관계가 단절되면 외교적 고립이라는 더 나쁜 상황이 초래될 것을 우려했기 때문이다. 영국과의 동맹을 유지하는 것 외에는 달리 대안이 존재하지 않았기에 영국과의 협력을 선택한 것이다.

상황이 이와 같았으므로 누구도 동맹이 장기간 지속되리라 믿지 않았고, 두 나라는 서로에 대한 경계를 늦추지 않았다. 그리고 마침내 영국이 프랑스로서는 도저히 수용하기 어려운 행동을 취했을 때 동맹은 자연스럽게 소멸되었다. 이제 전쟁의 후유증을 어느 정도 극복하고 내정의 불안 역시 어느 정도 해결한 프랑스가 오스트리아와의 갈등을 군사력 사용을 포함한 모든 수단을 동원하여 해결하려는 의지를 보이는 가운데 유럽은 다시 전쟁의 시대를 맞이하게 되었다.

2) 폴란드 왕위계승 전쟁 발발과 오스트리아 계승전쟁의 기원

1733년 2월 폴란드 국왕이자 작센의 선제후 아우구스트 2세(August II, r.1697~1733)가 사망했다.[43] 그는 아들인 프리드리히 아우구스트(Friedrich August)가 왕위를 계승하기를 희망했지만, 세임(Sejm)에 모인 폴란드 귀족들은 폴란드인인 스타니스와프 레슈친스키(Stanislaw Leszczynski)를 새 국왕으로 선출했다. 레슈친스키는 폴란드의 유력 가문들과 그의 사위인 프랑스 국왕 루이 15세의 지지를 받았다. 하지만 폴란드에 대한 프랑스의 영향력이 증대될 것을 경계한 러시아와 오스트리아가 프리드리히 아우구스트의 국왕 선출을 지지하면서 갈등이 야기되었다. 러시아는 특히 프랑스의 후원을 받는 스웨덴, 폴란드, 오스만제국이 서로 협력하여 지난 북방전쟁에서 러시아가 획득한 영토를 다시 빼앗으려 할지도 모른다는 두려움을 느꼈다.[44] 프리드리히 아우구스트는 자신의 국왕 선출을 지지하는 대가로 러시아에 지금의 라트비아 일부인 쿠를란디아(Kurlandia) 공국을 할양할 것을 약속하고, 오스트리아에는 '국사조칙'을 승인하고 작센 선제후의 자격으로 합스부르크 영토에 대한 계승권을 주장하지 않겠다고 약속했다. 러시아는 폴란드에 군대를 보내 자국의 뜻을 관철시켰고, 레슈친스키와 그를 보호하기 위해 파병된 소수의 프랑스군은 러시아군에 쫓겨 폴란드를 떠나야 했다. 이에 프랑스 정부는 전쟁을 결정했다.

프랑스의 전쟁 결정은 국왕과 프랑스의 명예가 심각하게 손상되었다는 판단에 근거를 두었다. 정부와 파리 고등법원 사이의 갈등으로 초래된 정치적 위기에 대처하기 위한 목적도 있었다.[45] 하지만 프랑스는 다른 무엇보다 '국사조칙'과 로렌 문제 등을 두고 갈등을 빚어온 오스트리아를 제압하기 위한 목적으로 전쟁을 결정했다. 프랑스는 폴란드에서 레슈친스키의 축출을 주도한 것은 러시아였음에도 오스트리아가 사실상 러시아를 배후에서 조종했다는 이유를 내세워 카를 6세에게 전쟁을 선포하고 서부 독일과 북부 이탈리아에서 공세를 개시했다. 이탈리아에서 프랑스는 더 많은 영토를 획득하기 원한 스페인과 사르데냐의 도움을 받을 수 있었다.[46] 1733년 10월 프랑스-사르데냐 연합군은 오스트리아로부터 밀라노와 롬바르디아를 빼앗았고, 라인강을 건넌 프랑스군은 오스트리아군과 프로이센군, 그리고 몇몇 크라이스가 제공한 병력의 저항을 물리치고 필립스부르크를 점령하는 데 성공했다. 스페인은 나폴리와 시칠리아를 점령했다.

영국과 네덜란드연방이 중립을 고수하는 가운데 사면초가에 빠진 오스트리아는 결국 1735년 프랑스와 예비평화조약을 체결하여 나폴리와 시칠리아를 스페인의 펠리페 5세와 이사벨 디 파르네시오의 아들 돈 카를로스에게 넘기고, 사르데냐에는 밀라노 공국의 일부를 할양하는 데 합의했다. 오스트리아는 또한 마리아 테레지아와의 혼인이 예정된 프란츠 슈테판이 로렌 공국을 포기하고 돈 카를로스로부터 토스카나를 넘겨받는다는 데도 합의했다. 프랑스는 로렌 공국을 일단 레슈친스키에게 넘기고 그가 사망한 후 합병하기로 했다. 그 대신 프랑스는 '국사조칙'을 인정하기로 약속했다.[47]

전쟁의 패배로 오스트리아는 큰 타격을 입었다. 무엇보다 이탈리아에서 나폴리와 시칠리아를 스페인에 빼앗긴 것이 뼈아팠다. 헝가리와 트란실바니아에서 오스만제국을 상대하는 동시에 이탈리아 최남단의 두 왕국과 남부 네덜란드까지 효과적으로 통치하는 것은 오스트리아의 역량을 넘어서는 일임이 적나라하게 드러났다. 특히 해군력을 거의 갖추지 못한 오스트리아가 남부 네덜란드와 이탈리아 남부의 영토를 외부 위협으로부터 지키기 위해서는 영국이나 네덜란드연방의 지원이 필수적이었고, 따라서 두 나라의 중립선언은 치명적인 결과를 낳았다. 오스트리아의 급속한 영토확장은 이에 상응하는 국력의 증대를 가져오는 대신 힘을 분산시키고 영토의 취약성, 동맹에 대한 의존성을 증가시키는 결과를 초래했다.[48]

반면, 프랑스는 전쟁에서의 승리로 군사적 · 외교적으로 부활하는 데 성공했다. 전쟁이 비교적 짧은 기간에 마무리되었고, 또 큰 전투 없이 기동전 위주로 진행되었지만 이탈리아 북부에서 벌어진 오스트리아군을 상대로 한 몇 차례의 전투에서 프랑스군은 녹슬지 않은 기량을 발휘했다. 프랑스는 외교적으로도 상당한 성과를 냈다. 스페인과 사르데냐를 동맹으로 끌어들이고, 영국과 네덜란드연방, 바이에른을 비롯한 몇몇 독일 제후국의 중립을 유도하여 오스트리아를 고립시키는 데 성공했기 때문이다. 프랑스는 평화조약을 체결하는 과정에서 동맹국인 스페인과 사르데냐의 영토적 야심을 억제하여 전쟁이 장기화되는 것을 막고 재정부담을 최소화하는 데도 성공했다.[49]

프랑스의 오스트리아에 대한 거의 완벽에 가까운 승리로 위트레흐트 체제의 근간이 흔들리는 가운데 영국은 시종일관 전쟁에 개입하지 않겠다는 입장을 고수했다. 영국의 초대수상 로버트 월폴(Robert Walpole)이 이러한 흐름을 주도했다. 그는 수많은 인명의 희생을 수반하는 전쟁에 큰 반감을 가졌다. 그는 폴란드 왕위계승 전쟁이 한창 진행 중일 때, 조지 2세의 왕비 캐롤라인 여왕에게 "올해 유럽에서 5만 명이 학살당했는데, 그중에 영국인은 단 한 명도 없습니다"라고 말한 것으로 전해진다.[50] 월폴은 또한 영국의 외교정책을 국내정치에 철저하게 '종속'시켰다. 그는 대륙 전쟁에 개입하는 것이 정치적으로 복잡한 문제를 야기할 수 있음을 잘 알았다. 폴란드 왕위계승 전쟁 당시 소비세(excise) 인상 문제로 수상으로 재임한 20여 년을 통틀어 가장 큰 정치적 위기에 처한 월폴은 섣부른 전쟁 개입으로 더 심각한 곤경에 빠지는 것을 원하지 않았다. 전쟁은 필연적으로 정부의 재정부담을 가중시킬 것이고, 이는 정치적 반대파들에게 자신을 공격할 좋은 빌미를 제공할 것이 분명했다.[51] 이 외에도 월폴은 네덜란드연방이 일찌감치 중립을 선언한 상황에서 영국이 전쟁에 뛰어들면 연방이 무역과 해운업에서 이득을 볼 가능성도 염두에 두지 않을 수 없었다.[52]

월폴이 영국의 전쟁 개입 가능성을 완전히 차단한 것은 아니다. 그 역시 프랑스와 프랑스 동맹국들의 일방적인 승리, 이에 따른 이탈리아에서의 영토 재편이 유럽 국가 간 세력균형을 위협할 수 있음을 잘 알았다. 바로 이러한 이유에서 그의 두 국무장관 뉴캐슬과 해링턴(William Stanhope, Earl of Harrington)은 참전을 강력하게 주장했다. 하지만 전쟁의 결과가 유럽의 세력균형과 영국의 국익에 미칠 영향이 그리 크지 않을 것으로 최종 판단한 월폴은 개입하지 않기로 결정했다. 월폴의 이러한 결정은 프랑스의 국제적 지위 향상을 방조하고 영국에 대한 국제사회의 신뢰 하락을 가져왔다는 이유로 국내외에서 많은 비판을 받았다.

하지만 월폴은 충분히 타당한 판단을 내린 것으로 보인다. 로렌 공국이 전략요충지에 위치하기는 했지만, 과거 프랑스는 독일을 주전장으로 하는 전쟁이 발발할 때마다 가장 먼저 공국을 점령하여 독일 침공의 전진기지로 삼곤 했다. 공국의 합병이 프랑스에 큰 전략적 이득을 가져다주었다고 보기는 어렵다. 또한 영국의 동맹국 오스트리아가 본토에서 멀리 떨어진 나폴리와 시칠리아를 스페인에 내주고 그 대신 상대적으로 가까운 거리에 위치한 토스카나를 받은 것도 오스트리아에 득이 되면 득이 되었지 절대적으로 불리한 거래는 아니었다. 만약 영국이 전쟁에 개입했다면 오스트리아는 스페인 왕위계승 전쟁에서처럼 영국에 남부 네덜란드를 프랑스의 공세로부터 막아내는 일을 전담하게 하고, 가용한 병력 대부분을 이탈리아로 이동시켜 그곳의 자국 영토를 방어하는 데 전력을 쏟았을 것이다. 월폴은 오스트리아의 이탈리아 영토를 지키는 것이 영국이 전쟁을 불사해야 할 만큼 가치 있는 일이라고 생각하지 않았다.[53]

☆☆☆☆☆

1740년 중부 유럽에서 두 명의 군주가 세상을 떠났다. 1740년 5월 프로이센의 국왕 프리드리히 빌헬름 1세(Friedrich Wilhelm I, r.1713~40)가 사망하고 그의 아들 프리드리히 2세가 왕위에 올랐다. 같은 해 10월에는 오스트리아의 카를 6세가 갑작스럽게 사망했다. 그리고 불과 두 달여 후에 프리드리히 2세가 이끄는 프로이센 군대가 오스트리아의 슐레지엔을 침공했다. 이로써 1738년 제3차 빈 조약으로 폴란드 왕위계승 전쟁이 정식으로 마무리된 지 불과 2년여 만에 유럽은 다시 전쟁의 소용돌이에 휘말리게 되었다.

문제의 발단은 앞서 지적했듯이 카를 6세의 사망과 함께 합스부르크가에서 남성 후계자가 사라짐에 따라 역사상 최초로 그의 장녀 마리아 테레지아가 부친의 뒤를 잇게 되었다는 데 있다. 카를 6세는 이미 1713년에 '국사조칙'을 제정하여 통치 기간 내내 오스트리아, 헝가리, 보헤미아 등 합스부르크의 통치를 받는 여러 영토의 지역의회들과 신성로마제국의 제후국들, 유럽 주요 국가들의 승인을 받기 위해 외교적으로 가능한 모든 노력을 기울였다. 이러한 노력은 어느 정도 성과를 거두는 듯이 보였다. 1725년 스페인이 국사조칙을 승인한 이후 1726년 러시아, 1728년 프로이센, 1731년 영국, 1735년에는 프랑스가 차례로 이를 승인했다. 신성로마제국의 제국의회 역시 1732년 이를 승인했다.[54]

하지만 막상 카를 6세가 세상을 떠나자 마리아 테레지아의 합스부르크 오스트리아 수장으로서의 지위를 인정하기로 약속했던 국가들은 다른 생각을 품기 시작했다. 먼저 스페인과 사르데냐는 오스트리아가 약화된 틈을 타서 다시 한번 이탈리아에서의 영토획득을 모색했다. 사르데냐는 비교적 신중하게 움직였지만, 스페인은 서둘러 움직였다. 이사벨 디 파르네시오가 첫째아들 돈 카를로스에 이어 둘째아들 돈 펠리페를 위한 영토획득을 간절히 원했기 때문이다. 그녀는 카를 6세의 사망 소식을 듣고는 "춤출 일이 생겼다"고 말했다.[55]

1722년 요제프 1세의 두 딸 중 한 명인 마리아 아말리아(Maria Amalia)와 혼인한 바이에른의 선제후 카를 알브레히트(Karl Albrecht)는 수 세기 동안 지속된 신성로마제국 황제직에 대한 합스부르크가의 독점을 깨고 카를 6세의 뒤를 이어 새로운 황제로 선출되기를 희망했다. 제국 내에서 오스트리아를 제외하고는 가장 큰 가톨릭 제후국의 통치자였던 카를 알브레히트는 합스부르크 출신을 제외하고는 황제에 선출되기에 가장 적합한 인물이었다. 비텔스바흐가는 비록 오래전이기는 하지만 14세기와 15세기에 두 명의 황제[루트비히 4세(Ludwig IV), r.1314~47; 루프레히트(Ruprecht), r.1400~10]를 배출한 전력도 가지고 있었다.

다만 카를 알브레히트 혼자만의 힘으로는 선출에 필요한 선제후들의 표를 확보하기 어려웠고, 설사 선출된다고 해도 바이에른에서 나오는 수입만으로는 황제의 역할을 제대로 수행하기 어려웠다. 따라서 카를 알브레히트는 오래전부터 여러 차례에 걸쳐 황제직에 대한 합스부르크의 독점을 깨려 한 프랑스에 지원을 요청했다. 그는 프랑스가 황제 선출과정에서 선제후들에게 영향력을 행사하는 동시에 자신의 부인이 가진 권리를 근거로 합스부르크 영토 일부를 합병하는 데 도움을 주기를 기대했다. 물론 프랑스는 1735년 카를 6세에게 '국사조칙'을 지지하겠다고 약속했다. 하지만 이 약속에는 '구멍'이 하나 있었다. 프랑스가 제3자에 의한 합스부르크 영토 요구를 지지하지 않겠다고 약속하지는 않았던 것이다. 이를 근거로 프랑스는 '정당하게' 카를 알브레히트의 황제 선출과 영토획득을 도울 수 있다고 판단했다.[56]

일단 1740년에도 여전히 프랑스 정부를 이끈 플뢰리 추기경은 바이에른을 지원하는 문제에 신중한 태도를 취했다. 그는 프랑스가 카를 알브레히트의 황제 선출을 지원하는 데는 찬성했다. 바이에른 선제후의 황제 선출을 지지하는 것은 1715년 이래 프랑스 정부의 공식 정책이었다. 하지만 그는 합스부르크 영토 일부를 바이에른이 차지하는 데는 반대했다. 플뢰리는 폴란드 왕위계승 전쟁 이후 상당히 개선된 오스트리아와의 관계를 그대로 이어나가고자 했고, '국사조칙'을 지지하기로 한 1735년 약속을 준수할 것을 주장했다. 플뢰리가 보기에 프랑스가 바이에른의 영토적 야심을 지지한다면 이는 필연적으로 전 유럽 차원의 전쟁을 촉발할 것이 분명했다. 하지만 정부 안팎에서 추기경이 대외 환경의 변화에 지나치게 소극적으로 대응한다는 비판의 목소리가 점점 더 커지기 시작했다. 플뢰리를 비판하는 이들은 카를 6세의 사망으로 오랜 숙적인 합스부르크 오스트리아를 결정적으로 약화시킬 기회가 도래했음에도 전쟁을 꺼려하는 추기경이 이를 충분히 활용하지 못하고 있다고 주장했다. 이러한 견해는 스페인 왕위계승 전쟁에 대한 기억이 거의 없는 젊은 귀족 사이에서 큰 지지를 받았다.[57]

프랑스가 대응 방안을 결정하지 못하고 주저하는 사이에 프로이센의 프리드리히 2세가 오스트리아의 슐레지엔을 공격했다. 그의 부친인 프리드리히 빌헬름 1세는 1728년에 '국사조칙'을 승인한 바 있었다. 이에 대한 대가로 카를 6세는 당시 프로이센을 포함하여 여러 제후국이 소유권을 주장하던 베르크(Berg)와 윌리히(Jülich) 두 공국에 대한 프리드리히 빌헬름 1세의 권리를 지지하기로 약속했다. 하지만 이후 카를 6세가 다른 제후국들에게도 동일한 지지를 약속했으므로 프리드리히 2세는 '국사조칙'을 지지하기로 한 프로이센의 약속이 유효하지 않음을 주장할 수 있었다. 하지만 '국사조칙'에 대한 지지 철회가 슐레지엔 침공의 정당한 명분을 제공하지는 못했다. 프리드리히 2세는 슐레지엔을 차지하기 위해 추가적인 명분이 필요했고, 프로이센 외무성은 이 영토에 대한 프로이센의 역사적인 권리를 입증할 논리를 개발하는 일에 매달려야 했다. 마침내 외무성이 결과물을 내놓았을 때 이를 본 프리드리히 2세는 "브라보! 이건 정말이지 최고의 사기꾼 작품이야!"라고 반응했다.[58]

슐레지엔이 프로이센 영토확장의 첫 번째 대상이 된 것은 전적으로 프리드리히 2세의 결정이었다. 그는 좀 더 신중할 필요가 있음을 주장하는 각료들과 군지휘관들의 조언에도 아랑곳하지 않았다.[59] 프리드리히 2세는 왕위에 즉위하기 훨씬 전부터 새로운 영토획득이 프로이센 통치자로서 자신의 가장 중요한 과업이라고 생각했다. 1731년 19세의 프리드리히는 국가의 통치자는 영토획득 기회를 끊임없이 모색하지 않으면 안 된다는 요지의 글을 남겼다. 그는 "전진하지 않으면 후퇴할 수밖에 없다"고 썼다. 당시 그가 염두에 두고 있던 영토는 브란덴부르크와 동프로이센 사이에 위치한 서프로이센과 스웨덴령 포메른이었다.[60] 1740년 슐레지엔이 새로운 목표물이 된 것은 카를 6세가 사망한 후 합스부르크 오스트리아의 힘이 크게 약화되었기 때문이다. 중부 유럽을 지나는 몇 개의 무역로가 교차하는 지점에 위치한 슐레지엔은 오스트리아의 여러 영토 중에서 경제적으로 가장 부유한 지역이었다. 슐레지엔은 오스트리아가 해마다 거두어들이는 직접세의 4분의 1가량을 납부했다. 슐레지엔은 또한 보헤미아와 프로이센, 폴란드와 작센 사이의 전략요충지에 위치했다. 이곳을 차지하는 국가는 주변 국가에 대해 전략적으로 상당한 이점을 확보할 수 있었다.[61]

1740년 당시 오스트리아는 폴란드 왕위계승 전쟁에서 패배한 데 이어 1737~39년 오스만제국과의 전쟁에서도 패배하여 베오그라드를 비롯하여 상당한 영토를 상실한 후 그 후유증에 시달리고 있었다.[62] 부친의 뒤를 이어 합스부르크 오스트리아의 통치자의 자리에 오른 마리아 테레지아(Maria Theresia, r.1740~80)는 "돈도, 신용도, 군대도, 경험이나 지식도, 마지막으로 어떤 종류의 조언도 없는" 자신의 처지를 한탄했다.[63]

스페인, 사르데냐, 바이에른, 작센, 프랑스 등이 힘이 약화된 오스트리아로부터 각자 무엇인가를 취하려 기회를 엿보는 사이 프로이센으로서는 반가울 수밖에 없는 사건이 일어났다. 러시아의 여제 안나 이바노브나(Anna Ivanovna, r.1730~40)가 태어난 지 두 달밖에 안 된 조카의 아들을 후계자로 지명하고 1740년 10월에 사망한 것이다. 섭정에 의한 통치가 시작되었고, 왕위계승 절차가 확립되지 못한 러시아 정치의 특성상 혼란은 불가피했다. 오랜 기간 오스트리아와 긴밀한 관계를 맺어왔고, 잠재적으로 프로이센에 큰 위협을 제기해온 러시아가 적어도 당분간은 대외관계에서 적극적으로 행동에 나서지 못할 것이 분명했다.[64] 오스트리아로부터 슐레지엔을 차지하기에 더할 나위 없이 유리한 여건이 마련되었다고 판단한 프리드리히 2세는 특유의 추진력으로 2만 7천 명의 잘 훈련된 병력을 이끌고 브란덴부르크와 슐레지엔의 국경선을 넘었다.

프로이센의 슐레지엔 침공은 그동안 주저하고 망설이던 프랑스를 비롯한 여러 국가에 입장을 결정하고 행동에 나서도록 자극했다. 특히 당시 서인도제도에서의 무역 분쟁이 발단이 되어 영국과 전쟁을 벌이고 있던 스페인을 지원하여 아메리카 식민지에서 자국의 위상을 강화할 것인지, 아니면 오스트리아 황제의 사망으로 활짝 열린 기회의 창문을 적극 활용할 것인지 결정하지 못했던 프랑스는 슐레지엔 침공을 계기로 후자를 선택하기로 했다. 프랑스는 오스트리아를 결정적으로 약화시켜 유럽 국제정치무대에서 강대국으로서 합스부르크의 지위를 영구히 박탈하고자 했다.[65] 프랑스 정부 내에서 오스트리아에 대한 강경노선을 주도한 이는 벨 일 후작(Charles Louis Auguste Fouquet, marquis duc de Belle-Isle)이었다. 그는 한층 노쇠해진 플뢰리의 신중론을 밀어내고 독일에 3만 5천 명의 병력을 보내 프로이센, 바이에른과 협력하고, 스페인과 사르데냐, 오스만제국에 각각 이탈리아와 발칸반도에서 오스트리아를 공격하게 하자고 제안했다. 그는 또한 러시아가 오스트리아를 지원하지 못하도록 스웨덴과 러시아 사이의 전쟁을 부추기고, 영국의 개입을 막기 위해 프랑스군을 하노버 국경 지대로 진주시킬 것을 주장했다. 1741년 8월 프랑스군은 라인강을 건너 독일로 진격해 들어갔다.[66]

한편, 프리드리히 2세의 슐레지엔 침공으로 대륙에서 오스트리아 계승전쟁이 본격적으로 시작되었을 무렵 영국은 스페인과 전쟁을 벌이고 있었다. 전쟁의 원인은 스페인령 서인도제도에서 두 나라 사이에 일어난 무역 분쟁이었다. 좀 더 정확히 말하면 영국령 자메이카와 프랑스 소유의 몇몇 섬을 제외하면 쿠바, 푸에르토리코 등 카리브해의 주요 섬들과 플로리다, 멕시코, 온두라스, 파나마, 콜롬비아, 베네수엘라 등 연안 지역을 식민지로 보유한 스페인 정부와 경제적으로 큰 이윤이 보장되는 이 지역과의 무역을 늘려나가기를 원하는 영국 무역업자들 사이의 갈등과 충돌이 원인이 되어 전쟁이 발발했다.

앞서 살펴보았듯이 1713년 위트레흐트 조약에서 스페인에 대한 영국의 가장 중요한 요구사항 중 하나는 아시엔토(Asiento), 즉 아프리카 노예를 서인도제도의 플랜테이션 농장에 공급할 권리의 독점이었다. 이러한 권리는 1711년 영국 정부가 설립한 '남해회사(South Sea Company)'에 부여되었다. 남해회사는 노예를 공급할 권리 외에도 매년 한 차례씩 650톤 이하의 선박을 이용하여 스페인령 아메리카에서 무역거래를 할 권리를 인정받았다. 하지만 점점 더 많은 수의 영국 상인들이 유럽인의 필수기호품이 된 담배와 설탕 생산으로 경제적으로 급속하게 팽창한 이 지역과의 무역거래를 통해 더 많은 이익을 올리기 원했고, 그 결과 스페인 당국의 눈을 피해 공식적으로 승인된 거래량의 몇 배에 달하는 규모의 밀무역이 이루어졌다. 남해회사 역시 노예무역 자체보다는 이를 보호막으로 삼아 거래가 금지된 상품을 팔고사는 데 열을 올렸다.[67]

영국 상인들에 의한 밀무역의 규모가 현저하게 증가하고 이에 따라 스페인 상인들의 피해 규모가 점점 더 커지자 서인도제도의 스페인 총독은 '해안경비대(guarda costas)'를 동원하여 밀무역에 종사하는 영국 및 네덜란드연방의 선박들을 나포하기 시작했다. 해안경비대만으로는 밀무역 단속이 제대로 이루어지지 않자 스페인 식민당국은 현지의 스페인인을 대상으로 사략선 면허를 발급하여 영국과 네덜란드의 선박을 나포하고 화물을 빼앗을 권리를 주었다. 그런데 이와 같이 밀무역을 단속하는 과정에서 합법적인 무역선들도 다수 피해를 입었다.

이에 영국의 무역업자들은 정부에 이의 시정을 요구하기 시작했는데, 이들 중에는 합법적인 무역에 종사하는 이들뿐만 아니라 밀무역으로 수익을 올리는 이들도 포함되었다. 이들은 표면적으로는 자신들의 '정당한' 권리를 스페인 해안경비대가 침해했음을 주장했지만 내심 영국 정부가 스페인 정부에 압력을 가해 이 지역에서 더 자유롭게 무역을 할 권리를 인정받기 원했다. 하지만 월폴 내각은 스페인과의 관계 악화와 대외적으로 영국 정부가 밀무역을 옹호하는 것처럼 비칠 수 있다는 점을 우려하여 별다른 조치를 취하지 않았다. 영국 상인들이 서인도제도와의 밀무역으로 얻는 수익에 비해 스페인 본토와의 무역에서 얻는 수익이 훨씬 크다는 사실도 정부가 주저한 이유 중 하나였다.[68]

하지만 1737년 14척의 영국 선박을 스페인 해안경비대가 나포하거나 공격하고, 스페인에 대한 보복을 요구하는 여론이 높아지자 영국 정부도 대응에 나서지 않을 수 없었다. 1738년 영국과 스페인은 마드리드의 엘파르도(El Pardo)궁에서 협약을 체결하여 스페인 정부가 9만 5천 파운드의 배상금을 남해회사에 지급하고, 회사는 연체된 수입 관세 6만 8천 파운드를 스페인 정부에 지급하기로 합의했다. 그러나 남해회사는 협약의 이행을 거부했고, 의회와 여론도 회사의 입장을 지지했다. 대다수 영국인은 두 나라 사이에 전쟁이 벌어진다면 영국이 거의 확실하게 승리를 거두리라 믿었고, 그러면 스페인으로부터 더 많은 경제적 양보를 얻을 수 있을 것으로 보았다. 이들이 보기에 스페인과의 섣부른 타협은 국가의 명예를 위해서나 경제적 이득을 위해서나 불필요했다. 결국 영국 정부와 남해회사의 태도에 분노한 스페인의 펠리페 5세 역시 배상금 지급을 거부함에 따라 1739년 10월 양국은 사실상의 전쟁 상태에 돌입했다.[69]

1739년의 영국-스페인 전쟁은 식민지에서 상업적 이해관계의 충돌이 발단이 되어 벌어진 전쟁이었다. 월폴 내각은 최후의 순간까지 스페인과의 '불필요한' 전쟁을 피하려 했다. 월폴은 특히 폴란드 왕위계승 전쟁에서 승리를 거둔 프랑스의 위상과 영향력이 날로 커지는 데 반해 영국은 동맹국도 없이 외교적으로 고립되어 있는 상황에서 프랑스의 동맹국 스페인과 서인도제도에서의 경제적 이권을 두고 명분 없는 전쟁을 벌이는 것은 피해야 한다고 보았다.[70] 하지만 그의 장기집권에 염증을 느낀 정치적 반대파들이 모든 수단을 동원하여 그를 공격하는 가운데 지치고 취약해진 월폴과 그의 내각은 전쟁을 외치는 여론의 압력에 밀려 '끌려가다시피' 전쟁을 시작할 수밖에 없었다. 1739년의 영국-스페인 전쟁은 영국 역사상 가장 많은 여론의 지지를 받은 전쟁이었다.[71]

영국 국민은 전쟁이 시작되기만 하면 영국이 손쉬운 승리를 거둘 수 있을 것으로 믿었지만, 영국군은 예상보다 어려운 싸움을 했다. 1739년 11월 버논(Edward Vernon) 제독이 이끄는 영국 해군이 스페인령 아메리카에서 가장 중요한 무역항 중 하나인 포르토벨로(Porto Bello)를 점령하는 데 성공했지만, 1741년 3월의 카르타헤나(Cartagena)에 대한 공격은 스페인군의 거센 저항과 열대병 확산에 가로막혀 실패했다. 영국 해군은 같은 해 11월에는 쿠바와 플로리다를 공격했지만, 이 역시 많은 사상자만 남긴 채 실패로 끝났다. 당시 군사기술로는 수천 명의 병력을 배에 실어 수천 km 떨어진 곳으로 수송한 후 전투에 효과적으로 투입하는 것이 매우 어려웠다.[72] 이후 영국 해군은 간헐적으로 스페인 선박을 공격하거나 무역로를 차단하려 시도했을 뿐 더 이상 스페인령 아메리카의 주요 항구나 전략요충지에 대한 공세를 감행하지 않았다. 유럽대륙에서는 프리드리히 2세가 오스트리아의 슐레지엔을 침공한 것을 계기로 프랑스를 비롯한 유럽 주요국 사이에 전면전이 시작되었고, 영국 역시 이에 더 많은 관심을 쏟아야 했다. 영국-스페인 전쟁은 차츰 오스트리아 계승전쟁의 일부로 흡수되었다.[73]

3) 오스트리아 계승전쟁의 전개과정

1740년 12월 국경을 넘은 프리드리히 2세의 프로이센군은 단 6주 만에 슐레지엔을 장악했다. 슐레지엔에 주둔하고 있던 7,800명 정도의 오스트리아군은 3배가 넘는 프로이센군의 공세에 변변한 저항조차 하지 못한 채 무기력하게 퇴각했다. 당시 오스트리아군의 주력은 헝가리와 이탈리아에 배치되어 있었다. 주민 대다수가 프로테스탄트였으므로 프로이센에 대한 호감도가 상대적으로 높았던 슐레지엔의 주도 브레슬라우(Breslau, 오늘날 폴란드의 Wrocław)는 총 한 발 쏘지 않고 함락되었다. 프리드리히 2세는 애초에 계획했던 대로 슐레지엔 점령을 기정사실로 만든 후 오스트리아에 협상을 제안했다. 프리드리히는 마리아 테레지아가 슐레지엔에 대한 프로이센의 주권을 인정하면 합스부르크 오스트리아의 다른 영토를 계속 통치할 수 있도록 적극 지원하겠다는 의사를 밝혔다. 이를 위해 프리드리히 2세는 영국, 네덜란드연방, 러시아, 프로이센, 오스트리아가 동맹을 체결하여 프랑스의 공세에 대응할 것을 제안했다. 그는 또한 선제후의 자격으로 마리아 테레지아의 남편 프란츠 슈테판의 신성로마제국 황제 선출을 지지할 의향이 있음을 밝히기도 했다. 각료 중 일부가 타협을 주장하기도 했지만, 오스트리아 정부는 프리드리히의 제안을 거부하기로 결정했다. 다른 누구보다 마리아 테레지아가 프로이센과의 타협을 단호하게 거부했다.[74]

1741년 봄 오스트리아군의 반격이 시작되었다. 하지만 그해 4월 몰비츠(Mollwitz) 전투에서 보병과 포병의 우세를 보인 프로이센군은 기병의 우세를 보인 오스트리아군에 승리를 거뒀다. 오랜 훈련을 통해 갈고 닦은 프로이센군의 전투력이 몰비츠에서 유감없이 발휘되었다. 전투에 참여했던 한 오스트리아군 장교는 "거푸집으로 줄을 맞춘 듯 일직선을 이루어" 전진해오는 프로이센군의 모습을 보고 "내 일생에 그렇게 멋진 광경은 본 적이 없다"고 쓰기도 했다.[75] 다만 프리드리히 2세는 몰비츠에서의 승리로도 오스트리아가 슐레지엔을 포기하도록 강제하지는 못했다. 몰비츠를 가장 적극적으로 활용한 이는 갈수록 노쇠해지는 플뢰리를 대신하여 프랑스 외교정책 결정과정을 장악한 벨 일 후작이었다. 전투에서의 패배로 오스트리아를 결정적으로 약화시킬 기회가 도래했음을 직감한 벨 일은 프로이센에 동맹체결을 제안했다. 프리드리히 2세는 슐레지엔을 차지하기를 원했을 뿐 프랑스의 외교 전략에 휘말리고 싶지 않았지만, 오스트리아가 계속된 협상 제의를 거부하자 프랑스의 제안을 수락했다.

1741년 6월 브레슬라우에서 체결된 동맹조약에서 양국은 둘 중 어느 한 나라가 제3국으로부터 공격을 당하면 6천 명의 병력을 지원한다는 데 합의했다. 프랑스는 프로이센에 카를 알브레히트의 황제 선출 및 영토 획득을 위해 바이에른을 최대한 지원할 것임을 알렸다. 바이에른은 오스트리아로부터 보헤미아와 상부 오스트리아를 빼앗을 기회를 엿보고 있었고, 이러한 바이에른을 프랑스가 지원한다면 오스트리아는 프로이센에 반격할 기회를 얻지 못할 것이었다. 또한 프랑스는 스웨덴과 러시아의 갈등을 부추겨 오스트리아와 긴밀한 관계인 러시아가 프로이센을 위협하지 못하도록 하겠다고 약속하기도 했다. 이러한 도움에 대한 대가로 프리드리히 2세는 라인 강변의 율리히와 베르크 두 공국에 대한 권리를 프랑스의 동맹국 팔츠 선제후에게 넘기고, 신성로마제국의 황제 선출에서 프랑스가 선호하는 후보에게 한 표를 행사하기로 약속했다. 프랑스는 바이에른과 스페인 사이의 동맹도 주선했다. 뮌헨 인근의 님펜부르크(Nymphenburg)에서 체결된 조약에서 스페인은 바이에른에 약 6천 명의 병력을 동원할 만한 액수의 보조금을 지급하기로 했고, 바이에른은 카를 알브레히트가 황제로 선출되면 스페인이 이탈리아에서 최대한 많은 영토를 획득할 수 있도록 돕기로 했다. 앞서 언급했듯이 신성로마제국의 황제는 명목상으로나마 베네치아를 제외한 북부 이탈리아의 통치자였다.[76]

이제 프로이센에 슐레지엔을 빼앗긴 오스트리아에 유럽 국가 중 도움을 제공할 나라는 영국뿐이었다. 1731년 제2차 빈 조약에서의 약속에 따라 영국 의회는 마리아 테레지아에게 30만 파운드의 보조금을 지급할 것을 결의했다. 영국은 오스트리아의 급속한 약화로 유럽대륙에서 세력균형이 붕괴되는 것을 바라지 않았고, 독일에서 프랑스 그리고 프랑스의 지원을 등에 업은 바이에른의 영향력이 증가하는 것을 경계했다. 재무성 장관 펠햄(Henry Pelham)은 프랑스와 바이에른이 신성로마제국을 사실상 해체하여 자신들의 보호를 필요로 하는 소규모 주권국가들만 남겨놓을 것이며, 이는 유럽과 영국의 안전에 심각한 위험을 초래할 것이라 경고했다.[77] 하노버 선제후로서 프리드리히 2세의 프로이센에 강한 경쟁의식을 가졌던 조지 2세는 예외적으로 오랜 기간 동안 하노버에 체류하면서 오스트리아에 대한 지원을 압박했다.[78]

다만 오스트리아와 영국의 이해관계가 정확히 일치한 것은 아니었다. 프랑스의 견제가 대외정책의 가장 중요한 과제였던 영국은 오스트리아에 슐레지엔의 상실이 얼마나 큰 상처였는지 이해하지 못했다. 영국은 내심 오스트리아가 슐레지엔 일부를 프로이센에 양보하고 반(反)프랑스 전선에 동참하기를 기대했다. 영국은 오스트리아와 화해한 프로이센 역시 이 전선에 참여할 수 있을 것으로 보았다. 영국은 얼마 지나지 않아 이러한 기대가 현실과 얼마나 동떨어진 생각이었는지 알게 되었다.[79]

1741년 8월과 9월에 걸쳐 총 8만 명의 프랑스군이 라인강을 건너 독일 땅으로 진주했다. 이 중 절반 정도는 카를 알브레히트의 바이에른군에 합류하여 오스트리아군과 싸움을 벌이기로 했고, 나머지 절반은 베스트팔렌 지역에서 기동하면서 네덜란드연방과 하노버를 견제하기로 했다. 프랑스와 프로이센이 동맹을 체결하고 프랑스군이 본격적으로 전쟁에 개입하자 조지 2세는 큰 충격에 빠졌다. 하노버 왕국이 프랑스군과 프로이센군의 위협에 속수무책으로 노출되었기 때문이다. 조지 2세는 러시아의 반프랑스 동맹 참여를 기대했지만, 프랑스의 부추김을 받은 스웨덴이 러시아를 공격하면서 두 나라 간에 전쟁(러시아-스웨덴 전쟁, 1741~43)이 발발하자 기대를 접어야 했다.

물론 유럽대륙에서 세력균형이 붕괴될 위기에 놓였다는 점에서 하노버뿐만 아니라 영국의 국가이익도 위험에 처했다. 하지만 하노버가 처한 상황이 훨씬 절박하다고 판단한 조지 2세는 1741년 9월 하노버 선제후의 자격으로 프랑스와 '중립협약(Neutrality Convention)'을 체결했다. 이 협약에서 조지 2세는 프랑스가 하노버를 공격하지 않는 대가로 프로이센을 군사적으로 적대하지 않고 카를 알브레히트의 황제 선출을 지지하기로 약속했다. 하노버의 중립 결정은 영국 내에서 큰 파장을 불러일으켰다. 프랑스에 대한 싸움을 주도해야 할 영국 국왕이 중립협약을 체결하여 싸움을 포기하기로 한 것이다. 조지 2세를 도와 협약체결을 주도한 국무장관 해링턴 백작이 "협약은 순전히 하노버 선제후국의 일이며, 어떤 경우에도 폐하의 영국 국왕으로서의 임무수행에 영향을 미치지 않을 것"이라고 주장했지만, 이러한 주장의 진실성을 믿는 이는 거의 없었다.[80]

조지 2세가 중립을 선언한 것과 거의 동시에 프랑스군과 카를 알브레히트의 바이에른군은 상부 오스트리아의 린츠를 점령하고, 빈에서 70km 떨어진 지점까지 진출했다. 프리드리히 2세는 프로이센군과 슐레지엔에서 대치 중이던 오스트리아군 주력의 철수를 유도하기 위해 프랑스-바이에른 연합군이 빈을 공격하여 함락시킬 것을 촉구했지만, 연합군은 방향을 북쪽으로 돌려 보헤미아를 공격하기 시작했다. 이 와중에 오스트리아와 프랑스 사이에서 눈치를 보던 작센은 바이에른과 동맹을 체결했다. 작센은 합스부르크 영토 중 모라비아, 상부 슐레지엔, 하부 오스트리아 일부를 차지하고, 바이에른은 보헤미아와 상부 오스트리아, 티롤 지방을 차지하기로 합의했다. 1741년 12월 프라하가 프랑스-바이에른-작센 연합군에 함락되었고, 카를 알브레히트는 보헤미아 국왕으로 추대되었다. 마리아 테레지아는 신성로마제국 경계 내에 위치한 합스부르크의 영토 거의 대부분을 상실했다. 그녀에게 한 가지 위안은 헝가리 의회가 그녀를 헝가리 국왕으로 인정하고 병력과 재원을 제공하기로 약속한 것이었다. 헝가리는 처음에 약속했던 것(6만 5천 명)보다 훨씬 적은 수의 병력(2만 600명)을 제공하는 데 그쳤지만, 이 정도만으로도 마리아 테레지아가 반격을 도모하는 데 큰 도움이 되었다.[81]

한편, 1741년 10월 오스트리아와 프로이센은 영국의 중재로 클라인슈넬렌도르프(Kleinschellendorf)에서 비밀협약을 체결했다. 오스트리아는 슐레지엔으로부터 병력을 빼내 프랑스와 그 동맹국들의 보헤미아에 대한 공세에 대응하고자 영국의 중재안을 받아들였다. 프로이센은 슐레지엔의 나이세(Neisse) 요새를 획득하는 대가로 오스트리아에 대한 공세의 고삐를 늦출 것을 약속했다. 나이세 외에도 프리드리히 2세는 두 가지 이유에서 협약체결에 동의했다. 첫째, 그의 군대는 휴식이 절실히 필요했다. 둘째, 프리드리히 2세는 바이에른과 작센이 오스트리아로부터 지나치게 많은 영토를 획득하는 것이 바람직하지 않다고 판단했다. 하지만 협약은 그리 오래 지속되지 못했다. 협약을 체결한 지 불과 몇 주 후에 프라하가 프랑스와 그 동맹국들에 의해 함락되자 프리드리히 2세는 자신이 정치적 · 군사적으로 잘못된 판단을 내렸음을 깨닫고 작센, 바이에른과 동맹을 체결한 후 오스트리아에 대한 공세를 재개했다. 그는 마리아 테레지아에게 헝가리 왕국만을 남겨준 채 합스부르크의 나머지 영토를 그들 사이에 분할하려는 두 선제후의 계획에 힘을 보탰다. 마리아 테레지아는 분노감에 치를 떨었지만, 이미 엎질러진 물이었다.[82]

오스트리아의 곤경은 여기서 그치지 않았다. 1741년 11월과 1742년 1월 각각 1만 4천 명과 1만 2,800명의 스페인군이 프랑스 해군의 도움을 받아 이탈리아에 상륙했다. 당시 스페인의 카디스와 아메리카의 카르타헤나를 봉쇄하는 데 해군전력의 상당 부분을 투입한 영국 해군은 스페인군이 바르셀로나에서 이탈리아로 이동하는 것을 저지하지 못했다. 스페인은 이사벨 디 파르네시오의 둘째아들 돈 펠리페를 위해 파르마와 피아첸차, 만토바를 획득하려 했다.

이때 오스트리아로서는 다행스럽게도 사르데냐의 카를로 에마누엘레 3세(Carlo Emanuele III, r.1730~73)가 동맹을 제안했다. 사르데냐는 돈 카를로스가 나폴리와 시칠리아를 차지한 데 이어 그의 동생에게 북부 이탈리아의 공국들마저 돌아가면 이탈리아가 사실상 스페인에 장악될 것으로 보고 오스트리아와 힘을 합쳐 이를 막고자 했다. 사르데냐는 오스트리아와 밀라노를 두고 각축을 벌여왔지만, 프랑스의 지원을 받는 스페인이 비타협적으로 자신의 계획을 밀고 나가자 경쟁자와 손을 잡기로 했다. 다만 오스트리아와 사르데냐가 오랜 기간 적대적인 관계에 있었으므로 두 나라는 동맹의 구속성을 최소화하기 위한 단서조항을 부가하기로 했다.

사르데냐는 오스트리아와의 동맹이 지속되는 동안 밀라노에 대한 권리를 주장하지 않기로 합의했다. 하지만 두 나라는 한 달 전에 미리 통보하기만 하면 동맹을 파기하고 예전 정책으로 복귀할 수 있다고 규정했다. 동맹이 지속되는 동안이라도 필요하다면 제3국과 동맹을 맺는 것도 허용되었다. 이전부터 카를로 에마누엘레 3세의 사르데냐에 큰 불신을 가진 오스트리아는 별다른 고민 없이 이와 같이 제한적인 동맹체결에 동의했다. 1742년 2월 1일 체결된 오스트리아와 사르데냐의 동맹은 단기적인 목표를 위해 편의적으로 동맹이 체결되었다가 폐기되곤 했던 18세기 유럽 국제정치의 일반적인 관행에 비춰보아도 예외적이었다.[83]

카를 6세의 사망과 함께 시작된 오스트리아의 고난은 바이에른 선제후 카를 알브레히트의 신성로마제국 황제 선출로 절정에 달했다. 오스트리아의 카를 6세는 장녀가 합스부르크 전 영토의 통치자로서의 지위를 계승하도록 규정한 '국사조칙'의 국제적인 승인을 위해 외교적인 노력을 전개하는 한편, 1736년 마리아 테레지아와 혼인한 프란츠 슈테판이 황제에 선출되도록 하기 위해 마인츠를 비롯한 몇몇 선제후와 접촉했다. 1740년 부친의 자리를 이어받은 마리아 테레지아 역시 남편의 황제 선출을 위해 최선의 노력을 다했다. 하지만 전세가 이미 기울 대로 기운 가운데 이전에 프란츠 슈테판에 대한 지지를 약속했던 선제후들조차 태도를 바꾸어 바이에른 선제후에 대한 지지를 표명했다.

결국 1742년 2월 12일 카를 알브레히트가 9명의 선제후 중 8명의 지지를 얻어 황제에 선출되었다. 카를 알브레히트의 황제 선출은 프랑스의 승리이기도 했다. 프랑스 외교관들은 막대한 자금을 써가면서 선제후들을 상대로 카를 알브레히트를 지지하도록 로비를 벌였다. 비록 신성로마제국 황제의 권한이 제한적이었지만, 황제의 지위는 독일 내에서뿐만 아니라 전 유럽 차원에서 상징적 중요성을 지녔다. 합스부르크의 황제직 독점을 깨는 것은 프랑스 외교정책의 오랜 목표 중 하나였다. 프랑수아 1세와 루이 14세는 한때 직접 황제에 선출되기 위한 계획을 세우기도 했다. 마침내 루이 15세는 그의 증조부가 수십만 명의 군대를 동원하고도 끝내 이루지 못한 목표를 달성하는 데 성공했다. 바이에른 선제후의 황제 선출로 독일에 대한 프랑스의 영향력은 정점을 찍었다.[84]

하지만 프랑크푸르트에서 카를 알브레히트의 황제 대관식이 거행되던 바로 그 순간 그때까지 오스트리아에 일방적으로 불리하게 전개되던 전세가 차츰 균형을 찾아가기 시작했다. 1741년 말 케벤휠러(Ludwig Andreas von Khevenhüller) 공작이 이끈 오스트리아군이 프랑스-바이에른 연합군에 대한 공세를 개시하여 1742년 1월에는 상부 오스트리아를 되찾았고, 대관식이 열리던 무렵에는 뮌헨을 포함하여 바이에른 전역을 장악했다. '신성로마제국 황제 카를 7세'로 불리게 된 카를 알브레히트는 공식 서열에서는 유럽의 모든 통치자 중 맨 앞에 위치했지만, 정작 돌아갈 곳 없이 프랑스에 의존해야 할 처지가 되었다. 완전히 붕괴될 위기에 처한 것처럼 보이던 오스트리아가 극적인 재기에 성공한 것은 프랑스와 바이에른 사이의 반목, 영국이 지급한 보조금, 부분적인 행정 개혁으로 인한 효율성 증대 등의 요인에 기인한다. 합스부르크가 통치하던 여러 지역에 토지를 다수 보유한 귀족들이 영토의 분할로 손해를 입을 수 있다는 사실을 자각하면서 마리아 테레지아를 더욱 적극적으로 지지하기 시작했다는 점과 유능한 지휘관 밑에서 오스트리아군이 다시 강력한 힘을 발휘할 수 있었다는 점도 재기의 요인이 되었다.[85]

한편, 오스트리아와의 클라인슈넬렌도르프 협약을 일방적으로 파기한 프리드리히 2세는 프랑스, 작센과 협력하여 오스트리아에 대한 공세를 재개했다. 그는 오스트리아가 슐레지엔의 탈환을 완전히 포기하도록 하려는 심산으로 모라비아를 거쳐 빈을 공략할 계획을 세웠다. 프로이센군은 1742년 3월 합스부르크의 수도 근방까지 진출했지만 프랑스군, 작센군과의 협력이 원활하게 이루어지지 못함에 따라 오스트리아에서 철수할 수밖에 없었다.

두 동맹국의 비협조적인 태도에 실망한 프리드리히 2세는 더 이상 이들로부터 기대할 것이 없다고 결론짓고 영국의 지원을 받아 오스트리아에 다시 한번 평화협정 체결을 위한 협상을 제안했다. 오스트리아 역시 보헤미아로부터 프랑스군을 몰아내는 것이 급선무라고 판단하여 한 번

배신을 당했음에도 조심스럽게 협상에 응했다. 하지만 협상 과정은 순탄치 못했다. 양측이 서로에 대해 무리한 요구를 연이어 제시한 결과 협상이 결렬되었다. 1742년 5월 두 나라 군대가 격돌한 코투지츠(Chotusitz) 전투에서 프로이센군이 또다시 승리를 거뒀다. 하지만 이 전투에서 프로이센군 역시 적지 않은 피해를 입었다. 프로이센군의 손실은 4,800명, 오스트리아군의 손실은 6,330명이었는데, 6,330명 중 상당수가 전쟁 포로로 사로잡힌 인원이었고 사상자 수에서는 오히려 프로이센군이 1천 명 정도 많았다. 코투지츠는 오스트리아뿐만 아니라 프로이센에도 평화협정을 조속히 체결해야 할 필요성을 분명히 보여주었다. 1742년 7월 28일 양국은 베를린에서 평화협정을 체결했다. 오스트리아는 테센(Teschen)과 트로파우(Troppau) 등 일부 지역을 제외하고 슐레지엔 전역을 프로이센에 넘기는 데 동의했다. 프로이센은 정해진 기일 내에 오스트리아 영토에서 병력을 철수시키기로 했다.[86]

베를린 조약의 체결과 함께 오스트리아 계승전쟁의 첫 번째 국면이 막을 내렸다. 의심의 여지없이 승자는 프리드리히 2세였다. 그는 애초에 세웠던 목표를 훨씬 초과하여 슐레지엔 전역을 장악하는 데 성공했다. 슐레지엔 합병으로 프로이센의 인구는 220만 명에서 320만 명으로 증가했다. 하지만 전쟁을 통해 오스트리아 역시 만만치 않은 저력을 과시했다. 마리아 테레지아는 프로이센과 프랑스, 스페인, 바이에른, 작센의 공세에 사실상 홀로 맞서야 하는 절대적으로 불리한 상황 속에서 부친으로부터 물려받은 영토 중 슐레지엔과 보헤미아의 일부를 제외한 거의 대부분의 영토를 보존하는 데 성공했다. 전쟁을 계기로 프로이센이 독일을 넘어 유럽의 강대국으로 발돋움할 기반을 갖추게 되었다면, 오스트리아 역시 기대 이상 효과적으로 위기를 극복함으로써 강대국으로서의 지위를 다시 확인받을 수 있었다.[87]

☆☆☆☆☆

베를린 조약 이후의 전쟁에서는 영국과 프랑스 두 나라 사이의 각축이 프랑스와 오스트리아, 오스트리아와 프로이센 사이의 각축만큼이나 큰 비중을 차지하게 되었다. 이는 영국이 그때까지의 소극적인 태도를 버리고 대륙의 상황에 적극적으로 개입하기 시작했기 때문이다. 먼저 1742년 2월 월폴이 실각했다. 그의 소극적인 대외정책에 대한 불만이 낙마 원인 중 하나였다. 월폴의 정치적 반대파는 조지 2세가 하노버 선제후의 자격으로 프랑스와 중립협정을 체결한 것, 마리아 테레지아의 오스트리아를 적절히 지원하지 못함으로써 프랑스가 독일을 장악하도록 허용한 것, 그 결과 대륙에서 세력균형이 무너져 영국의 안전 또한 위험에 처하게 된 데 대해 그를 강력히 비판했다.[88] 후에 7년전쟁에서 영국을 승리로 이끈 주역 중 한 명인 피트(William Pitt, the Elder)는 월폴로 인해 "영국은 유럽 각국 왕실의 조롱거리가 되었으며, 오래된 동맹국의 신뢰를 모두 잃었고, 그 결과 우리는 프랑스가 야심찬 계획을 실행에 옮길 수 있도록" 도운 셈이 되었다고 주장했다.[89]

월폴이 실각한 후 약 2년 반 동안 북부 국무장관(Secretary of State for the Northern Department)으로서[90] 영국의 대외 정책을 주도한 카터릿(John Carteret, Earl of Granville) 역시 그의 강력한 비판자 중 한 명이었다. 카터릿은 월폴의 소극적인 대처로 "독일 제국이 무너진다면 네덜란드연방 역시 곧 무너질 것이고, 연방의 모든 항구와 상업은 프랑스에 의해 장악될 것이다. 그렇게 되면 상업도 끝장날 것이고, 대양에서의 제해권과 식민지 역시 잃게 될 것이다. 우리는 결국 섬에 고립된 신세가 되고 말 것이다"라고 주장했다.[91] 카터릿은 국무장관에 임명되자마자 프랑스를 적극적으로 견제하고 유럽대륙에서 세력균형을 회복할 방안을 강구하기 시작했다. 일단 그는 조지 2세를 설득해 하노버에 대한 보조금 지급을 대가로 프랑스와의 '중립협약'을 파기하도록 했다. 이어서 그는 1만 6천 명의 영국군을 남부 네덜란드로 보내 오스트리아, 하노버, 헤세-카셀, 네덜란드연방의 군대와 힘을 합쳐 프랑스군에 대적하도록 했다. 프랑스에 대한 공세를 강화할 목적으로 베를린에서 프로이센과 오스트리아 사이의 평화협정 체결을 중재한 것도 카터릿이었다. 물론 영국의 이해관계에 맞춰 전쟁을 재편하는 데 어려움이 적지 않았다. 대외적으로는 스페인 왕위계승 전쟁 이후 국력이 현저하게 하락한 네덜란드연방을 대프랑스 동맹에 참여시키는 데 어려움을 겪었고, 대내적으로는 2만 2천여 명에 달하는 하노버군의 유지비용을 영국이 부담하기로 한 결정에 대해 반대의 목소리가 높았다.[92]

하지만 1742년 12월 프랑스군이 보헤미아에서 퇴각하고, 1743년 6월에는 조지 2세가 직접 이끈 연합군이 데팅겐(Dettingen) 전투에서 프랑스군에 승리를 거두는 등 카터릿의 정책이 뚜렷한 성과를 올리기 시작했다. 이에 고무된 카터릿은 여세를 몰아 1743년 여름 오스트리아와 신성로마제국의 황제 카를 7세 사이의 협상, 그리고 오스트리아와 사르데냐 국왕 카를로 에마누엘레 3세 사이의 협상을 중재했다. 바이에른과 사르데냐를 반프랑스-반스페인 전선에 참여시키려는 목적으로 추진된 두 협상 중 첫 번째 협상은 독일의 하나우(Hanau)에서, 두 번째 협상은 보름스에서 개최되었다. 하나우에서의 협상은 실패로 돌아갔다. 카를 7세는 프랑스와의 동맹을 포기하는 대가로 오스트리아군에 점령당한 바이에른을 되찾기 원했지만, 마리아 테레지아는 바이에른을 오스트리아가 차지하고 그 대신 카를 7세에게는 나폴리나 남부 네덜란드로 보상하는 방안을 고집했기 때문이다. 보름스에서의 협상은 1743년 9월 조약의 체결로 이어졌다.

보름스 조약은 앞서 1742년 2월 오스트리아와 사르데냐 사이에 체결된(예외적인 단서조항이 부가된) 조약을 대체했다. 두 나라는 이탈리아에서 프랑스와 스페인을 상대로 전쟁을 벌이기 위해 본격적으로 협력하기로 했다. 이를 위해 카를로 에마누엘레 3세는 밀라노에 대한 소유권 주장을 포기하기로 했고, 마리아 테레지아는 피아첸차를 비롯하여 사르데냐에 전략적으로 중요한 몇몇 영토를 할양하기로 했다. 영국은 지중해에 함대를 배치하여 양국의 전쟁 노력을 지원하는 한편, 카를로 에마누엘레에게는 보조금 지급을 약속했다. 오스트리아와 사르데냐는 조약의 비밀조항에서 나폴리와 시칠리아에서 돈 카를로스를 몰아낸 후 나폴리는 오스트리아가, 시칠리아는 사르데냐가 차지하기로 합의했다.[93]

시칠리아를 최종적으로 차지하느냐의 여부와 관계없이 보름스 조약으로 가장 큰 이득을 본 것은 카를로 에마누엘레 3세였다. 오스트리아로부터 할양받기로 한 영토의 전략적 가치가 상당했기 때문이다. 오스트리아가 약속을 지킨다면 사르데냐는 밀라노와의 사이에 마조레(Maggiore)호와 티치노(Ticino)강, 포(Po)강이라는 '자연국경'을 가지게 될 터였다.[94] 카터릿은 "이 영토를 차지함으로써 사르데냐 국왕은 이탈리아의 지배자"가 될 것으로 예상했다. 그의 예상은 약 120년 후 현실이 되었다. 카를로 에마누엘레가 이처럼 높은 가치를 지닌 영토할양을 약속받을 수 있었던 것은 사르데냐와의 동맹을 원하는 프랑스-스페인과 영국-오스트리아 사이에서 모호한 입장을 취함으로써 '몸값'을 올리는 데 성공했기 때문이다.

다만 보름스에서 사르데냐가 거둔 성공은 미처 예상치 못한 세 가지 결과를 초래했다. 첫째, 마리아 테레지아는 조약을 '외교적 패배'로 간주했고, 사르데냐에 일방적으로 유리한 조약을 체결하도록 압박을 가한 영국에 크게 실망했다. 이로써 1750년대 '외교혁명'의 씨앗이 뿌려졌다. 둘째, 1743년 1월 플뢰리가 사망한 후 본인이 직접 프랑스의 외교정책 전반을 책임지겠다고 선언한 루이 15세가 카를로 에마누엘레 3세의 '줄타기 외교'에 분노한 나머지 전쟁 목표를 재설정하고 싸움에 본격적으로 뛰어들기로 결정했다. 당시까지 프랑스는 오스트리아와 영국에 정식으로 전쟁을 선포하지 않았다. 독일과 이탈리아에서 프랑스군의 참전은 공식적으로는 바이에른군과 스페인군에 '부속'된 채로 이루어졌다. 이제 루이 15세는 영국, 오스트리아에 정식으로 전쟁을 선포했다.[95] 프랑스는 또한 1743년 10월 스페인과 퐁텐블로(Fontainebleau) 조약을 체결하여 영국으로부터 지브롤터와 미노르카를 되찾고 돈 펠리페를 위해 오스트리아로부터 밀라노와 파르마, 피아첸차를 차지하려는 스페인의 노력을 지원하기로 약속했다. 카터릿이 오스트리아와 사르데냐의 동맹을 주선한 것은 프랑스-스페인에 맞서 최대한 힘을 결집함으로써 빠른 시일 내에 전쟁을 마무리하기 위해서였다. 하지만 그러한 노력이 오히려 갈등에 불을 지른 결과를 초래하고 말았다.[96]

셋째, 보름스 조약의 체결은 루이 15세뿐만 아니라 프리드리히 2세에게도 큰 영향을 끼쳤다. 그는 사르데냐와 동맹을 맺은 결과 병력 운용에 여유가 생긴 오스트리아가 슐레지엔을 되찾기 위한 시도를 다시 감행할 것으로 예상했다. 그는 당시 마리아 테레지아가 슐레지엔보다는 바이에른을 획득하는 데 더 큰 관심을 가졌다는 사실을 미처 알지 못했다. 작센과 오스트리아 사이의 관계가 점점 더 긴밀해져가는 것도 걱정거리였다. 프리드리히 2세는 슐레지엔을 빼앗기지 않기 위해서는 베를린 조약을 파기하고 전쟁에 다시 개입해야 한다고 결론지었다.

1744년 8월 프로이센은 8만 명의 병력을 이끌고 보헤미아를 침공했다. '제2차 슐레지엔 전쟁'의 시작이었다. 프랑스는 프로이센보다 조금 앞서 북부 이탈리아와 서부 독일, 남부 네덜란드에서 거의 20만여 명에 달하는 병력을 동원하여 영국-네덜란드연방-오스트리아 연합군에 대한 공세를 개시했다. 루이 15세가 주전장으로 선택한 남부 네덜란드에만 8만

7천여 명의 프랑스군이 투입되었다. 프랑스를 압박하여 전쟁을 유리한 조건에서 끝낼 수 있을 것으로 본 카터릿의 기대가 완전히 잘못된 것이었음이 드러났다. 1744년 11월 카터릿은 국무장관직에서 사임했다. 영국 정계에서 자신의 정치세력을 구축하지 못한 채 조지 2세의 신임에만 의존한 것이 사임의 직접적인 이유였지만, 외교정책의 실패 역시 중요한 이유였다. 특히 프리드리히 2세가 베를린 조약을 파기하고 프랑스 편에서 전쟁을 재개한 것이 결정적이었다. 카터릿의 뒤를 이어 뉴캐슬 공작이 영국의 대외정책 전반에 대한 책임을 맡게 되었다.[97]

프랑스군과 프로이센군은 남부 네덜란드와 보헤미아에서 연합군을 상대로 잇따라 승리를 거뒀다. 프로이센군은 오스트리아군의 강력한 저항에 부딪혀 한때 슐레지엔으로 퇴각하기도 했지만, 1745년 6월과 9월에 벌어진 호엔프리트베르크(Hohenfriedberg) 전투와 수어(Soor) 전투에서 잇따라 승리를 거둠으로써 전세를 역전시켰다. 남부 네덜란드에서는 퐁트누아(Fontenoy) 전투에서 프랑스군이 연합군에 승리를 거뒀다. 퐁트누아 전투는 오스트리아 계승전쟁을 통틀어 가장 많은 인원이 참여하고 가장 많은 사상자를 낳은 전투였다. 전투에서의 승리로 남부 네덜란드의 여러 도시와 요새들이 차례로 프랑스군의 수중에 떨어졌다. 오스트리아는 작센과 협력하여 프리드리히 2세에 대한 반격을 시도했지만, 두 나라의 군대는 1745년 12월 케셀스도르프(Kesselsdorf) 전투에서 프로이센군에 또다시 패배했다. 드레스덴이 프로이센군에 함락되었고, 작센의 선제후는 자신의 궁전에서 도주하는 수모를 겪어야 했다.[98]

드레스덴의 함락과 작센의 동맹 이탈로 오스트리아가 가까운 시일 내에 슐레지엔을 되찾는 것은 가능하지 않다는 것이 분명해졌다. 이에 양측은 평화협정 체결에 합의했다. 전투에서의 잇따른 패배에도 프로이센과의 전쟁 포기를 완강하게 거부하던 마리아 테레지아는 고집을 꺾지 않을 수 없었다. 영국이 보조금을 무기로 협정체결을 강력하게 압박한 것도 오스트리아가 태도 변화를 보인 원인이 되었다.[99] 프리드리히 2세가 애초에 전쟁을 재개한 목적이 슐레지엔을 안정적으로 보유하는 데 있었으므로 합의에 이르는 과정에는 별다른 어려움이 없었다. 드레스덴에서 진행된 협상에서 프리드리히 2세는 수차례에 걸친 전투에서의 승리에도 오스트리아에 추가적인 영토할양을 요구하지 않았다. 작센에 대해서는 전쟁배상금 지급을 요구했지만, 역시 영토에 대한 요구는 제기하지 않았다. 프리드리히 2세는 오로지 슐레지엔을 확고하게 장악하는 데만 관심이 있었다.

1745년 12월 15일에 체결된 드레스덴 조약에서 마리아 테레지아는 마침내 프로이센의 슐레지엔 소유를 공식적으로 인정했다. 그녀로서는 프리드리히 2세가 1745년 1월에 사망한 카를 6세의 뒤를 이어 황제로 선출된 남편 프란츠 1세의 권위를 존중하겠다고 약속한 것이 그나마 위안거리였다. 드레스덴 조약으로 제2차 슐레지엔 전쟁이 막을 내렸다. 프리드리히 2세는 앞으로 어떤 일이 있어도 중립을 지키겠다고 결심했다. 그는 "장차 나 스스로를 방어하기 위해서가 아니라면 고양이도 공격하지 않을 것이며, (오스트리아군 총사령관인) 카를 대공이 파리 바로 앞까지 진출하더라도 이를 아무런 동요 없이 바라볼 것이다"라고 말한 것으로 전해진다. 프리드리히 2세는 클라인슈넬렌도르프와 베를린에 이어 드레스덴에서 세 번째로 프랑스와의 동맹을 일방적으로 포기함으로써 다시 한번 신뢰하기 어려운 인물이라는 평판을 얻게 되었다.[100]

☆☆☆☆☆

프리드리히 2세의 프로이센은 평판에는 흠이 났을지언정 오스트리아 계승전쟁에서 슐레지엔을 획득함으로써, 더 중요하게는 그 과정에서 드러난 강력한 군사력으로 단숨에 강대국의 반열에 오르는 데 성공했다. 프리드리히 2세의 과감한 결단력과 군사전략가로서의 재능이 이러한 성과를 거두는 데 결정적인 요인이었음에는 의심의 여지가 없다. 하지만 프리드리히 2세가 거둔 두드러진 성과는 그의 전임자들이 몇 세대에 걸쳐 구축해놓은 토대 위에서 가능했다. 프로이센은 다른 대부분의 유럽 국가들과 마찬가지로 '연합왕국'이었다. 1417년부터 베를린을 중심으로 하는 브란덴부르크-프로이센을 통치하기 시작한 호엔촐레른가(Hohenzollern)는 17세기 초 발트해 연안의 동프로이센과 서부 독일 네덜란드와의 국경지대에 위치한 클레베와 마르크 등을 합병했으며, 이후 1648년 베스트팔렌에서 프랑스의 도움으로 민덴, 할버슈타트, 마그데부르크, 포메른 등을 획득했다. 프로이센을 신성로마제국의 제후국 중에서 오스트리아에 이어 두 번째로 큰 제후국으로 만든 이 같은 영토확장은 군사적인 정복이 아닌 혈연관계에 근거한 계승을 통해 이루어졌으며, 이러한 점에서 합스부르크가 영토를 확장한 방식과 유사했다.[101]

하지만 17세기 중반 이전까지 프로이센은 신성로마제국의 제후국 중에서 군사적 · 경제적으로 특별히 강력한 축에 들지 못했다. 영토의 서쪽 끝에서 동쪽 끝까지의 거리가 1천 km에 이를 만큼 넓은 지역에 걸쳐 여러 영토가 산재해 있었고, 또 영토의 경계선이 자연지형에 의해 보호되지도 않아서 외부의 군사적 위협에 취약했다. 프로이센은 경제적으로도 그다지 부유하지 못했다. 1776년 프리드리히 2세가 볼테르에게 쓴 편지에서 "리비아를 제외하고는 모래에 관한 한 우리나라와 경쟁할 나라는 별로 없다"고 썼을 만큼 프로이센은 토지가 비옥하지 않아서 농업생산성이 높지 않았다. 상공업 역시 발달하지 못했고, 별다른 광물자원도 보유하지 못했다. 프로이센은 전통적으로 경제 중심지 역할을 해온 독일 서부

와 남부에 위치한 제후국들뿐만 아니라 인접한 작센과 비교해볼 때도 경제적으로 크게 뒤처졌다.[102]

하지만 프로이센은 17세기 후반 '대선제후(der Große Kurfürst)'라는 별칭을 가진 프리드리히 빌헬름(Friedrich Wilhelm, r.1640~88)이 재위한 기간 동안 강대국으로 도약하기 시작했다.[103] 그가 선제후의 자리에 오를 당시 프로이센은 30년전쟁으로 극심한 피해를 입고 신음 중이었다. 일부 지역에서는 인구가 절반 이상 감소하여 네덜란드, 홀스타인 등지로부터 이민자를 받아야 할 정도였다.[104] 하지만 1680년대가 되면서 프로이센은 바이에른이나 작센 같은 전통의 강호들과 어깨를 나란히 할 국가로 성장했다. 대선제후가 가장 역점을 둔 것은 군사개혁이었다. 어린 시절 전쟁을 피해 네덜란드연방에서 생활한 경험이 있는 그는 마우리츠가 개척한 모델에 근거하여 반복적이고 체계적인 훈련과 엄격한 규율을 강조하는 프로이센식 군사문화를 정착시켰다. 또한 '총군사콤미사르국(Generalkriegskommissariat)'을 설치하여 군사행정을 총괄하도록 했다. 처음에는 한시적인 조직으로 출발한 총군사콤미사르국은 후에 상설화되었고, 각 지역의 신분의회가 담당하던 조세 관련 업무를 넘겨받아 관할하게 되었다. 대선제후의 재위 마지막 몇 년 동안 총군사콤미사르국은 군사행정뿐만 아니라 상업과 제조업의 관리 및 감독, 새로운 기업에 대한 투자 유도, 길드의 통제, 식민지 개척의 증진 등 국가의 경제정책까지 책임졌다.[105]

군사개혁이 성공적으로 진행된 결과 대선제후의 재위 기간 동안 프로이센의 군사력은 꾸준히 강화되었다. 1653년 1,800여 명에 불과하던 프로이센군은 스웨덴과 전쟁을 벌인 1655~60년의 '제2차 북방전쟁' 기간 동안 2만 2천 명까지 증가했고, 루이 14세의 프랑스를 상대로 한 전쟁에 참여하기 시작한 1672년 이후에는 4만 5천 명까지 증가했다. 1688년 대선제후가 사망할 당시 프로이센군은 전시가 아니었음에도 3만 명 규모의 병력을 보유했다. 이와 같이 강화된 군사력으로 프로이센은 1660년 스웨덴과 폴란드로부터 동프로이센에 대한 '주권'을 인정받았고, 1675년에는 페르벨린(Fehrbellin) 전투에서 프로이센을 침공한 스웨덴군에 승리를 거뒀다. 불과 30여 년 전까지만 하더라도 프로이센 국토의 대부분이 스웨덴군에 마구 유린되었다는 사실을 상기하면 큰 변화라 하지 않을 수 없다.[106]

대선제후의 개혁은 1713년 왕위에 오른 그의 손자이자 프리드리히 2세의 부친인 프리드리히 빌헬름 1세(Friedrich Wilhelm I, r.1713~40)가 계승했다.[107] 자신의 조부와 마찬가지로 통치자로서 프리드리히 빌헬름 1세의 가장 중요한 목표는 군사력 강화에 있었다. 그는 이 한 가지 목표를 달성하는 데 국가의 모든 역량을 결집했다. 우선 그는 1723년 총군사콤미사르국과 다른 재정 및 행정 부서를 모두 통합하여 '총-최고-재정-군사-영지-사무국(General-Ober-Finanz-Kriegs-Domänen-Direktorium)'이라는 다소 기이한 이름의 부서를 만든 후 군사업무와 재정업무, 그리고 그 밖의 일반 행정업무를 총괄하도록 했다. 일반적으로는 '총사무국(General Direktorium)'으로 불린 이 부서에 이처럼 막대한 권한을 부여한 것은 국가의 가용한 재원을 군사력 강화라는 목표에 최우선적으로 집중시키기 위해서였다.

프리드리히 빌헬름 1세는 또한 병사를 원활하게 충원하기 위해 전국을 '칸톤(Kanton)'이라는 구역으로 나누고, 각 칸톤에 일정 수의 병사를 제공할 책임을 부여했다. 일정 연령 이상의 모든 미혼남성은 징집 명부에 자신의 이름을 등록해야 했고, 만약 자원병만으로 자신이 속한 칸톤에 할당된 인원을 충족할 수 없으면 징집에 응해야 했다. 칸톤제가 성공적으로 실시된 결과 대부분 유럽 국가들이 전력의 상당 부분을 외국 용병으로 충원하는 상황에서 프로이센은 병력의 3분의 2 이상을 자국 국민으로 채울 수 있었다. 이는 훈련과 규율을 강조하는 프로이센식 군사문화와 맞물려 이후 프리드리히 2세가 이끈 프로이센 군대가 전장에서 그토록 효율적일 수 있었던 이유 중 하나가 되었다. 이 외에도 프리드리히 빌헬름 1세는 귀족 자제를 위한 사관학교를 설립하고, 군수산업을 육성했으며, 귀족들에게도 세금을 부과했다. 그는 심지어 모든 관직 후보자에게 임용 전에 자신의 '신병모집금고(Rekrutenkasse)'에 정해진 액수를 기부하도록 강요하기도 했다.[108]

프리드리히 빌헬름 1세는 편집증에 가까운 열정으로 프로이센의 군사력 강화를 위한 이 모든 노력을 진두지휘했다. 그는 국왕인 동시에 재무장관이자 군 총사령관이었다. 이러한 노력의 결과 1713년 프리드리히 빌헬름 1세의 즉위 당시 4만 명이던 병력이 1740년 프리드리히 2세가 즉위할 당시에는 8만 명으로 늘어났다. 프랑스가 스페인 왕위계승 전쟁 당시 한때 40만 명에 육박하는 병력을 거느렸다는 점을 상기하면 1740년에 8만 명의 상비군은 그다지 인상적인 규모로 보이지 않을 수 있지만, 프로이센의 인구가 220만 명 정도에 불과했다는 점을 감안하면 작지 않은 성취였음을 알 수 있다. 프리드리히 빌헬름 1세는 프로이센 전체 인구의 3.6%에 달하는 인력을 동원한 것이다. 프랑스나 오스트리아, 러시아 등은 전시에도 이 비율이 2%를 넘은 적이 거의 없었다. 7년전쟁 중이던 1760년 프로이센의 병력규모는 26만 명으로, 인구대비 7.2%까지 증가했다.[109]

프리드리히 빌헬름 1세의 군사력 강화 노력에서 특이한 점 한 가지는 그의 재위 당시 프로이센이 대외적으로 특별히 심각한 위협에 직면하지 않았음에도 모든 힘을 여기에 쏟았다는 사실이다. 그렇다고 그가 그의 아들 프리드리히 2세와 같이 영토확장을 목표로 하는 공세적인 대외전략을 구상했던 것 같지도 않다. 프리드리히 빌헬름 1세는 강력한 군대가 다른 나라와의 관계에서 프로이센이 정치적 독립을 유지하는 데 필수적이라는 신념에서 군사력 강화에 몰두했다. 그리고 이를 위해 필요한 국내 정치 및 행정 개혁을 밀어붙였다. 그는 특히 귀족이 누리던 특권적인 지위를 상당 부분 잠식하는 데 성공했다. 귀족의 면세특권을 폐지했고, 귀족의 자제는 거의 의무적으로 군에 장교로 복무하게 했다. 귀족의 특권을 축소한 대선제후와 프리드리히 빌헬름 1세의 노력 덕택에 프로이센은 당시 기준에서 상당히 '절대주의적'인 통치체제를 구축할 수 있었다. 프리드리히 2세는 즉위 당시 8만 명의 정예병사, 돈을 빌리거나 추가로 세금을 거두지 않고도 전쟁을 치르기에 충분한 재정, 그리고 국왕의 권위에 순응하는 귀족을 유산으로 물려받았다. 슐레지엔 정복은 선대로부터 물려받은 이와 같은 정치적 · 군사적 · 경제적 유산이 없었다면 절대 불가능했을 것이다.[110]

4) 엑스라샤펠 평화조약 체결

드레스덴 조약 이후 오스트리아 계승전쟁은 남부 네덜란드와 이탈리아에서 계속되었다. 남부 네덜란드의 전세는 프랑스에 일방적으로 유리하게 전개되었다. 프랑스는 1746년 10월의 로쿠스(Rocoux) 전투, 1747년 7월의 라우펠트(Lauffeld) 전투 등에서 승리하고, 1747년 9월에는 남부 네덜란드의 항구 도시 중 영국 연안으로부터 지근거리에 위치한 베르헌옵좀을 함락시켰다. 반면, 이탈리아에서는 프랑스-스페인 연합군이 오스트리아-사르데냐 연합군을 상대로 어려운 싸움을 이어나갔다. 오스트리아-사르데냐 연합군은 1746년 6월 피아첸차 전투에서 프랑스군에 승리를 거둔 데 이어 1746년 말과 1747년 초에는 비록 별다른 성과 없이 끝나기는 했지만, 국경선을 넘어 니스를 점령하고 툴롱 함락을 목표로 프로방스 지방을 침공하기도 했다. 이탈리아 전선에서 프랑스군이 고전을 면치 못한 것은 프랑스군 지휘부와 스페인군 지휘부 사이에 전략과 전술을 두고 종종 갈등이 발생했을 뿐만 아니라 전쟁의 목표 설정과 관련하여 프랑스 정부와 스페인 정부 사이에 빈번하게 의견 충돌이 일어났기 때문이다.[111]

남부 네덜란드 전체가 프랑스군에 점령당하자 영국은 러시아에 도움을 요청했다. 두 나라는 1747년 가을 상트페테르부르크에서 영국이 보조금을 지급하는 대가로 러시아가 3만 명의 병력을 남부 네덜란드로 파병한다는 데 합의했다. 또 다른 3만 명의 러시아군은 프리드리히 2세가 중립 약속을 깨고 전쟁에 개입하지 못하도록 프로이센과 러시아 국경 부근에 주둔하기로 했다. 하지만 영국의 '러시아 카드'는 현실화되지 못했다. 러시아군이 폴란드와 독일을 거쳐 남부 네덜란드에 도착하기 전에 네덜란드연방이 사실상 전쟁을 포기했기 때문이다. 연방은 재정고갈로 전쟁을 계속할 수 없음을 선언하고 영국에 추가적인 재정지원을 요청했지만 거부당했다. 네덜란드연방이 동맹에서 탈퇴한다면 러시아군이 정해진 시한 내에 남부 네덜란드에 도착하더라도 연합군은 프랑스군에 수적 열세를 면치 못할 것이었다. 이제 영국은 자국에 유리한 조건으로 평화협정을 체결하려는 계획을 포기하고 조속한 시일 내에 전쟁을 끝내는 것을 목표로 삼게 되었다.[112]

남부 네덜란드에서 연전연승을 거둔 프랑스 역시 전쟁의 빠른 종결을 희망했다. 퐁트누아의 영웅 모리스 드 삭스(Maurice de Saxe)를 비롯한 군 지휘관들이 전과에 걸맞은 평화를 요구했고, 일부에서는 네덜란드연방을 완전히 점령함으로써 좀 더 유리한 고지에서 영국과 협상할 것을 제

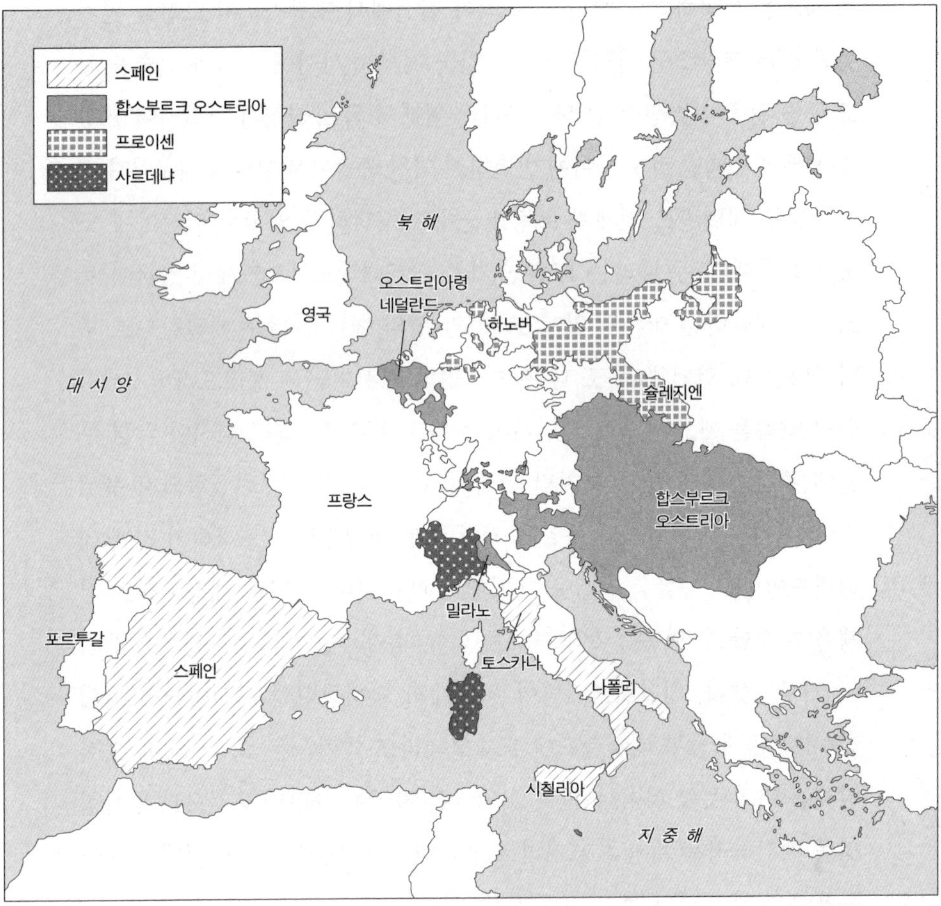

1748년 엑스라샤펠 평화조약 이후의 유럽

안하기도 했지만, 프랑스 정부는 평화협정 체결을 밀어붙였다. 이는 이미 수년간 지속된 전쟁으로 프랑스 국민의 경제적 어려움이 더 이상 감내할 수 없는 지경에 이르렀을 뿐 아니라 해전에서의 잇따른 패배로 해군이 거의 완전히 와해되고 해외무역이 큰 타격을 입었기 때문이다. 1748년 영국군에 포로로 잡힌 프랑스 해군의 수는 무려 1만 8천여 명에 달했다. 뉴캐슬 공작은 "우리가 큰 어려움을 겪긴 했지만 프랑스인이 겪고 있는 어려움 역시 이에 못지않다. 현재 그들의 해외무역은 완전히 붕괴되었고, 프랑스의 큰 도시들마다 파산자들이 넘쳐나고 있다"고 주장했다.[113]

프랑스와 영국이 주도한 수개월에 걸친 협상 끝에 참전국들이 1748년 10월 18일 엑스라샤펠에서 조약안에 서명함으로써 8년여에 걸쳐 지속된 오스트리아 계승전쟁이 최종적으로 막을 내렸다. 엑스라샤펠 조약의 기본원칙은 '전전(戰前) 상태로 복귀하는 것'이었다. 프랑스는 남부 네덜란드를 오스트리아에 반환했고, 영국은 1745년 6월에 빼앗은 북아메리카의 루이스부르(Louisbourg) 요새를 반환했다. 오스트리아는 밀라노에 대한 소유권을 인정받았으며, 영국은 1738년 영국-스페인 전쟁 발발 이전에 누리던 스페인령 서인도제도에서의 무역특권을 다시 인정받았다. 이 원칙의 유일한 예외는 펠리페 5세와 이사벨 디 파르네시오의 둘째아들 돈 펠리페를 위해 파르마와 피아첸차, 구아스텔라 일부를 합쳐서 새로운 공국을 만들기로 한 결정이었다. 이를 위해 오스트리아는 파르마를, 사르데냐는 보름스에서 오스트리아로부터 할양받기로 한 피아첸차를 포기해야 했다. 사르데냐는 이에 대한 보상으로 다른 영토를 할양받기로 했지만, 피아첸차를 차지하지 못한 데 대해 불만을 품었다. 하지만 사르데냐의 불만은 오스트리아의 불만에는 한참 못 미쳤다. 베를린과 보름스, 드레스덴에서 영국의 압력으로 상당한 양보와 희생을 감수해야 했던 오스트리아는 엑스라샤펠에서 다시 한번 일방적인 희생을 강요당한 데 대

해 크게 분노했다.[114]

영국은 오스트리아가 이와 같은 반응을 보인 데 대해 적지 않게 당황했다. 영국은 영국대로 오스트리아를 위해 상당한 희생을 감수했다고 믿었기 때문이다. 영국은 프랑스군이 남부 네덜란드에서 철수하는 대가로 루이스부르 요새의 반환을 약속했다. 오늘날의 캐나다 노바스코샤(Nova Scotia)주 케이프브레턴(Cape Breton)섬에 위치한 루이스부르 요새는 프랑스령 북아메리카에서 가장 중요한 전략요충지였다. 대서양과 세인트로렌스강이 만나는 지점에 위치한 이 요새를 빼앗긴다면 프랑스에서 출발한 선박이 대서양을 횡단한 후 강을 따라 퀘벡에 이르는 경로가 잠재적인 위험에 처할 것이었다. 퀘벡은 프랑스 북아메리카 식민지의 중심 거점이었다. 루이 15세로서는 남부 네덜란드의 몇몇 요새화된 도시를 차지하느니 루이스부르를 되찾는 것이 훨씬 나은 선택이었다. 영국의 국내 여론은 루이스부르를 프랑스에 되돌려주는 것에 거세게 반대했지만, 뉴캐슬은 "유럽의 자유를 위해" 반환을 결정했다.[115]

하지만 오스트리아는 영국의 입장에 공감하지 않았는데, 이는 비록 남부 네덜란드가 공식적으로는 오스트리아에 속했지만 프랑스군이 이 지역에서 철수하는 데 가장 큰 이해관계를 갖는 것은 어디까지나 영국과 네덜란드연방이라고 믿었기 때문이다. 오스트리아는 프랑스로부터 이 지역을 방어하는 것은 기본적으로 두 나라의 이익이자 책임이라고 믿었다. 이 지역을 누가 장악하든 오스트리아 본토에 미치는 영향은 미미했다. 그 대신 오스트리아는 본토와 인접한 이탈리아에서의 영토 보존과 세력 확대에 더 큰 관심을 가졌다. 특히 마리아 테레지아는 슐레지엔 상실에 대한 보상으로 1735년 돈 카를로스에게 할양한 나폴리 왕국을 되찾기를 희망했다. 하지만 영국은 오히려 엑스라샤펠에서 이사벨 디 파르네시오의 둘째아들을 위해 영토를 포기하도록 오스트리아를 종용했다. 오스트리아로서는 크게 실망스러운 결과가 아닐 수 없었다. 오스트리아는 영국과의 관계를 재고하기 시작했다.[116]

☆☆☆☆☆

오스트리아 계승전쟁은 합스부르크 오스트리아의 수장 자리에 여성인 마리아 테레지아가 오르는 전례 없는 일이 벌어지자 그간 오스트리아 영토에 눈독을 들였거나 위트레흐트 이후 세력을 크게 확장한 오스트리아의 존재에 위협을 느낀 주변 국가들이 노골적으로 공세를 펼치면서 시작되었다. 이러한 상황을 예견한 카를 6세가 여성의 계승을 인정하는 조칙을 제정하고 국제적으로 인정받기 위해 다방면으로 노력을 펼쳤지만, 그가 사망하자 모두 허사가 되었다.

가장 먼저 프로이센이 슐레지엔을 침공함으로써 오스트리아에 대한 공세의 스타트를 끊었다. 침공의 극적인 성공으로 인해, 침공을 계획하고 주도한 프리드리히 2세의 노골적인 마키아벨리즘으로 인해, 그리고 이를 계기로 프로이센이 강대국으로 부상하는 것이 본격화되었다는 사실로 인해 프로이센의 슐레지엔 침공과 이어진 프로이센과 오스트리아 사이의 각축은 오스트리아 계승전쟁에서 중심적인 위치를 차지하는 것으로 이해되곤 했다. 하지만 두 나라 사이의 전쟁은 프로이센 못지않게 오스트리아의 곤경을 활용하여 영토를 확대하거나 세력을 확장하고자 한 프랑스, 스페인, 바이에른 등과 오스트리아가 강대국의 지위를 잃거나 현저하게 약화되면 세력균형이 붕괴될 것을 우려하여 참전한 영국과 네덜란드 연방 그리고 사르데냐 사이에 벌어진 대결의 일부를 이루었다. 전쟁은 프로이센과 오스트리아가 드레스덴 조약을 체결하여 그들 사이의 싸움을 중단한 이후에도 3년 가까이 더 계속되었다.

오스트리아 계승전쟁은 '계승전쟁'으로서 표면적으로는 '전근대적'인 성격을 지녔지만, 그 본질에서는 앞선 스페인 왕위계승 전쟁과 마찬가지로 본격적으로 유럽국가들 사이의 권력투쟁이었다. 전쟁을 시작하거나 참여한 국가들은 국제정치체제 내에서 자국의 위상 강화와 국가 간 세력균형 유지라는 '근대적인' 목표를 추구했다. 다만 계승문제가 전적으로 '핑계'에 불과했던 것은 아니다. 전통적으로 독일 지역에서는 여성의 계승권이 인정되지 않았으므로 마리아 테레지아가 여성이라는 사실은 오스트리아의 수장 자리에 오르는 데 심각한 결격사유였다. 보헤미아와 오스트리아 일부가 프랑스-바이에른 연합군에 점령당했을 때 해당 지역의 귀족 중 상당수가 별다른 저항 없이 카를 알브레히트를 통치자로서 인정한 사실이 이러한 점을 입증한다. 아마도 카를 6세가 남성 후계자에 의해 계승되었다면 오스트리아 계승전쟁은 애초에 발발하지 않았을 가능성이 크다. 프리드리히 2세조차 슐레지엔을 공격할 생각을 품지 못했을 것이다.

2

7년전쟁

1) 외교혁명, 북아메리카, 전쟁의 기원

엑스라샤펠 조약으로 오스트리아 계승전쟁이 막을 내린 지 불과 8년여 만에 유럽은 다시 전쟁의 소용돌이에 빠져들었다. 당대인들은 평화조약이 임시봉합에 불과하며 머지않은 장래에 전쟁이 또 발발하리라는 것을 어렴풋하게나마 느꼈다. 다른 무엇보다 오스트리아의 마리아 테레지아가 절대로 슐레지엔을 포기하지 않으리라는 것이 분명해 보였다. 슐레지엔을 획득하는 것이 프로이센에 큰 이득을 가져다주었던 만큼 이의 상실은 오스트리아에 큰 손실을 초래했다. 110만 명의 인구와 잉글랜드의 3분의 1에 달하는 크기의 슐레지엔은 높은 농업생산성, 풍부한 광물자원, 번성하는 직물산업 등으로 오스트리아에서 가장 부유한 지역이었다. 슐레지엔을 빼앗긴 후 오스트리아의 재정수입은 4분의 1가량 줄어들었다. 반대로 프로이센의 재정수입은 40%가량 증가했다.[117]

슐레지엔을 프로이센에 빼앗긴 주된 이유가 전쟁을 위한 자원동원 능력의 부족 때문이라고 판단한 오스트리아는 전쟁이 끝난 직후부터 정부개혁에 나섰다. 개혁을 주도한 이는 오스트리아 계승전쟁 당시 슐레지엔 지역정부의 수반을 역임한 하우크비츠(Friedrich Wilhelm Graf von Haugwitz)였다. 그는 프로이센이 슐레지엔을 점령한 뒤 오스트리아가 이전에 징수하던 금액보다 50%나 많은 액수의 세금을 거두면서도 행정비용으로는 더 적은 금액을 지출하는 것을 보고 큰 충격을 받았다. 그는 아직 오스트리아 점령 하에 있던 슐레지엔 일부 지역에서 프로이센 모델에 바탕을 둔 개혁조치를 실시할 것을 중앙정부에 건의하여 승인을 받았다. 이 조치에 따라 하우크비츠는 슐레지엔 신분의회의 세금 배분과 징수에 관한 권한을 모두 박탈했고, 그 결과 이전보다 훨씬 높은 액수의 세금을 거둘 수 있었다.

슐레지엔의 성공에 깊은 인상을 받은 마리아 테레지아는 하우크비츠에게 전쟁이 끝나자마자 합스부르크 오스트리아의 여타 지역에서도 유사한 개혁을 실행에 옮길 것을 지시했다. 하우크비츠는 1747년과 1749년 사이에 지역정부 소재지에 중앙정부가 임명하는 관리('Repräsentation und Kammer')를 파견하여 지역의 정치 · 재정 · 행정 업무를 총괄 · 감독하도록 했고, 1748~54년에는 오스트리아의 여러 지역을 몇 개의 '구역(Kreise)'으로 묶고 각 구역에는 '구역장(Kreishauptleute)'을 임명하여 중앙정부의 명령과 지시가 각 지역에서 적절하게 실행에 옮겨지는지 감독하는 역할을 맡겼다. 중앙정부 차원에서는 역할이 명확히 구분되지 않은 채 중복적으로 업무를 수행해온 여러 부서를 'Directorium in publicis et cameralibus'로 불린 총괄기구로 통합하여 행정의 통일성을 기했다. 이 총괄기구는 프로이센의 '총사무국'을 모델로 삼았다.[118]

하우크비츠 개혁의 핵심은 조세수입을 늘려 정부재정을 확충하는 데 있었다. 재정확충이 필요했던 것은 기존의 재정수입만으로는 눈덩이처럼 불어나는 군사비를 감당하기 어려웠기 때문이다. 오스트리아 계승전쟁 기간 동안 오스트리아는 1억 8,585만 플로린을 전비로 지출했는데, 같은 기간 거두어들인 총세금 중 전비로 사용한 돈은 고작 6,600만 플로린에 불과했다. 나머지는 빚을 지거나 영국과 네덜란드연방이 제공한 보조금으로 메꿔야 했다. 하우크비츠가 주도한 개혁의 결과 오스트리아는 세수를 크게 늘릴 수 있었다. 물론 1756년 전쟁이 발발한 후에는 다시 부족해졌지만, 그 이전까지는 약 18만 명 규모의 병력을 유지하기에 충분할 만큼 세수가 증가했다. 일부 신분의회의 저항이 있었지만 간단히 무시되었고, 귀족의 영지에 세금을 부과하는 당시로서는 파격적인 조치를 시행했다. 이는 오스트리아 계승전쟁에서 패배한 후 오스트리아가 얼마나 절박한 상황에 처했는지를 잘 보여준다.[119]

오스트리아는 대대적인 행정개혁을 통해 재정을 확충함과 동시에 외교적으로도 새로운 전략을 모색하기 시작했다. 출발점은 1749년 3월에 열린 '최고국가회의(Staatsconferenz)'였고, 이를 주도한 이는 이후 약 50년간 오스트리아 외교를 책임지게 될 카우니츠(Wenzel Anton von Kaunitz)였다. 카우니츠는 전쟁 기간 중인 1742~46년에 사르데냐의 토리노와 남부 네덜란드의 브뤼셀에서 근무하면서,[120] 또한 엑스라샤펠 조약에 오스트리아 대표로 참석하면서 전쟁 이후 오스트리아의 대외전략 방향에 관해 나름의 결론에 도달했고, 이를 문서화하여 1749년 회의에 제출했다. 그의 주장에 크게 공감한 마리아 테레지아는 1753년부터 그에게 오스트리아 대외정책의 설계와 관련하여 전권을 부여했다. 카우니츠 주장의 핵심은 강대국으로서 오스트리아의 지위는 독일에 근거를 두어야 하고, 이를 위해 프로이센으로부터 슐레지엔을 반드시 되찾아야 한다는 것이었다. 그러기 위해서는 프랑스와 프로이센의 동맹을 와해시키는 것이 필수였다. 프랑스와 오스트리아가 힘을 합쳐 프로이센으로부터 슐레지엔을 빼앗는다면 금상첨화겠지만, 현실적으로는 프랑스가 두 나라 간 전쟁에서 우호적인 중립을 지키는 것만으로도 큰 힘이 될 수 있었다. 카우니츠는 마리아 테레지아에게 이탈리아의 오스트리아 영토 중 일부를 할양해서라도 프랑스의 협조를 구할 필요가 있음을 역설했다.[121]

카우니츠는 프랑스의 협조가 확보되면 러시아와의 동맹을 강화할 필요가 있다고 보았다. 오스트리아 계승전쟁 중인 1746년 오스트리아와 러시아는 1726년에 체결한 동맹조약을 갱신한 바 있었다. 동맹은 두 나라가 마침 마리아 테레지아와 옐리자베타 페트로브나(r.1741~61)에 의해 통치되었으므로 '두 여제(女帝)의 동맹'으로 불렸다. 옐리자베타는 프로이센이 슐레지엔을 획득하여 힘을 키운 것이 달갑지 않았다. 러시아는 특히 동프로이센의 존재가 표트르 대제 이래 일관된 러시아 대외정책의 목표 중 하나였던 발트해 동쪽 연안 지역을 장악하는 데 적지 않게 방해가 된다고 보았다. 현재 칼리닌그라드(Kaliningrad)로, 18세기 당시에는 쾨니히스베르크(Königsberg)로 불리던 도시를 중심으로 한 동프로이센은 폴란드령 서프로이센을 사이에 두고 프로이센 본토와 떨어져 있었다. 옐리자베타는 동맹을 갱신하면서 마리아 테레지아에게 프로이센이 작센이나 오스트리아를 공격하면 오스트리아가 슐레지엔을 탈환하는 것을 지원하겠다고 비밀리에 약속했다.[122]

그렇다면 영국과의 관계는 어떻게 할 것인가? 카우니츠는 두 가지 이유에서 영국과의 동맹을 재개하는 데 반대했다. 첫째, 오스트리아가 전쟁 패배의 충격에서 회복하려면 일정한 시간이 필요한데, 만약 영국과 동맹을 체결한다면 이는 영국과 대립 중인 프랑스가 프로이센과의 동맹을 강화하도록 자극할 수 있고, 그러면 프로이센이 다시 한번 선제공격에 나설 수도 있었다. 둘째, 영국과 동맹을 체결하더라도 영국이 프로이센과 프랑스의 위협으로부터 오스트리아를 적극적으로 보호할 것 같지도 않았다. 앞에서 살펴보았듯이 오스트리아는 오스트리아 계승전쟁 기간 동안 시종일관 비타협적이고 비협조적인 영국의 태도에 크게 실망했다. 엑스라샤펠에서도 카우니츠를 비롯한 오스트리아 대표단은 영국이 오스트리아가 슐레지엔을 되찾는 데 적극 협조하지 않으리라는 인상을 강하게 받았다. 영국은 하노버의 안전을 위해, 그리고 프랑스를 약화시키기 위해 프로이센과 좋은 관계를 유지하는 데 더 큰 무게를 두는 것처럼 보였다. 물론 카우니츠가 영국과의 관계 단절을 주장한 것은 아니다. 결정적인 이해관계의 충돌이 발생하지 않는 한 우호적인 관계를 계속 유지할 필요가 있었다. 하지만 오스트리아는 슐레지엔의 회복과 독일에서 패권적 지위의 유지라는 목표를 실현하는 데 영국에 대한 기대를 접기로 했다.[123]

1750년 마리아 테레지아는 카우니츠를 프랑스 주재 대사로 임명하여 프랑스와의 관계 개선에 나서도록 했다. 하지만 베르사유에서 카우니츠는 그리 성공적이지 못했다. 루이 15세를 비롯한 프랑스의 고위정책결정자들은 프랑스에 프로이센과의 관계 단절과 오스트리아와의 동맹체결을 제안하면서 정작 자신들은 영국과 우호적인 관계를 계속 이어나가겠다는 카우니츠의 주장에 설득당하지 않았다. 전통적으로 프랑스와 긴밀한 관계를 유지하던 스웨덴과 발트해에서의 패권을 두고 오랜 기간 대립해온 러시아가 오스트리아와 동맹을 체결했다는 사실도 카우니츠의 주장에 동조하지 못하는 이유가 되었다. 1753년 카우니츠는 별다른 성과 없이 오스트리아로 귀환했다. 오스트리아 정부는 한동안 영국과 기존 관계를 계속 유지하기로 했다. 하지만 카우니츠는 프랑스와 프로이센의 분리와 오스트리아와 프랑스의 관계 개선이라는 목표를 포기하지 않고 이를 위한 더 나은 기회가 오기를 기다렸다.[124]

한편, 영국은 오스트리아 계승전쟁이 끝난 후 국무장관 뉴캐슬을 중심으로 대외정책의 재정비에 나섰다. 영국의 가장 큰 관심은 이전까지와 마찬가지로 프랑스를 견제하는 데 있었다. 뉴캐슬은 전쟁 기간 동안 프랑스가 거둔 성과에 큰 충격을 받았다. 비록 영국이 해상에서, 그리고 캐나다 등지에서 일정한 성과를 거두기는 했지만 유럽 대륙에서 프랑스군은 영국과 동맹국의 군대에 대해 압도적인 전력의 우위를 보였다. 특히 뉴캐슬은 프랑스군이 장벽을 무용지물로 만들고 남부 네덜란드 전역을 장악한 것, 또 네덜란드연방이 장벽을 적극적으로 방어할 의사와 능력을 갖고 있지 않다는 사실에 큰 위협을 느꼈다. 그는 프랑스가 스페인 왕위계승전쟁 패배와 루이 14세의 사망을 계기로 사실상 포기한 듯 보였던 '유럽 패권의 장악'이라는 목표를 다시 추구하기에 충분한 힘을 갖추게 된 것은 아닌지 우려하지 않을 수 없었다.[125]

이러한 상황을 타개하기 위해 뉴캐슬이 내놓은 대안은 1689년 이래 영국의 대외전략 노선, 네덜란드연방, 오스트리아와의 동맹으로 프랑스를 견제하는 이른바 '구체제(Old System)' 부활이었다. 그는 이미 전쟁 중이던 1745년 영국, 네덜란드연방, 사르데냐, 오스트리아의 4국 동맹체결을 주도한 바 있었다. 뉴캐슬은 전쟁이 끝난 이후에도 이러한 구도가 계속 유지되기를 원했다. 관건은 오스트리아를 영국이 주도하는 대프랑스 동맹 내에 계속 묶어둘 방법을 찾는 것이었다. 뉴캐슬은 남부 네덜란드의 장벽을 복원하고, 프랑스와 프로이센의 위협으로부터 하노버를 지키기 위해 오스트리아의 도움이 반드시 필요하다고 보았다.

오스트리아 계승전쟁 막바지에, 그리고 엑스라샤펠에서 평화조약을 협상하고 체결하는 과정에서 오스트리아가 영국에 느낀 실망감을 잘 알았던 뉴캐슬은 마리아 테레지아의 환심을 사기 위해 오스트리아에 아들이자 후계자인 요제프가 남편이자 1745년 신성로마제국 황제로 선출된 프란츠 1세의 후계자로 선출되는 데 도움을 주겠다고 제안했다. 영국의 조지 2세가 하노버 선제후로서 요제프를 위해 한 표를 행사하겠다고 약속했음은 물론이다. 프리드리히 2세에게 경쟁의식을 가졌던 조지 2세는 요제프의 후계자 선출을 지원함으로써 제국 내에서 자신의 영향력이 제고될 수 있다고 보았으므로 뉴캐슬의 계획을 적극 지지했다. 여기에 더해 뉴캐슬은 1749년 3월 내각과 의회의 반대를 무릅쓰고 전쟁 기간 중에 오스트리아에 미처 지급하지 못한 보조금을 모두 지급하기로 했고, 같은 해 9월에는 오스트리아와 러시아의 동맹에 참여하기로 결정했다.[126]

하지만 뉴캐슬로서는 실망스럽고 당혹스럽게도 오스트리아는 그의 제안에 미적지근한 반응을 보였다. 물론 1742년 거의 3세기 만에 처음으로 신성로마제국의 황제가 합스부르크가가 아닌 가문에서 선출되는 것을 지켜보아야 했던 마리아 테레지아의 입장에서 요제프의 후계자 선출을 지원하겠다는 영국의 제안은 더할 나위 없이 반가웠다. 하지만 오스트리아로서는 고려해야 할 사항이 몇 가지 있었다. 먼저 전쟁에 패하여 슐레지엔을 상실함으로써 제국 내에서 합스부르크의 권위와 영향력이 심각하게 손상된 상황에서 선제후들에게 후계자 선출을 요청한다면 거부되거나, 설령 승인되더라도 그 대가로 선제후들이 무리한 요구를 제기할 가능성이 컸다. 또한 선거가 실시된다고 해도 과연 9명의 선제후 중 6명 이상의 승인을 얻을 수 있을지 확신하기 어려웠다. 브란덴부르크 선제후인 프리드리히 2세와 프랑스의 후견을 받는 팔츠 선제후가 반대표를 던지리라는 것은 분명해 보였고, 작센과 바이에른, 쾰른 선제후의 표 향방도 불분명했다. 오스트리아는 후계자 선출 문제로 프랑스와의 관계가 틀어지는 것도 원치 않았다. 프랑스는 1648년 베스트팔렌 평화조약 당시 자국에 신성로마제국의 평화를 위해 제국의 정치적 문제에 개입할 권리가 부여되었음을 상기시키면서 요제프의 후계자 선출에 반대한다는 의사를 분명히 했다. 오스트리아는 후계자 선출 문제에 대처하는 과정에서 프랑스와 프로이센의 관계가 다시 긴밀해질 가능성에 대해서도 경계해야 했다. 다른 무엇보다 오스트리아는 다가올 프로이센과의 일전을 위해 국내 개혁에 집중하고자 했다. 오스트리아는 후계자 선출로 인한 분란으로 힘이 소진되는 것을 원하지 않았다.[127]

1752년 뉴캐슬은 프랑스의 양해를 구하지 않고 황제의 후계자를 선출하는 것은 유럽의 평화를 위태롭게 할 수 있다는 오스트리아의 주장을 받아들여야 했다. 뉴캐슬이 전쟁 이후 오스트리아가 처한 상황과 신성로마제국의 특수한 성격에 관해 구체적으로 알지 못했던 것이 실패의 원인이었다. 뉴캐슬은 슐레지엔의 상실이 오스트리아에 얼마나 큰 상처였는지, 오스트리아가 얼마나 절실하게 이를 되찾기를 원하는지 이해하지 못했다. 또한 힘이 약화된 상태에서 황제나 후계자로 선출되기 위해 선제후를 비롯한 신성로마제국 구성원들의 지지를 구하면 그것이 이후 황제의 권위와 권한 행사를 얼마나 심각하게 제약할 수 있는지 이해하지 못했다.[128]

후계자 선출계획으로 오스트리아의 지지를 확보하려는 영국의 시도가 실패로 돌아간 후에도 영국과 네덜란드연방, 오스트리아 사이에 '네덜란드 장벽'에 관한 협상이 계속 진행되었지만 별다른 진전을 이루지 못했다. 카우니츠가 슐레지엔 탈환에 모든 힘을 집중하기 위해 장벽을 포기할 것을 강력히 주장하는 가운데 오스트리아는 매우 적은 수의 병력만 남부 네덜란드에 주둔시켰다. 이에 영국은 장벽 문제와 하노버의 안전 문제를 해결하기 위해 러시아와 좀 더 긴밀히 협력할 방안을 찾기 시작했다. 영국은 1750년 오스트리아-러시아 동맹에 참여했다.

이후 오스트리아와 러시아는 러시아군이 프로이센-러시아 국경 부근에 주둔하여 프로이센을 견제할 수 있도록 영국이 러시아에 보조금을 지급하는 방안을 수차례 제안했다. 하지만 러시아의 군사력, 특히 신속하게 병력을 동원할 러시아의 능력을 신뢰할 수 없었던 영국은 이 제안에 별다른 반응을 보이지 않았다. 그러던 중 장벽 문제가 좀처럼 해결될 기미를 보이지 않고 북아메리카에서 시작된 갈등으로 프랑스와의 사이에 전쟁이 발발할 조짐이 보이자 영국은 마침내 이를 수락했다. 영국과 러시아 두 나라는 1755년에 체결된 상트페테르부르크 협약에서 러시아가 프로이센을 견제하기 위해 약 5만 5천 명의 병력을 동원하는 대가로 영국이 5년에 걸쳐 10만 파운드의 보조금을 지급한다는 데 합의했다. 비록 실행에 옮겨지지는 못했지만, 영국이 러시아와 협약을 체결한 것은 한편으로는 프로이센으로부터 하노버의 안전을 지키기 위해서였고, 다른 한편으로는 오스트리아와의 협력을 지속하기 위해서였다. 두 번째 목적과 관련하여 당시 남부 국무장관이던 로빈슨(Thomas Robinson)은 "영국은 네덜란드연방 없이는 아무것도 할 수 없고, 네덜란드연방은 오스트리아 없이는 아무것도 할 수 없으며, 오스트리아는 러시아 없이는 아무것도 할 수 없다"고 주장하며 도대체 무슨 이유에서 영국이 러시아에 보조금을 지급해야 하는지 의아해하는 동료 정치인들을 설득했다.[129]

☆☆☆☆☆

영국이 유럽대륙에서 프랑스와 프로이센의 위협으로부터 남부 네덜란드와 하노버의 안전을 확보하기 위해 동분서주하는 사이에 북아메리카에서는 영국과 프랑스 사이에 식민지를 둘러싼 경쟁이 격화된 나머지 전쟁의 위험성이 크게 증가했다. 식민지 경쟁의 핵심은 '오하이오 컨트리(Ohio Country)'로 알려진 지역이 어느 편에 속하느냐의 여부였다.[130] 문제의 근원은 17세기 이후 두 나라가 북아메리카에서 각자의 영역에 대한 정확한 합의 없이 영토를 늘려나갔다는 데 있다. 영국인은 지금의 메인주부터 사우스캐롤라이나주에 이르는 동부해안 지역을 중심으로 정착지를 넓혀나갔고, 프랑스인은 북아메리카에서 가장 중요한 두 개의 수로(水路)인 세인트로렌스강과 미시시피강 유역을 따라 정착했다. 영국은 대서양에서 태평양에 이르는 지역이 자국 영토임을 선언했고, 프랑스는 로키산맥과 앨러게니산맥(Alleghenies)[131] 사이의 땅이 자국의 영토임을 선포했지만, 정착 초기에는 정착민의 수에 비해 가용한 토지가 풍부하여 이러한 상반된 주장이 문제를 일으키지는 않았다.

하지만 정착민 수가 점차 늘어남에 따라 토지 부족 현상이 두드러지기 시작했다. 이 문제는 주민 상당수가 농경에 종사하던 영국계 정착민의 경우에 특히 심각했다. 이들은 식민지 정부와 영국 본국 정부에 애팔래치아산맥 이서(以西), 특히 '오하이오 컨트리'에서의 토지 획득을 요구했다.[132] 여기에 더해 영국계 주민 중 일부가 오하이오 지역을 중심으로 프랑스계 주민의 주업인 모피 무역에 종사하기 시작하면서 양측 간에 긴장이 조성되기 시작했다. 세인트로렌스강과 온타리오호, 이리호 주변 지역에 정착한 프랑스계 주민의 주업은 농경이 아니라 모피 무역이었다. 이들은 주로 작은 배를 타고 강과 호수를 이동하면서 아메리카 원주민에게서 모피를 구매했다. 프랑스 식민당국과 본국 정부는 영국계 상인들이 모피를 확보하기 위해 원주민 부족과의 접촉을 늘려나가자 이를 북아메리카 프랑스 식민지의 경제적 토대를 뒤흔드는 행위로 간주했다.[133]

먼저 행동에 나선 것은 프랑스였다. 비록 나중에 돌려받기는 했지만, 오스트리아 계승전쟁 중에 프랑스령 북아메리카에서 가장 중요한 전략요충지인 루이스부르 요새를 영국에 빼앗긴 경험이 있는 프랑스는 영국의 영토확장 시도에 민감하게 반응했다. 특히 프랑스는 오하이오를 빼앗기면 캐나다 식민지와 루이지애나 식민지가 단절될 수 있었으므로 이 지역에 영국인이 침투하는 데 더욱 민감하게 반응했다. 1749년 프랑스의 해양 및 식민지 장관으로 임명된 루이예(Antoine-Louis Rouillè)는 캐나다 총독 라갈리소니에르(Roland-Michel Barrin de La Galissonière)에게 강경한 대처를 주문했다. 이에 라갈리소니에르는 오하이오강 유역으로 병력을 파견하여 이 지역에 진출한 영국인을 일소할 것을 명령하는 한편, 이리호부터 미시시피강까지 '방역선'을 구축하여 영국 상인의 '침투'를 저지하려 시도했다. 1752년에도 루이에는 새로 총독으로 임명된 뒤켄(Michel-Ange Duquesne de Menneville)에게 "전력을 기울여 영국인을 오하이오에서 몰아낼 것"을 지시했다. 뒤켄은 5만여 명의 프랑스계 주민 중 2천 명을 징집하여 원정대를 조직했다. 이 원정대는 이리호부터 오하이오 컨트리의 중심부에 이르는 경로를 개척하고 이를 지키기 위해 4개의 요새를 건설했다.[134]

프랑스의 잇따른 도발에 영국도 대응에 나섰다. 1754년 버지니아 식민지의 부총독 딘위디(Robert Dinwiddie)는 20대 초반의 토지측량기사 워싱턴(George Washington)에게 150여 명의 병력을 이끌고 새로 건설된 프랑스 요새 중 하나를 공격할 임무를 부여했다. 군 지휘관으로서는 아마추어에 불과했던 워싱턴과 역시 정규 훈련을 거의 받아본 적이 없는 그의 부대는 뒤켄 요새를 목표로 원정에 나섰지만, 오히려 잘 훈련된 프랑스군의 공격을 받아 대패하고 니세서티 요새(Fort Necessity)를 프랑스에 넘겨주어야 했다. 비록 공식적으로 전쟁이 선포되지 않은 상태에서 발생한 소규모 부대 사이의 충돌이기는 했지만, 약 35년 후에 미합중국의 초대 대통령으로 선출될 워싱턴이 국제무대에 자신의 이름을 처음 알린 이 전투는 7년전쟁의 첫 번째 전투로 간주할 수 있다.[135]

워싱턴의 패배 소식을 들은 영국 정부는 프랑스의 도발에 단호하게 대응하기로 결정했다. 영국 정부는 브래독(Edward Braddock) 장군을 북아메리카 총사령관으로 임명하고, 그에게 아일랜드에 주둔 중인 영국 정규군 2개 연대를 이끌고 식민지로 가서 워싱턴의 패배를 설욕할 임무를 맡겼다. 애초에 뉴캐슬은 경제적인 부담을 고려하여 고위급 장교를 파견하고

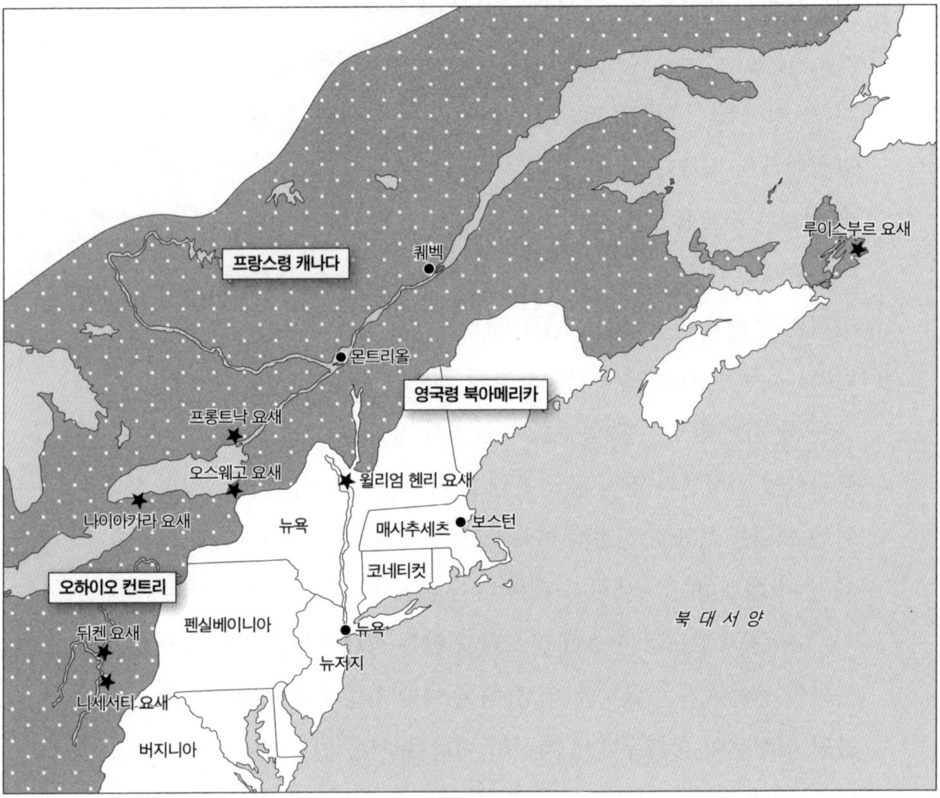

7년전쟁 시기 북아메리카

군수물자를 제공하는 선에서 식민지를 지원할 것을 주장했다. 하지만 영국군 총사령관이자 조지 2세의 차남인 컴벌랜드 공작(William Augustus, Duke of Cumberland)이 정규군의 파병을 주장하자 이에 따를 수밖에 없었다.

영국의 정규군 파병 결정에 놀란 프랑스 정부는 3천여 명의 병력을 캐나다로 보내 이에 대응하기로 결정했다. 이는 브래독이 이끄는 병력보다 무려 4배 가까이 많은 규모였다. 미리 첩보를 입수한 영국 해군이 세인트로렌스강 하구에서 프랑스군을 태운 함선을 저지하려 했지만, 고작 두 척을 나포하는 데 그쳤다. 전례 없는 규모의 병력이 유럽에서 북아메리카 식민지로 이동하는 사이 영국과 프랑스 양측은 외교적인 협상을 통해 문제 해결을 시도했지만, 별다른 성과를 거두지 못했다. 영국으로서는 매우 실망스럽게도 1755년 여름 브래독의 영국군이 뒤켄 요새를 향해 진격하던 중 벌어진 프랑스군과의 전투에서 크게 패했고, 브래독 본인도 목숨을 잃었다. 이제 영국은 더 많은 병력과 재원을 투입하여 프랑스를 상대로 전력을 다해 싸움을 벌여야 했다.[136]

영국과 프랑스는 어떤 이유에서 전면전의 위험을 감수하면서까지 북아메리카 식민지에서 주도권을 차지하기 위해 도발과 강경대응을 반복했는가? 가장 근본적인 원인은 유럽에서 가장 강력한 육군을 가진 프랑스와 가장 강력한 해군을 가진 영국이 17세기 말 이래 끊임없이 서로를 두려워하고 견제했다는 데 있다. 영국은 프랑스가 남부 네덜란드와 하노버를 장악하거나 유럽대륙에서 패권을 장악하여 자국에 안보상의 위협을 가하는 상황을 피해야 했다. 프랑스는 40여 년 전의 일이기는 하지만 영국이 주도한 동맹과의 전쟁에서 패배하여 치명상을 입은 바 있었고, 좀 더 최근에 일어난 전쟁에서는 유럽대륙에서 어렵게 쟁취한 승리가 루이스부르의 함락을 비롯한 식민지에서의 패배로 빛이 바랜 경험이 있었다. 프랑스로서는 국가경제에서 식민지 경제가 차지하는 비중이 점차 늘어나는 가운데 영국에 비해 상대적으로 취약한 해군력으로 식민지 쟁탈전에서 계속 손해를 감수해야 하는 상황도 신경이 쓰이는 부분이었다.

여기에 더해 영국 정부는 프랑스에 대한 강경책을 요구하는 여론의 압력도 고려해야 했다. 18세기 중반 프랑스가 해외에서의 경제활동을 통해 벌어들이는 이윤의 규모가 급격히 증가했다. 마르티니크(Martinique)와 과들루프(Guadeloupe) 등 프랑스령 서인도제도의 플랜테이션 농장에서 생산된 농산품이 유럽시장으로 다량 수입되었고, 뉴펀들랜드 해역을 중심으로 어업도 번창했다. 영국인은 오랜 기간 자신들이 강점을 지녔다고 믿어오던 분야에서 프랑스가 급속한 성장세를 보이자 적지 않게 동요했다. 이들은 정부에 필요하다면 무력을 동원해서라도 이러한 성장세를 꺾을 것을 요구하기 시작했다.

프랑스는 영국이 평화적인 해결책을 선호하며, 어떤 상황에서도 먼저 전면전을 도발하지 않으리라는 잘못된 믿음에서 강경책을 고수했다. 사실 프랑스는 북아메리카에서 영국과의 정면충돌을 감수할 입장에 있지 못했다. 일단 정착민 수에서 프랑스계 주민은 5만 5천여 명으로 110만여 명이나 되는 영국계 주민의 상대가 되지 못했다.[137] 또한 전면전을 위해서는 유럽에서 정규군과 군수물자를 운송해야 했는데, 이는 영국 해군에 절대적으로 열세였던 프랑스 해군이 감당하기 힘든 일이었다. 그럼에도 루이예를 비롯한 프랑스의 주요 정책결정자들은 프랑스가 강하게 나가면 영국이 한발 뒤로 물러설 것이라 믿었다. 하지만 이는 프랑스의 '착각'이었다.[138]

☆☆☆☆☆

북아메리카 식민지를 둘러싸고 영국과 프랑스 사이에 전면전이 발발할 가능성이 커지는 가운데 영국은 1756년 1월 프로이센과 '웨스트민스터 협약'을 체결했다. 이 협약에서 양국은 서로의 영토를 공격하지 않으며, 장차 발생할지 모를 전쟁에서 힘을 합쳐 독일의 중립을 지킨다는 데 합의했다. 프리드리히 2세가 협약을 체결한 이유는 분명했다. 그는 상트페테르부르크 협정으로 프로이센이 영국, 오스트리아, 러시아에 포위되었으며, 이러한 절체절명의 위기로부터 빠져나오는 데 프로이센의 유일한 동맹국인 프랑스가 별다른 도움이 되지 못할 것으로 판단했다. 프리드리히 2세는 프랑스가 영국과의 식민지 전쟁에 관심을 쏟느라 중부 유럽에서 벌어지는 분쟁에 휘말리기를 원치 않을 것으로 보았다. 이와 함께 만약 프랑스가 영국과 공식적으로 전쟁을 시작하게 되면 프로이센은 프랑스의 동맹국으로서 영국과 그 동맹국인 오스트리아, 러시아와의 전쟁에 휘말려들 가능성도 있었다. 영국과의 협약은 이러한 위험성을 상쇄하기 위해 체결되었다.[139]

뉴캐슬은 협약에서 세 가지를 염두에 두었다. 첫째, 프로이센이 독일의 중립화를 약속했으므로 오스트리아는 그만큼 안전해졌고, 따라서 네덜란드연방과 힘을 합쳐 장벽을 방어하기에 충분한 병력을 남부 네덜란드로 보낼 수 있을 것으로 기대했다. 둘째, 만약 네덜란드연방의 비협조로 장벽 방어가 불가능해지더라도 오스트리아와 러시아가 영국을 위해 프랑스로부터 하노버를 방어하는 것이 가능하리라고 보았다. 셋째, 만약 네덜란드연방이나 오스트리아, 러시아가 영국을 돕기를 거부한다면 적어도 영국은 프로이센과 힘을 합쳐 하노버를 방어할 수 있을 것으로 보았다. 결국 영국은 프랑스와의 전면전 가능성이 점점 더 커지는 상황에서 프랑스로부터 하노버를 지키기 위해, 그리고 만약 가능하다면 남부 네덜란드를 지키기 위해 프로이센과 협정을 체결했다. 하노버 공국은 영국 왕가의 영토일 뿐 영국의 일부는 아니었지만, 그럼에도 프랑스가 이를 공격한다면 모른 체할 수는 없었다. 하지만 취약한 육군력으로 프랑스군과 정면승부를 벌이기가 어려웠으므로 영국은 동맹을 필요로 했다. 영국이 오스트리아와 러시아의 동맹에 공을 들인 이유가 여기에 있다. 하지만 뉴캐슬은 오스트리아와 러시아가 과연 전력을 다해 하노버를 방어할지 확신을 가질 수 없었다. 이에 그는 프랑스의 동맹국으로서 하노버를 직접적으로 위협할 위치에 있는 프로이센에 동맹체결을 제안했다.[140]

영국과 프로이센은 기존 동맹을 대체할 목적으로 웨스트민스터 협약을 체결하지 않았다. 양국은 협약이 기존 동맹을 보완할 것으로 보았다. 뉴캐슬은 협약체결로 동맹국 오스트리아가 프로이센의 공격으로부터 안전해졌으므로 협약이 오스트리아에도 이익이라고 보았다. 보조금을 지급하기로 약속한 러시아와 관련하여 뉴캐슬은 옐리자베타의 러시아 정부가 프로이센에 적대적인 태도를 취하는 특별한 이유가 있음을 이해하지 못했다. 영국은 러시아에 대해 "돈을 어떻게 쓸지 결정할 권리는 돈을 내는 사람에게 있다"는 식으로 행동했다. 뉴캐슬만큼 순진하지는 않았지만, 프리드리히 2세 역시 독일을 중립화함으로써 프랑스가 식민지 전쟁에만 집중할 여건이 마련되었으므로 웨스트민스터 협약을 체결하는 것이 프랑스에 해가 될 일은 없다고 믿었다.[141]

영국과 프로이센의 예상과 달리 프랑스와 러시아 그리고 오스트리아는 웨스트민스터 협약이 체결되었다는 소식에 거세게 반발했다. 특히 프랑스의 루이 15세는 프리드리히 2세 때문에 자신과 프랑스의 명예가 심각하게 손상되었다고 느꼈다. 프랑스의 유일한 동맹국이 프랑스가 영국과의 전쟁을 본격적으로 시작하려는 바로 그 순간에 실질적으로 동맹을 탈퇴해버렸기 때문이다. 더군다나 프로이센이 영국과 체결한 협약은 독일을 중립화할 것을 선언함으로써 베스트팔렌에서 인정된 신성로마제국의 내정에 간섭할 프랑스의 권리를 정면으로 부정했다.[142] 루이 15세는 그동안 교착 상태에 빠져 있던 오스트리아와의 동맹체결을 위한 협상을 속개할 것을 지시했다.

웨스트민스터 협약 이후에 재개된 프랑스-오스트리아 동맹협상은 가장 큰 걸림돌이던 루이 15세의 반대를 극복한 이후에도 순조롭게 진행되지는 않았다. 프랑스는 프로이센과의 관계를 정리하기로 결정했지만, 독일에서 오스트리아의 영향력이 지나치게 커지는 것은 바라지 않았다. 프랑스는 오스트리아, 프로이센과 그 밖의 중소 독일 국가들 사이에 힘의 균형이 적절하게 유지되는 상태를 가장 바람직하게 여겼다. 따라서 오스트리아가 최종적으로 프로이센을 분할할 계획을 가지고 있음을 알았을 때 프랑스 정부는 동맹체결이 프랑스에 과연 이익이 되는지 재고하지 않을 수 없었다. 하지만 루이 15세의 의지가 워낙 확고했고, 오스트리아가 프랑스가 계속 주저하면 영국과의 동맹으로 복귀함으로써 프랑스를 국제적으로 고립시키겠다고 위협하는 바람에 마침내 동맹조약에 서명하기로 결정했다.[143]

1756년 5월 프랑스와 오스트리아 사이에 베르사유 조약이 체결되었다. 조약은 두 부분으로 구성되었다. 먼저 프랑스와 오스트리아는 중립협정을 체결하여 영국과 프랑스의 분쟁 시 오스트리아가 중립을 지키는 대가로 프랑스는 남부 네덜란드를 포함하여 오스트리아 영토를 공격하지 않기로 약속했다. 양국은 또한 방어조약을 체결하여 어느 한편이 영국을 제외한 제3국으로부터 공격을 받으면 다른 한편이 2만 4천 명의 병력을 지원하기로 했다. 베르사유 조약으로 수 세기에 걸쳐 갈등과 반목을 거듭해오던 부르봉가와 합스부르크가가 손잡는 '외교혁명'이 완성되었다. 카우니츠의 10여 년에 걸친 노력이 마침내 결실을 보았다. 다만 모든 일이 카우니츠가 의도한 대로 된 것은 아니었다. 애초에 카우니츠가 영국과의 동맹 대신 프랑스와의 동맹을 추진하기로 결정한 것은 슐레지엔을 탈환하기 위해서였다. 하지만 베르사유 조약은 군사지원 의무의 발생을 먼저 공격을 받는 경우로 한정함으로써 그러한 목적으로 동맹을 활용할 여지를 상당히 좁혀놓았다. 오스트리아 입장에서 프랑스와의 동맹은 프로이센에 대한 공세 수단이었지만, 프랑스 입장에서 오스트리아와의 동맹은 유럽대륙에서 평화를 유지하기 위한 수단으로 받아들여졌다. 루이 15세는 베르사유 조약으로 영국과의 식민지 전쟁에 힘을 집중할 수 있게 되었다고 믿었다.[144]

베르사유 조약의 체결이 대외적으로 공표되었을 때 네덜란드연방은 오스트리아와 힘을 합치지 않고 스스로를 지키는 것은 불가능하다고 결론짓고, 프랑스에 남부 네덜란드와 네덜란드연방을 공격하거나 점령할 의사가 없음을 공식적으로 선언한다면 영국과 프랑스의 전쟁에서 중립을 지키겠다고 제안했다. 프랑스는 기꺼이 이 제안을 수용했고, 이로써 윌리엄 3세가 영국 왕위에 오른 이래 중단 없이 지속되어오던 영국과 네덜란드연방 사이의 협력관계가 막을 내렸다. 프랑스는 약속한 대로 7년전쟁 기간 동안 상당한 자제력을 발휘하여 네덜란드를 공격하거나 점령하지 않았다. 1689~1815년 사이에 벌어진 영국과 프랑스의 전쟁에서 네덜란드가 전장이 되지 않은 것은 7년전쟁이 유일했다.[145]

프랑스와 전통적으로 불편한 관계를 유지하던 러시아는 베르사유 조약에 호의적으로 반응했다. 러시아는 영국이 자신들에게 별다른 양해도 구하지 않고 상트페테르부르크 협약에 정면으로 배치되는 내용의 협약을 프로이센과 체결하자 그동안의 협력관계를 청산하기로 결정했다. 그 대신 러시아는 오스트리아와 협력하여 프로이센을 공격하기로 했다. 러시아는 베르사유 조약이 체결되기 전인 1756년 4월 오스트리아가 프로이센을 공격하면 8만 명의 병력을 지원할 것을 약속했다. 러시아는 1757년 1월에 베르사유 조약에 가입했다. 가입을 위한 협상에서 가장 큰 걸림돌은 폴란드와 오스만제국을 둘러싼 두 나라 사이의 갈등과 경쟁관계였다. 러시아는 오스만제국과 흑해 연안의 영유권을 두고 오랜 기간 경쟁했는데, 프랑스는 오스만제국과 오랜 기간 긴밀히 협력해왔다. 러시아는 일종의 후견국으로서 폴란드 내정에 수시로 개입했다. 역시 폴란드에 대해 상당한 정치적 영향력을 행사한 프랑스는 러시아에 대한 폴란드의 '자유'를 지지해왔다. 협상 결과 프랑스는 러시아 군대의 폴란드 주둔을 용인하기로 합의했고, 러시아는 프랑스와 오스만제국 사이의 협력관계를 인정하기로 했다.[146]

1756년 여름 동안 프리드리히 2세는 여러 정보원을 통해 오스트리아와 러시아가 프로이센을 공격하기 위한 병력 동원에 착수했다는 소식을 입수했다. 그는 시간이 너무 많이 흐른 뒤 상황에 떠밀려 전쟁을 시작하느니 선제공격을 감행함으로써 주도권을 쥐는 것이 낫다고 판단했다. 그는 전쟁의 "형태와 성격"을 자신이 결정하고자 했다. 특히 프로이센의 한정된 자원으로 전쟁을 오래 지속할 수 없다는 점을 감안하면 주도권을 장악해야 할 필요성은 더욱 커졌다. 프로이센군이 전쟁 초반 몇 차례 결정적인 승리를 거둔다면 상대방은 싸움을 계속할 의지를 잃고 협상 제안에 응할 수도 있었다. "짧게, 결정적으로, 가차 없이" 전쟁을 치르기로 결심한 프리드리히 2세는 누구와도 상의하지 않고 선제공격을 결정했다. 1756년 8월 29일 베르사유 조약이 체결된 지 넉 달이 채 안 된 시점에서 7만 명의 프로이센군이 프리드리히 2세의 명령에 따라 엘베강을 건너 작센 공국을 공격했다.[147]

프리드리히 2세의 이와 같은 결정이 과연 적절한 판단에 근거했느냐의 여부를 두고 의견이 엇갈린다. 한편에서는 그가 프랑스를 전쟁에 끌어들이는 중대한 판단착오를 저질렀다고 지적한다. 베르사유 조약에서는 오스트리아가 다른 국가에 먼저 공격을 받을 때만 프랑스가 군사지원의 의무를 지게 된다고 규정되었다. 만약 오스트리아가 1757년 봄 프로이센을 공격했다면 러시아는 오스트리아를 도왔겠지만 프랑스는 돕지 않았을 것이다. 여기에 더해 프리드리히 2세는 프랑스 왕실과 혼인관계로 얽힌 가문이 통치하는 작센을 공격함으로써 프랑스의 전의를 부추겼다.[148] 다른 한편에서는 프랑스가 당장은 아니더라도 멀지 않은 시일 내에 프로이센을 공격하기 위해 오스트리아-러시아와 힘을 합쳤을 것이므로 프리드리히 2세의 판단은 정확했다고 주장한다. 이는 프랑스가 오스트리아로부터 남부 네덜란드를 루이 15세의 사위인 돈 펠리페(Don Felipe)에게 양여하겠다는 제안을 받은 후에 제1차 베르사유 조약에서 약속한 것보다 훨씬 많은 수의 병력을 독일에 투입했다는 사실에서 부분적으로 확인된다.[149]

2) 7년전쟁의 전개과정

1756년 8월 프리드리히 2세가 작센을 공격했을 때 신속하고 결정적으로 오스트리아군을 무력화시키는 것을 목표로 잡았다. 그는 그렇게 할 수 있다면 프랑스와 러시아에 대한 전쟁이 불필요해질 것으로 생각했다. 그는 이를 위해 먼저 작센을 점령하는 것이 필요하다고 보았다. 일단 작센은 오스트리아군이 프로이센을 공격할 때 반드시 지나야 하는 경로였다. 프로이센은 작센을 점령함으로써 자기방어에 필요한 완충지대를 확보할 수 있었다. 또한 작센 점령은 프로이센에 병참상의 이점도 가져다주었다. 특히 프로이센은 중요한 수로인 엘베강에 대한 통제권을 장악했다.

작센 점령은 프로이센에 경제적으로도 큰 이득이었다. 전쟁 기간 내내 프로이센은 중부 유럽에서 가장 부유한 국가 중 하나인 작센을 철저하게 수탈했다. 프로이센이 7년전쟁을 위해 지출한 전비의 3분의 1 정도를 작센에서 거두어들인 것으로 추산될 정도였다. 러시아에 인접한 동프로이센과 프랑스에 인접한 서부 독일의 프로이센 영토를 두 나라로부터 군사적으로 방어하는 것이 불가능했으므로 프로이센으로서는 이들을 상실함으로써 부족해진 수입을 메꾸기 위해 작센을 장악하는 것이 그만큼 더 중요했다. 프로이센은 오스트리아 계승전쟁에 이어 7년전쟁에서도 군사력을 신속하게 전개하여 전략적 · 경제적으로 중요한 지역을 선점함으로써 전쟁 승리를 위한 발판을 마련했다.[150]

작센의 군대는 변변히 저항하지도 못한 채 단 열흘 만에 국토의 대부분을 프로이센군에 내주었다. 9월 9일 프리드리히 2세는 드레스덴에 입성했다. 그는 작센과 합스부르크 오스트리아의 국경선을 넘어 보헤미아로 진격할 계획을 세웠다. 하지만 오스트리아군은 프리드리히 2세가 예상한 것보다 신속하게 프로이센군에 대응했다. 마리아 테레지아는 병력과 물자를 전장으로 신속하게 이동시키기 위해 군대에 왕실의 말을 지원했고, 많은 귀족이 이에 호응했다. 10월 1일 로보지츠(Lobositz) 전투에서 프로이센은 신승을 거뒀다. 기술적으로는 프로이센의 승리였지만, 프로이센군과 오스트리아군이 입은 피해 규모에는 별 차이가 없었다. 작센을 구하려는 오스트리아의 시도는 실패로 끝났지만, 겨울을 보헤미아에서 보내려던 프리드리히 2세의 계획 역시 무산되었다. 그 대신 자신이 상대하는 오스트리아군이 예전의 오스트리아군이 아님을, 이후의 전쟁이 만만치 않은 싸움이 될 것임을 인정해야 했다.[151]

프리드리히 2세의 우려는 다음 해에 현실이 되었다. 1757년 5월의 프라하 전투에서 또다시 막대한 피해를 입은 채 명목상의 승리를 거둔 프로이센군은 다음 달 콜린(Kolín) 전투에서 다운(Leopold Joseph Daun) 장군이 이끄는 오스트리아군에 대패했다. 3만 4천 명의 프로이센군 중 1만 4천 명이 죽거나 다쳤다. 이는 오스트리아군 사상자 수의 1.5배에 달했다. 오스트리아군이 프로이센군을 상대로 최초이자 완벽한 승리를 거뒀다. 프로이센군의 모습만 보아도 두려움에 떨던 오스트리아군은 이제 과거의 모습이 되었다. 패배 이후 프로이센군은 보헤미아를 포기하고 국경을 넘어 작센으로 철수했다. 프로이센 왕위에 오른 이래 전투에서 가장 큰 패배를 당한 프리드리히 2세는 너무나 큰 충격을 받은 나머지 철수작전의 지휘를 다른 사람에게 위임했다.[152] 만약 콜린 전투에서 오스트리아가 아닌 프로이센이 승리를 거뒀다면 전쟁은 프로이센의 승리로 조기에 종결될 수도 있었다. 하지만 오스트리아가 대승을 거둠으로써 전쟁은 장기적인 국면으로 접어들게 되었다. 1757년 "프리드리히 2세에게 콜린은 1914년 빌헬름 2세의 마른(Marne), 1941년 히틀러의 모스크바"였다.[153]

프로이센이 전장에서 고전을 면치 못하는 사이 프랑스와 러시아, 오스트리아의 협력관계는 더욱 강화되었다. 러시아는 1757년 1월 베르사유 조약에 가입한 데 이어 1757년 2월에는 오스트리아와 슐레지엔 탈환을 목표로 각각 8만 명의 병력을 동원하여 공동작전을 펼친다는 데 합의했다. 그 대신 오스트리아는 러시아에 1만 루블의 보조금을 지급하기로 했다. 양국은 또한 프로이센을 상대로 승리를 거두면 오스트리아가 슐레지엔을 차지하고, 마그데부르크(Magdeburg)와 할레(Halle)는 작센에, 동프로이센은 폴란드에 할양하기로 했다.

1757년 5월에는 프랑스와 오스트리아 사이에 제2차 베르사유 조약이 체결되어 프랑스가 오스트리아에 군사적 · 재정적 지원을 제공하는 대가로 전쟁이 프로이센의 패배로 끝나면 오스트리아는 남부 네덜란드를 루이 15세의 사위에게 양도하기로 했다. 프랑스는 오스텐데, 몽 등 국경에 인접한 남부 네덜란드의 몇몇 지역을 직접 합병하기로 했다.[154] 해군 장관 마쇼(Jean-Baptiste de Machault d'Arnouville)는 영국과의 식민지 경쟁에 집중할 것을 주장했지만, 프랑스 정부는 적어도 당분간은 북아메리카와 독일 양편에서 동시에 공세를 펼치기로 했다. 프랑스는 하노버를 공격함으로써 영국의 힘을 분산시키고 오스트리아, 러시아와 함께 프로이센을 굴복시키면 영국을 국제적으로 고립시킬 수 있을 것으로 기대했다. 여기에 더해 영국을 견제할 전략요충지인 남부 네덜란드까지 손에 넣을 수 있다면 장차 영국보다 전략적 우위에 설 수 있을 것으로 기대되었다.[155]

한편, 1755년 브래독의 패배로 북아메리카에서 프랑스에 반격을 가하는 데 실패한 영국은 1756년 다시 한번 좌절을 겪어야 했다. 앞서 언급했듯이 원래는 스페인의 영토였지만 1708년 영국이 점령했고, 위트레흐트에서 영국의 영토로 인정받은 지중해의 미노르카섬을 1756년 5월 프랑스에 빼앗겼다. 프랑스는 영국 해군의 주력이 프랑스의 영국 침공을 저지하기 위해 영국해협에 집중된 틈을 타 기습적으로 섬을 점령했다. 영국 정부와 국민은 미노르카의 상실에 큰 충격을 받았다. 특히 최강이라 여겨졌던 영국 해군이 프랑스군의 미노르카 상륙을 막지 못한 데 대해 뉴캐슬 내각에 대한 비난이 빗발쳤다.[156] 설상가상으로 같은 해 8월 북아메리카의 영국 요새 중 유일하게 오대호 연안에 위치한 오스웨고(Oswego) 요새마저 프랑스에 빼앗기자 정부의 책임을 묻는 목소리가 절정에 달했고, 1756년 11월 뉴캐슬 내각은 사퇴했다. 대중적으로 영향력 있는 정치인이던 윌리엄 피트(William Pitt)가 남부 국무장관으로서 뉴캐슬의 자리를 차지했다. 피트는 다음 해 4월에 그를 개인적으로 탐탁치 않아하던 조지 2세에 의해 해임되었지만, 약 3개월 후에 복귀하여 이번에는 뉴캐슬과 파트너를 이루었다. 오랜 기간 정치적 라이벌이던 피트와 뉴캐슬은 관점과 기질의 차이가 있었음에도 서로 협력하여 영국의 전쟁 노력과 대외정책을

주도했다.[157]

피트가 대외정책의 방향타를 잡은 후 영국은 중부 유럽의 전쟁에 본격적으로 개입하기 시작했다. 이는 단순히 프랑스로부터 하노버를 보호하기 위해서가 아니었다. 피트는 프로이센의 패배로 유럽대륙의 세력균형이 한쪽으로 기울게 되면 영국에도 치명적인 결과를 초래하리라고 보았다. 물론 이는 새로운 주장은 아니었다. 피트는 1690년대 이래 휘그당의 대외전략 전통을 부활시켰다.[158] 피트는 또한 프랑스에 독일에서의 전쟁에 더 많은 재원을 소진하게 함으로써 영국이 식민지 경쟁에서 더 유리한 고지를 차지할 수 있으리라는 점 역시 강조했다. 피트의 이러한 주장은 프랑스의 입장에서도 영국의 독일 개입으로 전력 분산의 효과를 기대할 수 있었으므로 설득력이 높지는 않았다. 하지만 식민지가 아닌 유럽대륙에 병력을 투입하고 동맹국에 보조금을 지급하는 데 회의적인 국내 여론을 잠재우는 데는 효과적이었다.[159] 대륙 전쟁에 개입할 필요가 있다면 이는 프로이센과의 긴밀한 협력하에 이루어져야 했다. 웨스트민스터 협약이 본격적인 동맹조약은 아니었으므로 더 강화된 형태의 협력이 필요했다. 일단 피트는 프로이센에 20만 파운드의 보조금을 지급할 것을 제안했다. 그는 또한 하노버를 방어하기 위해 5~6만 명 규모의 병력을 구성하여 투입할 것을 제안했다.

하지만 영국에 불리한 전황은 개선될 기미가 보이지 않았다. 피트의 제안에 따라 독일에 파견된 영국군은 브래독의 북아메리카 파견을 주도한 컴벌랜드 공작의 지휘하에 영국의 보조금을 받는 헤세-카셀과 브라운슈바이크의 군대와 함께 '정찰군(Army of Observation)'을 구성했는데, 1757년 6월 이 군대가 하노버의 하스텐벡(Hastenbeck)에서 벌어진 전투에서 프랑스군에 대패했다. 컴벌랜드는 전투에서 패배한 후 프랑스군의 추격을 받다가 항복했다. 컴벌랜드는 클로스터-체벤(Kloster-Zeven)에서 프랑스와

협정을 체결하고 하노버를 중립화하는 대가로 정찰군을 해체한다는 데 합의했다. 조지 2세는 하노버 선제후의 자격으로 협정을 승인했다.[160] 영국으로서는 오스트리아 계승전쟁 당시 조지 2세가 체결한 '중립협정'의 악몽이 되풀이되는 순간이었다. 1757년 8월에는 프랑스군이 윌리엄 헨리(William Henry) 요새를 함락했고, 오스트리아는 전쟁이 지속되는 동안 남부 네덜란드의 가장 중요한 두 항구인 오스텐데와 니우포르트를 프랑스에 넘기기로 했다.[161]

한편, 영국의 유일한 동맹국이 된 프로이센은 콜린 전투에서의 패배 이후에도 좀처럼 반격의 기회를 잡지 못했다. 그러기는커녕 러시아와 스웨덴이 잇따라 동쪽과 북쪽에서 프로이센을 압박함에 따라 점점 더 사면초가의 상황에 처하게 되었다. 5만 5천 명의 병력으로 동프로이센의 쾨니히스베르크를 목표로 진격하던 러시아군은 이를 막아선 프로이센군과의 사이에 벌어진 1757년 8월의 그로스-예거스도르프(Gross-Jägersdorf) 전투에서 승리했다. 스웨덴은 공식적으로는 베스트팔렌 조약에서 프랑스와 함께 부여받은 신성로마제국의 평화보장자로서의 지위에 근거하여, 실질적으로는 프랑스의 오랜 동맹국으로서 1679년과 1720년 프로이센에 빼앗긴 포메른을 되찾을 목적으로 1757년 3월 프리드리히 2세에게 전쟁을 선포했다. 같은 해 9월 2만 2천 명의 스웨덴군이 고작 5천 명의 프로이센군이 지키고 있는 북쪽 국경을 넘어 공격을 개시했다.

여기에 더해 1757년 1월 신성로마제국의 제국의회는 프리드리히 2세를 제국의 평화를 깨뜨린 범법자로 규정하고 이에 대한 책임을 물을 것을 결의했다. 대다수 독일 제후국이 프리드리히 2세가 선전포고도 없이 작센을 공격하여 점령한 것에 큰 충격을 받았으므로 결의안은 별다른 어려움 없이 통과되었다. 제국의회 개최지인 레겐스부르크에서 하노버 대표단이 프로테스탄트 제후국들에 종교적인 연대에 근거하여 반대표를 던질 것을 호소했지만 소용이 없었다. 결의안이 통과되자 쾰른, 팔츠, 바이에른, 뷔르템베르크 등을 중심으로 크고 작은 제후국들이 약 3만 명의 병력을 동원하여 프랑스군에 합류하기로 결정했다. 비록 제대로 훈련받지 못한 적은 수의 병력에 불과했지만, 대다수 제국 구성원이 자신에게 등을 돌렸다는 사실은 프리드리히 2세에게 부담이 아닐 수 없었다.[162]

전황이 더욱 불리해졌음에도 영국의 피트 내각은 기존 전략을 고수하기로 했다. 피트는 조지 2세를 설득하여 클로스터-체벤 협약의 파기를 선언하게 했다. 피트는 하노버가 프랑스에 점령당할 위험성이 있음에도 유럽대륙에서의 싸움을 계속해나가겠다는 의지를 분명히 했다. 피트의 결정은 얼마 지나지 않아 보상을 받았다. 1757년 11월과 12월에 벌어진 로스바흐(Rossbach) 전투와 로이텐(Leuthen) 전투에서 프로이센군은 수적 열세에도 각각 프랑스-제국군과 오스트리아군에 승리를 거뒀다. 특히 로스바흐 전투에서 프로이센군은 거의 2배에 이르는 프랑스-제국군에 맞서 싸워야 했지만, 사상자 수에서는 프로이센군이 548명에 불과했던 반면, 프랑스-제국군은 5천여 명에 달했다. 18세기 유럽에서 벌어진 전투에서 사상자 수의 차이가 10배 가까이 나는 경우는 거의 없었으므로 로스바흐는 짧은 시간 안에 '신화'가 되었다.

프랑스는 군사적 · 전략적 손실뿐만 아니라 심리적으로도 큰 타격을 입었다. 반대로 독일과 영국 그리고 유럽 전역에서 프리드리히 2세의 명성은 절정에 달했다. 영국에서는 '프로테스탄트 영웅'으로 칭송되었다.[163] 로스바흐 전투를 계기로 영국과 프로이센 사이의 협력은 더욱 강화되었다. 우선 영국 정부는 컴벌랜드를 대신하여 프리드리히 2세 휘하의 장군 중 한 명으로 로스바흐에서 프로이센군의 우익을 담당했던 페르디난트 폰 브라운슈바이크(Ferdinand von Braunschweig)에게 정찰군의 지휘를 맡겼다. 1758년 4월에는 두 나라 사이에 정식 동맹조약이 체결되었다. 영국은

4년에 걸쳐 프로이센에 67만 파운드를 제공하기로 했다. 두 나라는 다른 한편의 승인 없이 단독으로 평화조약을 체결하지 않기로 했다.[164]

프랑스는 로스바흐에서의 패배 직후 오스트리아와의 약속을 깨고 독일에서의 전쟁을 포기하는 방안을 잠시 고려하기도 했다. 외무장관 베르니(François-Joachim de Pierre de Bernis)가 이러한 의향을 카우니츠에게 전달하기도 했다. 하지만 루이 15세의 반대로 프랑스는 전쟁을 지속하기로 결정했다.[165] 다만 베르니의 뒤를 이어 외무장관에 임명된 슈아죌(Étienne François, duc de Choiseul)의 주도로 프랑스와 오스트리아는 1759년 3월 제3차 베르사유 조약을 체결했다. 제2차 베르사유 조약에서 프랑스가 오스트리아에 제공하기로 약속한 지원은 대폭 축소되었다. 그 대신 오스트리아는 남부 네덜란드를 프랑스와 루이 15세의 사위에게 양여하겠다는 약속을 철회했다. 오스트리아로서는 프랑스로부터 전쟁을 포기하지 않겠다는 약속을 받아낸 것이 성과라면 성과였다.

로스바흐 이후 프랑스는 오스트리아의 슐레지엔 탈환 가능성이 그리 높지 않다고 결론지은 것으로 보인다. 이러한 생각은 1758년 오스트리아와 러시아가 전쟁의 주도권을 다시 장악한 이후에도 바뀌지 않았다.[166] 프로이센은 로스바흐에서의 승리로 프랑스의 직접적인 위협으로부터 벗어날 수 있었다. 전쟁이 끝날 때까지 프로이센군과 프랑스군이 직접 맞서는 일은 일어나지 않았다. 이제 프랑스군을 상대하는 것은 프리드리히 2세만큼 유능한 지휘관이던 페르디난트 폰 브라운슈바이크가 이끄는 정찰군의 몫이 되었다.

프로이센은 로스바흐와 로이텐 이후에도 오스트리아와 러시아의 거센 도전에 계속 직면해야 했다. 동맹국 영국이 1758년 이후 유럽대륙과 식민지에서 연달아 승리를 거두면서 전쟁의 주도권을 장악한 데 반해, 프로이센이 처한 상황은 녹록치 않았다. 1758년 봄 로이텐의 승리로 오스트리아군을 슐레지엔에서 몰아내는 데 성공한 프리드리히 2세는 여세를 몰아 오스트리아의 모라비아로 진격해 들어갔다. 하지만 그해 8월과 10월에 각각 러시아군과 오스트리아군을 상대로 벌인 조른도르프(Zorndorf) 전투와 호크키르히(Hochkirch) 전투에서 프로이센군은 큰 피해를 입었다. 조른도르프 전투는 프로이센과 러시아 양측의 병력 총 8만 명 중 3만 1천 명이 죽거나 다쳤을 정도로 치열한 싸움을 벌인 끝에 무승부로 판가름 났고, 호크키르히 전투에서는 오스트리아가 승리했다. 1759년에도 프로이센의 고난은 계속되었다. 8월 러시아와의 쿠너스도르프(Kunersdorf) 전투, 11월 오스트리아와의 막센(Maxen) 전투에서 프로이센은 모두 패배했다.[167] 프리드리히 2세가 한때 자살을 생각했을 정도로 잇따른 전투 패배로 심각한 위기에 처했던 프로이센은 이듬해인 1760년 8월 오스트리아와의 리그니츠(Liegnitz) 전투와 11월 토르가우(Torgau) 전투에서 가까스로 승리를 거둠으로써 최악의 상황은 피할 수 있었다. 두 전투 모두 박빙의 승부였다. 특히 토르가우 전투에서는 기술적으로 프로이센군이 승리를 거뒀음에도 사상자 수에서는 오스트리아보다 더 많은 손실을 입었다. 결과적으로 리그니츠와 토르가우에서의 승리로 프리드리히 2세는 전쟁에서 반전 기회를 잡았다. 하지만 당시에는 아무도 그가 그러한 기회를 잡았다고 생각하지 않았다.[168]

☆☆☆☆☆

로스바흐 이후 프로이센이 고전을 면치 못하고 있는 사이 영국은 프랑스와의 전쟁에서 그 이전까지 불리하게 돌아가던 전황을 거의 완벽하게 역전시키는 데 성공했다. 가장 중요한 이유는 1758년 초 무렵 영국 해군이 100%에 가까운 전력을 갖추게 되었다는 데 있다. 프랑스 해군은 완전한 전력을 갖춘 영국 해군의 상대가 될 수 없었다.

18세기 유럽에서 해군은 육군과 달리 충원에 오랜 시일이 소요되었다. 영국 해군의 충원은 주로 민간선박의 선원을 대상으로 이루어졌는데, 대부분의 선원이 위험하고 보수도 낮은 해군 복무를 원하지 않았으므로 항구로 들어오는 선박을 정지시킨 후 선원을 강제로 징집하는 방식이 주로 사용되었다. 이러한 방식으로 필요한 인원을 확보하는 과정은 매우 느리게 진행되었고, 영국 해군은 전쟁이 시작된 지 한참 지난 후에도 보유한 전력을 완전히 활용할 수 없었다. 그 결과 전쟁 초반에 필요한 인원을 영국보다 빠른 시일 내에 확보하는 데 성공한 프랑스 해군은 큰 어려움 없이 병력과 물자를 북아메리카와 서인도제도, 미노르카로 실어 나를 수 있었다. 하지만 1758년 이후에는 그것이 더 이상 가능하지 않았다. 충원을 완료한 영국 해군은 대서양과 지중해, 그리고 유럽 연근해를 완벽하게 장악했고, 프랑스 전함은 항구에 발이 묶인 채 좀처럼 항해에 나서지 못했다.[169]

어떤 이유에서 영국과 프랑스의 해군력이 이처럼 큰 격차가 벌어지게 되었는가? 1690년대까지만 해도 프랑스는 영국과 대등한 해군력을 보유했다. 오히려 전함 숫자에서 프랑스 해군은 영국 해군에 앞섰다. 영국 해군이 9년전쟁 중에 벌어진 1692년의 바르플뢰르 해전과 라오그 해전에서 프랑스 해군에 승리할 수 있었던 것은 동맹국인 네덜란드연방의 해군과 연합작전을 펼칠 수 있었기 때문이다. 하지만 9년전쟁과 스페인 왕위계승 전쟁을 거치면서 영국의 해군력은 프랑스에 크게 앞서나가기 시작했다. 영국은 꾸준히 전함을 건조하고, 이를 유지하는 데 필요한 인프라를 구축했다. 이에 반해 프랑스는 지상에서 전쟁을 치르는 것만으로도 재정적으로 벅찬 상황에서 많은 재원을 필요로 하는 해군력 증강이 과연 필요한지 의문을 가졌다. 프랑스 정부는 값비싼 전함을 건조하고 함대를 운용하는 대신 사략선을 활용하여 적국의 민간선박을 공격함으로써 상업 및 무역 활동을 교란하는 것만으로도 상당한 효과를 볼 수 있다고 판단했다. 물론 프랑스의 상선들 역시 피해를 입겠지만, 영국이 입을 피해가 훨씬 클 것이 분명했다.[170] 프랑스 정부는 또한 제해권 장악이 전쟁의 승패에 결정적인 영향을 미치지 않을 것으로 판단했다. 프랑스의 생각은 기본적으로 옳았다. 해군력의 우위로 영국은 다른 나라가 가지지 못한 전략적 유연성을 누릴 수 있었지만, 전쟁의 승패는 여전히 지상에서의 전투로 결정되었다. 스페인 왕위계승 전쟁 이후 프랑스의 해군에 대한 관심은 계속 감소했고, 영국과 프랑스 사이의 해군력 격차는 더욱 확대되었다.[171]

잘 알려져 있듯이 영국은 섬나라라는 특성 때문에, 그리고 경제에서 해외무역과 해운업이 높은 비중을 차지하는 특성 때문에 강력한 해군이 필요한 나라였다. 두 목표 모두 중요했지만 굳이 선후를 따지면 첫 번째 목표가 더 중요했다. 영국의 지상군 전력은 대륙 국가들에 비하면 보잘것없었으므로 영국 안보 전략의 초점은 우세한 해군력을 활용하여 대륙으로부터의 침략 시도를 영국해협에서 차단하는 데 맞춰졌다. 다른 무엇보다 유럽에서 가장 강력한 육군을 보유했고, 영국해협 바로 건너편에 위치한 프랑스의 침공 시도를 사전에 차단하는 것이 중요했다.[172] 실제로 앞서 살펴보았듯이 프랑스는 수차례에 걸쳐 영국 침공을 시도했고, 비록 영국 본토는 아니지만 아일랜드에 군대를 상륙시키는 데 성공하기도 했다.

18세기 당시의 함대규모와 군사기술로 동서 500km 이상의 길이로 펼쳐져 있지만 폭은 가장 좁은 도버해협의 경우 불과 30여 km밖에 되지 않는 영국해협을 수십 척의 범선으로 통제한다는 것이 가능하지 않았으리라 생각될 수도 있다. 하지만 영국해협의 프랑스 쪽 해안에는 대규모 전함이 안전하게 정박할 항구가 없었던 데 반해 영국 쪽 해안에는 천혜의 항구가 여럿 존재했다. 프랑스군이 생말로나 르아브르, 셰르부르 등의 항구에서 상륙함으로 해협을 건너 영국을 공격하기 위해서는 함대의 호위를 받는 것이 필수였는데, 이 함대는 프랑스의 가장 중요한 두 개의 군항(軍港)인 대서양 연안의 브레스트(Brest)나 지중해 연안의 툴롱(Toulon)에서 출발해야 했다. 플리머스(Plymouth)를 비롯해 영국해협의 영국 쪽 항구에 정박한 영국 해군이 프랑스 전함과 상륙함의 조우를 저지하는 것은 그리 어려운 일이 아니었다.[173]

영국 해군은 이러한 목표를 더욱 효과적으로 달성하기 위해 1740년대부터 이른바 '서부 함대(Western Squadron)' 전략을 활용하기 시작했다. 이 전략은 영국의 침공을 저지하기 위한 함대의 주활동 영역을 영국해협이 아닌 대서양에서 해협으로 들어오는 해역으로 잡고, 여기에 함대를 가능한 한 오랜 기간 배치하는 것을 골자로 했다. 이렇게 함으로써 유사시 대서양에서 해협으로 진입하는 프랑스나 스페인 함대를 차단할 수 있을 뿐만 아니라 북아메리카와 서인도제도, 인도 등으로 향하거나 그곳에서 영국으로 들어오는 자국 선박을 사략선의 위협에서 보호할 수 있었다. 반대로 프랑스 함대나 선박이 프랑스와 북아메리카, 서인도제도 사이를 왕래하는 것을 저지할 수도 있었다. 효과적으로 운용되면 하나의 함대로 영국 본토 방어와 교역로 보호, 적 함대 견제라는 여러 전략적 목표를 동시에 실현하는 것이 가능했다.[174] 물론 이러한 전략을 실행에 옮기는 데는 많은 어려움이 따랐다. 함대가 계절이나 날씨에 관계없이 항해해야 했으므로 선박을 튼튼하게 건조하고 숙련된 항해술을 갖추지 않으면 안 되었다. 또한 선원들이 오랜 함상생활을 견딜 수 있도록 정기적으로 식량과 보급품을 운송해야 했으며, 선박을 수리하거나 정비할 도크도 충분히 갖춰야 했다. 오직 영국 해군만이 이 모든 조건을 충족할 수 있었다.[175]

프랑스는 오스트리아 계승전쟁에서 자국의 해군력이 영국에 절대적으로 열세에 있음을 확인하고는 1748년 이후부터 해군력 증강에 많은 힘을 쏟았다. 프랑스 정부는 특히 전쟁 말미에 이베리아반도의 피니스테레곶(Cape Finisterre) 부근에서 벌어진 두 번의 해전에서 프랑스 함대가 영국 함대에 모두 패배한 것에 큰 충격을 받았다. 프랑스는 해군력의 열세가 영국과의 식민지 경쟁뿐만 아니라 유럽 국제정치체제 내에서의 주도권 장악을 위한 양국 사이의 경쟁에도 부정적인 영향을 끼칠 수 있음을 깨달았다.

하지만 앞서도 지적했듯이 해군 전력의 강화는 단시일 내에 이루어지기 어려웠다. 양국 간에 전쟁이 시작된 1755년 프랑스 해군은 전열함(戰列艦, ship of the line)과 프리깃함(frigate) 숫자에서 영국 해군에 각각 66척, 43척 모자랐다. 더 심각한 문제는 충원의 어려움이었다. 프랑스는 영국에 비해 해군에 복무할 선원의 숫자가 절대적으로 모자랐다. 영국은 프랑스보다 충원에 오랜 시간이 걸렸지만, 징집될 선원의 잠재적인 인력풀이 프랑스와는 비교할 수 없을 정도로 넓고 깊었다. 프랑스의 이러한 약점을 잘 알고 있던 영국은 프랑스 선박을 나포하여 선원을 억류하거나 감금함으로써 인력난을 가중시키는 작전을 썼다. 영국은 1755년에만 6천 명의 프랑스 선원을 포로로 잡았다. 1757년 프랑스 선원의 숫자는 모두 4만 7천여 명 정도였는데, 이 중 1만 9천여 명이 프랑스 해군에 복무 중이었고, 1만여 명은 영국에 감금된 상태였다.[176]

프랑스는 오스트리아 계승전쟁에서와 같이 스페인 해군과 힘을 합칠 수도 없었다. 스페인의 페르난도 6세(Fernando VI, r.1746~59)는 프랑스와 영국의 전쟁에 끼어들 의사가 전혀 없었다. 이는 한편으로 페르난도 6세의 개인적인 기질 때문이었고, 다른 한편으로는 양국 간에 전쟁이 발발하면 서인도제도와 필리핀 등에 대한 통제권을 영국에 빼앗길지도 모른다는 두려움 때문이었다.[177] 프랑스는 페르난도 6세가 사망한 이후에야 스페인과 동맹을 체결할 수 있었다.

결국 1758년을 전후하여 완전한 전력을 갖추게 된 영국 해군은 프랑스에서 북아메리카 식민지로 전쟁에 필요한 병력과 물자를 실어 나르는 프랑스 선박과 이를 호위하는 전함의 항해를 막아서기 시작했다. 이에 반해 영국 선박은 프랑스 해군과 사략선의 방해를 거의 받지 않고 인원과 물자를 안전하게 북아메리카로 운반했다. 1758년을 기점으로 북아메리카의 전황이 영국에 유리한 방향으로 바뀌기 시작한 첫 번째 이유가 여기에 있다.

전황이 역전된 두 번째 이유는 영국이 프랑스에 비해 수적으로 우세한 북아메리카 현지의 인적 자원을 적극 활용하기 시작했다는 데서 찾을 수 있다. 앞서 지적했듯이 7년전쟁이 발발할 즈음 북아메리카의 프랑스계 주민의 수는 5만여 명에 불과했던 데 비해 영국계 주민은 110만여 명에 달했다. 북아메리카에서 프랑스와의 전쟁이 영토분쟁에서 비롯되었고, 이 전쟁에서 영국이 승리하면 현지의 영국계 주민이 가장 큰 수혜자가 될 것이 분명해 보였으므로 영국 정부는 이들에게서 전쟁을 위한 인적 · 물적 지원을 제공받고자 했다. 하지만 예상과 달리 그동안 본국 정부의 간섭을 받아본 경험이 거의 없던 영국계 주민은 이러한 시도에 거세게 반발했다.

이러한 상황은 1758년 봄 피트가 개입하면서 완전히 뒤바뀌었다. 피트는 현지 주민에게 영국의 전쟁 노력에 인적 · 물적으로 기여하면 전쟁이 끝난 후 본국 정부가 그 비용을 모두 변제하겠다고 약속했다. 이것이 즉각적인 효과를 발휘하여 영국은 무려 5만여 명의 병력을 동원할 수 있었다. 이는 북아메리카의 프랑스계 주민 모두를 합해놓은 것과 비슷한 규모였다. 영국군에 대한 수적 열세를 극복하기 위해 프랑스군은 아메리카 원주민과 동맹을 맺고 이들을 전투에 참여시켰다. 전쟁 초반 프랑스군이 기선을 제압한 이유가 여기에 있었다. 하지만 본국으로부터의 물자 보급에 지장이 생기면서 예전과 같이 원주민에게 전쟁 참여의 대가를 지급하기 어려워졌고, 이들의 협조를 얻지 못한 프랑스군은 더욱 불리한 상황에 처하게 되었다.[178]

이러한 점들을 고려하면 1758년 이후 북아메리카에서 영국이 프랑스에 연전연승을 거두기 시작한 것은 당연한 결과로 보인다. 1758년 7월 루이스부르 요새가 함락당한 것을 시작으로 프롱트낙 요새(Fort Frontenac), 뒤켄 요새 등이 차례로 영국군의 수중에 들어갔다. 뒤켄 요새는 영국군에 함락된 후 피트의 이름을 따서 피츠버그 요새(Fort Pittsburgh)가 되었다.[179] 1759년에도 나이아가라 요새(Fort Niagara), 카리용 요새(Fort Carillon)가 잇따라 영국군에 점령되었다. 절정은 퀘벡(Quebec)의 함락이었다. 지상에서 8천여 명의 병력을 동원한 영국군은 세인트로렌스강을 거슬러 올라온 영국 함대의 도움을 받아 양측 지휘관이 모두 전사할 정도로 치열한 전투를 벌인 끝에 이 프랑스령 북아메리카의 중심 거점을 함락하는 데 성공했다. 퀘벡의 함락으로 북아메리카에서 영국과 프랑스의 전쟁은 사실상 전자의 승리로 끝을 맺었다.[180] 영국은 이듬해 9월 몬트리올(Montreal)을 점령함으로써 프랑스령 캐나다 정복을 완료했다.

1759년은 영국에 '기적의 해(Annus Mirabilis)'였다. 북아메리카에서 퀘벡을 점령했을 뿐만 아니라 그 외 다른 지역의 바다와 육지에서 벌어진 프랑스와의 싸움에서도 잇따라 승리를 거두었다. 영국 해군은 서인도제도의 과들루프를 점령하여 이 섬에서 생산되는 사탕수수와 커피 등을 본국으로 보내기 시작했고, 이베리아반도 인근의 라고스(Lagos)만과 프랑스 서부 해안의 퀴베롱(Quiberon)에서 벌어진 해전에서 프랑스 함대를 격파했다. 같은 해 8월에는 독일에서 활동 중이던 페르디난트 폰 브라운슈바이크의 정찰군이 민덴(Minden) 전투에서 프랑스군에 승리했다. 이는 피트 내각이 전례 없이 많은 수의 병력을 대륙에 파병한 덕분이었다. 무려 10만 명의 영국군이 본국의 지원을 받는 5만 명의 독일군과 함께 페르디난트의 지휘를 받았다.[181] 로버트 월폴의 아들로서 당대에 가장 유명한 예술사가이자 정치인이던 호레이스 월폴(Horace Walpole)은 계속되는 승전보에 "승리를 알리는 종이 닳을 정도"라고 썼다. 영국과 프랑스의 7년전쟁은 1759년을 기점으로 사실상 승부가 갈렸다.[182]

★★★★★

영국이 이와 같이 연이어 프랑스에 승리를 거두면서 양국 간의 전쟁을 마무리 짓는 사이 앞서 살펴보았듯이 프리드리히 2세의 프로이센은 오스트리아-러시아와의 전투에서 잇따라 패하면서 전쟁을 통틀어 가장 심각한 위기에 처했다. 프로이센은 그다음 해에 리그니츠와 토르가우 전투에서 승리함으로써 가까스로 한숨을 돌릴 수 있었지만, 위기에서 완전히 벗어난 것은 아니었다. 1761년 세 나라의 군대는 직접 격돌하지 않고 신중한 탐색과 기동으로 한 해를 보냈다. 1762년 1월 프로이센의 입장에서 반갑기 그지없는 소식이 전해졌다. 러시아의 옐리자베타가 죽고 그녀의 뒤를 이어 프리드리히 2세의 열렬한 숭배자였던 표트르 3세(r.1762)가 즉위했다. 표트르 3세는 즉위하자마자 오스트리아와의 동맹을 파기하고 프로이센과 동맹조약을 체결했다. 그해 6월 프로이센과 오스트리아는 슐레지엔의 부르케르스도르프(Burkersdorf)에서 격돌했다. 결과는 프로이센의 승리였다. 부르케르스도르프는 7년전쟁에서 두 나라 사이에 벌어진 마지막 전투였다. 이 전투는 슐레지엔을 둘러싸고 벌어진 프로이센과 오스트리아 사이의 마지막 전투이기도 했다. 오스트리아는 이 전투를 끝으로 군사력을 사용하여 슐레지엔을 되찾을 수 있다는 기대를 완전히 접

었다.[183]

군주의 교체로 한 나라의 대외정책 방향이 완전히 뒤바뀔 수 있다는 것은 근세 초 유럽 국제관계의 독특한 성격을 잘 보여준다. 하지만 표트르 3세의 즉위가 프로이센과 오스트리아 간 전쟁에 결정적인 영향을 끼친 것 같지는 않다. 프로이센은 1760년 두 번의 전투에서 승리를 거둠으로써 반전 기회를 잡은 바 있으나, 이에 반해 오스트리아는 총사령관 다운을 비롯한 주요 군 지휘관들의 무능에 가까운 비효율성과 고갈되어가는 재정 상태로 더 이상 효과적으로 전쟁을 수행하기 어려운 처지에 놓였다.

오스트리아의 입장에서 전쟁에 대한 러시아군의 기여도 제한적이었다. 물론 러시아군은 그로스-예거스도르프와 쿠너스도르프에서 프로이센뿐만 아니라 전 유럽에 자신들의 효율성을 과시했다. 하지만 프로이센에 대한 공세에서 두 나라 간에 협력이 원활하게 이루어지지 못했다. 예컨대 러시아군은 1759년 쿠너스도르프 전투에서 대승을 거둔 후 오스트리아군과 함께 프로이센군을 계속 압박하여 베를린을 손에 넣을 기회가 있었음에도 그렇게 하는 대신 병력을 전장에서 철수시켰다. 러시아군은 이미 많은 희생을 무릅써가며 주어진 임무를 충분히 수행했고, 이제는 오스트리아가 싸움을 주도할 차례라는 이유에서였다. 러시아군이 밀어붙일 경우 속수무책으로 당할 수밖에 없는 처지에 있던 프리드리히 2세는 동생에게 보낸 편지에서 "기적이 일어났다"고 썼다.[184] 러시아군의 이러한 행태는 한편으로 그만큼 오스트리아에 대한 신뢰가 부족했기 때문이기도 했지만, 다른 한편으로는 옐리자베타가 사망하기 훨씬 전부터 전장의 러시아 지휘관들이 그녀의 건강 악화와 그녀의 뒤를 이을 표트르 대공의 친프로이센 성향을 익히 잘 알고 있었으므로 전력을 다해 싸움을 벌이지 않았기 때문이기도 하다.[185]

오스트리아는 부르케르스도르프 훨씬 이전부터 슐레지엔의 완전한 회복과 프로이센의 해체라는 애초의 전쟁 목표를 달성하기 어렵다는 결론에 도달했다. 오스트리아가 슐레지엔을 단념한 가장 결정적인 이유는 역시 재정 문제였다. 1756년 1억 1,800만 굴덴(Gulden)이던 오스트리아 정부의 채무가 1763년 전쟁이 끝날 무렵에는 2억 8,500만 굴덴으로 증가했다. 1761년 오스트리아 역사상 가장 많은 액수의 세금을 거뒀지만, 필요한 비용을 충당하기에는 크게 부족했다. 가용한 세원이 모든 소진된 가운데 국채 발행으로 새로운 자금원을 확보하려는 시도도 실패로 끝났다. 오스만제국이 심상치 않은 움직임을 보이기 시작한 것도 근심거리였다. 슐레지엔 탈환을 위한 프로이센과의 전쟁을 주창한 장본인 중 한 명이던 카우니츠는 이제 전쟁을 조속한 시일 내에 마무리할 것을 주장하기 시작했다.[186]

3) 프로이센의 생존, 오스트리아의 실패, 영국의 승리, 프랑스의 패배

프로이센과 오스트리아 사이의 전쟁은 1763년 2월 후베르투스부르크(Hubertusburg) 평화조약 체결로 막을 내렸다. 후베르투스부르크 조약은 6주의 협상을 거쳐 체결되었다. 1648년 이후 체결된 모든 평화조약을 위한 협상 중에서 가장 짧은 시간 내에 협상이 완료되었다.[187] 조약 내용은 단순명료했으며 두 나라는 '전쟁 이전 상태(status quo ante bellum)'로 복귀하는 데 합의했다. 오스트리아는 1742년의 베를린 조약과 1745년의 드레스덴 조약을 재확인했다. 오스트리아는 한동안 슐레지엔의 글라츠(Glatz) 지역을 계속 보유하기를 희망했고 이를 협상조건으로 내걸었지만 이내 포기했다.[188] 엄청난 인명 희생과 재원의 소진을 초래한 두 나라 사이의 전쟁은 어떠한 영토상의 변화도 없이 종료되었다. 프로이센은 슐레지엔을 계속 보유함으로써 강대국으로서의 지위를 유지할 수 있었고, 오스트리아는 실지와 명예를 회복하는 데 실패했다. 두 나라 모두 전쟁으로 막대한 피해를 입었지만, 굳이 승자를 따지자면 프로이센이었다. 프랑스와 오스트리아, 러시아라는 유럽에서 가장 강력한 군사력을 보유한 세 나라를 상대로 전반적으로 대등한 싸움을 벌였다는 사실 자체가 프로이센을 승자로 볼 수밖에 없게 하는 이유다.

프로이센의 성공 비결은 무엇이었는가? 먼저 선제공격으로 작센을 손에 넣은 것이 중요했다. 작센을 점령함으로써 프로이센은 오스트리아에 대해 경제적 · 전략적 이익을 누릴 수 있었다. 1740년에 이어 1756년에도 프리드리히 2세는 허를 찌르는 기습공격으로 적어도 전쟁 초반에는 주도권을 장악할 수 있었다.[189] 다음으로 프리드리히 2세의 개인적 능력을 들 수 있다. 작센의 기습적인 점령이 많은 이익을 가져다줄 수 있음을 간취하고 이를 주저하지 않고 실행에 옮긴 데서 그의 예외적인 능력을 확인할 수 있다. 정치가로서 정세를 읽는 능력, 군 지휘관으로서 전략과 전술을 수립하는 능력, 행정가로서 인력과 자원을 동원하고 조직하고 배치하는 능력에서 탁월했다. 명예와 위신을 목숨만큼이나 중요시하는 시대에 기습공격을 감행함으로써 자신에게 '침략자'라는 오명이 덧씌워지는 것에 아랑곳하지 않는 것도 하나의 능력이라면 그는 그러한 능력에서도 뛰어났다.

프리드리히 2세는 이처럼 뛰어난 자신의 능력을 전쟁 기간 내내 중단 없이 발휘할 수 있었는데, 이는 정부의 모든 권력과 권한을 본인에게 집중시켰기 때문이다. 이는 부분적으로 그 모든 것을 혼자서 세세하게 통제하고자 하는 개인적인 성향에서 기인했지만, 부분적으로는 선대의 유산이기도 했다. 국왕 일인에 대한 권력집중에는 많은 위험성이 따랐지만, 전시에는 장점도 상당했다. 특히 중요한 결정이 신속하고 과감하게 내려지고, 명령과 지시가 혼선 없이 일사불란하게 전달됨으로써 전쟁수행의 효율성이 제고될 수 있었다.[190] 더군다나 권력을 독점한 이가 프리드리히 2세처럼 유능한 인물이라면 권력집중의 긍정적인 효과가 배가될 수 있었다.[191]

프로이센이 전쟁에서 승리한 또 하나의 이유는 프랑스와 러시아, 오스트리아 사이의 협력이 제대로 이루어지지 못했다는 데 있다. 놀라운 점 한 가지는 7년전쟁을 통틀어 둘 이상의 동맹국 군대가 합동으로 프로이센군과 전투를 벌인 적이 단 한 번도 없었다는 사실이다. 아마도 러시아군과 오스트리아군이 공동으로 작전을 전개했더라면 프로이센은 얼마 버티지 못하고 패배를 인정해야 했을 것이다. 그만큼 동맹국 사이에 의사소통이 제대로 이루어지지 못했고, 신뢰관계가 형성되지 못했다.

오늘날의 시각에서는 사소해 보일 수 있지만, 18세기 유럽의 전쟁에서는 결정적이었던 프로이센의 또 하나의 승리 요인은 세 동맹국의 군대가 겨울철이 되면 충분한 식량과 사료를 확보할 겨울숙영지를 찾아 전장에서 철수하여 각자의 근거지로 이동해야 했다는 것이다. 결과적으로 세 나라의 군대는 전투에서 승리를 거둔 이후에도 이를 지속적인 전략적 우위로 발전시키지 못했다. 즉, 프로이센군을 패배시킨 후 여세를 몰아 지속적인 압박을 가하지 못했다. 반대로 프로이센군 입장에서는 세 나라 군대의 겨울숙영을 위한 철수 및 이동은 패배의 충격을 극복하고 전열을 가다듬을 기회를 주었다.[192]

☆☆☆☆☆

영국과 프랑스의 전쟁은 1763년 2월 파리 조약의 체결과 함께 공식적으로 막을 내렸다. 의심할 나위 없이 전쟁의 승자는 영국이었다. 영국은 유럽과 북아메리카의 육지와 바다에서 프랑스를 상대로 승리를 거뒀고, 전쟁의 전반적인 승패에는 큰 영향을 끼치지 못했지만 인도와 아프리카에서 벌어진 전투에서도 승리했다. 근세 초 유럽 국가들이 치른 전쟁 중 한 나라가 다른 한 나라에 대해 이처럼 완전한 승리를 거둔 것은 7년 전쟁이 유일하다.

평화조약 체결을 위한 협상은 1761년 3월 프랑스의 제안으로 시작되었다. 당시 프랑스는 여전히 유럽에서 가장 강력한 육군을 보유하고 있었지만, 무너진 해군력을 재건할 여력이 없었다. 해군을 재건하지 못한다면 얼마 남지 않은 해외식민지마저 모두 영국에 빼앗길 것이 분명했으므로 프랑스로서는 영국과의 전쟁을 조속히 종결시키는 것이 최선이었다. 다만 프랑스 외무장관 슈아죌은 불리하나마 주어진 상황을 최대한 활용하여 프랑스에 유리한 결과를 이끌어내고자 했다. 그는 영국 역시 프랑스만큼은 아니더라도 전쟁으로 재정적인 어려움을 겪고 있음을 잘 알았다. 그는 특히 영국이 프로이센과의 동맹을 부담스럽게 느끼기 시작했다는 사실을 간파했다. 슈아죌은 피트에게 보낸 별도의 서한에서 영국과 프랑스 두 나라가 각자의 동맹에 대한 의무에 얽매이지 않고 평화협상을 진행할 것을 제안했다.[193]

앞서 지적했듯이 영국의 상승세는 1759년 절정에 달했고, 전쟁의 승패는 사실상 이때 결정되었다. 연이은 승전보에 승리의 도취감에 젖은 영국인은 마침내 전쟁의 손익에 관한 냉철한 분석을 시작했다. 영국은 유럽 대륙과 북아메리카에서 벌어진 전쟁을 위해 전례 없는 규모의 병력을 동원했다. 1759년 영국은 영국 본토와 아일랜드에 민병대 2만 명을 포함하여 5만 5천 명, 북아메리카 현지에서 모집한 병력 2만 5천 명을 포함하여 4만 5천 명, 서인도제도에 7천 명, 지브롤터에 7천 명, 그리고 독일에 1만 명의 전력을 보유했다. 독일에서는 헤세-카셀, 하노버 등이 제공한 5만 명 규모의 병력을 재정적으로 뒷받침해야 했다. 여기에 더해 영국은 해상에서 무려 277척의 크고 작은 전함을 운용해야 했다.[194]

승리의 열기가 가라앉자 영국에서 전쟁의 조속한 종결을 요구하는 목소리가 점점 커지기 시작한 것은 당연했다. 특히 전쟁을 완전히 중단하는 것이 가능하지 않다면 적어도 막대한 비용이 드는 유럽대륙에서의 전쟁을 중단하고 북아메리카와 서인도제도에서 프랑스에 대한 공세에 집중할 것을 요구하는 목소리가 커졌다. 독일에서 병력을 철수할 것을 요구한 이들은 영국의 국익이 상업의 증진과 식민지의 확대에 있으며, 유럽대륙에서 벌어지는 전쟁에 관여하거나 개입하는 것은 더 유용한 목적에 사용될 재원을 헛되이 낭비하는 것일 뿐이라고 주장했다.[195] 이들의 견해는 약 반세기 전에 볼링브룩 등이 스페인 왕위계승 전쟁의 조속한 중단을 요구하면서 내세웠던 주장과 거의 완벽하게 일치했다.

두 가지 요인이 독일 철수를 요구하는 주장에 무게를 더했다. 한 가지는 프로이센이 오스트리아 그리고 러시아와의 전투에서 연달아 패배하면서 전쟁이 교착상태에 빠졌다는 것이다. 한때 프리드리히 2세를 '프로테스탄트 영웅'으로 칭송했던 영국 국민 사이에서는 자신들의 세금이 동맹의무에 얽매여 끝날 기미를 보이지 않는 전쟁에 무한정 투입될지도 모른다는 두려움이 커졌다. 다른 한 가지는 1760년 10월 조지 2세가 숨을 거두고 그의 손자 조지 3세(George III, r.1760~1820)가 왕위에 오른 것이다. 앞선 두 명의 하노버 출신 영국 국왕과 달리 영국에서 태어나 영어를 모국어로 사용한 조지 3세는 하노버에 별다른 애착을 품지 않았다. 그는 영국이 많은 비용을 들여 독일에서 전쟁을 계속해야 하는 중요한 이유가 하노버를 보호하는 데 있다면 그러한 전쟁은 당장 중단되어야 함을 기꺼이 인정할 준비가 되어 있었다. 조지 3세의 즉위와 함께 그의 어린 시절 멘토였던 뷰트(John Stuart, The Earl of Bute)의 정치적 영향력이 증대되었다. 기성 정치인의 입장에서 보면 미숙한 신참에 불과했음에도 국왕의 후원을 받아 북부 국무장관에 임명된 뷰트는 독일에서의 전쟁이 불필요하다고 보는 입장이었고, 이로 인해 기존 정책을 고수할 것을 주장한 피트, 뉴캐슬 등과 충돌했다.[196]

영국은 뷰트의 주도하에 프로이센과의 동맹조약을 재협상하기 위한 작업에 착수했다. 영국은 프로이센에 "어느 한편이 단독으로 평화조약을 위한 협상을 시작할 수 없다"는 조항을 삭제해 달라고 요구했고, 보조금 규모의 감축과 종내에는 오스트리아와의 타협으로 전쟁을 조기에 종결지을 것을 요구했다. 프리드리히 2세는 영국의 요구에 시종일관 타협 불가의 입장을 고수했고, 결국 양국 간의 동맹은 1762년 1월 폐기되는 수순을 밟았다.[197] 피트는 프로이센에 대한 동맹의무를 계속 수행할 것을 주장했으며, 대외정책의 방향을 둘러싼 대립과 그 밖의 정치적 갈등으로 1761년 10월 국무장관직을 사임했다. 뉴캐슬은 다음 해 6월에 사임했다.

피트는 관직에서 물러난 이후에도 독일에서의 전쟁을 포기하지 말아야 함을 계속 주장했다. 그는 자신이 영국보다 하노버를 더 중시했다는 비판에 대해 이는 전혀 사실이 아님을 지적하면서 "프랑스가 독일에 병력을 보낼 필요가 없었다면 지금 독일의 프랑스군은 미국으로 보내졌을 것"이라고 주장했다. 그에 따르면 "아메리카는 독일에서 정복되었다". 피트는 또한 "유럽에서 영국이 독자적으로 프랑스를 상대하는 것은 불가능"하며, 프랑스가 대륙에서 아무런 견제도 받지 않고 자유롭게 행동하도록 방치하면 언젠가는 "이 나라를 침공하리라는 것은 결코 헛된 생각"이 아니라고 주장했다.[198] 이 두 가지 주장 중에서 피트는 후자에 더 무게를 둔 것으로 보인다. 하지만 "아메리카가 독일에서 정복되었다"는 그의 주장 역시 약간 과장되었을지언정 전혀 근거가 없지는 않았다. 예컨대 아메리카에서 전쟁을 수행하는 데 필수인 전함 수에서 영국과 프랑스 간 차이는 전쟁이 본격화된 이후에 더 커졌다. 영국 전함 수는 크게 증가한 데 반해 프랑스 전함 수는 전쟁 중이었음에도 오히려 더 감소했다.[199] 물론 프랑스 역시 독일에서 하노버를 공격함으로써 영국의 힘이 분산되는 효과를 기대했다. 하지만 프랑스는 소기의 목적을 달성하는 데 실패했다. 앞으로 살펴보겠지만 양국의 재정능력 측면의 차이가 이러한 결과를 낳았다.

1761년 3월에 시작된 프랑스와의 평화협상은 순탄하게 진행되지 못했다. 슈아죌은 프랑스가 미노르카를 영국에 되돌려주고 캐나다를 넘기는 대가로 영국이 서인도제도의 과들루프와 루이스부르 요새가 위치한 케이프브레턴섬을 프랑스에 되돌려주고, 프랑스가 독일에서 완전히 철수하는 대가로 영국은 뉴펀들랜드 해역에서 프랑스 어부들이 조업할 권리를 인정할 것을 제안했다. 이 제안에서 영국 정부가 가장 심각하게 고민한 것은 뉴펀들랜드 조업권 문제였다. 이 문제는 과거 위트레흐트에서도 쟁점이 된 이슈였다. 프랑스에 이 황금어장에서 어로활동을 할 권리를 인정하는 것은 영국에 이중 부담을 안겼다. 첫째, 프랑스는 뉴펀들랜드 해역에서의 어로활동으로 매년 평균 50만 파운드에 달하는 막대한 수익을 올렸다. 이는 영국의 수익을 능가하는 액수였다. 둘째, 뉴펀들랜드에서 어로활동에 종사하는 프랑스 어부들은 유사시 프랑스 해군으로 충원될 군사자원이었다. 국가 안보를 해군력의 우위에 의존하던 영국으로서는 민감한 문제가 아닐 수 없었다. 장차 자국에 잠재적으로 가장 큰 위협을 가할 국가에 군사력을 재건할 기회를 제공하는 것과 다를 바 없었기 때문이다. 영국은 케이프브레턴섬을 되돌려 달라는 프랑스의 요청을 거

부했고, 뉴펀들랜드 조업권은 상당한 보상이 주어질 때에만 긍정적으로 고려해보겠다고 답변했다.[200]

전례에 비춰볼 때 영국 정부의 답변이 특별히 강경한 내용을 포함하지 않았음에도 슈아죌은 협상이 결렬되었다고 판단하고 영국이 도저히 받아들일 수 없는 내용의 답변을 보냈다. 슈아죌의 다소 성급하고 감정적인 대응은 크게 세 가지 이유에서 비롯된 것으로 보인다. 첫째, 슈아죌은 오스트리아와의 동맹을 유지하기 원하는 자신의 정치적 후견인 퐁파두르(Pompadour) 후작부인의 뜻을 거스르고 싶지 않았던 것으로 보인다. 루이 15세의 베르사유에서 상당한 정치적 영향력을 행사한 퐁파두르는 1756년 프랑스와 오스트리아가 동맹을 체결하는 과정에서 결정적인 역할을 한 바 있다. 둘째, 슈아죌은 독일의 전황이 프랑스에 유리하게 전개된다면 더 유리한 조건에서 협상에 임할 수 있지 않을까 기대한 것으로 보인다. 셋째, 가장 중요한 이유로, 슈아죌에게는 스페인과의 동맹이라는 '숨겨진 카드'가 있었다.[201]

스페인에서는 1759년 페르난도 6세가 사망하고 그의 이복동생인 카를로스 3세(Carlos III r.1759~88)가 왕위에 올랐다. 카를로스 3세는 전임자와 달리 영국에 적대적이었다. 그는 특히 1739년 양국 사이에 전쟁을 초래한 이슈인 영국 상인들의 서인도제도에서의 불법적인 경제활동이 여전히 근절되지 않은 데 대해 큰 불만을 품었다. 이러한 불법적인 경제활동의 상징과도 같은 것이 영국 상인들이 온두라스에서 운영 중인 로그우드(logwood) 벌목장이었다. 로그우드는 모직물 염료의 원료로 쓰이는 나무였다. 1760년 9월 스페인 정부는 피트에게 항의 서한을 보내 영국 정부가 벌목장 폐쇄에 앞장서 달라고 요구했다. 이에 피트는 스페인의 요구가 합당하다는 데는 원칙적으로 동의하지만, 로그우드를 구할 다른 방도를 찾을 때까지는 벌목장 폐쇄가 어렵다는 답변을 보냈다. 사실상 거절 의사였다. 스페인 정부는 같은 서한에서 뉴펀들랜드 어장에서의 조업권도 요구했지만, 영국 정부는 단호하게 거부했다.[202]

사실 온두라스 벌목장 문제는 카를로스 3세와 스페인 정부가 영국에 불만을 가진 이유의 극히 일부에 불과했다. 카를로스 3세는 서인도제도뿐만 아니라 스페인 본국, 그리고 스페인이 통치하는 여러 영토에서 영국 상인들의 합법적 · 불법적인 경제적 침투가 용인할 수 있는 범위를 넘어섰다고 판단했다. 중상주의자였던 카를로스 3세는 영국이 스페인의 부와 그로부터 자신과 자신의 정부에 돌아와야 할 몫의 상당 부분을 약탈하고 있다고 보았다. 이러한 상황에서 영국이 프랑스와의 전쟁에서 연전연승을 거두면서 사실상 북아메리카 전역을 장악하자 스페인은 불안감을 느끼지 않을 수 없었다. 카를로스 3세는 마드리드 주재 프랑스 대사에게 퀘벡이 함락되었다는 소식을 들었을 때 "피가 거꾸로 치솟는" 것 같은 느낌을 받았다고 토로했다. 그는 이어서 캐나다를 영국이 차지함으로써 스페인이 보유한 멕시코와 플로리다 역시 위험해졌다고 말했다.[203]

슈아죌은 스페인의 이러한 상황을 십분 활용하여 영국과의 협상에서 프랑스에 조금이라도 더 유리한 결과를 이끌어내고자 했다. 스페인 해군의 전력을 높이 평가하지 않았던 슈아죌은 스페인과의 동맹으로 전황이 완전히 뒤바뀔 수 있으리라 기대하지 않았다. 슈아죌은 스페인이 참전하게 되면 전쟁이 더 길어질 것을 우려한 영국 의회가 내각에 압력을 가할 것이고, 그러면 프랑스와의 평화협상에서 영국 정부의 강경한 태도가 조금이나마 누그러질 수 있으리라 기대했다. 이를 위해 그는 수년에 걸친 전쟁으로 힘을 소진한 영국이 프랑스와 스페인의 연합 해군에 정면으로 맞서기 어려우리라는 카를로스 3세의 순진한 믿음을 부추겼다.[204] 슈아죌은 냉혹한 마키아벨리안의 전형을 보여주었다.

1761년 8월 프랑스는 스페인과 동맹조약을 체결하고 영국과의 전쟁을 재개했다. 하지만 프랑스와 스페인은 전쟁에 큰 기대를 걸었던 카를로스 3세와 좀 더 현실적인 기대를 걸었던 슈아죌 모두에게 실망스럽기 짝이 없는 결과만 얻었다. 영국은 프랑스가 소유한 서인도제도의 섬 중에서 가장 중요한 마르티니크를 비롯하여 세인트루시아, 그레나다, 세인트빈센트섬을 빼앗았다. 스페인은 쿠바의 아바나(Havana)와 필리핀의 마닐라를 빼앗겼다. 영국의 동맹국인 포르투갈을 침공하려는 시도도 계획대로 이루어지지 못했다. 옐리자베타의 죽음으로 러시아마저 오스트리아와 프랑스의 동맹에서 탈퇴하자 프랑스는 영국과의 협상을 재개할 수밖에 없었다.

다시 한번 눈부신 승리를 거뒀음에도 영국이 제시한 평화안은 슈아죌의 예상보다 가혹하지 않았다. 영국은 캐나다를 갖는 대신 프랑스의 요구대로 뉴펀들랜드 해역에서의 조업권을 허용하고, 세인트빈센트, 토바고, 그레나다 등을 갖는 대신 과들루프, 마르티니크, 세인트루시아 등 프랑스령 서인도제도에서 가장 중요한 섬들을 반환할 것을 프랑스에 제안했다. 영국의 가장 중요한 제안은 프랑스령 루이지애나와 영국령 북아메리카 식민지의 경계선을 미시시피강으로 정하자는 것이었다. 영국 정부는 영국계 주민의 북아메리카 정착지 중 가장 서쪽에 위치한 정착지로부터도 서쪽으로 무려 800km 이상 떨어진 미시시피강을 경계선으로 삼을 것을 제안함으로써 영토분쟁의 소지를 확실히 제거하고자 했다.

영국 정부 내에서는 이러한 제안의 타당성을 두고 논란이 일었다. 특히 영국에 당장 많은 경제적 이익을 가져다줄 서인도제도의 섬들을 포기하는 대신 당시 황무지나 다름없는 북아메리카의 땅을 요구하는 것에 반대하는 의견이 많았다. 하지만 뷰트는 적어도 당분간은 프랑스와 평화적인 관계를 유지할 필요가 있다고 판단했고, 자신의 견해를 밀어붙였다. 피트는 1762년 한 해 동안 영국이 거둔 성과에도 자국의 평화안이 1761

년의 평화안과 달라진 것이 거의 없다고 비판의 목소리를 높였다. 슈아죌은 기꺼이 영국의 제안을 받아들였고, 1763년 2월 평화조약이 체결되었다.[205]

뷰트 내각이 전쟁에서 압도적인 승리를 거뒀음에도 프랑스를 끝까지 밀어붙이기를 거부한 것은 만약 너무 많은 것을 빼앗게 되면 멀지 않은 장래에 전쟁이 재발하는 것이 불가피하다고 판단했기 때문이다. 영국 측에서 평화협상을 주도한 인물 중 한 명인 베드포드(John Russell, Duke of Bedford)는 프랑스에 뉴펀들랜드 해역에서의 조업권을 허용하는 것은 장차 영국을 상대할 해군을 재건할 기회를 주는 것과 같다고 주장한 피트에 대해 프랑스의 해군력을 완전히 무력화시키겠다는 것은 "자연을 상대로 싸움을 벌이는 것"과 마찬가지라고 반박했다. 베드포드는 영국이 해상에서 절대 패권을 장악한다면 유럽 국가들은 서로 힘을 합쳐 영국에 대항하려 할 것이라고 지적하면서 영국은 루이 14세 프랑스의 전철을 밟지 말아야 한다고 경고했다. 루이 14세의 기억이 반세기가 넘도록 짙은 그림자를 드리우면서 영국에 더 신중하게 패전국을 상대하도록 한 것이다.[206]

☆☆☆☆☆

영국이 프랑스의 요구를 상당 부분 수용하기는 했지만, 전쟁은 영국의 압승으로 끝을 맺었다. 근세 초 유럽에서 일어난 전쟁으로는 드물게 7년전쟁에서 영국이 거의 완벽한 승리를 거둘 수 있었던 이유는 무엇인가? 반대로 전쟁 초반에 전쟁을 유리하게 이끌어가던 프랑스가 급작스럽게 무너진 이유는 무엇인가?

가장 명백한 이유는 역사상 최초로 북아메리카가 유럽 국가 간 전쟁의 주무대가 되었고, 해군력의 우위를 확보한 영국이 이 전장에서 절대적으로 유리한 위치에 설 수 있었다는 것이다. 여기에 더해 북아메리카에서 영국계 주민이 프랑스계 주민보다 20배 이상 많았다는 것도 승리 요인이 되었다. 프랑스가 북아메리카와 해상에서 불리함을 만회할 유일한 길은 독일에서의 전쟁에서 일정한 성과를 거두는 것이었다. 만약 프랑스군이 하노버를 점령하고 오스트리아군, 러시아군과 함께 프리드리히 2세의 프로이센을 굴복시키는 데 성공했더라면 영국은 절반의 승리만을 거뒀을 것이다. 하지만 프랑스는 이마저도 실패했다. 로스바흐에서 패배한 후 프랑스군은 독일에서 좀처럼 반전 기회를 잡지 못했다. 그러기는커녕 민덴에서 페르디난트 폰 브라운슈바이크의 정찰군에 패하는 등 지지부진했다. 영국의 승리는 동맹국 프로이센이 오스트리아로부터 슐레지엔을 성공적으로 방어함으로써 더욱 완전해졌다.

막강한 해군력 못지않게 전쟁을 재정적으로 뒷받침할 능력에서 프랑스에 앞섰다는 사실이 7년전쟁에서 영국이 압도적인 승리를 거두는 데 크게 기여했다. 전쟁 기간 동안 영국은 프랑스보다 훨씬 많은 금액을 전쟁비용으로 지출했다. 1761년 한 해의 전쟁비용을 추산해볼 때 영국은 프랑스보다 두 배가 넘는 액수를 지출했다.[207] 영국은 이전의 전쟁과 비교해서도 7년전쟁에서 많은 액수를 지출했다. 9년전쟁과 스페인 왕위계승 전쟁, 오스트리아 계승전쟁에서 각각 매년 545만 6,555파운드, 706만 3,923파운드, 877만 8,900파운드를 지출한 영국은 7년전쟁에서 매년 1,803만 6,142파운드를 지출했다. 7년전쟁 이전의 세 전쟁이 끝났을 때 영국 정부의 채무는 각각 1,670만 파운드, 3,620만 파운드, 7,610만 파운드였는데, 7년전쟁이 끝났을 무렵에는 1억 3,260만 파운드까지 증가했다. 국민소득 중 군사비가 차지하는 비율도 크게 증가했다. 1710년 9%, 1740년 10% 정도였던 소득 대비 군사비 규모가 1760년에는 14%로 늘어났다.[208]

영국이 프랑스나 오스트리아, 프로이센에 비해 비교적 작은 규모의 병력을 유지했으면서도 이렇게 전비 지출이 증가한 것은 프로이센에 대한 보조금과 하노버, 헤세-카셀 등 정찰군에 병력을 제공한 독일 동맹국에 대한 보조금으로 상당 액수를 지출했기 때문이고, 더 중요하게는 해군을 일정 전력 이상으로 유지하는 데 들어가는 비용이 만만치 않았기 때문이다. 특히 전함을 건조하고 유지하고 교체하는 데 당시로서는 천문학적인 액수의 자금이 투입되었다. 브루어(John Brewer)에 따르면 1765년 100문의 함포를 탑재할 전함 빅토리호 한 척을 건조하는 데 든 비용은 6만 3,174파운드였다. 1800년 영국 웨스트라이딩(West Riding) 지역의 모직물 공장 한 채를 건설하는 데 든 비용이 평균 1,657파운드였음을 감안하면 엄청난 액수였다. 이 지역의 243개 공장의 가치를 모두 합하면 40만 2,651파운드로 빅토리호 같은 규모의 전함 6~7척을 건조하는 비용과 비슷했다.[209]

이와 같이 막대한 액수를 전쟁비용으로 지출했음에도 영국은 전쟁이 끝날 때까지 재정적으로 큰 어려움을 겪지 않았다. 이에 반해 프랑스는 재정적 어려움에 발목이 잡혀 영토 손실을 감수하고 영국에 먼저 평화조약 체결을 위한 협상을 요청하게 되었다. 이러한 차이를 어떻게 설명할 수 있을까? 먼저 주목해야 할 사실 한 가지는 영국의 재정 확대가 단순히 경제성장의 결과로 가능해지지 않았다는 것이다. 즉 19세기 이후 영국을 세계 최고의 경제대국으로 만든 요인, 즉 농업생산성의 향상, 산업화, 생산요소의 재배치 등이 영국의 재정 능력 향상에 끼친 영향이 제한적이었다는 것이다. 명예혁명 시기부터 1815년까지 영국의 국민총생산량은 약 3배 정도 증가했는데, 같은 기간 영국 재무성이 거두어들인 세금은 약 15배나 증가했다. 조금 달리 표현하면 17세기 말부터 19세기 초까지 세수의 증가속도는 16 : 3 정도의 비율로 경제성장률을 능가했다. 찰스 2세의 재위 시기부터 세수가 경제성장률만큼만 증가했다면 조지 3세 재위 시기에 영국 정부의 세수는 실제로 거두어들인 세수의 30% 정도에 불과했을 것이다.[210] 영국이 혁명적으로 재정을 확대할 수 있었던 근본 원인은 경제 영역이 아닌 정치와 행정 영역에서 찾아야 한다.[211]

그렇다면 영국이 재정을 확대할 수 있었던 정치적 · 행정적 이유는 무엇인가? 브루어는 의회의 특별한 역할을 강조했다. 그에 따르면 명예혁명으로 정국의 주도권을 장악한 영국 의회가 조세의 승인에서부터 지출에 대한 감시 · 감독에 이르기까지 정부재정의 전 과정에 깊숙이 개입했다. 의회가 이렇게 적극적으로 재정 문제에 관여한 것은 세수 증가로 인한 정부의 권한 강화를 두려워하고 불신했기 때문이다. 다만 1690년대 이후 루이 14세의 프랑스와 자코바이트주의자의 위협으로부터 1689년 체제를 수호해야 했고, 1714년 이후에는 프로테스탄트 왕위계승을 보장해야 했으므로 의회는 정부 권한을 축소하는 대신 일정 한도 이상으로 확대되지 못하도록 막는 '봉쇄 정책'을 택했다.

이는 의도하지 않은 결과를 낳았다. 영국 의회의 감시 · 감독하에서 정부의 재정 운용이 더욱 투명해지고 효율적으로 된 것이다. 프랑스와의 전쟁을 결정한 이후 정부는 매년 의회에 필요한 재원을 요청해야 했는데, 의회는 막대한 액수의 세금징수를 승인하는 대가로 정부의 예산운용에 직간접적으로 관여하기 시작했다. 대표적으로 의회는 '공공회계위원회(Commission of Public Accounts)'를 구성하여 부정부패와 권한 남용을 적발하고 재정지출의 비효율성을 지적하는 등 정부의 활동을 감시 · 감독하게 했다. 아이러니한 사실은 이와 같이 의회가 간섭한 결과 정부에 대한 일반 국민의 신뢰가 제고되었고, 그 결과 더욱 손쉽게 낮은 이자율로 돈을 빌리는 것이 가능해졌다는 점이다. 영국은행의 성공은 이와 같은 정부 개혁과 의회의 감독기능으로 정부가 높은 신용도를 누릴 수 있게 되었기에 가능했다고 할 수 있다.[212]

이에 반해 오브라이언(Patrick O'Brien)은 의회의 역할이 제한적이었음을 강조한다. 그는 의회의 존재와 역할보다는 세수의 절반 이상을 소비세(excise)와 관세 등 간접세로 충당했다는 사실이 영국의 재정적 성공에서 결정적이었다고 주장한다. 이는 프랑스를 비롯한 유럽 대부분의 국가들이 세수의 가장 많은 부분을 토지세를 비롯한 직접세로 거두어들인 것과 대조를 이루었다. 잘 알려져 있듯이 상품과 서비스에 부과되는 간접세는 조세저항을 최소화할 수 있다는 장점을 가진다. 이 외에도 구체제 하에서 대부분의 대륙 국가들이 지역별로 쿼터를 정해 세금을 부과하는 방식을 유지한 데 반해, 영국은 전 국민에게 일률적으로 세금을 부과할 수 있었던 것도 재정 수입 증가에서 중요한 몫을 차지했다. 대륙 국가들에서는 지역의회 혹은 지역 엘리트와 쿼터를 협상하는 과정에서 중앙정부가 납부해야 할 세금을 깎아주는 경우가 비일비재했다. 또 일단 몇 년 기한으로 쿼터가 정해지면 그 기간 동안에는 급박하게 필요한 때라도 세금을 인상할 수 없었다. 오브라이언은 내전 시기에 극심한 정치적 · 사회적 혼란을 경험한 지배층 사이에서 재정적으로 탄탄한 기반 위에 선 강한 국가의 필요성에 관한 합의가 형성되었음을 영국의 재정적 성공의 원인 중 하나로 지적하기도 한다.[213]

어떤 원인이 가장 결정적이건 간에 영국 정부의 재정 확대는 7년전쟁을 포함하여 1690년대 이후의 전쟁에서 영국이 성공을 거둔 가장 중요한 이유였다. 반면에 프랑스는 영국만큼 효율적으로 재정을 확대하지 못했다. 물론 프랑스는 재정규모에서 적어도 1760년대까지는 영국에 앞섰다.[214] 하지만 전시의 재정 확장성이라는 측면에서 프랑스는 영국의 상대가 되지 못했다. 7년전쟁을 치르면서 프랑스는 심각한 재정위기에 빠졌고, 그 결과 전쟁을 포기하기에 이르렀다.

7년전쟁 이전인 1750년대 초반만 하더라도 프랑스가 재정적으로 어려운 상황에 처해 있었다고 하기는 어렵다. 오스트리아 계승전쟁으로 재정적자가 수년에 걸쳐 누적되었지만, 이로 인해 프랑스가 심각한 재정위기에 처했다고 믿는 이는 거의 없었다.[215] 하지만 7년전쟁에서 프랑스는 오스트리아 계승전쟁에서 지출한 9천만~1억 리브르의 두 배인 약 1억 8,900만~2억 2,500만 리브르를 매년 전비로 지출해야 했다.[216] 전쟁비용이 이전 전쟁과 큰 차이가 없으리라 믿었던 프랑스 정부는 당황하지 않을 수 없었다. 그럼에도 프랑스 정부는 세금 인상이나 신설을 통해 추가로 발생하는 비용을 충당하지 않겠다는 전쟁 초반에 내린 결정을 포기하지 않았다. 그 대신 정부는 돈을 빌리거나 관직 판매, 국채발행 등의 수단을 동원하여 전쟁비용을 마련하고자 했다. 루이 15세의 프랑스 정부는 세금 인상이나 신설이 초래할 정치적 반발을 몹시 부담스러워했다. 전쟁을 전후한 시기에 종교문제에서 비롯된 루이 15세와 파리 고등법원 사이의 갈등이 국왕의 권위에 대한 정면도전으로 이어지는 일이 발생했고, 이러한 상황에서 정부는 선불리 세금부담을 가중시키기 어려웠다.[217]

하지만 세금 인상이나 신설 외의 방식으로 전쟁비용을 충당하는 데는 한계가 있을 수밖에 없었다. 관직 판매는 이미 너무 남발되어 더 이상 새로운 관직을 신설하기 어려웠다. 기존 구매자의 저항도 만만치 않았고, 관직을 구매한 이들에게 매년 지급해야 할 보수도 감당하기 어려웠다. 국채발행은 연금형식으로 매년 일정액의 이자가 지급되는 국채에 대한 수요가 가장 높았는데, 역시 이미 너무 많은 양이 발행되어 프랑스 정부는 구매자에게 이자를 지급하는 데 어려움을 겪었다. 이 외에도 재정 관료의 비전문성에서 비롯된 비효율성도 재정의 어려움을 가중시켰고, 루시용(Roussillon)과 같이 프랑스에 새로 병합된 지역이나 브르타뉴, 랑그독과 같이 지역의회에 상당한 권한이 부여된 페이 데타(pays d'ètat) 지역은 정치적인 협상과 타협을 거쳐 여타 지역보다 세금을 적게 납부하는 경향을 보인 것도 문제였다. 정부를 대신해 세금을 거두는 역할을 담당한 세금징수청부인이 차지하는 몫이 지나치게 큼에도, 또 이들의 업무처리 방식이 투명하고 공정한 것과는 거리가 멀었음에도 이들이 정부의 가장 중요한 자금원이라는 이유로, 또 정치 실력자들과 구축한 인적 네트워크로 이 문제를 섣불리 건드리지 못한 것도 상황을 악화시켰다.[218]

이러한 원인이 결합된 결과 프랑스는 7년전쟁으로 초래된 과중한 재정적 부담을 견디지 못하고 심각한 재정위기에 처하게 되었다. 재정위기는 전쟁의 패배만 가져오지 않았다. 위기는 이후 미국독립전쟁을 거치면서 통제 불능 상태로 악화되었고, 결국 구체제의 붕괴와 프랑스혁명을 촉발시킨 결정적인 요인 중 하나가 되었다.

☆☆☆☆☆

7년전쟁은 근세 초 유럽에서 벌어진 이전의 전쟁과 여러 측면에서 차별화되었다. 이 중 특히 두 가지 점을 강조할 필요가 있다. 먼저 7년전쟁은 이전 전쟁에 비해 대단히 파괴적인 전쟁이었다. 전쟁 기간 동안 무려 약 85~100만 명이 사망한 것으로 추산된다. 프로이센은 전쟁으로 10%의 인구 손실을 겪었고, 오스트리아군의 총 사상자 수는 30만 명에 이르렀다. 흔히 18세기 유럽에서 벌어진 전쟁이 그 이전 시기의 전쟁에 비해 '제한적'이었다는 점이 강조되곤 하지만, 7년전쟁은 그렇게 이야기하기 어렵다.[219] 앞서 지적했듯이 7년전쟁은 전쟁비용 측면에서도 앞선 전쟁을 훨씬 능가했다. 전쟁의 승자와 패자 모두 전쟁이 끝난 이후에 재정적으로 심각한 문제에 봉착했다. 7년전쟁은 1790년대와 1800년대의 '총력전'을 예견케 했다.[220]

다음으로 7년전쟁은 유럽 역사상 처음으로 유럽 이외의 지역에서 일어난 군사적 충돌이 발단이 되어 발발한 전쟁이다. 1754년 조지 워싱턴이 이끈 150여 명의 영국 원정대와 프랑스군 사이에 벌어진 전투는 전쟁의 시작을 알린 신호탄이자, 더 나아가 7년전쟁의 첫 번째 전투로 간주할 수 있다. 북아메리카는 전쟁의 발화점을 제공하는 데 그치지 않고 영국과 프랑스 간 전쟁의 주전장이 되었다. 본국의 프랑스인과 영국인은 북아메리카에서 승리와 패배의 소식이 전해질 때마다 웃고 울었다. 영국과 프랑스는 북아메리카 외에도 서인도제도, 인도, 아프리카 등지에서 전투를 벌였다. 1762년에는 스페인이 전쟁에 합류하면서 유럽 이외 지역의 전장이 가지는 중요성이 더욱 증가했다. 윈스턴 처칠은 7년전쟁을 '제1차 세계대전'으로 보아야 한다고 주장한 바 있다.

그렇다면 어떤 이유에서 북아메리카에서의 식민지 쟁탈전이 영국과 프랑스 두 나라 사이의 전면전으로 확산되었는가? 무엇이 두 나라에 오스트리아 계승전쟁이 끝난 지 채 5~6년도 지나지 않은 시점에서 또다시 전면전의 위험을 감수하면서까지 식민지 쟁탈전에 모든 힘을 쏟게 했는가? 이는 주로 프랑스의 태도 변화에 기인한다. 이즈음 프랑스 정부 내에서는 영토의 크기보다 무역과 식민지 경영을 통해 획득한 상업적 부가 국가의 국력수준을 결정하는 데 더 중요하다는 견해가 점점 더 많은 사람에게 받아들여졌다. 이들은 국토의 크기와 인구 규모에서 프랑스의 절반에도 미치지 못하는 영국이 국제적으로 프랑스와 대등한 지위를 누리게 된 것은 거의 한 세기 전부터 해군력을 꾸준히 강화함으로써 무역과 해운, 식민지 경영을 보호하고 증진하는 데 온 힘을 쏟은 결과라고 보았다. 이러한 상황에서 프랑스가 '해양보편왕국'을 건설하려는 영국의 시도에 정면으로 맞서야 한다고 주장했다.[221] 영국의 군사적 성공이 절정에 달한 1759년, 슈아죌은 스톡홀름 주재 프랑스 대사에게 보낸 서한에서 다음과 같이 말했다.

"우리는 더 이상 스스로를 기만하지 말아야 합니다. 이제 진정한 세력균형은 상업과 아메리카에 있습니다. 물론 독일에서의 전쟁은 지금보다는 더 잘 치러져야 합니다. 하지만 이 전쟁에서 승리하더라도 영국이 현재 바다에서 누리고 있는 우월한 지위를 잠식하는 데는 별 도움이 되지 못할 것입니다. 국왕 폐하는 헛되이 힘을 소진하실 것입니다. 폐하께서 앞으로 주의를 더 기울이시지 않는다면 프랑스의 동맹국들은 영국의 부속국이 아니라 조공국의 지위로 추락할 것입니다. 프랑스는 영국과의 대등한 지위를 되찾기 위해 여러 명의 리슐리외와 콜베르를 필요로 할 것입니다."[222]

이러한 인식의 전환에도 프랑스는 독일에서의 전쟁에 많은 인력과 재원을 투입하면서 개입했다. 앞서 지적했듯이 프리드리히 2세의 선제공격이 오스트리아와의 동맹의무를 발동시켰고, 프로이센의 배신에 분노한 루이 15세가 손해를 무릅쓰면서까지 마리아 테레지아와의 약속을 지키려 했기 때문이다. 결국 유럽대륙에서 힘을 소진한 프랑스는 바다와 식민지에서 영국을 견제한다는 애초의 계획을 실행에 옮기지 못한 채 전쟁을 마무리했다.[223]

하지만 슈아죌을 비롯한 프랑스 정책결정자들은 이후로는 유사한 실수를 되풀이하지 않기로 결심했다. 7년전쟁이 끝난 후 슈아죌은 오스트리아를 비롯한 대륙국가와의 협력관계를 최소 수준으로 유지함으로써 불필요한 개입 가능성을 사전에 차단하는 한편, 스페인과 긴밀히 협력하여 프랑스 해군을 재건하는 데 온 힘을 쏟았다. 그 결과 1775년까지 프랑스 해군과 스페인 해군은 보유한 전열함의 총 톤수에서 영국 해군에 25% 가량, 1780년에는 44%가량 앞서게 되었다. 프랑스의 해군에 대한 투자는 심각한 재정위기로 촉발된 정치적 · 사회적 격변 속에서도 1792년까지

중단 없이 계속되었다.[224]

이와 같이 프랑스가 7년전쟁을 계기로 자국의 전략적 이익을 재정의함에 따라 해양세력으로서의 이익을 추구하는 영국과 프랑스 그리고 스페인 등 서유럽 국가들과 대륙국가로서의 이익을 추구하는 오스트리아, 프로이센, 러시아의 중부 및 동유럽 국가들 사이에 이해관계의 '분절'이 일어났다. 그 결과 영국과 프랑스, 스페인은 중부 및 동유럽 세 나라의 폴란드 분할(1772, 1793, 1795)에 거의 관여하지 않았고, 반대로 오스트리아와 프로이센, 러시아는 프랑스와 스페인이 아메리카 식민지를 지원하여 영국과 벌인 전쟁(1778~83)에 군사적으로 개입하지 않았다. 1800년대 나폴레옹의 집권과 함께 프랑스가 대륙국가로서의 정체성을 주장함에 따라 '분절'은 잠시 사라졌지만, 그의 몰락 이후 다시 중요해졌다.[225]

주

1 F. H. Hinsley, *Power and the Pursuit of Peace: Theory and Practice in the History of Relations between States* (Cambridge: Cambridge University Press, 1963), pp. 153-54.

2 이러한 견해를 도일이 처음 주장한 것은 아니다. 그 자신도 밝히고 있듯이 상당히 오래전부터 18세기는 고전적인 세력균형이 구현된 시기로 이해되었다. Michael W. Doyle, *Ways of War and Peace: Realism, Liberalism, and Socialism* (New York: W. W. Norton & Company, 1997), pp. 175-93.

3 H. Butterfield (1966), pp. 141-42.

4 Colin Jones, *The Great Nation: France from Louis XV to Napoleon* (London: Penguin Books, 2003), pp. 36-38.

5 존 로의 개혁은 ① 중앙은행 설립, ② 무역과 조세징수를 위한 거대 독점 기업의 설립, ③ 지폐 발행 등을 통해 금융시장을 활성화시켜 정부의 부채 문제를 해결하려 했다. Collins (1995), pp. 171-72; A. Cobban, "The Decline of Divine-Right Monarchy in France," J. O. Lindsay ed., *The New Cambridge Modern History, Volume VII: The Old Regime, 1713-63* (Cambridge: Cambridge University Press, 1970), pp. 223-24.

6 J. O. Lindsay, "International Relations," J. O. Lindsay ed., *The New Cambridge Modern History, Volume VII: The Old Regime, 1713-63* (Cambridge: Cambridge University Press, 1970), pp. 193-94.

7 1728년 루이 15세가 천연두에 걸려 사경을 헤맬 때 프랑스에서는 펠리페 5세와 오를레앙 공작 루이(1723년 사망한 오를레앙 공작 필리프의 아들) 사이에 내전이 발생할 것이라는 소문이 돌기도 했다. Jeremy Black, *From Louis XIV to Napoleon: The Fate of Great Power* (London: UCL Press, 1999), p. 70.

8 Hoppit (2000), p. 38.

9 Hoppit (2000), pp. 384-97; W. R. Brock, "England," J. O. Lindsay ed., *The New Cambridge Modern History, Volume VII: The Old Regime, 1713-63* (Cambridge: Cambridge University Press, 1970), pp. 246-47.

10 Claude Sturgill, "From Utrecht to the Little War with Spain: Peace at Almost Any Price Had to Be the Case," J. Black ed., *The Origins of War in Early Modern Europe* (Edinburgh: John Donald Publisher, 1989), pp. 178-79.

11 Black (1999), p. 72-73; Lindsay (1970), pp. 193-95; Brendan Simms, *Three Victories and a Defeat: The Rise and Fall of the First British Empire* (London: Penguin Books, 2007), p. 115.

12 Jeremy Black, "The Anglo-French Alliance 1716-1731: A Study in Eighteenth Century International Relations," *Francia* 13, 1985, p. 297.

13 Black (1991), p. 153; Hochedlinger (2003), pp. 198-99.

14 Kamen (2001), pp. 120-21.

15 Black (1995), p. 297-98.

16 Lindsay (1970), pp. 196-98; Simms (2008), p. 137-41.

17 Simms (2008), pp. 108-9.

18 Lindsay (1970), pp. 198-99; Ragnhild Hatton, "Charles XII and the Great Northern War," J. S. Bromley ed., *The New Cambridge Modern History, Volume VI: The Rise of Great Britain and Russia, 1688-1715/25* (Cambridge: Cambridge University Press, 1970), pp. 678-79.

19 Simms (2008), pp. 108-12.

20 Simms (2008), p. 124에서 재인용.

21 Simms (2008), p. 83.

22 Jeremy Black, *Parliament and Foreign Policy in the Eighteenth Century* (Cambridge: Cambridge University Press, 2004), pp. 1-12.

23 네덜란드연방에서 윌리엄 3세의 스타드호울더로서의 지위가 국왕의 지위와 달랐으므로 두 나라가 엄격한 의미에서 연합왕국을 이루었다고 단정하기는 어렵다. 하지만 그가 연방 내에서 실질적으로 군주의 역할을 담당했으므로 넓은 의미에서 연합왕국으로 보기에는 무리가 없다.

24 Jeremy Black, "Hanover and British Foreign Policy, 1714-60," *English Historical Review* 120(486), 2005, p. 305.

25 Simms (2008), p. 174에서 재인용.

26 Teschke (2003), pp. 249-70.

27 Lindsay (1970), pp. 199-201; Hochedlinger (2003), pp. 199-200.

28 Simms (2008), pp. 168-69.

29 Hochedlinger (2003), pp. 205-8; Charles Ingrao, *The Habsburg Monarchy, 1618-1815* (Cambridge: Cambridge University Press, 1994), pp. 128-29.

30 Simms (2008), pp. 184-91.

31 Simms (2008), p. 198-200.

32 Lindsay (1970), pp. 201-202; Hochedlinger (2003), pp. 200-201.

33 하지만 이와 동시에 영국 내에서는 하노버를 방어하기 위해 영국의 재원이 사용되는 것에 대한 비판이 다시금 고조되었다. Nick Harding, "Sir Robert Walpole and Hanover," *Historical Research* 76(192), 2003, pp. 170-71.

34 Simms (2008), pp. 209-12; Black (1999), p. 75; Black (1985), pp. 301-2.

35 Simms (2008), pp. 218-19; Hochedlinger (2003), p. 201; Paul Langford, *A Polite and Commercial People: England, 1727-1783* (Oxford: Oxford University Press, 1989), pp. 18-19.

36 Jones (2003), pp. 88-89.

37 Cobban (1970), p. 225.

38 Jones (2003), p. 53.

39 Ingrao (1994), pp. 20-21; Jeremy Black, "French Foreign Policy in the Age of Fleury

Reassessed," *English Historical Review* 103(407), 1988, pp. 362-63.

40 Black (1988), pp. 365-66.

41 Black (1985), pp. 306-7.

42 Marco Cesa, *Allies yet Rivals: International Politics in 18th Century Europe*, Trans. P. J. Barr (Stanford: Stanford University Press, 2010), pp. 126-27.

43 1697년 작센의 선제후인 베틴(Wettin) 가문 출신의 아우구스트 2세가 폴란드 의회(Sejm)에서 국왕으로 선출되었다. 이후 66년 동안 작센과 폴란드는 베틴 가문 출신의 국왕이 통치하는 '연합왕국' 형태로 존속했다.

44 Jeremy Black, "Mid-Eighteenth Conflict with Particular Reference to the Wars of the Polish and Austrian Succession," J. Black ed., *The Origins of War in Early Modern Europe* (Edinburgh: John Donald Publisher, 1989), p. 217.

45 Black (1999), p. 79; Black (1989), p. 221.

46 1713년 위트레흐트 조약에서 사보이아-피에몬테 공작 비토리오 아메데오 2세(Vittorio Amedeo II)는 시칠리아 왕국을 할양받음으로써 국왕의 지위를 획득했다. 그는 앞서 지적했듯이 1720년 시칠리아를 오스트리아에 내주고 사르데냐를 받아야 했지만, 사르데냐 왕국으로서의 지위를 인정받아 그 역시 국왕의 지위를 유지할 수 있었다. 이에 따라 다음에서는 사보이아-피에몬테 공국을 '사르데냐 왕국'으로 호칭한다.

47 Hochedlinger (2003), pp. 208-12; Michael Sheehan, "Balance of Power Intervention: Britain's Decisions For or Against War, 1733-56," *Diplomacy & Statecraft*, 7(2), 1996, pp. 272-73.

48 Hochedlinger (2003), p. 220, 239.

49 Black (1999), pp. 80-81.

50 Simms (2008), pp. 233-34.

51 Black (1991), p. 160; Jeremy Black, "Anglo-Austrian Relations, 1725-1740: A Study in Failure," *Journal for Eighteenth Century Studies* 12(1), 1989, pp. 37-38; David Hayton, "Contested Kingdoms, 1688-1756," P. Langford ed., *Eighteenth Century, 1688-1815* (Oxford: Oxford University Press, 2002), pp. 56-58.

52 Sheehan (1996), p. 276.

53 Sheehan (1996), pp. 274-75, 276-77; Black (1991), pp. 162-63.

54 M. S. Anderson, *The War of the Austrian Succession, 1740-48* (London: Longman, 1995), p. 8.

55 Richard Lodge, *Studies in Eighteenth-Century Diplomacy, 1740-48* (London: John Murray, 1930), pp. 37-38.

56 Reed Browning, *The War of the Austrian Succession* (New York: St. Martin's Griffin, 1993), p. 38; Mark A. Thompson, "The War of the Austrian Succession," J. O. Lindsay ed., *The New Cambridge Modern History, Volume VII: The Old Regime, 1713-63* (Cambridge: Cambridge University Press, 1970), p. 416.

57 Jones (2003), p. 121; Black (1999), p. 83; Browning (1993), p. 40.

58 Tim Blanning, *Frederick the Great: King of Prussia* (New York: Random House, 2016), p. 81; Browning (1993), p. 39.

59 H. M. Scott, "Prussia's emergence as a European great power, 1740-1763," P. G. Dwyer ed., *The Rise of Prussia, 1700-1830* (London and New York: Longman, 2000), p. 161.

60 Blanning (2016), p. 85.

61 Browning (1993), p. 42.

62 Hochedlinger (2003), pp. 212-17.

63 Blanning (2016), p. 83.

64 Blanning (2016), pp. 96-97.

65 Black (1989), pp. 225-26.

66 Browning (1993), p. 46.

67 영국이 애초에 위트레흐트 조약에서 아시엔토의 독점을 요구한 이유가 노예무역을 매개로 하여 스페인 식민지에서 무역거래망을 구축하려는 데 있었다는 지적도 있다. George H. Nelson, "Contraband Trade under the Asiento, 1730-1739," *American Historical Review* 51(1), 1945, p. 55; Philip Woodfine, "The Anglo-Spanish War of 1739," J. Black ed., *The Origins of War in Early Modern Europe* (Edinburgh: John Donald Publisher, 1989), pp. 192-93.

68 Simms (2008), p. 260.

69 Richard Harding, *The Emergence of Britain's Global Naval Supremacy, The War of 1739-1748* (Woodbridge: The Boydell Press, 2010), pp. 15-25; Lindsay (1970), pp. 206-9; Woodfine (1989), p. 189; Simms (2008), pp. 267-68.

70 Simms (2008), pp. 268-73.

71 Simms (2008), p. 275.

72 Browning (1993), pp. 58-61; Simms (2008), pp. 284-85.

73 Harding (2010), pp. 57-120.

74 Browning (1993), pp. 42-45; Anderson (1995), pp. 68-72.

75 Blanning (2016), p. 102에서 재인용.

76 Browning (1993), pp. 57-58.

77 Jeremy Black, *America or Europe? British Foreign Policy, 1739-63* (London: UCL Press, 1998), p. 50.

78 H. M. Scott, "Hanover in mid-eighteenth century Franco-British geopolitics," B. Simms & T. Riotte eds., *The Hanoverian Dimension in British History, 1714-1837* (Cambridge: Cambridge University Press, 2007), p. 283.

79 Anderson (1995), pp. 78-79; Richard Pares, "American versus Continental Warfare, 1739-63," *English Historical Review* 51(203), 1936, p. 435.

80 Black (1998), p. 48에서 재인용; Scott (2007), p. 285; Simms (2008), pp. 296-300.

81 Anderson (1995), pp. 84-89; Thompson (1970), p. 420.

82 Browning (1993), pp. 74-75; Blanning (2016), p. 106.

83 Anderson (1995), pp. 96-101; Browning (1993), pp. 79-82; Lodge (1930), pp. 46-47.

84 Anderson (1995), pp. 90-94; Browning (1993), pp. 87-89.

85 Browning (1993), pp. 91-93; Blanning (2016), p. 110.

86 Browning (1993), pp. 106-7; Anderson (1995), pp. 101-5; Blanning (2016), pp. 112-13.

87 Browning (1993), pp. 108-9.

88 Black (1998), pp. 53-54.

89 Simms (2008), pp. 303-4.

90 18세기에 영국의 대외정책은 유럽 북부의 프로테스탄트 국가들과의 관계를 책임지는 '북부 국무장관(Secretary of State for the Northern Department)', 가톨릭 국가와 오스만제국의 관계와 식민지 문제를 책임지는 '남부 국무장관(Secretary of State of the Southern Department)'의 2인이 짝을 이루어 담당했다.

91 Simms (2008), p. 302.

92 Anderson (1995), pp. 110-11; Simms (2008), pp. 315-17; Langford (1989), pp. 190-91.

93 Anderson (1995), pp. 120-25; Browning (1993), pp. 137-40, 142-48.

94 Hochedlinger (2003), p. 255.

95 영국과 오스트리아에 대한 프랑스의 정식 선전포고는 1744년 3월과 1744년 4월에 각각 이루어졌다.

96 Anderson (1995), pp. 125-26; Browning (1993), pp. 149-52; Lodge (1930), pp. 76-77.

97 Browning (1993), pp. 169-77, 193-95.

98 Browning (1993), pp. 206-18, 235-38, 248-51.

99 Blanning (2016), p. 118.

100 Browning (1993), pp. 251-54; Anderson (1995), pp. 148-49, 152-53.

101 F. L. Carsten, "The Rise of Brandenburg," F. L. Carsten ed., *The New Cambridge Modern History: Volume 5, The Ascendancy of France* (Cambridge: Cambridge University Press, 1961), p. 544.

102 Christopher Clark, *Iron Kingdom: The Rise and Downfall of Prussia, 1600-1947* (Cambridge, MA: Harvard University Press, 2006), pp. 4-5, 10-18; Rodney Gothelf, "Frederick William I and the beginning of Prussian absolutism, 1713-1740," P. G. Dwyer ed., *The Rise of Prussia, 1700-1830* (London & New York: Longman, 2000), pp. 51-53; Blanning (2016), p. 3.

103 브란덴부르크 변경백(Markgraf)은 13세기 이래 7명의 신성로마제국 선제후 중 한 명이었다.

104 Clark (2006), pp. 30-37.

105 Clark (2006), pp. 40-44; Carsten (1961), pp. 550-51.

106 Carsten (1961), pp. 552-54.

107 1701년 브란덴부르크-프로이센의 선제후 프리드리히 3세(r.1688~1701)는 프로이센 왕국의 국왕으로 즉위했다. 국왕으로서 그는 프리드리히 1세(r.1701~13)로 불리게 되었다. 프랑스와의 전쟁을 목전에 둔 합스부르크 오스트리아의 레오폴트가 프로이센의 군사 지원을 얻기 위해 신성로마제국 황제의 자격으로 승격을 승인했다. Clark (2006), pp. 67-77; Blanning (2016), pp. 22-23.

108 Gothelf (2000), pp. 59-66; Clark (2006), pp. 85-101; Dennis E. Showalter, "The Prussian Military State," G. Mortimer ed., *Early Modern Military History, 1450-1815* (Basingstoke: Palgrave MacMillan, 2004), pp. 127-29.

109 Philip G. Dwyer"The Rise of Prussia," P. G. Dwyer ed., *The Rise of Prussia, 1700-1830* (London & New York: Longman, 2000), p. 14.

110 Clark (2006), pp. 93-95; Gothelf (2000), pp. 62-63.

111 Browning (1993), pp. 273-76; 286-90; Anderson (1995), pp. 166-73.

112 Anderson (1995), pp. 174-77.

113 Browning (1993), pp. 328-29; Anderson (1995), pp. 187-89.

114 Anderson (1995), pp. 201-5; Browning (1993), pp. 345-47, 350-51.

115 Black (1998), pp. 58-59; Simms (2008), pp. 350-51; Jack M. Sosin, "Louisbourg and the Peace of Aix-la-Chapelle, 1748," *William and Mary Quarterly* 14(4), 1957. 영국 정부가 루이스부르를 반환하기 위해 상당한 정치적 희생을 감수해야 했다는 점은 1758년 영국군이 이를 다시 점령하는 데 성공했을 때 영국 국민이 이를 열광적으로 환영했다는 사실에서 잘 드러난다. Bob Harris, "'American Idols': Empire, War and the Middling Ranks in Mid-Eighteenth Century Britain," *Past and Present* 150(1), 1996, pp. 115-17.

116 Lodge (1930), pp. 345-47.

117 Blanning (2016), p. 199.

118 Franz A. J. Szabo, *Kaunitz and enlightened absolutism, 1753-1780* (Cambridge: Cambrdge University Press, 1994), pp. 75-78.

119 Hochedlinger (2003), pp. 280-86; Ingrao (1994), pp. 159-68.

120 William J. McGill, "The Roots of Policy: Kaunitz in Italy and the Netherlands, 1742-1746," *Central European History* 1(2), 1968.

121 William J. McGill, "The Roots of Policy: Kaunitz in Vienna and Versailles, 1749-1753," *Journal of Modern History* 43(2), 1971, pp. 232-34.

122 H. M. Scott, *The Birth of a Great Power System, 1740-1815* (London: Longman, 2006), pp. 70-71.

123 McGill (1971), pp. 233-34; D. B. Horn, "Diplomatic Revolution," J. O. Lindsay ed., *The New Cambridge Modern History, Volume VII: The Old Regime, 1713-63* (Cambridge: Cambridge University Press, 1970), p. 441.

124 McGill (1971), pp. 236-242.

125 H. M. Scott, "'The True Principles of the Revolution': The Duke of Newcastle and the Idea of the Old System," J. Black, ed., *Knights Errant and True Englishmen: British Foreign Policy, 1660–1800* (Edinburgh: John Donald, 1989), pp. 63-65.

126 Scott (1989), pp. 66-71; Reed Browning, "The Duke of Newcastle and the Imperial Election Plan, 1749-1754," *Journal of British Studies* 7(1), 1967, pp. 30-31, 44; Reed Browning, "The British Orientation of Austrian Foreign Policy, 1749-1754," *Central European History* 1(4), 1968, pp. 299-300.

127 Browning (1967), pp. 35-36; Browning (1968), pp. 301-3; Simms (2008), pp. 376-77.

128 Browning (1967), pp. 45-46.

129 Matt Schumann & Karl Schweizer, *The Seven Years War: A Transatlantic History* (London & New York: Routledge, 2008), pp. 35-37; Horn (1970), p. 448.

130 '오하이오 컨트리'는 애팔래치아산맥 서쪽, 이리호 남쪽의 오하이오강 상류 지역을 지칭한다. 오늘날의 오하이오주 대부분과 웨스트버지니아주, 펜실베이니아주, 인디애나주 일부를 포괄한다.

131 지금의 펜실베이니아 북중부에서 메릴랜드 서부, 웨스트버지니아 동부를 지나 웨스트버지니아 남서부에 걸쳐 있는 산맥이다.

132 Schumann & Schweizer (2008), pp. 4-5.

133 Schumann & Schweizer (2008), pp. 10-12.

134 T. R. Clayton, "The Duke of Newcastle, the Earl of Halifax, and the American Origins of the Seven Years' War," *Historical Journal* 24(3), 1981, p. 573; Schumann & Schweizer (2008), pp. 12-16; Fred Anderson, *The War That Made America: A Short History of the French and Indian War* (New York: Penguin Books, 2005), pp. 35-36; Daniel Baugh, *The Global Seven Years War, 1754-1763* (London & New York: Longman, 2011), pp. 46-59.

135 Anderson (2005), pp. 37-52.

136 Clayton (1981), pp. 590-603; Anderson (2005), pp. 55-73; Schumann & Schweizer (2008), pp. 20-26; Baugh (2011), pp. 83-91.

137 Anderson (2005), pp. xxiii-xxiv.

138 Baugh (2011), pp. 101-109.

139 Horn (1971), pp. 448-49.

140 Schumann & Schweizer (2008), p. 37; Horn (1971), pp. 449-50; Jürgen Luh, "Frederick the Great and the First 'World' War," M. Danley & P. Speelman eds., *The Seven Years' War: Global Views* (Leiden: Brill, 2012), p. 11.

141 Franz A. J. Szabo, *The Seven Years War in Europe, 1756-1763* (London & New York: Longman, 2008), p. 14; Horn (1971), p. 450.

142 Horn (1971), p. 450.

143 Schumann & Schweizer (2008), p. 41; Horn (1971), pp. 451-52.

144 Szabo (2008), pp. 15-16; Horn (1971), pp. 453-55.

145 Horn (1971), p. 456; Baugh (2011), p. 149.

146 Horn (1971), pp. 456-59; Szabo (2008), pp. 17-18.

147 Blanning (2016), pp. 218-19.

148 H. M. Scott, "Prussia's Emergence as a European Great Power, 1740-1763," P. G. Dwyer ed., *The Rise of Prussia, 1700-1830* (London & New York: Longman, 2000), pp. 168-69.

149 Blanning (2016), pp. 220-22.

150 Szabo (2008), p. 36-39; Blanning (2016), pp. 281-83; Luh (2012), pp. 19-20.

151 Szabo (2008), p. 45; Blanning (2016), p. 227.

152 Szabo (2008), pp. 61-65

153 Theodor Schieder, *Friedrich der Grosse: Ein Königtum der Widersprüche*, p. 190, Blanning (2016), p. 233에서 재인용.

154 Szabo (2008), pp. 48-51.

155 Szabo (2008), pp. 74-75.

156 Baugh (2011), pp. 182-95.

157 Szabo (2008), pp. 75-79; Baugh (2011), pp. 240-41.

158 Daniel A. Baugh, "Great Britain's 'Blue-Water' Policy, 1689-1815," *International History Review* 10(1), 1988, pp. 43-44.

159 Simms (2008), pp. 429-31.

160 Simms (2008), pp. 435-36.

161 Anderson (2005), pp. 110-15.

162 Szabo (2008), pp. 51-52, 81-87.

163 Szabo (2008), p. 98; Simms (2008), pp. 447-48.

164 Szabo (2008), pp. 99-100; Simms (2008), pp. 441-42.

165 Baugh (2011), p. 281.

166 Szabo (2008), pp. 210-13.

167 Blanning (2016), pp. 242-61.

168 Blanning (2016), pp. 261-69.

169 Baugh (2011), pp. 297-99.

170 Maltby (1994), p. 161.

171 Richard Harding, "Sea Power: The Struggle for Dominance, 1650-1815," G. Mortimer ed., *Early Modern Military History, 1450-1815* (Basingstoke: Palgrave MacMillan, 2004), pp.

180-81, 184-85.

172 Baugh (1988), pp. 37-41; N. A. M. Rodger, "Sea-Power and Empire, 1688-1793," P. J. Marshall ed., *The Oxford History of the British Empire, Vol. II: The Eighteenth Century* (Oxford: Oxford University Press, 1998), pp. 169-72.

173 Daniel A. Baugh, "Naval power: what gave the British naval superiority?" L. P. de la Escosura ed., *Exceptionalism and Industrialisation: Britain and Its European Rivals, 1688-1815* (Cambridge: Cambridge University Press, 2004), p. 237.

174 Rodger (1998), pp. 174-75; Baugh (2004), pp. 250-51.

175 Baugh (2004), pp. 238-43.

176 Harding (2004), pp. 186-89; Baugh (2004), pp. 244-45.

177 Anderson (2005), pp. 103-5.

178 Anderson (2005), pp. 120-25; Baugh (2011), pp. 334-35.

179 Anderson (2005), pp. 141-62; Baugh (2011), pp. 338-75.

180 Anderson (2005), pp. 186-209; Baugh (2011), pp. 404-20.

181 Simms (2008), p. 451.

182 Baugh (2011), p. 443.

183 Blanning (2016), pp. 269-77.

184 Blanning (2016), p. 259.

185 Hugh Ragsdale, "Russian foreign policy, 1725–1815," D. Lieven ed., *Cambridge History of Russia, Vol. II: Imperial Russia, 1689-1917* (Cambridge: Cambridge University Press, pp. 506-7.

186 Szabo (2008), pp. 378-80.

187 Hamish Scott, "The Seven Years War and Europe's *Ancien Régime*," *War in History* 18(4), 2011, p. 423.

188 Blanning (2016), pp. 277-79.

189 Szabo (2008), p. 424.

190 Schumann & Schweizer (2008), pp. 134-35; p. 532

191 Reed Browning, "New Views on the Silesian Wars," *Journal of Military History* 69(2), 2005, p. 532.

192 Szabo (2008), p. 426.

193 Schumann & Schweizer (2008), pp. 192-93; Baugh (2011), pp. 512, 521-22.

194 Simms (2008), p. 451; Harding (2004), p. 189.

195 Schumann & Schweizer (2008), pp. 188-89; Simms (2008), pp. 469-72.

196 Schumann & Schweizer (2008), pp. 187-88.

197 Schumann & Schweizer (2008), pp. 190-91, 207-10.

198 Simms (2008), p. 484; Baugh (2011), pp. 564-65.

199 Simms (2008), p. 447.

200 Baugh (2011), pp. 536-40.

201 Schumann & Schweizer (2008), pp. 196-203.

202 Baugh (2011), p. 514.

203 Allan Christelow, "Economic Background of the Anglo-Spanish War of 1762," *Journal of Modern History* 18(1), 1946, p. 25.

204 Schumann & Schweizer (2008), p. 195; Christelow (1946), p. 26.

205 Baugh (2011), pp. 609-619; Fred Anderson, "The Peace of Paris, 1763," W. Murray & J. Lacey eds., *The Making of Peace: Rulers, States, and the Aftermath of War* (Cambridge: Cambridge University Press, 2009), pp. 116-17.

206 Anderson (2009), pp. 111-12; Baugh (2011), p. 638.

207 Baugh (2011), p. 621.

208 Brewer (1988), p. 30, 41.

209 Brewer (1988), pp. 34-35.

210 Patrick K. O'Brien, "The nature and historical evolution of an exceptional fiscal state and its possible significance for the precious commercialization and industrialization of the British economy from Cromwell to Nelson," *Economic History Review* 63(2), 2011, p. 420; Brewer (1988), p. 100.

211 Patrick K. O'Brien & Philip A. Hunt, "The Rise of a Fiscal State in England, 1485-1815," *Historical Research* 66(160), 1993, p. 155.

212 Brewer (1988), pp. 139-43; Ertman (1997), pp. 208-21. 브루어는 이와 같은 영국의 사례는 국가기구와 사회 전 부문이 '군사화'된 국가보다 영국이나 네덜란드연방과 같이 '비군사화'된 국가가 대규모 전쟁을 위한 재정 동원 노력에서 더 효과적일 수 있다는 점을 잘 보여준다고 지적한다. 그는 더 나아가 영국의 사례는 신민이 '시민적 자유(civic freedom)'를 향유하는 국가에서 전쟁을 위한 자원과 재원 동원이 그렇지 않은 국가에서보다 더 효과적으로 이루어질 수 있다는 증거로 해석될 수 있다고 주장한다. 이러한 견해의 타당성에 관해서는 논란의 여지가 상당하다. 하지만 한 가지 확실한 사실은 1689년 이전까지 유럽의 주요 국가 중 가장 덜 군사화된 편에 속했던 영국이 단기간에 가장 효과적인 군사 강국 중 하나로 부상했다는 것이다. 그리고 영국이 주요 국제정치 행위자로서 등장한 것은 이후 유럽 국제관계의 판도에 큰 영향을 끼치게 되었다는 것이다. Brewer (1988), p. 38.

213 O'Brien (2011), pp. 427-29, 431-33.

214 Richard Bonney, "The Eighteenth Century II: The Struggle for Great Power Status and the End of the Old Fiscal Regime," R. Bonney ed., *Economic System and State Finance* (Oxford: Clarendon Press, 1995), p. 336.

215 James C. Riley, *The Seven Years War and the Old Regime France: The Economic and Financial Toll* (Princeton: Princeton University Press, 1986), pp. 68-69.

216 Riley (1986), p. 148.

217 1753년 루이 15세는 장세니즘(Jeansenisme) 신봉자에 대한 성체성사 거부를 지시한 파리 대주교에 맞서 그러한 명령의 부당함을 주장하는 파리 고등법원 법관들을 모두 유배시키고 법원을 폐쇄했다. 법관들은 이에 맞서 종교적 절대주의의 부당함과 함께 정치적 절대주의의 부당함을 주장했다. Julian Swann, "Politics: Louis XV," M. Doyle ed., *Old Regime France, 1648-1788* (Oxford: Oxford University Press, 2001), pp. 208-10.

218 Riley (1986), pp. 230-32; Richard Bonney, "France, 1494-1815," R. Bonney ed., *The Rise of the Fiscal State in Europe, c.1200-1815* (Oxford: Oxford University Press, 1999), pp. 152-57.

219 Scott (2011), pp. 429-37; Patrick J. Speelman, "Father of the Modern Age," M. Danley & P. Speelman eds., *The Seven Years' War: Global Views* (Leiden: Brill, 2012), pp. 523-27; Peter H. Wilson, "Warfare in the Old Regime, 1648-1789," J. Black ed., *European Warfare, 1453-1815* (Basingstoke: Palgrave MacMillan, 1999), pp. 69-70.

220 Scott (2011), p. 449.

221 Daniel A. Baugh, "Withdrawing from Europe: Anglo-French Maritime Geopolitics, 1750-1800," *International History Review* 20(1), 1998, pp. 13-14.

222 Baugh (1998), p. 18에서 재인용.

223 Baugh (1998), p. 17.

224 H. M. Scott, "The Importance of Bourbon Naval Reconstruction to the Strategy of Choiseul after the Seven Years' War," *International History Review* 1(1), 1979; Baugh (1998), pp. 20-21.

225 이를 위해서는 H. M. Scott, *The Emergence of the Eastern Powers, 1756-1775* (Cambridge: Cambridge University Press, 2001) 참조.

책을 마치며

1750년대의 이른바 '외교혁명'이 가능했던 중요한 이유 중에는 영국과 웨스트민스터 조약을 체결한 프로이센의 프리드리히 2세에 대한 루이 15세의 '배신감'이 있었다. 그는 오스트리아와의 동맹체결이 영국과의 전쟁에 방해가 될 뿐이라는 각료들의 조언에도 아랑곳하지 않고 동맹을 밀어붙였다. 그는 당시 오스트리아와의 동맹을 지지한 베르사유의 막후 실력자 퐁파두르 후작부인의 부추김을 받았다. 루이 15세는 1757년 5월 제2차 베르사유 조약에서 자신의 사위에게 남부 네덜란드를 증여하겠다는 오스트리아의 제안에 대해 애초에 계획했던 것보다 훨씬 많은 수의 병력을 독일전선에 투입하도록 지시했다.

한편, 프랑스는 하노버 공국을 군사적으로 위협함으로써 영국의 전력을 분산시키겠다는 계획을 세웠고, 이 목표를 달성하는 데 프로이센보다는 러시아의 지원을 받아 슐레지엔을 되찾으려는 오스트리아가 더 적합하다고 판단했다. 남부 네덜란드를 간접적으로나마 손에 넣을 수 있다면 프랑스의 안보는 제고되고, 영국에 대한 압박 수위는 더 높아질 것이었다. 또한 프랑스는 영토의 확장보다는 상업적 이익의 확대가 국력증대에 더 중요한 시기가 도래했음을 잘 알았고, 아메리카 식민지를 두고 벌어진 영국과의 싸움이 전쟁의 승패를 좌우하리라는 사실 역시 분명히 인식했다. 로스바흐 전투의 패배 이후 프랑스는 사실상 유럽 대륙에서의 전쟁을 포기했다.

7년전쟁의 발발과정에서 프랑스가 보인 이와 같은 '이중적인' 행동 패턴을 어떻게 이해하고 판단할 것인가? 《국제정치의 탄생》은 1494년 프랑스 샤를 8세의 이탈리아 침공에서 7년전쟁에 이르기까지 이러한 질문에 나름의 답변을 제공하려 시도했다. 그리고 그 과정에서 희미하고 완만하게나마 근대적인 국제정치로 '진전'이 이루어졌음을 확인할 수 있었다. 7년전쟁이 발발할 무렵의 프랑스는 1494년의 프랑스가 아니었다. 근세 초 유럽에서 근대적인 국제정치가 탄생하는 데 오랜 시간이 소요되었고, 그 과정은 오늘날의 시각에서 보면 종종 합리성을 결여했지만, 그럼에도 변화의 전반적인 방향은 어렵지 않게 인지할 수 있다.

다만 서론에서도 잠시 언급했듯이 근세 초 유럽 국제정치의 역사를 살펴보는 데 '목적론'의 유혹에 빠지지 않도록 경계할 필요가 있다. 현재의 관점에서 과거를 자의적으로 재단하지 않고 복잡다단한 역사적 현실의 결을 그대로 따라가려는 노력이 필요하다. 하지만 '국제정치'라는 용어 자체가 생소했던 시기의 국제정치사를 구성하려는 시도에서 어느 정도의 목적론이 불가피한 것도 사실이다. 따라서 역사주의와 목적론 사이에서 적절한 타협이 필요하다. 문제는 어느 정도의 타협이 적절하냐를 두고 의견의 일치를 보기가 어렵다는 것인데, 이 책 역시 나름의 타협점을 염두에 두고 작성되었지만 어떤 이는 현실감 부족을 지적할 것이고, 어떤 이는 일반화 수준이 지나치게 낮음을 지적할 것이다. 어떤 이는 지나치게 선별적이어서 꼭 필요한 부분이 다루어지지 못했음을 지적할 것이고, 어떤 이는 21세기 한국의 국제정치학도가 16세기의 네덜란드 반란이나

18세기 영국의 하노버 문제에 관해 알아야 할 이유가 무엇인지 반문할 것이다.

마지막으로 이 책은 서유럽 국가 간 상호작용 속에서 근대적인 국제정치가 등장했음을 밝히려는 시도였음을 다시 한번 강조하고자 한다. 북유럽과 동유럽, 러시아와 오스만제국에 관한 부분이 지나치게 소략하게 다루어졌다는 비판, 제국주의 경쟁이 유럽 국가들에 미친 영향 등이 더 상세히 다루어졌어야 했다는 비판 등이 제기될 수도 있겠지만 이러한 측면이 '국제정치의 탄생'에 끼친 영향이 그리 크지 않다는 것이 필자의 판단이다. 근대 국제정치는 유럽 대륙의 서쪽에 위치한 비교적 소수의 국가 사이의 상호작용이 반복되고 축적된 결과 탄생했다. 이들은 프랑스, 스페인, 영국, 네덜란드연방, 오스트리아, 스웨덴, 사보이아-피에몬테, 프로이센, 바이에른, 작센, 하노버 등을 비롯한 독일의 제후국들 그리고 신성로마제국이다.

참고문헌

전재성. 2009. "유럽의 국제정치적 근대 출현에 관한 이론적 연구". 《국제정치논총》 49(5).

Abulafia, David. 1995. "Introduction," D. Abulafia ed. *The French Descent Into Renaissance Italy, 1494–95: Antecedents and Effects.* Farnham: Ashgate.

Adams, Simon. 2002. "Britain, Europe, and the World." P. Collinson ed. *The Sixteenth Century, 1485-1603.* Oxford: Oxford University Press.

Ady, Cecilia M. 1957. "The Invasion of Italy." D. Hay ed. *The New Cambridge Modern History Vol. I: The Renaissance, 1493-1520.* Cambridge: Cambridge University Press.

Allen, Paul C. 2000. *Philip III and the Pax Hispanica, 1598-1621: The Failure of Grand Strategy.* New Haven & London: Yale University Press.

Allmand, Christopher. 1988. *The Hundred Years War: England and France at War c. 1300-c.1450.* Cambridge: Cambridge University Press.

_____. 1998. "War." C. Allmand ed. *The New Cambridge Medieval History, Volume VII, c. 1415-c.1500.* Cambridge: Cambridge University Press.

Anderson, Fred. 2005. *The War That Made America: A Short History of the French and Indian War.* New York: Penguin Books.

_____. 2009. "The Peace of Paris, 1763." W. Murray & J. Lacey eds. *The Making of Peace: Rulers, States, and the Aftermath of War.* Cambridge: Cambridge University Press.

Anderson, M. S. 1995. *The War of the Austrian Succession, 1740-1748.* London & New York: Longman.

_____. 1998. *The Origins of the Modern European State System, 1494-1618.* London & New York: Longman.

Andrade, Tonio. 2016. *The Gunpowder Age: China, Military Innovation, and the Rise of the West in*

World History. Princeton: Princeton University Press.

Angermeier, Heinz. 1984. *Die Reichsreform: Die Staatsproblematik in Deutschland zwischen Mittelalter und Gegenwart.* München: C. H. Beck.

Asch, Ronald G. 1997. *The Thirty Years War: The Holy Roman Empire and Europe, 1618-1648.* New York: Palgrave.

_____. 1999. "Warfare in the Age of the Thirty Years War, 1598-1648." J. Black, *European Warfare, 1453-1815.* Basingstoke: Palgrave MacMillan.

_____. 2004. "The *ius foederis* re-examined: the Peace of Westphalia and the constitution of the Holy Roman Empire." Randall Lesaffer, eds. *Peace Treaties and International Law in European History: From the Middle Ages to World War One.* Cambridge: Cambridge University Press.

Bartelson, Jens. 1995. *A Genealogy of Sovereignty*. Cambridge: Cambridge University Press.

Baugh, Daniel A. 1988. "Great Britain's 'Blue-Water' Policy, 1689-1815." *International History Review* 10(1).

_____. 1998. "Withdrawing from Europe: Anglo-French Maritime Geopolitics, 1750-1800." *International History Review* 20(1).

_____. 2004. "Naval power: what gave the British naval superiority?" L. P. de la Escosura ed. *Exceptionalism and Industrialisation: Britain and Its European Rivals, 1688-1815.* Cambridge: Cambridge University Press.

_____. 2011. *The Global Seven Years War, 1754-1763: Britain and France in a Great Power Contest.* London and New York: Longman.

Bély, Lucien. 2014. "France and the Thirty Years' War." O. Ansbach & P. Schröder eds. *The Ashgate Research Companion to the Thirty Years' War.* Farnham: Ashgate.

Bénedict, Philip. 2005. "Religion and Politics in the European Struggle for Stability, 1500-1700." P. Benedict & M. Gutmann eds. *Early Modern Europe: From Crisis to Stability*. Newark: University of Delaware Press.

Bercé, Yves-Marie. 1996. *The Birth of Absolutism: A History of France, 1598-1661.* Trans. by R. Rex. Basingstoke & London: MacMillan.

Black, Jeremy. 1985. "The Anglo-French Alliance 1716-1731: A Study in Eighteenth Century International Relations." *Francia* 13.

_____. 1988. "French Foreign Policy in the Age of Fleury Reassessed." *English Historical Review* 103(407).

_____. 1989a. "Mid-Eighteenth Conflict with Particular Reference to the Wars of the Polish and Austrian Succession." J. Black ed. *The Origins of War in Early Modern Europe*. Edinburgh: John Donald Publisher.

_____. 1989b. "Anglo-Austrian Relations, 1725-1740: A Study in Failure." *Journal for Eighteenth Century Studies* 12(1).

_____. 1991. *A System of Ambition? British Foreign Policy, 1660-1793*. London and New York: Longman.

_____. 1998. *America or Europe? British Foreign Policy, 1739-63*. London: UCL Press.

_____. 1999. *From Louis XIV to Napoleon: The Fate of Great Power*. London: UCL Press.

_____. 2004. *Parliament and Foreign Policy in the Eighteenth Century*. Cambridge: Cambridge University Press.

_____. 2005. "Hanover and British Foreign Policy 1714–60." *English Historical Review*. 120(486).

Blanning, Tim. 2016. *Frederick the Great: King of Prussia*. New York: Random House.

Blockmans, Wim. 1998. "Representation (Since the Thirteenth Century)." C. Allmand ed. *The New Cambridge Medieval History, Volume VII, c.1415-c.1500*. Cambridge: Cambridge University Press.

Böckenförde, Ernst-Wolfgang. 1969. "Der westfälische Friede und das Bündnisrecht der Reichsstände." *Der Staat* 8.

Bonney, Richard J. 1978. "The French Civil War, 1649–53." *European Studies Review* 8(1).

Bonney, Richard. 1991. *The European Dynastic States, 1494-1660*. Oxford: Oxford University Press.

_____. 1995. "The Eighteenth Century II: The Struggle for Great Power Status and the End of the Old Fiscal Regime." R. Bonney ed. *Economic System and State Finance*. Oxford: Clarendon Press.

_____. 1999. "France, 1494–1815." R. Bonney ed. *The Rise of the Fiscal State in Europe, c.1200-1815*. Oxford: Oxford University Press.

Boogman, J. C. 1980. "The Union of Utrecht: its Genesis and Consequences." J. C. Boogman and G. N. vander Plaat eds. *Federalism: History and Current Significance of a Form of Government*. The Hague: Martinus Nijhoff.

Bosbach, Franz. 1988. *Monarchia Universalis: Ein politischer Leitbegriff der frühen Neuzeit*. Göttingen: Vandenhoeck & Ruprecht.

Brady Jr., Thomas A. 1994. "Settlements: The Holy Roman Empire." T. A. Brady et al eds. *Handbook of European History, 1400-1600: Late Middle Ages, Renaissance, and Reformation, Volume 2, Visions, Programs, and Outcomes*. Grand Rapids: William B Eerdmans Publishing Company.

_____. 2009. *German Histories in the Age of Reformations, 1400-1650*. Cambridge: Cambridge University Press.

Brandt, Loren, Derbin Ma, & Thomas G. Rawski. 2014. "From Divergence to Convergence: Reevaluating the History Beyond China's Economic Boom." *Journal of Economic Literature* 52(1).

Brewer, John. 1988. *The Sinews of Power: War, Money and the English State, 1688-1783*. Cambridge, MA: Harvard University Press.

Brigden, Susan. 2000. *New Worlds, Lost Worlds: The Rule of the Tudors, 1485-1603*. New York: Penguin Books.

Brightwell, Peter. 1974. "The Spanish system and the twelve years' truce." *English Historical Review* 131(551).

_____. 1979. "Spanish Origins of the Thirty Years War." *European Studies Review* 9(4).

Brock, W. R. 1970. "England." J. O. Lindsay ed. *The New Cambridge Modern History, Volume VII: The Old Regime, 1713-63.* Cambridge: Cambridge University Press.

Browning, Reed. 1967. "The Duke of Newcastle and the Imperial Election Plan, 1749–1754." *Journal of British Studies* 7(1).

_____. 1968. "The British Orientation of Austrian Foreign Policy, 1749–1754." *Central European History* 1(4).

_____. 1993. *The War of the Austrian Succession*. New York: St. Martin's Griffin.

_____. 2005. "New Views on the Silesian Wars." *Journal of Military History* 69(2).

Burbank, Jane & Frederick Cooper. 2010. *Empires in World History: Power and Politics of History.* Princeton: Princeton University Press.

Burkhardt, Johannes. 1997. "Die Friedlosigkeit der frühen Neuzeit: Grundlegung einer Theorie der Bellizität Europas." *Zeitschrift für historische Forschung*, 33(4).

_____. 2006. *Vollendung und Neuorientierung des frühmodernen Reiches, 1648-1763*. Stuttgart: Klett-Cotta.

Butterfield, H. 1966. "The Balance of Power" H. Butterfield & M. Wight eds. *Diplomatic Investigations: Essays in the Theory of International Politics.* Cambridge, MA: Harvard University Press.

Carsten, F. L. 1961. "The Rise of Brandenburg." F. L. Carsten ed. *The New Cambridge Modern History: Volume V, The Ascendancy of France.* Cambridge: Cambridge University Press.

Carvalho, Benjamin de, Leira Halvard, John M. Hobson. 2011. "The Big Bangs of IR: The Myths that Your Teachers Still Tell You about 1648 and 1919." *Millennium* 39(3).

Cesa, Marco. 2010. *Allies yet Rivals: International Politics in 18th Century Europe*, Trans. P. J. Barr. Stanford: Stanford University Press.

Chase, Kenneth. 2003. *Firearms: A Global History to 1700.* Cambridge: Cambridge University Press.

Chevalier, Bernard. 1998. "The recovery of France, 1450–1520." C. Allmand ed. *The New Cambridge Medieval History, Volume VII, c. 1415-c.1500.* Cambridge: Cambridge University Press.

Christelow, Allan. 1946. "Economic Background of the Anglo-Spanish War of 1762." *Journal of Modern History* 18(1).

Clark, George. 1970a. "The Nine Years War, 1688–97." J. S. Bromley ed. *The New Cambridge Modern History, Volume VI: The Rise of Great Britain and Russia, 1688-1715/25.* Cambridge:

Cambridge University Press.

_____. 1970b. "From the Nine Years War to the War of the Spanish Succession." J. S. Bromley ed. *The New Cambridge Modern History, Volume VI: The Rise of Great Britain and Russia, 1688-1715/25.* Cambridge: Cambridge University Press.

Clark, Christopher. 2006. *Iron Kingdom: The Rise and Downfall of Prussia, 1600-1947.* Cambridge, MA: Harvard University Press.

Clayton, T. R. 1981. "The Duke of Newcastle, the Earl of Halifax, and the American Origins of the Seven Years' War." *Historical Journal* 24(3).

Cobban, A. 1970. "The Decline of Divine-Right Monarchy in France." J. O. Lindsay ed. *The New Cambridge Modern History, Volume VII: The Old Regime, 1713-63.* Cambridge: Cambridge University Press.

Collins, James B. 1995. *The State in Early Modern France.* Cambridge: Cambridge University Press.

Contamine, Philippe. 1984. *War in the Middle Ages.* Trans. M. Jones. Oxford and New York: Basil Blackwell.

Croxton, Derek. 1999. "The Peace of Westphalia of 1648 and the Origins of Sovereignty." *International History Review* 21(3), 1999.

_____. 2013. *Westphalia: The Last Christian Peace.* Basingstoke: Palgrave Macmillan.

Currin, John M. 1996. "Henry VII and the Treaty of Redon(1489): Plantagenet Ambitions and Early Tudor Foreign Policy." *History* 81(263).

Curry, Anne. 2002. "France and the Hundred Years War, 1337-1453." D. Potter ed. *France in the Later Middle Ages.* Oxford: Oxford University Press.

Darwin, John. 2008. *After Tamerlane: The Rise and Fall of Global Empires, 1400-2000.* New York, Berlin & London: Bloomsbury Press.

Dickinson, P. G. M. 1970. "War Finance, 1689-1714." J. S. Bromley ed. *The New Cambridge Modern History, Volume VI: The Rise of Great Britain and Russia, 1688-1715/25.* Cambridge: Cambridge University Press.

Doucet, R. 1957. "France under Charles VIII and Louis XII," D. Hay ed. *The New Cambridge Modern History Vol. 1: The Renaissance, 1493-1520.* Cambridge: Cambridge University Press.

Downing, Brian M. 1992. *Military Revolution and Political Change: Origins of Democracy and Autocracy in Early Modern Europe.* Princeton: Princeton University Press.

Doyle, Michael W. 1997. *Ways of War and Peace: Realism, Liberalism, and Socialism.* New York: W. W. Norton & Company.

Dwyer, Philip G. 2000. "The Rise of Prussia." P. G. Dwyer ed. *The Rise of Prussia, 1700-1830.* London & New York: Longman.

Ekberg, Carl J. 1979. *The Failure of Louis XIV's Dutch War.* Chapel Hill: The University of North

Carolina Press.

Elliott, J. H. 1971. "The Spanish Peninsular, 1598-1648." J. P. Cooper, *The New Cambridge Modern History, Volume IV: The Decline of Spain and the Thirty Years War, 1609-48/59.* Cambridge: Cambridge University Press.

_____. 1984. *Richelieu and Olivares.* Cambridge: Cambridge University Press.

_____. 1992. "A Europe of Composite Monarchies." *Past and Present* 137.

_____. 2000. *Imperial Spain, 1468-1716.* 김원중 옮김. 서울: 까치.

Ertman, Thomas. 1997. *Building States and Regimes in Medieval and Early Modern Europe.* Cambridge: Cambridge University Press.

Espenhorst, Martin. 2014. "The Peace of Prague - A Failed Settlement?" O. Ansbach & P. Schröder eds. *The Ashgate Research Companion to the Thirty Years' War.* Farnham: Ashgate.

Espinosa, Aurelio. 2005. "The Grand Strategy of Charles V (1500-1558): Castile, War, and Dynastic Priority in the Mediterranean." *Journal of Early Modern History* 9(3-4).

Ferguson, Niall. 2011. *Civilization: The West and the Rest.* 구세희 · 김정희 옮김. 파주: 21세기북스.

Fernandez-Armesto, Felipe. 2006. "Improbable Empire." R. Carr ed. *Spain: A History.* 김원중 · 황보영조 옮김. 서울: 까치.

Forster, Marc R. 2014. "The Edict of Restitutions (1629) and the Failure of Catholic Restoration." O. Ansbach & P. Schröder eds. *The Ashgate Research Companion to the Thirty Years' War.* Farnham: Ashgate.

Frey, Linda and Marsha Frey. 1978. "A Question of Empire: Leopold I and the War of Spanish Succession, 1701-1705." *Austrian History Yearbook* 14.

Gat, Azar. 2017. *War in Human Civilization.* 오숙은 · 이재만 옮김. 파주: 교유서가.

Gelabert, Juan. 1999. "Castile, 1504-1808." R. Bonney ed. *The Rise of the Fiscal State in Europe, c.1200-1815.* Oxford: Oxford University Press.

Gibbs, G. C. 1969. "The Revolution in Foreign Policy" Geoffrey S. Holmes ed. *Britain after the Glorious Revolution: 1689-1714.* London: MacMillan Press.

Glete, Jan. 2002. *War and the State in Early Modern Europe: Spain, the Dutch Republic and Sweden as fiscal-military states, 1500-1660.* New York and London: Routledge.

Gothelf, Rodney. 2000. "Frederick William I and the beginning of Prussian absolutism, 1713-1740." P. G. Dwyer ed. *The Rise of Prussia, 1700-1830.* London & New York: Longman.

Gotthard, Axel. 2014. "The Settlement of 1648 for the German Empire." O. Asbach & P. Schröder eds. *The Ashgate Research Companion to the Thirty Years' War.* Farnham: Ashgate.

Gross, Leo. 1948. "The Peace of Westphalia, 1648-1948." *American Journal of International Law* 42(1).

Guicciardini, Francesco. 1969. *The History of Italy*. Trans. S. Alexander. Princeton: Princeton University Press.

Gutmann, Myron P. 1988. "The Origins of the Thirty Years War." *Journal of Interdisciplinary History* 18(4).

Hale, J. R. 1985. *War and Society in Renaissance Europe, 1450-1620*. Phoenix Mill: Sutton Publishing.

Hallam, Elizabeth M. & Judith Everard. 2001. *Capetian France, 987-1328*. London: Longman.

Harding, Nick. 2003. "Sir Robert Walpole and Hanover." *Historical Research* 76(192).

Harding, Richard. 2004. "Sea Power: The Struggle for Dominance, 1650–1815." G. Mortimer ed. *Early Modern Military History, 1450-1815*. Basingstoke: Palgrave MacMillan.

______. 2010. *The Emergence of Britain's Global Naval Supremacy: The War of 1739-1748*. Woodbridge: The Boydell Press.

Harris, Bob. 1996. "'American Idols': Empire, War and the Middling Ranks in Mid–Eighteenth Century Britain." *Past and Present* 150(1).

Hartmann, Peter Claus. 1997. *Der bayerische Reichskreis (1500 bis 1803): Strukturen, Geschichte und Bedeutung im Rahmen der Kreisverfassung und der allgemeinen institutionellen Entwicklung des Heiliges Römisches Reiches*. Berlin: Duncker & Humblot.

Hartung, Fritz. 1972. "Imperial Reform, 1485–1495: Its Course and its Character." G. Strauss ed. *Pre-Reformation Germany*. New York: Harper & Row.

Hattendorf, John B. 1983. "English Grand Strategy and the Blenheim Campaign of 1704." *International History Review* 5(1).

Hatton, Ragnhild. 1970. "Charles XII and the Great Northern War." J. S. Bromley ed. *The New Cambridge Modern History, Volume VI: The Rise of Great Britain and Russia, 1688-1715/25*. Cambridge: Cambridge University Press.

______. 1976. "Louis XIV and his Fellow Monarchs." R. Hatton ed. *Louis XIV and Europe*. Columbus: Ohio State University.

Hayton, David. 2002. "Contested Kingdoms, 1688–1756." P. Langford ed. *Eighteenth Century, 1688-1815*. Oxford: Oxford University Press.

Helfferich, Tryntje. 2014. "The Long War (1635–1648)." O. Ansbach & P. Schröder eds. *The Ashgate Research Companion to the Thirty Years' War*. Farnham: Ashgate.

Henneman, John Bell. 1971. *Royal Taxation in Fourteenth-Century France: The Development of War Financing, 1322-1356*. Princeton: Princeton University Press.

______. 1976. *Royal Taxation in Fourteenth-Century France: The Captivity and Ransom of John II, 1356-1370*. Philadelphia: The American Philosophical Society.

______. 1978. "The Military Class and the French Monarchy in the Late Middle Ages." *American Historical Review* 83(4).

______. 1999. "France in the Middle Ages." R. Bonney ed. *The Rise of the Fiscal State in Europe, c.1200-1815.* Oxford: Oxford University Press.

Herz, John. 1957. "Rise and Demise of Territorial State." *World Politics* 9(4).

Hill, B. W. 1973. "Oxford, Bolingbroke, and the Peace of Utrecht." *Historical Journal* 16(2).

Hills, Roderick M. 2006. "Federalism as Westphalian Liberalism." *Fordham Law Review* 75.

Hinsley, F. H. 1963. *Power and the Pursuit of Peace: Theory and Practice in the History of Relations between States.* Cambridge: Cambridge University Press.

Hobson, John M. & George Lawson. 2008. "What is History in International Relations?" *Millennium* 37(2).

Hochedlinger, Michael. 2003. *Austria's Wars of Emergence: War, State and Society in the Habsburg Monarchy, 1683-1797.* London and New York: Longman.

Hoffman, Philip T. 2015. *Why Did Europe Conquer the World?* 이재만 옮김. 서울: 책과 함께.

Holt, Mack. P. 2005. *The French Wars of Religion, 1562-1629.* Second Edition. Cambridge: Cambridge University Press.

Hoppit, Julian. 2000. *A Land of Liberty? England, 1589-1727.* Oxford: Oxford University Press.

Horn, D. B. 1970. "Diplomatic Revolution." J. O. Lindsay ed. *The New Cambridge Modern History, Volume VII: The Old Regime, 1713-63.* Cambridge: Cambridge University Press.

Hui, Victoria Tin-Bor. 2005. *War and State Formation in Ancient China and Early Modern Europe.* Cambridge: Cambridge University Press.

Ingrago, Charles. 1994. *The Habsburg Monarchy, 1618-1815.* Cambridge: Cambridge University Press.

Insenmann, Eberhard. 1999. "The Holy Roman Empire in the Middle Ages." R. Bonney ed. *The Rise of the Fiscal State in Europe, c.1200-1815.* Oxford: Oxford University Press.

Israel, F. L. eds. 1967. *Major Peace Treaties of Modern History, 1648-1967, Vol. I.* Philadelphia: Chelsea House Publishers.

Israel, Jonathan. 1977. "A Conflict of Empires: Spain and the Netherlands, 1618-1648." *Past and Present* 76(1).

_____. 1995. *The Dutch Republic: Its Rise, Greatness, and Fall, 1477-1806.* Oxford: Oxford University Press.

_____. 1997a. "Spain and Europe from the Peace of Münster to the Peace of the Pyrenees, 1648-59." J. Israel, *Conflicts of Empires: Spain, the Low Countries and the Struggle for World Supremacy, 1585-1713.* London & Rio Grande: The Hambledon Press.

_____. 1997b. Olivares, the Cardinal-Infante and Spain's Strategy in the Low Countries: The Road to Rocroi, 1635-43. J. I. Israel, *Conflicts of Empires: Spain, the Netherlands and the Struggle for World Supremacy, 1585-1713.* London: The Hambledon Press.

Jones, Colin. 2003. *The Great Nation: France from Louis XV to Napoleon.* London: Penguin Books.

Jones, E. L. 1987. *The European Miracle: Environments, Economies and Geopolitics in the History of Europe and Asia*. 2nd Edition. Cambridge: Cambridge University Press.

Jones, J. R. 1996. *The Anglo-Dutch Wars of the Seventeenth Century*. London & New York: Longman.

Kamen, Henry. 2001. *Philip V of Spain: The King who Reigned Twice*. New Haven and London: Yale University Press.

Kennedy, Paul. 1988. *The Rise and Fall of the Great Powers: Economic Change and Military Conflict from 1500 to 2000*. London: Unwin Hyman.

Kishlansky, Mark. 1996. *A Monarchy Transformed: Britain, 1603-1714*. London and New York: Penguin Books.

Knecht, R. J. 1996. *The Rise of and Fall of Renaissance France, 1483-1610*. Oxford: Basil Blackwell.

Ko, Chiu Yu, Mark Koyama, and Tuan-Hwee Sng. 2018. "Unified China, Divided Europe," *International Economic Review* 59(1).

Koenigsberger, Helmut. G. 1968. "Western Europe and the Power of Spain." R. B. Wernham ed. *The New Cambridge Modern History, Volume III: The Counter-Reformation and Price Revolution, 1559-1610*. Cambridge: Cambridge University Press.

______. 1971. *The Habsburgs and Europe, 1516-1660*. Ithaca and London: Cornell University Press.

Koenigsberger, Helmut. G. 2001. *Monarchies, States General and Parliaments: The Netherlands in the Fifteenth and Sixteenth Centuries*. Cambridge: Cambridge University Press.

Langford, Paul. 1989. *A Polite and Commercial People: England, 1727-1783*. Oxford: Oxford University Press.

Lesaffer, Randall. ed. 2004. *Peace Treaties and International Law in European History: From the Late Middle Ages to World War One*. Cambridge: Cambridge University Press.

Leuschner, Jochaim. 1980. *Germany in the Late Middle Ages*. Trans. S. MacCormick. Amsterdam: North-Holland.

Lindsay, J. O. 1970. "International Relations." J. O. Lindsay ed. *The New Cambridge Modern History, Volume VII: The Old Regime, 1713-63*. Cambridge: Cambridge University Press.

Livet, Georges Livet, 1971. "International Relations and the role of France, 1648-60." J. P. Cooper, *The New Cambridge Modern History, Volume IV: The Decline of Spain and the Thirty Years War, 1609-48/59*. Cambridge: Cambridge University Press.

Livet, Georges. 1976. "Louis XVI and the Germanies." R. Hatton ed. *Louis XIV and Europe*. Columbus: Ohio State University.

Lockhart, Paul Douglas. 2004. *Sweden in the Seventeenth Century*. Basingstoke: Palgrave Macmillan.

Lodge, Richard. 1930. *Studies in Eighteenth-Century Diplomacy, 1740-48*. London: John Murray.

Lossky, Andrew. 1994. *Louis XIV and the French Monarchy*. New Brunswick: Rutgers University Press.

Luh, Jürgen, 2012. "Frederick the Great and the First 'World' War." M. Danley & P. Speelman eds. *The Seven Years' War: Global Views.* Leiden: Brill.

Lynch, John. 1964. *Spain 1516-1598: From Nation State to World Empire*. Oxford & Cambridge, MA: Basil Blackwell.

_____. 1969. *The Hispanic World in Crisis and Change, 1598-1700*. Oxford & Cambridge, MA: Basil Blackwell.

Lynn, John A. 1994. "A quest for glory: The formation of strategy under Louis XIV, 1661-1715." W. Murray, A. Bernstein, M. Knox eds. *The Making of Strategy: Rulers, States, and War.* Cambridge: Cambridge University Press.

_____. 1999. *The Wars of Louis XIV, 1667-1774.* London & New York: Longman.

_____. 2011. "The grand strategy of the *grand siécle*: Learning from the Wars of Louis XIV." W. Murray, R. H. Sinnreich, J. Lacey eds. *The Shaping of grand strategy: Policy, diplomacy and war.* Cambridge: Cambridge University Press.

Mackay, Angus. 1998. "Castile and Navarre" C. Allmand ed. *The New Cambridge Medieval History, Volume VII, c. 1415-c.1500.* Cambridge: Cambridge University Press.

MacLachlan, A. D. 1969. "The Road to Peace, 1710-13." Geoffrey S. Homles ed. *Britain after the Glorious Revolution: 1689-1714.* London: MacMillan Press.

Mallett, Michael and Christine Shaw. 2012. *The Italian Wars, 1494-1559: War, State and Society in Early Modern Europe*. Harlow: Pearson.

McGill, William J. 1968. "The Roots of Policy: Kaunitz in Italy and the Netherlands, 1742-1746." *Central European History* 1(2).

_____. 1971. "The Roots of Policy: Kaunitz in Vienna and Versailles, 1749-1753." *Journal of Modern History* 43(2).

Maltby, William S. 1994. "The origins of a global strategy: England from 1558 to 1713." W. Murray, M. Knox & A. Bernstein eds. *The Making of Strategy: Rulers, States, and War.* Cambridge: Cambridge University Press.

_____. 2002. *The Reign of Charles V.* Basingstoke: Palgrave.

Mann, Michael. 1986. *The Sources of Social Power, Volume I : A History of Power from the Beginning to A. D. 1760.* Cambridge: Cambridge University Press.

Møller, Jørgen. 2014. "Why Europe Avoided Hegemony: A Historical Perspective on Balance of Power." *International Studies Quarterly* 58(4).

Montesquieu. 1989. *The Spirit of the Laws.* A. M. Cohler, B. C. Miller, H. S. Stone trans. & eds. Cambridge: Cambridge University Press.

Moraw, Peter. 1985. *Von offener Verfassung zu gestalteter Verdichtung: Das Reich im späten Mittelalter, 1250 bis 1490.* Berlin: Propyläen.

______. 1995. "Versuch über die Entstehung des Reichstags." R. C. Schwinges ed. Über König und Reich: Aufsätze zur deutschen Verfassungsgeschichte des späten Mittelalters. Sigmarigen: Jan Thorbecke.

Mortimer, Geoff. 2004. "War by Contract, Credit and Contribution: The Thirty Years War." G. Mortimer ed. *Early Modern Military History, 1450-1815.* Basingstoke: Palgrave MacMillan.

______. 2015. *The Origins of the Thirty Years War and the Revolt in Bohemia, 1618.* Basingstoke: Palgrave Macmillan.

Mousnier, Roland. 1971. "French Institutions and Society, 1610-61." J. P. Cooper ed. *The New Cambridge Modern History, Volume IV: The Decline of Spain and the Thirty Years War, 1609-1648/59.* Cambridge: Cambridge University Press.

Nelson, George H. 1945. "Contraband Trade under the Asiento, 1730-1739." *American Historical Review* 51(1).

Neuhaus, Helmut. 1997. *Das Reich in der frühen Neuzeit.* München: R. Oldenburg.

______. 1998. "Das Problem der militärischen Executive in der spätphase des Alten Reiches." Johannes Kunisch ed. *Staatsverfassung und Heeresverfassung in der europäischen Geschichte der frühen Neuzeit.* Berlin: Duncker & Humblot.

Nexon, Daniel. 2009. *The Struggle for Power in Early Modern Europe: Religious Conflict, Dynastic Empires & International Change.* Princeton: Princeton University Press.

Nimwegen, Olaf van. 2014. "Dutch-Spanish War in the Low Countries, 1621-1648" O. Ansbach & P. Schröder eds. *The Ashgate Research Companion to the Thirty Years' War.* Farnham: Ashgate.

Nordmann, Claude. "Louis XIV and the Jacobites." R. Hatton ed. *Louis XIV and Europe.* Columbus: Ohio State University.

O'Brien, Patrick K. 2011. "The nature and historical evolution of an exceptional fiscal state and its possible significance for the precious commercialization and industrialization of the British economy from Cromwell to Nelson." *Economic History Review* 63(2).

O'Brien, Patrick K. & Philip A. Hunt. 1993. "The Rise of a Fiscal State in England, 1485-1815." *Historical Research* 66(160).

Ogg, David. 1970. "Emergence of Great Britain as a World Power." J. S. Bromley ed. *The New Cambridge Modern History, Volume VI: The Rise of Great Britain and Russia, 1688-1715/25.* Cambridge: Cambridge University Press.

Ogilvie, Sheilagh C. 1992. "Germany and the Seventeenth-Century Crisis." *Historical Journal* 35(2).

Ormrod, W. M. 1995. "The West European Monarchies in the Later Middle Ages." R. Bonney ed. *Economic Systems and State Finance.* Oxford: Clarendon Press.

Osborne, Toby. 2014. "1629-1635." O. Ansbach & P. Schröder eds. *The Ashgate Research Companion to the Thirty Years' War.* Farnham: Ashgate.

Osiander, Andreas. 1994. *The State System of Europe, 1640-1990: Peacemaking and the*

Consolidation of International Stability. Oxford: Oxford University Press.

______. 2001. "Sovereignty, International Relations, and the Westphalian Myth." *International Organization* 55(2).

______. 2007. *Before the State: Systemic Political Change in the West from the Greeks to the French Revolution. Oxford: Oxford University Press.*

Pares, Richard. 1936. "American versus Continental Warfare, 1739-63." *English Historical Review* 51(203).

Parker, Geoffrey. 1970. "Spain, Her Enemies and the Revolt of the Netherlands, 1559-1648." *Past and Present* 49.

______. 1972. *The Army of Flanders and the Spanish Road, 1567-1659: The Logistics of Spanish Victory and Defeat in the Low Countries' Wars*. Cambridge: Cambridge University Press.

______. 1988. *The Dutch Revolt*. London: Penguin Books.

______. 1994. "The making of strategy in Habsburg Spain: Philip II's "bid for mastery," 1556-1598." W. Murray, M. Knox & A. Bernstein eds. *The Making of Strategy: Rulers, States, and War*. Cambridge: Cambridge University Press.

______. 1995. "David or Goliath? Philip II and his world in the 1580s." R. Kagan & G. Parker eds. *Spain, Europe and the Atlantic world: essays in honour of John H. Elliott*. Cambridge: Cambridge University Press.

______. 1996. *The Military Revolution: Military innovation and the rise of the West, 1500-1800.* 2nd Edition. Cambridge: Cambridge University Press.

______. 1998. *The Grand Strategy of Philip II*. New Haven and London: Yale University Press.

______. 2005. *Thirty Years War*, Second Edition. London: Routledge.

______. 2014. *Imprudent King: A New Life of Philip II*. New Haven and London: Yale University Press.

Parrott, David. 1989. "The Causes of the Franco-Spanish War of 1635-59." J. Black ed. *The Origins of War in Early Modern Europe*. Edinburgh: John Donald Publishers.

______. 1997. "The Mantuan Succession, 1627-31: A Sovereignty Dispute in Early Modern Europe." *English Historical Review* 112(445).

______. 2001. *Richelieu's Army: War, Government and Society in France, 1624-1642*. Cambridge: Cambridge University Press.

Perdue, Peter. 2012. *China Marches West: The Qing Conquest of Central Eurasia*. 공원국 옮김. 서울: 길.

Peyronnet,Georges. 1995. "The distant origins of the Italian wars: political relations between France and Italy in the fourteenth and fifteenth centuries." D. Abulafia, ed. *The French Descent Into Renaissance Italy, 1494-95: Antecedents and Effects*. Farnham: Ashgate.

Pillorget, René. 1976. "Louis XIV and the Electorate of Trier, 1652-1676." R. Hatton ed. *Louis XIV and Europe*. Columbus: Ohio State University Press.

Pincus, Steve. 2009. *1688: The First Modern Revolution.* New Haven & London: Yale University Press.

Pirenne, Henri. 1963. *Early Democracies in the Low Countries: Urban Society and Political Conflict in the Middle Ages and the Renaissance.* Trans. J. V. Saunders. New York: Harper Torchbook.

Pitt, H. G. 1970. "The Peace of Utrecht." J. S. Bromley ed. *The New Cambridge Modern History, Volume VI: The Rise of Great Britain and Russia, 1688-1715/25.* Cambridge: Cambridge University Press.

Place, Richard. 1977. "Bavaria and the Collapse of Louis XIV's German Policy, 1687–88." *Journal of Modern History* 49.

Potter, David. 2003. "The king and his government under the Valois, 1328–1498." D. Potter ed. *France in the Later Middle Ages.* Oxford: Oxford University Press.

______. 2008. *Renaissance France at War: Armies, Culture and Society, c.1480-1560.* Woodbridge: Boydell Press.

Quesada, Miguel Angel Ladero. 1999. "Castile in the Middle Ages." R. Bonney ed. *The Rise of the Fiscal State in Europe, c.1250-1815.* Oxford: Oxford University Press.

Ragsdale, Hugh. 2006. "Russian foreign policy, 1725 – 1815." D. Lieven ed. *Cambridge History of Russia, Vol. II: Imperial Russia, 1689-1917.* Cambridge: Cambridge University Press.

Reinhard, Wolfgang. 1989. "Reformation, Counter-Reformation, and the Early Modern State: a Reassessment." *Catholic Historical Review* 75(3).

______. 1997. "The Idea of Early Modern History." M. Bentley ed., *Companion to Historiography.* London and New York: Routledge.

Riley, James C. 1986. *The Seven Years War and the Old Regime France: The Economic and Financial Toll.* Princeton: Princeton University Press.

Ringmar, Erik. 1996. *Identity, Interest and Action: A Cultural Explanation of Sweden's Intervention in the Thirty Years War.* Cambridge: Cambridge University Press.

Roberts, Michael. 1979. *The Swedish Imperial Experience, 1560-1718.* Cambridge: Cambridge University Press.

______. 1992. *Gustavus Adolphus*, Second Edition. London & New York: Longman.

Roca, J. M. Batista I. 1957. "The Hispanic Kingdoms and the Catholic Kings." D. Hay ed. *The New Cambridge Modern History Vol. I: The Renaissance, 1493-1520.* Cambridge: Cambridge University Press, 1957.

Rodger, N. A. M. 1998. "Sea-Power and Empire, 1688–1793." P. J. Marshall ed. *The Oxford History of the British Empire, Vol. II: The Eighteenth Century.* Oxford: Oxford University Press.

Rodriquez-Salgado, Maria J. 1988. *The Changing Face of Empire: Charles V, Philip II and Habsburg Authority, 1551-1559.* Cambridge: Cambridge University Press.

_____. 1990. "The Habsburg-Valois wars." G. R. Elton ed. *The New Cambridge Modern History, Vol. II: The Reformation, 1520-1559*, 2nd Edition. Cambridge: Cambridge University Press.

Roosen, William. 1989. "The Origins of the War of the Spanish Succession." J. Black ed. *The Origins of War in Early Modern Europe.* Edinburgh: John Donald Publisher.

Rose, Craig. 1999. *England in the 1690s: Revolution, Religion and War*. Oxford: Blackwell.

Rosenthal, Jean-Laurent & R. Bin Wong. 2011. *Before and Beyond Divergence: The Politics of Economic Change in China and Europe*. Cambridge, MA: Harvard University Press.

Rowan, Rowan. 1980. "Imperial Taxes and German Politics in the Fifteenth Century: An Outline." *Central European History* 13(3).

Rowen. Herbert H. 1980. *The King's State Proprietary Dynasticism in Early Modern France.* New Bruswick: Rutgers University Press.

Rowlands, Guy. 2000. "Louis XIV, Vittorio Amedeo II and French Military Failure in Italy, 1689-96." *English Historical Review* 115(462).

_____. 2012. *The Financial Decline of a Great Power: War, Influence, and Money in Louis XIV's France*. Oxford: Oxford University Press.

Santosuosso, Antonio. 1994. "Anatomy of Defeat in Renaissance Italy: The Battle of Fornovo in 1495." *International History Review* 16(2).

Scheidel, Walter. 2009. "From the "Great Divergence" to the "First Great Divergence": Roman and Qin-Han State Formation and its Aftermath." W. Scheidel ed. *Rome and China: Comparative Perspectives on Ancient World Empires*. Oxford: Oxford University Press.

Schilling, Heinz. 1996. "Confessional Europe." T. Brady et al eds. *Handbook of European History, 1400-1600*, Vol. 2. Leiden: E. J. Brill.

_____. 2007. *Konfessionalisierung und Staatsinteressen: Internationale Beziehungen, 1559-1660.* Paderborn: Ferdinand Schöningh.

_____. 2008. *Early Modern European Civilization and its Political and Cultural Dynamism.* Hanover & London: Brandeis University Press.

Schmid, Peter. 1983. "Reichssteuern, Reichsfinanzen und Reichsgewalt in der ersten Hälfte des 16. Jahrhunderts." H. Angermeier ed. *Säkulare Aspekte der Reformationszeit.* München: R. Oldenbourg.

Schmidt, Sebastian. 2011. "To Order the Minds of Scholars: The Discourse of the Peace of Westphalia." *International Studies Quarterly* 55(3).

Schnerb, Bertrand. 1998. "Burgundy." C. Allmand ed. *The New Cambridge Medieval History, Volume VII, c. 1415-c.1500.* Cambridge: Cambridge University Press.

Schroeder, Paul W.. 2010. "Not even for the seventeenth and eighteenth centuries: power and order in the early modern era." E. R. May, R. Rosecrance, Z. Steiner eds., *History and Neorealism.* Cambridge: Cambridge University Press.

Schröder, Peter. 2017. "The Concepts of Universal Monarchy and Balance of Power in the

First Half of the Seventeenth Century-A Case Study." M. Koskenniemi, W. Rech, & M. Jiménez Fonseca eds. *International Law and Empire: Historical Explorations.* Oxford: Oxford University Press.

Schulze, Winfried. 1978. *Reich und Türkengefahr im späten 16. Jahrhundert: Studien zu den politischen und gesellschaftlichen Auswirkungen einer äußeren Bedrohung.* München: C.H.Beck.

Schumann, Matt & Karl Schweizer. 2008. *The Seven Years War: A Transatlantic History.* London & New York: Routledge.

Scott, H. M. 1979. "The Importance of Bourbon Naval Reconstruction to the Strategy of Choiseul after the Seven Years' War." *International History Review* 1(1).

_____. 1989. "'The True Principles of the Revolution': The Duke of Newcastle and the Idea of the Old System." J. Black, ed. *Knights Errant and True Englishmen: British Foreign Policy, 1660–1800.* Edinburgh: John Donald.

_____. 2000. "Prussia's emergence as a European great power, 1740–1763." P. G. Dwyer ed. *The Rise of Prussia, 1700-1830.* London and New York: Longman.

_____. 2001. *The Emergence of the Eastern Powers, 1756-1775.* Cambridge: Cambridge University Press.

_____. 2006. *The Birth of a Great Power System, 1740-1815.* London and New York: Longman.

_____. 2007. "Hanover in mid-eighteenth century Franco-British geopolitics." B. Simms & T. Riotte eds. *The Hanoverian Dimension in British History, 1714-1837.* Cambridge: Cambridge University Press.

Scott, Hamish. 2011. "The Seven Years War and Europe's Ancien Regime." *War in History* 18(4).

_____. 2015. "'Early Modern' Europe and the Idea of Early Modernity." H. Scott ed., *The Oxford Handbook of Early Modern European History, 1350-1750, Vol. I.* Oxford: Oxford University Press.

Shaw, Christine, ed. 2006. *Italy and the European Powers: The Impact of War, 1500-1530.* Leiden and Boston: Brill.

Sheehan, Michael. 1996. "Balance of Power Intervention: Britain's Decisions For or Against War, 1733–56." *Diplomacy & Statecraft* 7(2).

Showalter, Dennis E. 2004. "The Prussian Military State." G. Mortimer ed. *Early Modern Military History, 1450-1815.* Basingstoke: Palgrave MacMillan.

Simms, Bredan. 2008. *Three Victories and a Defeat: The Rise and Fall of the First British Empire, 1714-1783.* London and New York: Penguin Books.

Small, Graeme. 2009. *Late Medieval France.* Basingstoke: Palgrave Macmillan.

Sonnino, Paul. 1976. "Louis and the Dutch War." R. Hatton ed. *Louis XIV and Europe.* Columbus: Ohio State University Press.

_____. 1989. "The Origins of Louis XIV's Wars." J. Black ed. *The Origins of War in Early Modern*

Europe. Edinburgh: John Donald.

_____. 2008. *Mazarin's Quest: The Congress of Westphalia and the Coming of the Fronde.* Cambridge, MA & London: Harvard University Press.

Sosin, Jack M. 1957. "Louisbour and the Peace of Aix-la-Chapelle, 1748." *William and Mary Quarterly* 14(4).

Speelman, Patrick J. 2012. "Father of the Modern Age." M. Danley & P. Speelman eds. *The Seven Years' War: Global Views.* Leiden: Brill.

Starn, Randolph. 2002. "The Early Modern Muddle." *Journal of Early Modern History* 6(3).

Steiger, Heinhard. 1998. "Der Westfälische Frieden: Grundgesetz für Europa?," *Historische Zeitschrift*, Beihefte, 26.

Storm, Peter-Christoph. 1974. *Der Schäbische Kreis als Feldherr: Untersuchungen zur Wehrverfassung des Schwäbischen Reichskreis in der Zeit von 1648 bis 1732.* Berlin: Duncker & Humblot.

Stoye, J. W. 1970. "The Austrian Habsburgs." J. S. Bromley ed. *The New Cambridge Modern History, Volume VI: The Rise of Great Britain and Russia, 1688-1715/25.* Cambridge: Cambridge University Press.

Stradling, R. A. 1979a. "Seventeenth Century Spain: Decline or Survival?" *European Studies Review* 9(2).

_____. 1979b. "Catastrophe and Recovery: The Defeat of Spain, 1639-43." *History* 64(211).

_____. 1981. *Europe and the Decline of Spain: A Study of the Spanish System, 1580-1720.* London: George Allen & Unwin.

_____. 1986. "Olivares and the origins of the Franco-Spanish War, 1627-1635." *English Historical Review* 101(398).

_____. 1988. *Philip IV and the Government of Spain, 1621-1665.* Cambridge: Cambridge University Press.

_____. 1990. "Prelude to Disaster: The Precipitation of the War of the Mantuan Succession, 1627-29." *Historical Journal* 33(4).

Straumann, Benjamin. 2008. "The Peace of Westphalia as a Secular Constitution." *Constellations* 15(2).

Strayer, Joseph R. 1971. "Defense of the Realm and Royal Power in France." J. R, Strayer. *Medieval Statecraft and the Perspectives of History.* Princeton: Princeton University Press.

_____. 1980. *The Reign of Philip the Fair.* Princeton: Princeton University Press.

Sturgill, Claude. 1989. "From Utrecht to the Little War with Spain: Peace at Almost Any Price Had to Be the Case." J. Black ed. *The Origins of War in Early Modern Europe.* Edinburgh: John Donald Publisher.

Sutherland, N. M. 1992. "The Origins of the Thirty Years War and the Structure of European Politics." *English Historical Review* 107(424).

Swann, Julian. 2001. "Politics: Louis XV." M. Doyle ed. *Old Regime France, 1648-1788.* Oxford: Oxford University Press.

Swift, Jonathan. 2008. "The Conduct of the Allies." B. A. Goldgar & I. Gadd eds. *English Political Writings, 1711-1714: The Conduct of the Allies and Other Works.* Cambridge: Cambridge.

Symcox, Geoffrey. 1976. "Louis XIV and the Outbreak of the Nine Years War." R. Hatton ed., *Louis XIV and Europe.* Columbus: Ohio State University Press.

Szabo, Franz A. J. 1994. *Kaunitz and enlightened absolutism, 1753-1780.* Cambridge: Cambridge University Press.

_____. 2008. *The Seven Years War in Europe, 1756-1763.* London and New York: Longman.

Tallett, Frank and D. J. B. Trim, eds. *European Warfare, 1350-1750.* Cambridge: Cambridge University Press.

Te Brake, Wayne. 1998. *Shaping History: Ordinary People in European Politics, 1500-1700.* Berkeley: University of California Press.

Tenace, Edward. 2003. "A Strategy of Reaction: The Armadas of 1596 and 1597 and the Spanish Struggle for European Hegemony." *English Historical Review* 128(478).

Teschke, Benno. 2003. *The Myth of 1648: Class, Geopolitics, and the Making of Modern International Relations.* London & New York: Verso.

_____. 2010. "Revisiting the "War-Makes-States" Thesis: War, Taxation and Social Property Relations in Early Modern Europe." O. Asbach and P. Schröder eds. *War, the State and International Law in Seventeenth-Century Europe.* Farnham: Ashgate.

't Hart, Majorlein C. 1993. *Making of a Bourgeois State: War, Politics and Finance during the Dutch Revolt.* Manchester and New York: Manchester University Press.

Thompson, Andrew C. 2009. "After Westphalia: Remodelling a Religious Foreign Policy." D. Onnekink ed. *War and Religion after Westphalia, 1648-1713.* Farnham: Ashgate.

Thompson, I. A. A. 2001. "The Impact of War and Peace on Government and Society in Seventeenth Century Spain." R. Asch, W. E. Voß, M. Wrede eds. *Der Krieg und das Werden des frühmodernen Staates: Die europäische Staatenordnung und die außereuropäische Welt.* München: Fink.

Thompson, Mark. A. 1970. "The War of the Austrian Succession." J. O. Lindsay ed. *The New Cambridge Modern History, Volume VII: The Old Regime, 1713-63.* Cambridge: Cambridge University Press.

Tilly, Charles. 1990. *Coercion, Capital, and European States, AD 990-1990.* Cambridge, MA: Basil Blackwell.

Tracy, James D. 2002. *Emperor Charles V, Impresario of War: Campaign Strategy, International Finance, and Domestic Politics.* Cambridge: Cambridge University Press.

Treppo, Mario Del. 1998. "Aragon." C. Allmand ed. *The New Cambridge Medieval History, Volume VII, c. 1415-c.1500.* Cambridge: Cambridge University Press.

Trevor-Roper, Hugh. 1970. "Spain and Europe, 1509-1621." J. R. Cooper ed. *The New Cambridge Modern History, Volume IV: The Decline of Spain and the Thirty Years War, 1609-48/59.* Cambridge: Cambridge University Press.

Turchin, Peter. 2009. "A Theory for Formation of Large Empires." *Journal of Global History* 4(2).

Veenendaal, A. J. 1970. "The War of the Spanish Succession in Europe." J. S. Bromley ed. *The New Cambridge Modern History, Volume VI: The Rise of Great Britain and Russia, 1688-1715/25.* Cambridge: Cambridge University Press.

Vries, Peer. 2002. "Governing Growth: A Comparative Analysis of the Role of the State in the Rise of the West." *Journal of World History*, 13(1).

Watson, Adam. 1992. *The Evolution of International Society: A Comparative Historical Analysis.* London & New York: Routledge.

Wedgwood, C. V. 2011. *The Thirty Years War.* 남경태 옮김. 서울: Humanist.

Wernham, R. B. 1980. *The Making of Elizabethan Foreign Policy, 1558-1603.* Berkeley: University of California Press.

_____. 1981. "British Question, 1559-69." R. B. Wernham ed. *The New Cambridge Modern History, Volume III: The Counter-Reformation and Price Revolution, 1559-1610.* Cambridge: Cambridge University Press.

Whaley, Jochaim. 2001. "Federal Habits: the Holy Roman Empire and the Continuity of German Federalism." M. Umbach ed. *German Federalism: Past, Present, Future.* Basingstoke: Palgrave.

_____. 2012a. *Germany and the Holy Roman Empire, Volume 1: Maximilian to the Peace of Westphalia, 1493-1648.* Oxford: Oxford University Press.

_____. 2012b. *Germany and the Holy Roman Empire, Volume 2: From the Peace of Westphalia to the Dissolution of the Reich, 1648-1806.* Oxford: Oxford University Press.

Wilson, Peter H. 1998. *German Armies: War and German Politics, 1647-1806.* London: UCL Press.

_____. 1999. "Warfare in the Old Regime, 1648-1789." J. Black ed. *European Warfare, 1453-1815.* Basingstoke: Palgrave MacMillan.

_____. 2008. "Prussia's Relations with the Holy Roman Empire, 1740-1786." *Historical Journal* 51(2).

_____. 2009. *The Thirty Years War: Europe's Tragedy.* Cambridge, MA: Belknap Harvard.

Wolf, John B. 1967. *Louis XIV.* New York: W. W. Norton.

Woodfine, Philip. 1989. "The Anglo-Spanish War of 1739." J. Black ed. *The Origins of War in Early Modern Europe.* Edinburgh: John Donald Publisher.

찾아보기

ㄱ

가톨릭 동맹 142

가티나라 35, 72

게오르크 빌헬름 174

고돌핀 298

공동화폐 133

공론장 275

과들루프 396, 425, 428

교회제후국 137

9년전쟁 212, 241, 267-268, 271, 276

구스타브 바사 169

구스타브 아돌프 35, 168, 170-177, 202, 203

구아스탈라 공작 182, 183

국사조칙 337, 341-342, 344-345, 349-351, 363

군사혁명 93

그랑벨 78

그로스-예거스도르프 전투 407

그리니치 조약 105

금인칙서 131

기준년 211

기준일 204

ㄴ

나사우의 마우리츠 93

남해회사 354-355

낭트 칙령 104, 261

네덜란드 장벽 294-295, 390

네덜란드전쟁 241, 247

네베르 공작 샤를 182-183

네이메헨 평화조약 252

논서치 조약 101

뇌르틀링겐 전투 178, 185, 191

뉴캐슬 공작 339, 347, 370, 379-380, 387-390, 397-398, 405, 424

뉴펀들랜드 396, 425

니세서티 요새 393
니스타드 조약 337
님펜부르크 조약 358

ㄷ

다운 404
대(大)북방전쟁 168, 324
데팅겐 전투 367
도나우뵈르트 사건 140-142, 151
도버 조약 245
돈 카를로스 338, 345, 349, 368, 380
돈 펠리페 349, 362, 369
동프로이센 386
뒤켄 393
뒤켄 요새 395
드레스덴 조약 371
드레이크 96, 101
딘위디 393

ㄹ

라갈리소니에르 393
라고스 해전 416
라미예 전투 292, 305
라슈타트 조약 304, 328
라인 동맹 240-241
레르마 공작 160, 163
레슈친스키 345
레오폴트 1세 246, 258, 261, 266, 280-281, 288, 293-294, 300, 335, 338
레이스베이크 평화조약 270, 276
레판토 해전 89
레흐 전투 174
로 326
로마제국 20
로버트 월폴 287, 346
로보지츠 전투 403
로빈슨 391
로스바흐 전투 408
로이텐 전투 408
로크루아 전투 167, 190
루돌프 2세 141, 148
루부아 246, 263
루이 11세 51, 54
루이 12세 55, 58-59
루이 13세 180-181, 187, 189
루이 14세 28-30, 35-36, 40-41, 56, 216, 231, 237, 242-244, 248-249, 251-252, 255, 260, 262-263, 265, 269, 271-272, 275-276, 279-280, 283-285, 287-288, 292, 296-298, 303, 306-309, 322-323, 325, 341, 363
루이 15세 325-326, 363, 368-369, 387, 398-399, 409, 426, 434
루이스부르 요새 379-380, 392, 395, 425
루이예 392
뤼첸 전투 175
뢱상부르 267
르텔리에 246
리그니츠 전투 410
리슐리외 171, 180-181, 184, 187, 232, 242

ㅁ

마르가리타 테레사 280-281

마르티니크 396, 428

마르틴 루터 136

마리냐노 전투 59

마리 드 메디치 180

마리아 안토니아 280-281

마리아 테레지아 338, 341-342, 345, 349, 352, 357, 359, 361-364, 367-370, 380, 383-387, 389, 437

마리-테레즈 28-30, 237, 243, 280-281

마우리츠 94, 110-111, 167

마자랭 40, 231-234, 242

마티아스 148-149, 152

막센 전투 410

막시밀리안 1세 52, 55, 58, 60, 64, 74

막시밀리안 2세(바이에른 공작) 141, 153-155

막시밀리안 2세(신성로마제국 황제) 146, 148

막시밀리안 에마누엘 259, 261, 280

만토바 계승전쟁 177, 181, 184

말보로 공작 290-291, 297

말플라케 전투 297, 305

메리 1세 97

메리 스튜어트 98-99, 107-108

메리 튜더 68

명예혁명 275-277

모하치 전투 259

몰비츠 전투 357

몽테스키외 18-19

무장연합 188

무적함대 101

미노르카 302, 337, 369, 405

민덴 전투 416

ㅂ

바다거지 87-88

발렌슈타인 156, 171, 174

백년전쟁 47

버논 356

베드포드 429

베르니 409

베르뱅 조약 97, 106

베르사유 조약(제1차) 399-402, 404

베르사유 조약(제2차) 404

베르사유 조약(제3차) 409

베른하르트 폰 작센-바이마르 187

베를린 조약 369-370

베를린 협정 365

베스트팔렌 평화조약 40, 93

벨 일 후작 353

보름스 조약 367, 369

보방 251

보편왕국 35, 72, 181, 242, 309

보헤미아 반란 153

보헤미아 연합 150

복원칙령 157-158, 204

볼링브룩 298-299, 301-302, 423

볼테르 372

부르케르스도르프 전투 417

북방 7년전쟁 169

뷰트 424, 428

브라이텐펠트 전투 174-175
브래독 393, 395, 405
브레다 포위 166
브레슬라우 조약 358
브레히트 359
브룀세브로 조약 202
비벤테 임페라토레 197-198
비치헤드 전투 268
비토리오 아메데오 2세 269-270, 293
빈센초 2세 182
빈 조약(제1차) 338
빈 조약(제2차) 340-341, 359
빈 조약(제3차) 348
빌라비치오사 전투 239
빌라 호라 전투 153, 155, 158
빌렘 1세 87, 93, 153

ㅅ

산타크루즈 공작 102
상속전쟁 28, 30, 239, 241, 244
상트페테르부르크 협약 391
샤를 6세 47
샤를 7세 47-48, 51
샤를 8세 47, 54-57
샤를 9세 103
서부 함대 전략 413
선제후 130
세력균형 전쟁 308
세르비시오 80
세비야 339
소유주 왕조주의 31
수니가 160, 163-164
수어 전투 370
수장령 97
슈말칼덴 동맹 67, 71, 136
슈아죌 409, 422, 425-427, 436-437
슈테틴 204
슐레지엔 28, 41, 348, 351-352, 357-359, 365, 383, 385-387, 390, 417, 419
스위프트 299
스타니스와프 레슈친스키 344
스타드호울더 89
스타텐 헤네랄 90, 242, 246
스태너프 329
스톨보바 조약 170
스트라스부르 256-258
스페인 로드 97, 139, 143, 161-162, 178, 185, 188, 234
스페인 왕위계승 전쟁 241
스피놀라 110-111, 153, 166
슬란카멘 전투 267
신분제의회 33, 63, 75
신성동맹 259

ㅇ

아시엔토 301, 354
아우구스트 2세 344
아우크스부르크 동맹 260
아우크스부르크 종교협약 205
아우크스부르크 평화협정 137-138
아쟁쿠르 전투 48

알바 공작 86-87, 89, 99
알카발라 80, 87
앙리 2세 67-69
앙리 3세 103-104
앙리 4세 70, 104-107, 162, 180
앙주 공작 103
앤 여왕 32, 298, 326
얀 후스 130, 147
양형 영성체파 147
에드워드 6세 97
엑스라샤펠 조약(1668) 245
엑스라샤펠 조약(1748) 379
엘리자베스 1세 36, 84, 94, 96-101, 107, 109
연합법 32
연합왕국 31-32, 33-34, 40, 63, 64, 74, 81, 83-85, 128, 213-214, 333-334, 372
영국은행 276-277, 432
영토권 199
예방전쟁 308
옐리자베타 페트로브나 386
5강 체제 322
오를레앙 공작 필리프 325, 327
오하이오 컨트리 391-392
옥센셰르나 175, 203
옥스퍼드 298-299, 302
올리바레스 156, 163, 166, 177-178, 183, 185, 187-188
왕위계승법 326-327
외교혁명 56, 368, 399
요제프 1세 281, 300, 337-338
요제프 2세 388-389
요제프 클레멘스 261
요제프 페르디난트 280-281, 283-284, 308
요한 3세 170
요한 게오르크 152
요한 드 위트 244, 251
요한 반 올덴바르넨벨트 111
워싱턴 393
월터 랠리 108
월폴 347, 355, 366
웨스트민스터 조약(1674) 252
웨스트민스터 협약(1756) 397-399
위트레흐트 연합 91
위트레흐트 평화조약 36, 41
윈스턴 처칠 436
윌리엄 3세(빌렘 3세) 264-265, 268, 272-276, 278, 284, 327, 334-335, 400
윌리엄 피트 405-406, 408, 424, 426
유보조항 138
율리히-클레베 계승전쟁 143-144, 151
이노켄티우스 11세 259, 262
이사벨 55, 74
이사벨 디 파르네시오 328-329, 338, 345, 362, 380

ㅈ

자코바이트주의자 275
장 2세 50
재결합전쟁 241, 257
제국개혁운동 132-134
제국대법원 132, 141
제국의회 132, 134-135, 215-217, 407
제임스 1세 32, 108-109, 150, 153, 327

제임스 2세 264, 265, 273, 276-277
제임스 프랜시스 에드워드 스튜어트 294, 302
조너선 스위프트 299
조른도르프 전투 410
조지 1세 327-328, 334-335
조지 2세 32, 334-335, 340, 359-360, 367, 370, 389, 407-408
조지 3세 423
주앙 4세 189
중립협약 360, 367
중립협정 407
지기스문트 3세 170
지브롤터 291, 302, 337, 339, 369
지트바토로크 평화협정 140

ㅊ

찰스 2세 240, 245, 272, 277
청 제국 25
총군사콤미사르국 373
총-최고-재정-군사-영지-사무국 374

ㅋ

카롤링거 제국 20-21
카를 5세 35, 39, 56, 60-61, 63-68, 71-74, 77, 79, 81-83, 113, 136, 145, 322
카를 6세(카를 대공) 281, 283, 291-293, 295, 298, 300, 304, 328, 337-338, 341-342, 345, 348-351
카를 7세(카를 알브레히트) 349-350, 367
카를 9세 171
카를로비츠 조약 267
카를로스 2세 29, 237, 279-281, 283-285, 287-288, 307
카를로스 3세 426-427
카를로 에마누엘레 1세 182
카를로 에마누엘레 3세 362, 367-368
카를 알브레히트 358, 360-361, 363-364, 382
카살레 182, 188, 257
카우니츠 385-387, 390, 399, 419
카탈루냐 반란 188, 213, 236
카터릿 366-367, 370
카토-캉브레지 조약 39, 47, 68-69, 106, 113, 237
칸톤 374
칼렌베르크 전투 259
칼마르연합 169
캄파넬라 35
캉브레 조약 66
컴벌랜드 406, 408
컴벌랜드 공작 395
케라스코 조약 183
케셀스도르프 전투 370
코르테스 75, 77, 80-81
코투지츠 전투 365
콜린 전투 404, 407
콜베르 246
쾨니히스부스터하우젠 조약 339
쾰른 분쟁 138, 151
쿠너스도르프 전투 410, 418
퀴베롱 해전 416
크라이스 133, 215-216
크라이스 의회 133, 217

크리스티안 1세 150, 153
크리스티안 4세 155-156, 171, 202
클라인슈넬렌도르프 협약 361, 364
클로스터-체벤 협약 406, 408

ㅌ

타운센드 336, 340
테르시오 78, 190
토르가우 전투 410
토르시 296, 298, 310
토리노 전투 293
토머스 홉스 30
통일령 97
트라스 이탈리엔느 93
트루아 조약 48
틸리 154, 175

ㅍ

파르마 공작 101-102
파리 조약 422
파비아 전투 65
파사로비츠 조약 329
페르난도 6세 414, 426
페르난도(아라곤) 55, 58-59, 64, 74
페르디난트 1세 146-147
페르디난트 2세 152-153, 155-158, 162-163, 177-178, 183
페르디난트 3세 191, 195, 231
페르디난트 폰 브라운슈바이크 408-409, 430
펠리페 2세 31, 35-36, 39, 68-70, 73, 78-86, 90, 98-102, 104-107, 113, 322
펠리페 3세 110-112
펠리페 4세 28-29, 166, 177, 183, 206, 231, 235, 237, 239, 243, 280-281
펠리페 5세(앙주 공작 필리프) 285, 292, 295-296, 298, 303, 326-328, 338, 355
펠햄 359
포르노보 전투 58
포메른 203-204
폴란드 분할 438
폼폰 269
퐁텐블로 조약 369
퐁트누아 전투 370
퐁파두르 후작부인 426
표트르 3세 417-418
퓌르스텐베르크 추기경 261-262
프라하 전투 403
프라하 조약 178-179
프란체스코 귀치아르디니 57
프란츠 슈테판(프란츠 1세) 342, 345, 357, 363, 371, 388
프랑수아 1세 55, 58-60, 65-67, 71, 363
프랑수아 2세 98, 103
프랑수아 외젠 293
프랜시스 드레이크 85
프레데리크 헨드리크 167
프로테스탄트 연합 142
프롱드의 난 180, 233
프리드리히 2세 28, 130, 348, 351-353, 357-361, 364-365, 370-372, 375-376, 381, 398, 401-404, 407-408, 410, 417-418, 420-421, 423, 437

프리드리히 3세 52, 132, 159
프리드리히 5세 150, 153-155, 158, 327
프리드리히 빌헬름 1세 340, 348, 351, 374-376
프리드리히 빌헬름(대선제후) 373-374, 376
프리드리히 아우구스트 344
플뢰리 341, 350, 353, 368
피레네 조약 56, 236-237, 240
피트 366, 422
필리프 2세 49
필리프 4세 50

ㅎ

하노버 공국 327
하노버 문제 333
하노버 조약 338
하스텐벡 전투 406
하우크비츠 384-385
하일브론 동맹 175
한(漢) 제국 20
해링턴 347
헤르트라위덴베르크 협상 298
헤이그 예비조항 297
헨리 5세 48
헨리 7세 55
헨리 8세 66, 71, 97
형제단 147
호레이스 월폴 417
호엔프리트베르크 전투 370
호크키르히 전투 410
회흐슈테트-블린트하임 전투 290-291, 305
후베르투스부르크 평화조약 419
후안 2세 74